9787520389679

夏基松文集

第二卷 历史主义科学哲学研究

夏基松 著

浙江大学哲学文存

中国社会科学出版社

目 录

第一章 历史主义的渊源、演变及趋向 …………………………（1）
 一 早期科学哲学：经验主义与唯理主义 ………………（1）
 二 历史主义的理论渊源：假设主义 ……………………（4）
 三 历史主义的先行理论：逻辑实证主义和证伪主义 ……（7）
 四 从历史主义到现代主义 ………………………………（10）

第二章 图尔敏的自然秩序理想论 ……………………………（18）
 一 反对逻辑主义，提倡历史主义 ………………………（18）
 二 论科学发现 ……………………………………………（24）
  （一）两种发现：物理学的发现与自然史的发现 ………（24）
  （二）两种发现的方法：归纳法与图像推理法 …………（27）
 三 科学理论的应用范围与内在结构 ……………………（43）
  （一）科学理论的应用范围 ………………………………（43）
  （二）科学理论的内在结构 ………………………………（44）
  （三）科学理论与真假问题 ………………………………（49）
  （四）批判四种错误的科学理论观点 ……………………（51）
 四 科学理论与地图 ………………………………………（59）
  （一）科学理论与地图的类比 ……………………………（59）
  （二）科学理论与因果性 …………………………………（63）
  （三）科学理论与科学方法的主体性 ……………………（65）
  （四）理论实体的存在问题 ………………………………（67）
 五 驳自然齐一性与决定论 ………………………………（70）
  （一）驳自然齐一性 ………………………………………（70）
  （二）驳决定论 ……………………………………………（74）

  六　科学秩序理想与科学理论的进化 …………………………（76）
    （一）科学理论的本质特征是解释 ………………………（77）
    （二）"自然秩序理想"或"范式" ………………………（83）
    （三）科学理论的进化 ……………………………………（90）
  七　继续发展历史主义 …………………………………………（93）
    （一）进一步批判逻辑实证主义，发展历史主义 ………（94）
    （二）批判库恩的"科学革命"理论 ……………………（95）

第三章　汉森的"观察负载理论"说 ……………………………（98）
  一　论科学哲学与科学史相结合 ………………………………（98）
  二　论"观察负载理论" ………………………………………（104）
    （一）观察是经验，不是视觉图像 ………………………（104）
    （二）观察负载理论 ………………………………………（109）
  三　事实的不可观察性和不可表述性 …………………………（114）
    （一）事实与理论、语言密切相关 ………………………（114）
    （二）因果律是理论的构造 ………………………………（119）
  四　科学发现的合理性 …………………………………………（125）
    （一）对归纳主义与假设主义的评价 ……………………（125）
    （二）科学发现的方法——溯因法 ………………………（127）
    （三）科学发现与因果关系 ………………………………（130）
  五　研究性科学与经典学科 ……………………………………（131）

第四章　库恩的范式理论 …………………………………………（137）
  一　历史主义的方法论 …………………………………………（137）
    （一）自主性的科学史观 …………………………………（137）
    （二）科学史发展的内在化 ………………………………（139）
    （三）科学哲学与科学史相结合 …………………………（141）
  二　范式理论 ……………………………………………………（142）
    （一）科学共同体与范式 …………………………………（143）
    （二）范式的含义 …………………………………………（145）
    （三）范式的自主性 ………………………………………（153）
  三　论科学革命——科学发展的动态模式 …………………（154）
    （一）前科学 ………………………………………………（154）

目录

　　（二）常态科学 …………………………………………（156）
　　（三）常态科学与划界标准 ……………………………（162）
　　（四）反常与危机 ………………………………………（163）
　　（五）科学革命 …………………………………………（165）
　　（六）科学发展的动态模式 ……………………………（178）
　四　科学发现的问题 ………………………………………（180）
　　（一）两类不同的发现——发现Ⅰ与发现Ⅱ …………（180）
　　（二）科学发现的内在结构及其实质 …………………（181）
　五　科学知识的真理性问题 ………………………………（186）
　　（一）否定感性经验的客观性 …………………………（186）
　　（二）否定实验操作的客观性 …………………………（187）
　　（三）否定科学对象的客观性 …………………………（188）
　　（四）否定客观真理 ……………………………………（189）
　六　论科学理论的不可通约性 ……………………………（189）
　　（一）科学理论的不可通约性 …………………………（190）
　　（二）否定科学的客观进步性 …………………………（193）
　七　后达尔文式康德主义 …………………………………（196）
　　（一）再论不可通约性 …………………………………（196）
　　（二）再论真理 …………………………………………（199）
　　（三）再论科学的进化 …………………………………（200）

第五章　拉卡托斯的科学研究纲领方法论 ………………（203）
　一　从波普证伪主义到精致证伪主义 ……………………（203）
　　（一）早期的证伪主义数学哲学 ………………………（204）
　　（二）从波普证伪主义到精致证伪主义 ………………（205）
　二　论科学研究纲领理论 …………………………………（220）
　　（一）硬核 ………………………………………………（222）
　　（二）保护带 ……………………………………………（223）
　　（三）启示法 ……………………………………………（223）
　三　论科学发展的动态模式 ………………………………（227）
　　（一）进步的研究纲领 …………………………………（227）
　　（二）退化的研究纲领 …………………………………（230）

（三）进步的研究纲领与退化的研究纲领的交替……………（233）
　四　论历史主义科学哲学方法论……………………………（239）
　　（一）科学哲学与科学史相结合……………………………（239）
　　（二）内部史与外部史的结合………………………………（241）
　　（三）科学哲学方法论的评价标准…………………………（243）

第六章　费耶阿本德的无政府主义知识论……………………（251）
　一　无政府主义知识论——"怎么都行"…………………（252）
　　（一）规则方法论与无政府主义方法论……………………（252）
　　（二）无政府主义方法论与自然主义………………………（254）
　　（三）无政府主义方法论与多元主义方法论………………（256）
　　（四）无政府主义方法论与非理性主义……………………（257）
　　（五）无政府主义方法论与相对主义………………………（260）
　　（六）两种无政府主义方法论………………………………（262）
　　（七）无政府主义方法论的优越性…………………………（263）
　二　无政府主义知识论的原则………………………………（265）
　　（一）反归纳原则……………………………………………（266）
　　（二）韧性原则与增生原则…………………………………（271）
　三　不可通约性与不可比性…………………………………（276）
　　（一）不可通约性……………………………………………（276）
　　（二）不可比性………………………………………………（277）
　四　科学与自由社会…………………………………………（279）

第七章　夏佩尔的科学域理论…………………………………（284）
　一　反对绝对主义与相对主义………………………………（284）
　　（一）批判逻辑实证主义……………………………………（284）
　　（二）批判老历史主义………………………………………（288）
　　（三）反对绝对主义与相对主义……………………………（291）
　二　论科学域…………………………………………………（294）
　　（一）域及其基本特征与变化………………………………（295）
　　（二）背景信息………………………………………………（299）
　三　论科学的合理性…………………………………………（301）
　　（一）理性与理由……………………………………………（302）

（二）科学观察与背景知识 …………………………………（306）
　　（三）科学发现的合理性 …………………………………（308）
四　科学实在论 …………………………………………………（316）
　　（一）肯定外部世界的存在 ………………………………（317）
　　（二）科学知识的客观性 …………………………………（318）
　　（三）真理论 ………………………………………………（320）
五　论意义和理论的可比性 ……………………………………（323）
　　（一）意义的变化与理由 …………………………………（324）
　　（二）理论的可比性 ………………………………………（327）

第八章　劳丹的新工具主义 …………………………………（329）
一　论科学问题与研究传统 ……………………………………（329）
　　（一）经验问题 ……………………………………………（332）
　　（二）概念问题 ……………………………………………（340）
　　（三）研究传统 ……………………………………………（343）
二　论科学的合理性、进步性和理论的可比性 ………………（353）
　　（一）科学的合理性与进步性 ……………………………（353）
　　（二）理论的可比性 ………………………………………（355）
三　论科学哲学与科学史的相互依赖 …………………………（357）
　　（一）科学史1与科学史2 …………………………………（357）
　　（二）批判科学知识社会学 ………………………………（359）
四　论规范自然主义 ……………………………………………（361）
　　（一）规范自然主义的元方法论 …………………………（362）
　　（二）规范自然主义的合理性理论 ………………………（364）
　　（三）规范自然主义与认知价值观 ………………………（365）
五　论科学划界 …………………………………………………（366）
　　（一）批判划界主义 ………………………………………（367）
　　（二）否定科学划界 ………………………………………（370）
六　反实在论 ……………………………………………………（372）
　　（一）驳斥成功论 …………………………………………（372）
　　（二）反对逼真实在论 ……………………………………（373）

第九章　对几个重要问题的评论 …………………………………（375）
　　一　科学理论的建构性与反映性 ………………………………（375）
　　二　实在论与反实在论 …………………………………………（378）
　　三　观察负载理论 ………………………………………………（384）
　　四　科学发现方法论 ……………………………………………（386）
　　五　理性主义与非理性主义 ……………………………………（388）
　　六　科学与非科学的划界 ………………………………………（390）
　　七　不可通约性 …………………………………………………（392）
主要参考书目 …………………………………………………………（395）
后　　记 ………………………………………………………………（399）

第一章 历史主义的渊源、演变及趋向

历史主义是盛行于当今西方的一个重要科学哲学流派。它的理论反映了现代自然科学的最新成就和基本特征，不仅对西方科学界有重大影响，而且对整个思想界都有广泛影响。西方科学哲学16、17世纪产生至今，经历了从客观主义和绝对主义到主体主义和相对主义的根本性转变，历史主义在这个转变中扮演了重要角色。因此，理解与把握历史主义的理论渊源、演变过程及其发展趋向，是理解与把握整个现代西方科学哲学的关键。

一 早期科学哲学：经验主义与唯理主义

西方科学哲学是随近代自然科学的成长、发展而成长、发展的。17、18世纪的科学哲学家们，不论是弗兰西斯·培根和洛克等经验主义者还是笛卡尔和莱布尼茨等唯理主义者，都坚持科学知识内容的客观（真理）性、确定性与合理性；而排斥主体性。正如罗蒂所说，他们把人心看成一面具有正确反映外部世界能力的"自然之镜"，认为一切错误都来自主体对镜面的污染和扭曲，因而排除主体的干扰、以保持"心镜"的洁净。

早期经验主义的代表弗兰西斯·培根就是这类典型人物。他的整个经验主义（归纳主义）科学哲学理论，就建立在这种观点的基础上。他反对四种"假相"，其主旨在于防止主体对"心镜"的干扰，而提倡"三表法"，就是提倡通过归纳法把从观察中获得的客观的、绝对可靠的经验材料，规范地形成客观的、绝对可靠的科学知识或理论，所以他说"应给思维的翅膀以重负，不让它凌空自由翱翔"。以至他的追随者们力图建立"归纳机器"以替代人的科学思维。

以笛卡尔、莱布尼茨为代表的唯理主义者也是这样，尽管在强调演绎法方面和上述经验主义者的归纳主义主张完全对立，但是在拒斥人的主体能动性方面却与他们一致。它们主张从人的内心的先验公理出发，严格遵守逻辑规则以获得客观的、绝对的真理，因而同样力图建立"逻辑机器"以取代人的科学思维。

由于拒斥或否认科学知识的主体性，早期的经验主义与唯理主义在理论上都具有致命的缺陷或问题。早期经验主义的问题是"休谟问题"或"归纳问题"：过去经验的重复不能保证今后经验必然重复；演绎主义的问题是"同义反复"：由于逻辑的前件与后件等值，它不可能为人们提供新知识。

19世纪初，著名哲学家康德看出了经验主义和演绎主义在理论上的根本缺陷，提出了"先验综合判断"的理论。这个理论的实质就是肯定主体能动性在科学认识过程中的必要性。如前所述，在康德之前，不论是归纳主义者休谟还是演绎主义者笛卡尔等都主张知识的"两分法"，即认为人类有两类知识：经验知识与逻辑知识。经验知识来自经验事实的归纳，它能给人以新知识，但不可靠；逻辑知识来自演绎推理，虽然必然、可靠，但本质上是同义反复，不能给人以新知识。康德反对这种传统的"两分法"，认为不论是上述经验知识或逻辑知识都不是科学知识。因为科学知识应该是具有普遍性和必然性的新知识。因而在这两类知识之外，还应有属于科学知识的第三类知识。由于知识的基本形式是判断，因而他提出了关于"三类判断"的知识"三分法"理论。第一类判断是先天分析判断，即休谟、笛卡尔等人所称的逻辑知识。它们的特点是谓词的内容包含在主词的内容之中。这就是说：谓词的内容并不来自新的经验事实的归纳，而来自主词内容的分析或分解，因而它们虽具有必然的正确性，但没有新内容。第二类是后天综合判断，即休谟、笛卡尔等人所称的经验知识。它们的特点是谓词的内容并不包含在主词的内容之中，它们来自经验事实的综合或归纳，因而能给人以新知识，但不具有必然的正确性。

康德认为，除了上述两个判断以外，另有一类为前人所忽视的十分重要的判断，那就是先天综合判断。这类判断的内容是综合的，从这个方面说，它与上述第一类判断不同，而与第二类判断相似；然而它不是后天的、或然的，而是先天的、必然的，从这方面说它又与上述第三类判断不同，而与第一类判断相似。一切真正的科学判断，如几何学判断、数学判断、牛顿力学判断等，都属这一类判断。

康德解释说，首先，几何学判断是先天综合判断。如几何学命题："两点之间以直线为最短"（直线是最短的线）就是这样。说它是综合的判断，是因为它的主词"直线"这个概念的内容并不包含"最短"这个谓词概念的内容；说它是先天的判断，是因为它与"天鹅都是白的"等等这一类后天综合判断不同，后者都是或然的、不可靠的，而它却是必然正确，无可怀疑的。其次，数学判断属先天综合判断。如"2＋2＝4"，它的主词句是"2＋2"中并不包含"4"这个谓词的内容。然而它也与上述"天鹅都是白的"这一类后天综合判断不同，是必然正确、无可怀疑的。最后，牛顿力学判断也属先天综合判断。如它的第二定律："F＝ma"。"F"（力）的概念中并不包含"ma"气质量与速度的乘积的内容，但它也是普遍的、必然的真理。

从以上论述中可以清楚地看出，康德认为综合判断分为两类：一类是或然的、非科学的，理性可以怀疑的；另一类则是必然的、科学的，理性不可怀疑的。那么为什么前一类综合判断只具有或然性，而后一类综合判断即科学判断或科学知识却具有理性不可怀疑的普遍必然性呢？他认为科学知识的这种普遍性、必然性不是来自经验事实，经验事实中并没有这种普遍必然性；它们是人的主体性所赋予的；即人的内心的几种先天认识观念（框架）：时空、因果、必然、规律等观念主动地授予经验世界的。这就是科学知识具有理性不可怀疑的普遍性和绝对正确性的缘由。人称它是康德的"人为自然立法"理论。

康德强调主体性在科学认识过程中的必要作用无疑是正确的。但是，首先，他把主体性理论先验主义化了。他虽力图调和经验主义与唯理主义的矛盾，而实质上却与唯理主义一起陷入了先验主义的泥潭。其次，他把主体性理论消极化了。在他看来，主体的能动性是完全消极、没有任何创造性可言的，因为它是被严格地禁锢在几个先天的认识观念或框架的牢笼之中的。康德之所以既肯定主体的必要性，而又给它以种种束缚或限制，是由于他意识到主体性在认识过程中的必要性，而又看到它有可能给认识带来错误。在他看来，给人的主体能动性戴上桎梏或关入牢笼，就能保证科学认识的绝对正确性，而不会产生任何错误。因此，他跟早期的经验主义与唯理主义一样，是主张科学知识不可错主义的绝对主义者。

19世纪上半期，康德的科学哲学思想曾盛行一时，然而很快地被自然科学的进展否定了。首先，非欧氏几何的出现否定了康德的几何学根据。它表明欧氏几何并非绝对真理，而是相对真理。这是因为非欧氏几何公理与欧氏几何公理是全然不同，甚至完全相反的。如欧氏几何公理："两点之间以直线为最短"，而非欧氏几何公理则是："两点之间以曲线为最短"，等等；这表明几何公理并不如康德所断言的那样具有先天的绝对正确性。其次，集合论否定了康德的先验主义的数学根据。初等数学的公理是"全体大于部分"，而无穷集合的公理是"部分等于全体"，因为两个无穷大量之和仍然是一个无穷大量。相对论否定了康德先验主义的力学根据，它表明牛顿力学定律也不是永恒的绝对真理，而是相对真理，等等。

总之，19世纪中叶以后自然科学的发展，既否定了唯理主义的先验主义，也否定了把主体性先验化和消极化的康德哲学，继之而起的则是一种新的科学哲学理论——假设主义。

二 历史主义的理论渊源：假设主义

假设主义流行于19世纪下半期，它进一步发展了康德肯定主体性在科学认识中的作用的思想。假设主义强调并片面地夸大了假设在科学认识中的作用。它认为，科学知识既非来自经验事实的归纳，也非来自先验公理的演绎，而是主体的能动性所做出的非逻辑、非理性的猜测或假设。强调假设在科学认识过程中的重要作用是完全正确的，这是他们的贡献。因为科学认识是一个从现象深入本质、把个别升华到一般（普遍）的能动的飞跃过程。这个过程不是单纯以积累经验事实的归纳法或同义反复的演绎法所能完成的，它必须依赖于主体的能动性或创造性。猜测或假设就是这种创造性的一种表现。当然，假设主义的科学哲学理论也是有缺点或错误的。那就是：（1）过分夸大了假设的作用，而忽视、贬低了其他方法的作用；（2）否定了科学假设的理性根据，把它归结为一种非理性的神秘的灵感或直觉。

流行于19世纪下半期的假设主义的科学哲学理论有以下几个特征。假设主义重视科学史研究，反对逻辑主义。早期的传统科学哲学，不论是归纳主义或演绎主义，都把科学方法归结为逻辑，从而忽视科学哲学与科学史的关系。假设主义的科学哲学家们很多是自然科学家，他们重视科学哲学研究与科学史研究的结合，因而具有早期历史主义的倾向。建构主义倾向是假设主义的另一个理论特征。假设主义由于片面强调科学理论的猜测性或假设性，从而否定科学知识的客观和辩证的反映性，把它们说成是把分散的经验材料系统化、有序化的主体性建构。假设主义的第三个特征是重视科学理论的整体性研究。传统的科学哲学理论，特别是归纳主义把科学理论看成来自经验归纳的许多孤立命题的集合和累积，而忽视它们的整体性联系。假设主义则把理论看成经验材料系统化、整体化的建构，因而重视任何科学假设与其他假设的背景联系，具有明显的整体性倾向。

以下几位是把假设主义科学哲学逐步推向主体主义与相对主义的重要代表人物，他们的理论对后来的历史主义有重大的影响。

赫歇尔是假设主义的先驱。他是英国著名科学家和科学哲学家；是天王星发现者威廉·赫歇尔的儿子。他在证实其父亲的银河系假说方面做出过杰出的贡献，因而对假说在科学发现中的作用有切身体会。他提出并强调了假设法的作用，但是并没有因而根本否定归纳法。他认为归纳法与假设法都是科学发现的方法，但是后者更重要、更根本。因为归纳法只能归纳出一些经验定律，而不能深入发现经验不可及的更深、更广的领域（今日所称的"微观世界"与"宇观世界"），这就需要假设法。他认为假设法是一种猜测和想象的方法。它不像归纳法和演绎法那样有严格的规则可循，而全凭科学家的非逻辑、非理性的（神秘的）灵感或直觉。这样，他就把科学思维的创造性或主体的能动性神秘化了。由于当时的自然科学已从积累经验材料为主的分析阶段进入以理论研究为主的综合阶段，原子学说、分子学说开始建立，经验不可及的各种微粒说在光学、电学、磁学等领域中逐步流行。设想一下当时及稍后化学家们根据元素周期表的假设而先后发现多种新元素的历史，就能理解假设对科学发现的重要意义了。因此，他的这种理论得到了当时及后来的许多科学家和科学哲学家的关注和重视。

英国另一个科学家、科学哲学家惠威尔进一步发展了赫歇尔学说。与后者不同的是他无视归纳法，而把假设法夸大为科学发现的根本方法，从而成为假设主义的创始人。在他看来，归纳法只能发现现象的重复，不能发现事物的内在联系，而科学的任务在于发现内在联系。应该指出的是惠威尔并未否弃"归纳"这个概念，而是对它的含义做了扩大的解释，即把一切从个别上升到一般的过程都称为"归纳"，从而把假设也说成一种"归纳"。惠威尔认为科学理论都是人为的假设，不具有客观真理性。然而他们的选择和采用并不是完全随机的，必须遵循一些原则，如：简单性原则、连续性原则与对称性原则等。

惠威尔的另一个重要思想是后人称之为"观察负载理论"的思想。这个思想或思想的萌芽对后世有重大影响。他反复强调："观念"（理论）与"事实"（经验）的区分是相对的。"事实"中总渗透着"观念"。如"一年中有三百六十五天"这个"事实"中就包含着"时间""数""循环"等观念。他还坚持科学的进步性，把科学的进步理解为一个不断增长经验和综合理论的累积过程，犹如条条江河汇成大海。他否定"科学革命"，认为前后相继的理论虽有不同，但不是间断性的革命，而是连续性的进化。

法国著名的物理学家、科学哲学家彭加勒在假设主义的发展史上占有重要地位。他把假设主义约定主义化，从而使它进一步走向主体主义与相对主义。他认为科学理论都是科学家们约定的假设。他说 z 数学是约定的假设，是"精神构造的事物的框架"，几何学是"约定的假设"，是"我们强加于自然的方便的框架"。地心说与日心说、燃素说与氧化说等都是方便的假说。因为它们都不是客观实在的描述，而只是使经验材料系统化、有序化的工具或手段。至于科学家应选择、采用哪一种假设，那就决定于他们的约定。哪一种假设简单方便约定，就采用哪一种假设。因此约定的原则是"简单性原则"。不过彭加勒认为：一个假设如长期被普遍采用，成为一种成熟的科学理论后，科学家们就必须接受它，而不应再抛弃了。因此，人们称他为保守的约定主义者。当然，彭加勒跟其他许多假设主义者一样，也经常讲"真""假""客观实在"等。但是他所说的"真""假"是"方便""不方便"，他所说的客观实在是"主体间的共同性"。应该指出：彭加勒并不主张科学家能任意创造科学理论（假设），但是他主张科学家能根据经验材料自由地建构理论（假设）。正是在这种观点的基础上，他把"事实"分为两类："未加工事实"与"科学事实"。他所说的"未加工事实"，就是人们日常观察到的经验事实，如在仪器上看到光点移动;而"科学事实"就是理论对经验事实的解说,如把上述经验事实解释为"电流移动"等。由于科学理论是约定的假设,因而他断言"科学事实"也只是约定的方便的假设而已。

法国的著名物理学家、科学哲学家杜恒则把假设主义进一步约定主义化。杜恒深受惠威尔和彭加勒的影响,坚持约定主义的假设主义。他断言科学的任务首先是通过观察与实验以搜集、积累经验材料,然后对大量零乱的经验材料做出系统、简明的解释性假设,为预测实验的结果提供方便。因此理论(假设)不是别的,只不过是为了与观察相符而做出的一种"计算设计",它们都不是绝对的,而是相对的,即可以由其他假设来任意取代的。对于它们来说,无所谓真与假,而只有简单、方便与否之分。他坚决反对彭加勒等人的保守的约定主义,而坚持激进的约定主义;即认为任何科学理论不论科学家们普遍接受的时间有多长,最终都要被更简单、更方便的后继理论所击败和取代,不存在永远不被推翻的理论。

杜恒的激进的约定主义观点还表现在他的关于整体主义的思想中,他断言科学理论并非许多孤立命题和定律的简单汇集,而是相互依存的整体。因此任何单个的命题或假设不可能孤立地观察和实验的检验,即不可能为经验所证伪。因为,当经验观察与它不一致时,是它"错"了,还是与它密切相联系的周围的背景理论"错"了;是放弃它,保留周围理论,还是放弃周围理论而保留它,是完全任意的。后人称他的这个整体主义原则为"杜恒原则"。这个原则把理论的检验(证实与证伪)与选择全部约定主义化或主体主义化、相对主义化了。

三 历史主义的先行理论:逻辑实证主义和证伪主义

20世纪初,继假设主义之后而兴起的是逻辑实证主义。从否定科学知识的主体性、相对性,坚持它的客观真实性这个方面来说,逻辑实证主义是上述假设主义的"否定"和17、18世纪传统经验主义科学哲学观点的"回复"。当然,这不是简单的回复,而是新的历史条件下的"回复"。它对假设主义的某些方面的"否定"也不是简单的否定,而是包含着肯定的"否定"。

20世纪初的科学认识进一步深入和扩展到微观世界与宏观世界。特别是相对论和量子力学的兴起，进一步表露了科学知识的主体性与相对性的性质。那么，在当时条件下，逻辑实证主义为什么要否定强调科学知识的主体性与相对性的假设主义立场，而转向强调科学知识客观性与确定性的旧传统立场呢？其原因是多方面的。但其中一个重要原因是假设主义在强调科学知识主体性的同时，否定了其内容的客观性；在强调科学知识相对性的同时，否定了其确定性，从而陷入了主体主义与相对主义，而这正是以追求客观真理为己任的许多科学家和科学哲学家所无法接受的。寻找并建立一种既能肯定科学知识的客观性与确定性，又能适应当时自然科学迅速发展现状的科学哲学理论是当时逻辑实证主义的任务之一。

逻辑实证主义是现代经验主义。它强调经验（观察语言）的客观确定性（不以主体意志为转移），并企图在此基础上建立起整个肯定科学知识客观性与确定性的科学哲学理论大厦。

逻辑实证主义断言理论是可错的，经验观察（或观察语言）是不可错的。后者是前者的坚实基础，并且是检验前者、纠正前者的公正审判官和指导者。他们接受赫歇尔等假设主义者关于"科学理论发现"与"科学理论证明（辩护）"严格分开的观点；认为科学理论（假设）的提出（发现）并不依赖理性的归纳法或演绎法，而依赖于非理性（神秘）的灵感或直觉。但是当一个假设被提出后，它们的鉴别（证明或辩护）过程则是理性的，必须严格遵守对应规则与逻辑规则，把它们"还原"为"经验陈述"（把它们与经验陈述联系起来），以获得经验这个公正审判官的检验。

逻辑实证主义认为检验理论的方法是归纳法。虽然他们与早期的经验主义不同，否认归纳法是科学发现的方法，但坚信它是检验理论的方法。如"天鹅都是白的"这个普遍性命题。只有通过归纳法，即通过多次的经验观察，看看是否有白天鹅出现，及其出现的次数如何，来判定它的真伪及其真实性程度。如果没有白天鹅的出现，它就是假的；有白天鹅出现，就具有真理性；出现的次数愈多，概率愈高，其真理性的程度就愈大。这就是说，他们继续坚持传统经验主义的科学知识的客观真理性观点，但否弃其真理绝对性观点；接受了假设主义的科学知识可错性观点，但又拒绝了它的主体主义与相对主义；认为科学知识虽不具有绝对确定性，但也非完全不确定的，而具有相对的确定性——概率的确定性。

如上所述，20世纪初由于相对论与量子力学的发展，科学理论的相对性与可错性已愈来愈明显，而假设主义因夸大科学理论的相对性、可错性而导致否定科学理论的（相对）确定性与（客观）真理性，宣扬主体主义与相对主义，从而引起许多科学家与科学哲学家的不满。这就促使逻辑实证主义竭力寻求建立一种既肯定科学理论的相对性与可错性，又坚持其（客观）真理性与（相对）确定性的科学哲学理论。为此，当时许多杰出人物如卡尔纳普等人做了大量艰苦的、出色的工作。但由于他们的经验主义与逻辑主义的立场而导致理论上漏洞百出，无法自圆其说，从而遭到来自学派内外的种种责难与批判，于20世纪中期以后逐渐地衰落。

表面上与逻辑实证主义相对立，而实质上与前者同属经验主义与逻辑主义的另一个学派是波普的批判理性主义或证伪主义，它在20世纪科学哲学中处于重要地位，对后世有较大影响。

与逻辑实证主义者不同，波普接受了惠威尔等假设主义者有关"观察负载理论"的思想，并对此作过较多的阐明。但是在其整个理论体系中并没有贯彻这一思想。相反，为了拒绝上述假设主义的相对主义，坚持科学知识的客观真理性，他不顾理论的自相矛盾，继逻辑实证主义后，继续坚持经验观察不可错的经验主义原则，以保持经验作为检验理论真伪的公正审判官地位。他把这个原则说成"方法论的约定"，从而把自己的整个科学哲学理论的宏伟大厦建立在约定主义的沼泽地上。

波普的证伪主义虽然跟逻辑实证主义一样属现代经验主义，但是他极力反对逻辑实证主义的归纳主义，否定归纳法是科学的方法；认为它既不能像传统归纳主义者所认为的那样，为科学提供必然知识。也不能像现代归纳主义（逻辑实证主义）者所认为的那样，为科学提供或然（概率）知识。因为从数学观点看，经验观察无论重复多少次，也只是一个有限数，而科学理论具有无限（普遍）性。一个有限数与无限数之比，其概率只能是零。

波普断言：具有普遍性的科学理论虽不能被经验证实，但能被经验证伪。如"天鹅都是白的"这一普遍性命题，虽不能因见到过大量的白天鹅而证实，却能因见到一两只非白色天鹅而证伪。

波普坚持科学理论的可证伪性，断言任何科学理论都是可证伪的，并且最终必然被证伪。科学进步就是通过不断证伪理论，清除错误，增加真理成分，逼近客观真理而实现的。他提出的科学进步模式是："假设→证伪→再假设→再证伪→……逼近客观真理。"

为了坚持科学真理的客观性,波普极力主张肯定外部世界存在的实在论。不过他断言:肯定外部世界存在是没有科学根据的,之所以要坚持它,是由于有利于科学研究的进步,因而它是一种方法论上的约定。他自称这种实在论为"方法论的实在论"。

综上可见,波普的证伪主义尽管跟逻辑实证主义在理论上看来有很大不同,甚至完全对立;但是在许多基本观点方面,不仅在经验主义与逻辑主义方面,而且在坚持科学知识的客观真理性和相对可错性,以反对主体主义与相对主义方面都有一定的相似性。它也跟逻辑实证主义一样,因理论上存在不可克服的困难与问题而最终与后者一起衰落、解体。

四 从历史主义到现代主义

20世纪50年代以后兴起的历史主义科学哲学对逻辑实证主义和证伪主义的衰落与瓦解起了主要的作用。它是19世纪下半期假设主义的继承者和20世纪上半期逻辑实证主义与证伪主义的反叛者。它继假设主义之后,极力反对科学知识的客观(真理)性、确定性和合理性,宣扬科学知识的主体性、可错性和非理性,从而逐步把主体主义、相对主义和非理性主义推向极端。它的代表人物有图尔敏、汉森、库恩、拉卡托斯和费耶阿本德等人。他们都因反对逻辑主义、坚持科学哲学研究与科学史研究相结合的方法论而被称为历史主义。他们彼此间的理论差别甚大。然而强调科学知识的主体性、相对性与非理性,反对它们的客观性、真理性与合理性却是这个学派的主流。

美国科学哲学家图尔敏是历史主义学派的先驱或创始人。20世纪50年代后,他最早恢复了早期假设主义关于科学哲学与科学史相结合的方法论主张,并继承、发展了假设主义思想。他突出并系统地论述了建构主义的科学哲学理论,强调科学任务不是发现客观的新事物或新规律,而是基于"自然秩序的理想",给零散的经验材料建构有序性、整体性的解说模型。他强调科学理论建构的主体性,反对科学理论的客观性、真理性。他在库恩之前就提出了"范式"(又称"解释范式")的概念,以及类似于"范式不可比"的思想,为后来的历史主义学派提供了理论方向。

在 20 世纪 50 年代中，继图尔敏之后提倡历史主义理论的另一名科学哲学家是英国的汉森。汉森的主要理论"功绩"是系统地论述了"观察负载理论"的著名论点，从而在根本上动摇了逻辑实证主义（也包括证伪主义）的理论基础，为历史主义科学哲学的建立巩固了理论前提。如前所述，类似"观察负载理论"的思想，早在 19 世纪假设主义的创始人惠威尔就已经提出，并为赫歇尔、彭加勒以及后来的波普所多次论述与发挥。但是对此作充分的、系统的论述，并把它与现代心理学实验联系起来，从而使之成为难以反驳的观点的却是汉森。这个论点否定了逻辑实证主义的"理论语句"与"观察语句"严格分开的二分法，否定了经验观察的中立性及其作为理论真伪的公正审判官的地位，表明不仅科学理论具有主体性与可错性，而且观察、实验也具有主体性与可错性，从而为主体主义与相对主义的进一步泛滥敞开了大门。

沿着图尔敏与汉森的足迹进一步走向主体主义与相对主义的是当代最著名的科学哲学家之一库恩。库恩是历史主义学派的集大成者。他提出了以"范式"为核心的科学哲学理论，其主要内容有：（1）由于理论污染观察，科学的观察与实验并不是中性的，而是主体性的、非理性的；（2）由于科学理论或范式是科学共同体的信仰或信念，它们也是主体性的、非理性的，并不具有任何客观性；（3）由于科学理论具有相互依存的整体性，任何理论受其背景理论的制约；又由于观察、实验受理论的污染，任何理论的证实与证伪都是主体任意决定的，非理性的；（4）由于科学的理论或范式是主体（科学共同体）的信念，由于科学家们对理论与范式的评价、选择与采用的主体性、范式（理论）的不可比（不可通约）性以及前后更替的范式或理论之间没有任何继承性，因而科学理论的演变是没有任何（客观的）进步性可言的。

总之，库恩不仅把整个科学认识的过程主体主义化，相对主义化，而且把整个科学活动的过程主体主义化，相对主义化了。在他那里，整个科学事业几乎成了完全主体性的、非理性的事业。

美国著名科学哲学家费耶阿本德把库恩的科学哲学思想向主体主义、相对主义方向又推进了一步。他断言：既然科学理论是不具有客观真理性的非理性言论或意见，那么它属于意识形态，与其他意识形态（如艺术、宗教、迷信等）就没有任何根本性区别；应反对把科学高置于宗教、迷信等其他意识形态之上的"科学主义"或"科学沙文主义",而提倡一律平等相待的"多元主义"或"无政府主义"。他提倡:(1)方法论的多元主义或无政府主义。反对任何规范化的科学方法论,主张"怎么都行";连宗教迷信的方法也行。而任何科学方法论的研究只会束缚科学家的自由思考,妨碍科学的进步;(2)理论的多元主义或无政府主义。他主张任何理论,不论是科学理论或是宗教、迷信、巫术、魔法等理论,都应平等开放,自由流行;(3)文化的多元主义或无政府主义。一切意识形态应平等共处,既应反对中世纪压制科学的"宗教沙文主义",也要反对当今压制宗教的"科学沙文主义";在学校和社会中,既应向学生和人民大众讲授各种科学技术知识,也应容许传授宗教迷信思想。费耶阿本德的上述科学哲学思想对以后的"后现代科学哲学"有直接影响。后者是他的理论的逻辑引申和发挥。

库恩、费耶阿本德的相对主义、非理性主义理论,在西方科学界和科学哲学界引起了强烈震动。有人赞赏它,也有不少人反对它,有人甚至认为它是"科学的耻辱"。因此,20世纪70年代初,就有一些较年轻的科学哲学家出来批判这些思想。他们继续坚持图尔敏、汉森、库恩等人的科学哲学与科学史相结合的历史主义方法论传统,接受了后者理论中的许多合理观点和思想,但是反对他们的主体主义、相对主义与非理性主义的立场,特别是非理性主义立场。他们之间的理论差别甚大,甚至彼此对立,但是在坚持理性主义、反对非理性主义方面却有一定的共同性,因此人们称他们为"新历史主义学派"。

大体说来,新历史主义学派的理论可分为两类:一类以坚持科学实在论的夏佩尔等为代表,另一类以坚持新工具主义、新实用主义和反实在论的劳丹为代表。

夏佩尔认为,科学是主体认识客体的能动性活动。科学认识是主体性与客观性的统一。否定科学的主体性,片面夸大科学知识客观性的传统的绝对主义理论是错误的;否定科学知识的客观性,片面夸大科学知识主体性的老历史主义者的相对主义理论也同样是错误的。既应反对绝对主义,又应反对相对主义;坚持科学知识的主体性与客观性在科学实在论基础上的统一,是当前科学哲学的历史任务。他指出:科学史表明,特别是现代和当代的科学发展现状表明,科学知识并不是不可错的绝对真理,它处在不断的变化、发展和新旧理论的迅速更替中。同样，科学认识活动，特别是现代科学认识活动是一个十分复杂的创造性思维活动，科学家必须充分发挥主体的能动性。从这个意义上说，没有主体的能动性就没有科学。但是绝不能因而得出科学的主体主义、相对主义和非理性主义的结论，因为科学理论是对客观实在的认识或描述。科学在迅速发展中，在新旧理论不断更替中表现出来的科学知识的相对性，并不仅仅是科学家们的信念的改变，即单纯主体性的变化，而更是对客观实在的认识的深化。同样，现代科学思维的能动性或创造性，也不仅仅是偶然迸发的"灵感"和"直觉"，而是多种播放科学方法论的创造性运用和巧妙结合的合理性活动。

劳丹跟夏佩尔一样坚持科学知识的合理性，反对库恩等老历史主义学派的非理性主义。但是他并不反对，而是继续坚持后者的主体主义与相对主义，反对夏佩尔等人坚持外部世界存在，坚持客观真理的科学实在论。他认为承认外部世界存在是没有任何科学根据的，而客观真理则历来是引人走上理论邪路的"幽灵"或"鬼火"。他把整个科学哲学建立在新工具主义或新实用主义的基础上。断言科学活动不是认识外部实在的活动，而只是解决问题的活动；科学知识则不是有关外部的描述，而只是解决科学问题的工具；科学的合理性不是传统哲学所认为的"符合于逻辑性"，而是有利于解决问题的"工具合理性"；科学知识的"真"与"假"也不是与外部实在的"一致"与"不一致"，而是对于解决问题的"有用"与"无用"；有用就是"真"，无用就是"假"；今天有用今天就是"真"，明天无用，明天就成"假"；科学进步也不是认识外部实在的深化，而是解决问题的能力提高和数量增加，如此等等。总之劳丹把库恩等老历史主义者的主体主义、相对主义理论明显地实用主义化或工具主义化了，因而人们称他的理论为"新实用主义"或"新工具主义"的科学哲学。

20世纪80年代前后，从有关历史主义科学哲学理论的争论中引发了一场科学实在论与反实在论的争论。争论规模之大，参加人数之多，是过去不多见的。一般说来，科学实在论是一种坚持科学认识对象客观存在，坚持客观真理的理论。对他们可作多种分类，有人把它们分为三类：（1）形而上学实在论：即从本体论立场坚持科学实在论，多半是指唯物主义实在论。（2）科学信念的实在论：认为"外部世界存在"并不是"形而上学原则"，而是"科学信念的总和"，如夏佩尔的科学实在论。（3）方法论（约定论）的实在论：它也认为"外部世界存在"并不是"形而上学原则"，而认为是一种有利于科学进步的方法论约定，如波普等人的科学实在论。

科学实在论由于坚持认识对象的客观存在，往往坚持以下一些基本主张：（1）科学理论是客观实在的描述（认识实在论）；（2）科学语词是有指称的（语义实在论）；（3）科学进步不断逼近客观真理（逼真实在论）等。科学实在论者提出了种种论据为上述主张辩护，其中最著名的是普特南的"成功论"或"最佳解释论"。他认为"科学实在论是对科学预见得以成功的最佳解释"或"科学实在论是唯一不使科学预见的成功成为奇迹的哲学"。

反实在论则与科学实在论相反。一般说来，它们否定认识对象的客观存在，否定客观真理。与上述实在论主张相对应，它们主要从以下几个方面反对科学实在论：（1）反对科学理论是客观实在的描述（反认识实在论）；（2）反对科学语词是有指称的（反语言实在论）；（3）反对科学进步不断逼近客观真理（反逼真实在论）。反实在论的论据也很多，有人粗略地把它们分为以下几类：（1）传统经验主义的反实在论论点：否认经验之外的实在世界，拒斥之为"形而上学"。（2）库恩等历史主义的反实在论论点：上述历史主义种种论证科学知识主体性的论点，主要是"范式是（主体的）信念""范式不可比"等论点。（3）建构经验主义的反实在论论点：以范·弗拉森的理论为代表，认为根据相同经验材料可以建构多种不同甚至相反的科学理论。因此，真理仅是"理论对经验的合适性"。（4）实用主义的反实在论论点："有用即真理"等。当然这种区分是不全面、不严格，也是不科学的。反实在论除提出上述种种理论论据外，还提出了很多科学史论据，其中之一是：科学史上许多被公认为不描述客观实在的理论，如"日心说""燃素说"等也曾做出过成功的预见。不言而喻，这些论点都遭到科学实在论者的有力驳斥。然而，外部世界存在问题不仅是一个理论问题，更是一个实践问题。它不是以单纯的理论争论所能解决的。因此这场争论至今仍在继续。但是以下两种倾向的出现却值得人们关注。

一种倾向是科学唯物主义的崛起。如前所述，由于科学唯物主义从本体论立场坚持外部世界的存在，有时被称为一种"形而上学实在论"。科学唯物主义在西方一直存在，它在这场争论中崭露头角，日益得到人们的关注与重视。除塞拉斯的科学实在论外，还有以斯马特和阿姆斯特朗等为代表的澳大利亚唯物主义，以及邦格的科学唯物主义等。这表明西方有相当一部分科学家和科学哲学家已经意识到只有明确、坚定地坚持外部世界存在，才能维护科学的客观真理性。

另一种倾向是否定科学哲学的"后现代科学哲学"的出现。这方面的代表人物是法因和罗蒂。前者提倡"自然的本体论态度"，后者主张"后哲学的哲学"。

美国哲学家法因于1984年发表《自然的本体论态度》一文，提出了一种名为"自然本体论态度"（"NOA"）的科学哲学理论。这种理论认为：坚持科学对象客观存在，坚持客观真理的科学实在论是一种从科学外部强加于科学的毫无科学根据的形而上学，"它已经死了"；认为反实在论同样是一种从科学外部强加于科学的、没有意义的形而上学，它也随实在论之死而"死"了。"令人厌烦的"实在论与反实在论的争论"已经过时"，继之而来是"后实在论"时代。后实在论时代的科学态度（科学哲学）应是"自然本体论的态度"。它的主要论点是：作为形而上学的哲学不仅无助于科学，而且会给科学带来骚扰和混乱。"科学无须依赖于形而上学或认识论的助听器"，应彻底拒斥作为形而上学的哲学，"充分相信科学"，"让科学自身说话"。不应喋喋不休地从总体性上或哲学的意义上去讨论"存在""真理"等概念的意义问题，而应从局部的、具体的，即科学自身的意义上，如同科学家们自身所理解的那样去理解它们的意义。他写道："我相信自己关于日常对象的存在和特征的感觉证据，同样，我相信复核—再复核—复核……的科学研究体系及其构成科学惯例的种种保证措施。因此，如果科学家们告诉我说，他们知道真正存在着分子、原子、J/ψ粒子以至夸克，那么我就相信它们确实如此，承认它们真正存在着。"[①] 总之，拒斥哲学，否弃哲学，科学不需要哲学，这就是法因的"后实在论科学哲学"的核心内容。无怪乎有人说它是一种"不要科学哲学的科学哲学"。

罗蒂是一位长期研究科学哲学的美国哲学家。在1979年出版的《哲

---

① 法因：《动荡的游戏》，1986年英文版，第126—127页。

学和自然之镜》一书中，提出了"后哲学文化"理论，提倡一种"后哲学的哲学"。这是费耶阿本德的多元主义与劳丹新实用主义理论的逻辑发展，他从实用主义立场出发，考察和评论了近代西方传统的科学哲学。他断言：由洛克、笛卡尔开创的以认识论为内容的近代传统哲学是以"人心如镜"的隐喻为基础的"隐喻哲学"。它们的"心与物的对立""主体与客体的对立""外部世界存在""客观真理"等原则或主张都是以这个隐喻为根据的虚构和妄想。他断言："心物是一"，"客观性只是主体间的协同性"或"一致性"；而"真理只是有用"等。在这些观点的基础上，他提出了以下的主张：以"认识对象是否客观存在""真理是否具有客观性"等问题为议论中心的实在论与反实在论的争论是虚构的无意义的徒劳的争论，应该废弃。

近代传统哲学（包括实证主义科学哲学）把科学戴上"理性""真理"等桂冠，并使它高踞于宗教、文学、诗歌、艺术等其他文化的诸学科之上的科学主义观点是错误的。科学跟宗教、道德、诗歌、文艺等一样，都是非理性的、变易不定的意见。把科学理性化、真理化，其实质是把科学"神"化；是以科学的"收敛趋同"压制其官文化学科的"发散繁衍"。它只有利于一元主义的专制主义，不利于多元主义的民主主义。

建立在虚妄的"镜喻"之上，以"心物对立"，"主客对立"，"知识是外部世界的描述"以及"客观真理"等为内容的虚构、幻妄的近代传统哲学终将消解；以替宗教、道德、文艺等一切文化学科提供"一般原则""永恒准则""最高依据"为己任，以一切文化学科的"最高监护人""最后审判官""至尊女皇"自居的近代传统哲学终将消亡，取而代之的将是全新的"后哲学的哲学"。

新的"后哲学的哲学"不是以建构知识体系和普遍原则为己任的"体系哲学"；而是陶冶自我、教化自我的"陶冶哲学"或"教化哲学"。确切些说，它是不断通过苏格拉底式的对话、讽刺，以沟通主体间的交流，完善自我，更新自我，创造自我的海德格尔、伽达默尔和德里达式的解释学。这样，罗蒂就宣告了近代传统哲学的科学哲学的解体。这不仅消解了20世纪初以来科学哲学与人本哲学的对立，而且把前者融合于后者，从而"最终"完成了西方科学哲学的哥白尼式倒转。总上可见，西方科学哲学的哥白尼倒转的实质是从客观主义、绝对主义向主体主义①、相对主义的转变；而历史主义在这个转变过程中居于关键性的地位，扮演了不可或缺的重要角色。应该指出，历史主义在当代西方科学哲学中仍占重要地位，而后现代科学哲学仅昙花一现，但它预示了新的变化。因此，理解、把握历史主义科学哲学理论是理解、把握整个现代西方哲学理论及今后演变趋向的关键。

---

① 后现代哲学否定主体与客体的对立。把它把客体消融于主体之中，其实质是主体主义。

第二章 图尔敏的自然秩序理想论

斯蒂芬·爱德斯顿·图尔敏（Stephen Edelston Toulmin），英国哲学家和教育家。1922年3月25日出生于英国伦敦；1943年获英国剑桥大学皇家学院文学硕士学位；1948年获哲学博士学位。曾在牛津大学讲授科学哲学；1954—1955年在澳大利亚墨尔本大学科学史和科学方法系任教；1955—1959年任英国里兹大学哲学系教授和系主任；1960—1965年任纳菲尔德基金会主任；后来移居美国，1965—1969年任美国布兰代斯大学历史思想与哲学教授；1969—1972年任密执安大学教授；1972—1973年任圣克鲁斯加利福尼亚大学教授；1973年以后任芝加哥大学社会思想与哲学教授。他的主要的科学哲学方面的著作有：《科学哲学导论》（1953）、《预见与理解》（1961）、《人类的理解》（1972）等。

在科学哲学方面，图尔敏是历史主义学攘的创始人之一。他在《科学哲学导论》与《预见与理解》等著作中，最早提出了历史主义科学哲学的基本观点，为后来的历史主义者库恩等人的科学哲学思想奠定了基础。后来他不断修改，完善并发展自己的观点，基本上站在夏佩尔等新历史主义学派的一边。

一 反对逻辑主义，提倡历史主义

逻辑实证主义的逻辑主义科学哲学理论，自20世纪50年代以后，由于在理论上不能自圆其说，受到了各方面的批判而逐渐解体。图尔敏提出的历史主义科学哲学理论及其对逻辑主义理论的批判，对于这种解体起了十分重要的作用。

图尔敏认为现代科学哲学中种种错误理论或学说得以流行的一个主要

原因是：科学哲学的逻辑主义化。由于逻辑在科学哲学中所占的主导地位，致使许多人把科学哲学简单地等同于逻辑。这种错误倾向和主张由来已久。早期研究科学方法论的人极大多数是逻辑学家，他们把科学方法论看作哲学的中心内容，又把逻辑看作最根本的方法。早期的演绎主义者笛卡尔和早期的归纳主义者培根以及后来的穆勒都是这样。当今英美的逻辑主义者，主要是逻辑实证主义者，如卡尔纳普等人，则更把科学哲学等同于逻辑，从而把科学哲学的研究引进了死胡同。证伪主义者波普也不例外，尽管他的许多观点与逻辑实证主义的观点相对立，但是他仍未摆脱逻辑主义的影响，相反，把科学哲学等同于逻辑的逻辑主义思想随处可见。

逻辑主义的科学哲学理论的最大缺点或错误是把科学哲学的研究与科学家具体的科学实践割裂开来，"他们很少考察物理学家们实际运用的论证方法"①，从而造成了科学哲学与过去科学家的具体实践及科学理论发展的实际情况（科学史）相脱离，与当今科学家的具体实践及科学理论发展的实际现状相脱离。

逻辑主义的科学哲学家们是从纯粹的抽象思辨出发的，或者说是从想当然的纯形式逻辑观点出发的。他们的理论论证看起来逻辑严密，不可反驳，然而却与现代自然科学的实践相去甚远。因此尽管看起来好像清楚明晰、精深广博，而其实"无法为从事实际研究的科学家所理解，他们也不感兴趣"②。例如，逻辑主义者们在他们的科学哲学著作中连篇累牍、不厌其烦地讨论了归纳与演绎问题、自然法则的本质问题、自然的齐一性问题以及有关确证的累积问题等。尽管他们的争论乃津津有味，然而处于科学研究第一线的科学理论家们却对它们不屑一顾。于是，出现了这样一种不正常的，甚至令人奇怪的现象：科学哲学家不关心实际的科学理论与实践，而专业的科学家则不关心科学哲学，因而科学哲学成了一朵不结果实的花，看上去姹紫嫣红，其实对自然科学的研究并不起多少指导作用，也即"对物理学毫无影响"③。

图尔敏认为产生这种不正常现象的根本原因，是科学哲学与它的理论

---

① 图尔敏：《科学哲学导论》，1953年英文版，第10页。
② 图尔敏：《科学哲学导论》，1953年英文版，第9页。
③ 图尔敏：《科学哲学导论》，1953年英文版，第10页。

基础——科学史以及科学理论、科学实践的现状相脱离，从而使它失去了真实性，成为一些根本背离科学理论与实践的空谈。图尔敏以科学发现的方法论为例说明了这一点。他认为，逻辑实证主义者讨论科学发现问题时，从不关心科学家们在科学发现中所采用的实际方法，而想当然地把科学发现的方法简单地等同于纯粹例证累积的归纳法，从而把伟大的自然法则等同于"凡是乌鸦都是黑的""凡是妇女都是坏的驾驶员"等一类庸俗不堪的经验归纳命题。实际上，科学发现乃是一种伟大的创造性活动，是一种十分复杂的认识过程，其中包含了模型的运用等方法。再如，因果性问题也是这样。逻辑实证主义者常常从逻辑主义的纯思辨出发，无休止地批评、讨论因果性观念，不断撰写有关"因果性及其在现代科学中的地位"这类著作与论文。而实际上，如果去翻一翻现代科学理论著作，就会惊异地发现，"在专业科学家的著作中很少使用'因果性'这个词"，很少或根本不讨论因果性问题。现代科学哲学跟科学史、现代科学理论与实践相去如此之远，怎么可能让科学家们去关心它呢？如何能使科学哲学对科学研究产生指导作用呢？他的结论是：拯救科学哲学的唯一途径是将科学哲学与科学研究的历史实际相结合。他写道："除非人们对科学家的现实的实践给予足够的注意，否则，对所有有关问题的回答都将很容易导致错误。"[①] 这就说明，图尔敏在批判逻辑主义的同时，为科学哲学的发展指出了新的方向——历史主义的方向，从而成为历史主义的创始人之一。

图尔敏指出，现代科学哲学之所以走上歧路，除了上述逻辑主义的影响外，还受到了另一种与上述逻辑主义密切相关的错误倾向的影响，那就是对现代科学理论作错误的通俗化的解释。

由于现代科学哲学家都是逻辑主义者，而不是专业的理论科学家（逻辑主义者则大多是逻辑学家），他们缺乏科学的理论与实践，因而往往仅从科普著作中获得一些扭曲了的理论科学知识，这就引导他们走上了错误的科学哲学道路。

图尔敏指出，随着现代自然科学突飞猛进的发展，现代自然科学，特别是现代物理学知识已高度专业化，绝非一般人所能了解和掌握。早在17世纪英国皇家学会成立之初，许多非专业性科学工作者都成为会员；而

---

① 图尔敏：《科学哲学导论》，1953年英文版，第11页。

今，在皇家学会的刊物上发表的文章就很难为一般人所能看懂了。"因此，与早期相比，当今皇家学会的会议记录是很少有人能读懂它了。"① 然而，"尽管不是每一个人都是熟练的物理学家；但是每一个人却都希望掌握一般的物理知识。"② 这样就出现了一部分使现代物理知识通俗化的科普著作。并且，随着现代物理学的发展与深入，这类著作的问题也越来越多。于是出现了两类现代物理知识的著作：专业性理论著作与通俗化著作的"分离"。前一类著作只能在少数专家内部交流，后一类著作却为广大外行人所喜欢和阅读。而后一类著作为了能为一般外行人所接受，就尽量"回避技术性细节"与"专门性术语""专门性事项"的叙述，并使之尽量通俗化、生动化与形象化，从而造成对科学内容的误解与扭曲。其结果是，"无防御的读者们从它们那里所得和成果的歪曲了的图画"，产生了"种种错误的观念"③。

图尔敏认为，现代科学理论的通俗化是一件十分重要但也十分困难的工作，它的困难是多方面的。人（门外汉）去理解科学理论。这就决定了理论科学通俗化工作必须在两方面下功夫。其一，是尽可能避免使用门外汉所不能理解的科学语词（包括科学的名词、术语以及它所使用的理论模型、数学公式等），而只能使用日常语言。其二，是尽可能正确地告知门外汉以必要的理论科学的内容。然而这两个任务是相互矛盾的。这是因为不使用科学语言，而使用日常语言，就根本不可能正确地转达理论科学的内容，而只能导致理论科学的歪曲。

与上述矛盾相联系，理论科学通俗化的另一个矛盾是：以日常语言代替科学语言表述理论科学内容而带来的叙述上的冗长与累赘，和科学通俗化本身所要求的表述的简要性之间的矛盾。这个矛盾也是不可解决的。为了解决这些矛盾，必然引起理论内容表述的不确切性，从而导致现代科学内容的歪曲。他写道："也许通俗化工作的困难之症结在于其目标的两重性：它必须用门外汉所能理解的语言告知他们科学的内容，同时它又必须简要地告知他们科学内容的概况。这两方面的要求在实践中构成冲突，因

---

① 图尔敏：《科学哲学导论》，1953年英文版，第9页。
② 图尔敏：《科学哲学导论》，1953年英文版，第9页。
③ 图尔敏：《科学哲学导论》，1953年英文版，第9页。

为科学语言的主要优点是它的简明性，通俗化则要求不使用那些科学家为了理论的目的而引进的技术语词，这样就使表述冗长，如果通俗化工作者既只使用日常语词，又要把理论解释得很简要，这就必然导致某些东西的牺牲：首先是抛弃逻辑上离题的话；其次是大幅度地砍掉那些用以解释理论的现象描述，而这些现象描述却是理解理论所必需的。因此，这样做的结果，是只能令门外汉得到不真实的科学知识，从而陷入一片黑暗中。"[1]"因此，门外汉希望得到的最多是一幅扭曲了的理论图画；而在最坏的情况下，他将最终放下书本，而这时比他刚开始拿起书本时还要困惑不解。"[2]

图尔敏认为，通俗化对科学理论内容的扭曲是多方面的。常见的方面如下：

（一）在科学理论的模型方面，图尔敏认为，科学理论的模型往往不具有实物的形象性，而具有系统的解释性；即理论不是对实物的形象描写，而是对众多现象的系统化的解释。关于这个问题，图尔敏在后面有专门详细的论述。这里只是简要地提及，他以原子模型为例，认为人们不该把原子真实、形象地理解为内部含有高速运动的电子及基本粒子的大厦，而应该理解是对分解、化合、倍比、定比及布朗运动等大量现象所做的系统化的解释。但是，许多科普著作为了通俗化的需要，往往犯了这种实物化、形象化的错误。例如，英国著名天文学家爱丁顿爵士就是如此。他在其著名的"两类桌子"的论述中断言，对桌子的理解有两类：一是常识的桌子的理解；二是科学的桌子的理解。前者是错误的，后者是真实的。科学的桌子不是由日常的木头构成的，其极大部分是由虚空构成的。这非但不能帮助人们去理解科学的原子理论，反而使人们产生种种误解，从而造成种种忧虑，例如，忧虑"极大部分由虚空构成的桌子能否支撑得住一个茶壶"等。他写道："爱丁顿著名的'两张桌子'的叙述是一个有关此问题的恰当例子。他告诉人们不仅有个日常意义所称谓的桌子，而且有一种科学意义的桌子。它的极大部分是由虚空构成的。这不能帮助人们去理解原子理论。因为接受原子模型是帮助我们去解释以前所不能解释的事情。

---

[1] 图尔敏：《科学哲学导论》，1953年英文版，第15页。
[2] 图尔敏：《科学哲学导论》，1953年英文版，第11页。

抛弃这些现象，模型就只能被误解，以致产生当我们把茶壶放上桌子时就产生什么后果等不真实和不必要的忧虑。同样，也会令人遗憾地产生那些引起种种想象的美丽图画，如电子在原子中就像在一个大教堂中的图画，以及大脑是一架电话转换装置的图画等。"①

（二）科学语言与日常语言的转换问题。科学家使用特定的科学语言，这种语言不仅包括数学的运算和推导、特有的公式和模型，而且还包括大量专业性、技术性的名词术语。这些名词术语有的来自日常语言，表面上与日常语言所使用的名词术语一样，而实际意义却不同，试以"光的直线传播"一语为例，这里讲的"光线""直线"都与日常语言中的光线、直线不一样，它们是不占有面积的线，是一种科学的抽象。有的名词术语不来自日常语言，它们产生于建构科学理论的需要，如原子、基本粒子、质量、波函数等。有的科学语言术语在不同的科学理论体系中其意义也会发生变化，如牛顿力学中的质量、能量概念，与相对论中的质量、能量概念就不完全相同。这些理论科学的概念在通俗化过程中，如果将其转换成日常语言，即用日常语言的意义去理解，这不仅会使门外汉误解，甚至会陷入神秘主义的泥潭，如"不可见光""三维表面""四维空间""空间弯曲"等，如果用日常语言的意义去解释，那就成了"自相矛盾"的"不可理解"的概念了。

（三）类比问题。由于门外汉无法理解高度抽象化、数学化的理论科学知识，在通俗化过程中就常常使用类比。而类比如果不慎，往往容易误入歧途。前面讲的模型问题与语言的替换问题，已经涉及了"类比"问题，如把原子模型类比成一座大厦，把大脑类比成一架电话转换总装置等等。天文学家秦斯爵士把宇宙类比成一个四维的大气泡，这是另一个很好的例子。他企图以此引导读者对广义相对论的主要特征有所理解，而结果却适得其反，"引导读者们得出了所有事情都是绝对不可理解的、神秘化的错误结论"②。图尔敏认为，这就如同在小孩上床睡觉前给他们讲各种各样的故事，有的是寓言，有的是童话，有的是真实的历史事件，若不事先道明，就会给孩子带来误解一样。

---

① 图尔敏：《科学哲学导论》，1953 年英文版，第 12 页。
② 图尔敏：《科学哲学导论》，1953 年英文版，第 13 页。

图尔敏反复强调，他不是反对将科学通俗化，而是反对在"理论"通俗化基础上建立科学哲学。他认为这是与前述反对逻辑主义的立场完全一致的，归根到底就是反对脱离科学史，反对脱离现代科学研究的实际现状，用想当然的态度去研究科学哲学。

二　论科学发现

图尔敏认为，科学哲学讨论种种问题，其中最关键的是科学发现的问题。弄清这个问题，其他问题也就比较容易解决了。他说："如果我们想知道有关物理理论的种种问题，我们就必须首先弄清楚物理科学中的发现问题。"[1] 所以，图尔敏论述科学哲学是从论述科学发现开始的，这在现代西方科学哲学的发展史上具有重要意义。

早期的科学哲学家重视科学发现的研究。他们把科学发现的方法论问题看作科学哲学的基本问题，无论是早期的归纳主义者培根，还是演绎主义者笛卡尔，都是这样。19 世纪中叶，假设主义的先驱者赫歇尔断言非理性的假设法是科学发现的一个来源，并提出把科学发现问题与科学证明问题分开；认为科学证明是逻辑的、理性的，而科学发现则可以是非逻辑的、非理性的。后来逻辑实证主义者赖欣巴哈进而主张把科学发现问题排除在科学哲学研究领域之外。从此，科学哲学便不再研究科学发现问题，从而把科学哲学研究进一步引入了歧途。图尔敏指出，科学哲学不仅应研究科学发现的问题，而且应着重研究它。这表明他在这个问题上是与逻辑实证主义根本对立的。

（一）两种发现：物理学的发现与自然史的发现

图尔敏认为，在讨论科学发现的方法论以前，首先应弄清楚什么是科学发现，或者说科学发现活动是怎样一类性质的活动。他指出，科学哲学所研究的科学发现是理论科学的发现。用他的话说，就是"物理科学的发现"。它不同于日常生活中的发现，也不同于与日常生活中的发现有相同性质的"自然史的发现"。

---

[1]　图尔敏：《科学哲学导论》，1953 年英文版，第 7 页。

日常生活的发现或"自然史的发现"是新事物、新现象的发现，如在地理史上发现一条新河流；在地质史上发现了一个新矿藏；在生物史上发现一种新物种；以及某医生发现一种新疾病等。理论科学或物理科学的发现并非如此。它所谓发现，不是发现一种过去未闻未见的新现象或新事物，而是对原先已经知道的一类或一组现象以新的方式做出新的系统化的表述或解释，所以他说："任何物理学都是一种表达老现象的新方式。"①

图尔敏以"光的直线传播"原理为例说明了这个问题。人们在发现"光的直线传播"原理以前，已经有许多关于光的传播的经验。这些经验大体有三类：(1) 有关光的传播造成阴影的大量现象；(2) 有关光和阴影的变化的规则性（重复性）的经验知识。如阴影随着月亮和太阳在天空中的转动而移动；光源低，物体的阴影长；随光源的升高，物体的阴影相应地缩短，等等；(3) 有关光和阴影变化的经验性技术（经验性工具，如日晷）。他写道："我想它有三个物质的依据：首先，我们的日常经验，如光和阴影的经验；其次，这些经验的结果所发展成的技艺或技术（如日晷等）；最后，在我们日常语言中并未表述但又深信不疑的那些光的现象的规则性。"②

光的直线传播原理就是以这些经验知识为基础并在此基础上发展起来的。但是，这种发现是否解释了上述经验内容以外的别的新的经验内容呢？没有！它只是对它们做了新的系统性的表述或解释，把它们由原来的零乱的经验，解释成一个系统化或体系化的原理或理论罢了。

把光的直线传播原理的发现与对燕子做大圆圈迁徙的发现相比较，则有以下两点区别：

(1) 自然史的发现是新现象的发现，而物理科学的发现是新的统化表述方式的发现；自然史的发现是用者方式发现新现象，物理科学的发现是用新方式看待老现象。他写道："光学原理是不能单靠一件事情的偶然发生而建立起来的。几何光学的新的结论不是来自资料，而是来自推断；通过推断，我们得到一种观看熟悉现象的新方式，而不是在一个熟悉的方式中看新现象。"③

---

① 图尔敏：《科学哲学导论》，1953 年英文版，第 17 页。
② 图尔敏：《科学哲学导论》，1953 年英文版，第 18 页。
③ 图尔敏：《科学哲学导论》，1953 年英文版，第 20 页。

（2）自然史的发现是事实的发现，其正确与否可用事实检验或验证。物理科学的发现是新的系统化的表述方式的发现，它的正确与否，不是用事实可以断定的，而是以有用或无用来检验的。例如，一个地理学家在某处发现了一条新河流，至于它是否属实，我们亲自到那里去看看就知道了；鲁滨孙宣称在某荒岛上发现了"礼拜五"，我们可以到那里去调查一下，看看是否有一个"礼拜五"等。然而，物理科学的发现却不是如此。例如，光的直线传播原理的发现并不能用光正在直线传播这样一种经验事实来证实，因为光传播得很快，每秒30万公里，人们根本经验不到它的传播速度、方向、路径等，而只是有关这方面的一种理论的解释或表述方式。我们说光的直线传播原理正确，并不是看到了有一经验事实确实如此，而是说人们可以用它很好地解释有关光的许多经验现象并使它们系统化，从而能用它解释各种其他光的经验现象。他写道："总之，应当从本质上认识到，光的传播的观念的提出，并不简单地就是某种确确实实的东西在运动的发现，而毋宁说是扩大了'传播'这个观念，用以服务于物理学的新任务。"①

因此，科学理论只是一种表述方式，它的适用范围是相对的、有条件的。例如，光的直线传播原理就是相对的、有条件的，它只能在一定范围内有效，并不适用于衍射现象。而自然史的发现就不是这样，例如，鲁滨孙发现了"礼拜五"就是发现了"礼拜五"，不能说这种发现是相对的、有条件的，即在一定条件下有一个"礼拜五"，在另一条件下就没有"礼拜五"；因为它是事实，而不是一种表述方式。相反，物理科学的发现，其内容却是一种表述方式而不是事实。

从上面两点区别还派生出另一个重要的区别，那就是：自然史的发现是经验的发现，用以表述的语言是自然语言，即日常的经验语言。

如河流就是日常经验中的河流；奴隶（礼拜五）就是一个经验上的奴隶（礼拜五），等等。而物理科学由于是新的表述方式或新的解释方式，它不能用自然的语言或经验的语言表述，而只能用理论的语言或解释方式表述，它们具有一定的专业性或技术性。例如，光的直线传播原理中所指的"光"就不是一种经验中的光（如灯光、日光等），而是一种非经验的

---

① 图尔敏：《科学哲学导论》，1953年英文版，第22页。

（纯理论的）电磁辐射，它与前者的意义是不同的。

图尔敏指出，自然史家的发现与物理学家的发现是两种不同的发现。前一种是发现经验事实，人们承认这个经验事实是被迫的，不可选择的，不论愿意或不愿意都必须承认它；后者不是发现一个经验事实，而是对一些经验事实加以系统化解释的方法，解释方法不像经验事实那样只有一个，它可以是多种的，既可以这样解释，也可以那样解释，人们对它们有选择性，可以选择这个，也可以选择另一个。决定选择哪一种解释的准则是"有益"或"有用"，即一种解释在我们的科学理论的实践中有用、有益；哪一种解释用处大、益处多，我们就选择哪一个。他写道："接受一种光学原理并不像由于沙滩上有个脚印而迫使我们必须承认有一个人来过这里那样具有强迫性；然而为了一定的物理学目的，我们又必须接受它。"①

（二）两种发现的方法：归纳法与图像推理法

图尔敏认为，由于两种科学发现的性质不同，由此也造成了这两种科学发现的方法的不同。

图尔敏指出，从历史上看，科学哲学家在科学发现的方法问题上，提出过三种不同的方法，形成了三大派别并展开了激烈的争论。

一种是以培根、穆勒为代表的归纳主义。它认为科学发现的方法是归纳法，即对经验事实进行归纳。但是，这就带来了"休谟问题"即归纳法是否可靠的问题。后来，逻辑实证主义者们认为，归纳法不是发现科学理论的方法，而是证实理论的方法，即一个理论的证实（确证）必须依赖归纳法。譬如，看到的白天鹅越多，"天鹅是白的"这个命题的真理性的概率度就越大。但归纳法得出的概率是过去的概率，不是未来的概率，怎能保证理论的未来的真理性的概率度呢？

另一种是由笛卡尔、莱布尼茨为代表的演绎主义。它认为科学发现的方法主要是演绎法。然而，演绎法的结论所以正确，是由于其后件包含于前件之中，它本质上是一种同义反复（A = A），根本不可能有新发现，特别是三段论。实际上，科学家们从来不这样机械呆板地去思考问题。第三

---

① 图尔敏：《科学哲学导论》，1953年英文版，第23页。

种方法是以惠威尔等为代表的假设主义。它认为科学理论的发现不是逻辑的、理性的认识，而是一种神秘的、偶然的、突如其来的灵感。由于灵感是非逻辑、非理性的，因而对它们不可能做逻辑分析或理性分析，即不可能科学地加以认识和说明。因而科学哲学不应研究这个问题。

图尔敏认为，过去的科学哲学之所以在这个问题上争论不休，是由于不懂得上述两种发现的根本区别，把二者混淆起来，从而没有认识到物理科学发现的真正性质。特别是归纳主义者，由于他们都把理论科学的发现等同于自然史的发现，认为科学理论的发现是新的经验知识的发现，从而得出了科学发现的方法是归纳法的错误结论。他指出，由于物理科学的发现不是经验事实的发现，因而不能使用归纳法；但是它也不是与经验事实完全无关的事情，而是建立在经验事实的基础上的用以解释经验事实的一种方式，因而它又不是单纯的同义反复的演绎法，以及单纯地依靠灵感的假设法。

那么，理论科学或物理科学的发现采用的是什么方法呢？他通过案例分析提出了一种新的科学发现的推理方法，这种方法被称为"图像—推理方法"。

图尔敏通过发现光的直线传播原理的案例分析说明了这个问题。

图尔敏反复强调，科学理论的发现虽不是经验事实的发现，但也不是与经验事实完全无关，而是对许多分散经验的系统化的解释。因而"科学产生于日常经验世界""科学是组织起来的常识"。[①] 光的直线传播原理的发现就是如此。前面已经说过，在这个原理产生之前，人们已经有了有关光与影的日常经验知识，以及建立在这些经验知识基础上的经验性技巧（如日晷等）。该原理的产生就是与这些日常经验知识分不开的。

例如，人们进一步问，为什么太阳以30°仰角直射在一座6英尺高的墙面上，墙后地平面上的影长一定是10.6英尺？而不是15或20英尺呢？

又如，太阳以15°仰角直射在6英尺高的墙面上，墙后地平面上的影长为什么一定是30英尺，而不是其他长度（如不是40英尺）呢？等等。

[①] 图尔敏：《科学哲学导论》，1953年英文版，第17—18页。

第二章 图尔敏的自然秩序理想论

光学家反复思考，寻求它的理由，最后认为，如果承认光是直线传播的，那么，接受这个原理就能解释这些现象。因为，如果接受了这个原理，人们就能用几何图形以图解的方法对它们做出以下说明：

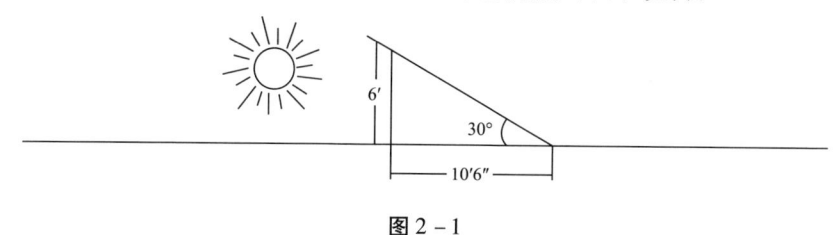

图 2-1

几何光学家在发现光的直线传播原理时强调两点：一是用上述图解法解释以上经验现象，结果都得到圆满的解释；二是进一步扩大解释经验现象的范围，用它去解释更多的现象，结果都同样得到圆满的解释。于是，就宣告这个原理的发现，从而被人们接受。当然，这种解释的范围是有一定限度的。说这个原理有效，只是在一定范围或一定条件下有效。如光的直线传播原理只适用于几何光学范围，对于衍射现象就不完全有效了，除非另作新的补充。但是这并不影响这个原理的科学价值。

由此可见，科学家在这里所采用的方法并不是归纳法，如果采用的是归纳法，即单纯经验事例的概括，那么它就不会有这种科学的"必然性"了。他指出："这是一种什么类型的推理呢？不是一种仅仅从一个具体字例到另一个具体事例的累积性的推理"，否则，"正像休谟所正确坚持的那样，它就不会是'必然'而只是'经常'的了。"[1]"而且，如果采用逻辑学家们所认为的那种经验概括，那么，由于它不能解释衍射等现象，'光是直线传播'就会被认为是错的了。"[2]

科学家在这里采用的也不是演绎法，更不是简单的三段式，"如果采用的是演绎法或三段论，那么我能期待的只是：'因为所有光是直线传播的'，'它是光'，'所以它是直线传播的'那一类循环论证了"[3]。这是不可能有什么新发现的。

图尔敏认为，这是一种过去逻辑书籍从来没有讨论或论述过的新的推

---

[1] 图尔敏：《科学哲学导论》，1953 年英文版，第 24 页。
[2] 图尔敏：《科学哲学导论》，1953 年英文版，第 30 页。
[3] 图尔敏：《科学哲学导论》，1953 年英文版，第 25 页。

理方法。他称之为"图像推理（drawing inference）法"或"推理二图像（inference-drawing）法"，有时则称为"图像的物理学推理方法"（The method of drawing physical inference）他写道："这将不会让我们惊奇，我们面临的是一种图像的物理学推理方法，一种在逻辑著作中所没有的方法。这是一种由认识光现象的新方式带来的关于光现象的图像推理的新方法。"①

图尔敏进一步分析了这种新方法。他指出：物理学的科学发现方法主要是由两大部分组成的：一是模型，二是图像的推理方法或技巧。如在上述例子中，光的直线传播是模型，图像推理法是它的推理技巧。因此，他认为："推理技巧与模型是科学发现的核心"，又说："科学理论不能离开模型与数学推理技巧计算"，"对于每一个（物理科学的）分支，我们都能询问它们在工作中的表述方法和使用的模型"。②

有人认为，由于量子力学的高度数学性，它不可能，也不需要离任何模型。图尔敏反对这种观点，他认为，由于量子力学的高度复杂性，它不可能通过一个简单的模型来解释，这是正确的，也是符合事实的。但是如果因此说不需要模型，那就错了。例如，基本粒子的波粒二象性就是量子力学的一个不可缺少的模型，虽然它的复杂性和矛盾性似乎令人难以理解。他断言："提供一个简单的模型用以解释量子力学是不可能的，因此，有人感到为难，甚至轻率地或慌乱地表示'上帝必须是一个数学家'。显然，与一个简单的模型相匹配的推理技巧无法适用于量子力学的全部的广阔的领域，这可能就是它的原因。因此，就出现了这样的情况：有时应用一个波动模型于这个理论的某些方面；而有时，在其他方面粒子模型则更为适用。"③

接着，图尔敏对科学发现的这两大核心部分——模型与图像的推理技巧分别做了较为详细的论述。

首先，图尔敏详尽地论述了物理科学的图像的推理技巧。图尔敏之所以称这种推理为图像推理，是由于这个推理过程不是依赖语词，而是依赖

---

① 图尔敏：《科学哲学导论》，1953年英文版，第25页。
② 图尔敏：《科学哲学导论》，1953年英文版，第31页。
③ 图尔敏：《科学哲学导论》，1953年英文版，第35页。

画出的线条（绘图）。他认为可能正是由于这个原因，它才至今未被逻辑学家所注意和研究。他写道："如果这里所使用的图象——推理技巧，未被逻辑学家所承认，也许是由于人们在几何光学中学习图像推理并不是通过使用语词，而是通过勾勒线条。"①

当然，图尔敏指出，所谓图像推理的方法并不是一种真正的艺术绘画的方法，而只是一种具布图像示意的推理方法。因此，它不是一种美学意义上的艺术品，而是一种科学推理的工具。这种推理形式的特点是由于具有一定的图像性，因而特别令人可信。然而，它毕竟不是真正的图画，而是一种科学推理的手段或工具。他写道："图像推理技巧的生动性对于非数学家来说具有特别的可理解性，但是不应当成为一种误解。因为，我们虽然可把图解说成是一种图画，但必须记住这种图画是永远不会出现在艺术展览会上的……物理学家的图解对于在街头评论肖像的人来说是没有价值的，因为物理学家关于光的观念在许多重要的方面与日常观念相背离，所以它并不具有多少美学方面的价值。物理学家的图解的意义是更为实在的，亦即用这类建立起来的图解，予以在广泛的范围内、以很高的精确度去表示与解释各种所预料的光现象。"②

图尔敏进一步指出，物理学家的图像推理的技巧的形式是多样的。在几何光学中使用的图解法只是其中的一种形式，"一种最简单最原始的形式"。它还有许多其他复杂的形式：如三角学的形式、代数的形式以及其他种种运用数学符号系统或真它表述手段的形式。他写道："当然，物理学家在图像推理中使用的是与我们上述一模一样的图像法，还是其他形式的图像法，都无关紧要……但是，借助数学符号系统或其他表述手段是本质性的。"③ 他又写道："不论在哪里，只要有可能，物理学家总是喜欢用图形来表述他们所研究的现象；人们会看到图形解释是有特别令人信服的力量（魅力）……仅在少数物理学分支中，图解法起着逻辑上的重要作用；在许多其他分支中，几何光学的图解法技巧就会被其他更先进的数学技巧所取代，它们是一些比图解法更能处理好复杂问题的技巧。然而，不

---

① 图尔敏：《科学哲学导论》，1953年英文版，第26页。
② 图尔敏：《科学哲学导论》，1953年英文版，第32页。
③ 图尔敏：《科学哲学导论》，1953年英文版，第26页。

论它们如何复杂，它们总是起着一种与几何光学的绘图技巧相类似的作用。这就是说，它们起着推理——图像的作用。例如：在动力学中所研究的物体系统的运动方程①，就是一种类似几何图解的东西。如果给出某个系统的适当描述，一个学过牛顿动力学的物理学家就能写出它的运动方程。这些方程可以看作有关系统运动的数学化的'图画'，在逻辑上相同于几何光学所做出的图解，物理学家使用了这些方程就能计算出速度等。一个特定的物体在什么时候能升到什么高度，到了什么高度就会停止上升，正像我们从几何光学的图解中发现墙影在地面上的不同长度一样。"②

图尔敏认为，正是由于物理科学的推理技巧具有明显的数学性，因而，数学在物理科学中具有特殊的地位。但是，有些人由于不懂得数学在物理科学中所起的这种作用，而把数学神秘化，提出了"两个世界"的理论；认为物理学家面对着两个对立的世界："实在世界"与"数学世界"，并惊叹数学对物理世界严密统治的神秘性。其实，他指出：数学不过是物理学的一种推理工具而已。它是没有什么神秘可言的。他写道："有一点值得强调，由于数学在物理学中的重要地位，人们对某些事情往往产生误解。有人常说，物理学家工作在两个世界——'事实世界'与'数学世界'——之中。这使人感到惊奇。为什么我们周围世界的内容能通过另一个看不见的'数学世界'而做出解释呢？但他们对那个独立的'数学世界'的议论没有什么用处，这个理论概念的世界既在我们进行计算的纸上，又在我们进行实验的实验室里。迄今为止，数学在物理学中占有如此重要的地位，其理由很简单，那就是所有我们物理学中需要的精确的复合推理技巧，都可能是或基本上是采用数学形式的。"③

其次，图尔敏讨论了模型的问题。

图尔敏对于模型只做了许多例证式的论述，如认为光的直线传播原理是几何光学的模型，原子是原子学说的模型，波粒二象性是量子力学的模型等。至于什么是模型他并没有作定义式的说明。不过从他的议论中可以看出，他所说的模型是对分散零乱的某一组经验现象做出系统化、整体化

---

① 图尔敏：《科学哲学导论》，1953 年英文版，第 35 页。
② 图尔敏：《科学哲学导论》，1953 年英文版，第 32—33 页。
③ 图尔敏：《科学哲学导论》，1953 年英文版，第 33 页。

说明的一种"图像"。例如，天文学中的日心说、地心说，物理学说中的热质说，化学中的燃素说等，都属于他所说的模型。

在图尔敏看来，模型具有系统性、整体性和一定的"图像性"。但是，这里所说的是"图像"，而不是"形象"，因为它与具体的形象不同，而是一种概念性的抽象。如：光的直线传播的模型，虽可形象地用直线表示，但实际上却是一种概念性的抽象。如前所述，它所说的"光""直线""传播"等概念与日常意义上的光、直线、传播等观念都是不同的。例如：他认为，"在这个模型申，根本不涉及光是什么的问题。'光'只不过是一个句子的抽象的语法上的主体"①。

几何光学家根本不考虑光的具体的和实质的问题，它们是另外一个模型即物理光学模型所考虑的问题。他认为由于模型是抽象性、概念性的，而非具体性、实物性的，因而它可以是"图像性"较强的日心说、地心说的模型；也可以是比较抽象的牛顿力学的万有引力的模型、原子论的模型；还可以是十分抽象的，如广义相对论、狭义相对论的模型；直至可能与日常思维完全相矛盾的，如微观客体的波粒二象性的模型等。

图尔敏认为，模型是可以扩展的。例如，上述的几何光学的直线传播模型，只考虑光的传播途径问题，只局限在一个相当狭窄的领域。后来考虑到光的本质问题，就进入物理光学的范围，产生了物理光学的模型，提出了电磁与光的关系问题。这样，它的研究范围就扩展了。后来进而讨论电磁辐射与原子结构的关系，从而产生了电子光学的模型。于是，它的研究范围又得到了进一步的扩展，等等。因此他写道："物理学中的模型都是或多或少地扩展的。光的传播的模型只局限于狭小的几何光学的范围。但是我们进入物理光学，开始研究光现象与电现象之间的关系；而后研究辐射与原子结构的关系；模型就继续向前扩展了。"②

图尔敏认为，一个模型是否具有可扩展的前途，是判定它能否成为一个好的模型的标准之一。一个好的模型往往能在经验现象的基础之外，提出一些富有远见的问题，启发人们思考，从而产生许多新的实验成果，以致扩展出新的模型，建立起新的学科。例如：几何光学的模型就是一个比

---

① 图尔敏：《科学哲学导论》，1953 年英文版，第 36 页。
② 图尔敏：《科学哲学导论》，1953 年英文版，第 37 页。

较好的模型。人们在这个模型的基础上相继扩展出物理光学、量子光学的新学科；表现了它的不断发展的生命力。相反，有些模型由于不具有这种扩展性，一时虽为人们所接受，但最终必然为人们所抛弃。在这方面，他列举了热质说的模型和引力流体说的模型。他写道："因此，把热现象和引力现象作为热质和引力流体的结果的模型，就是一些坏的模型，因为它们不能激励人们去提出一些事实上富有新成果的问题。"① "一个好的模型的优点是它能提出富有远见的问题，使我们超越于开始研究的现象之外，鼓舞我们系统地提出假设，从而产生出丰富的实验性成果。例如，把光作为一种实体运动的模型，不仅因为它为我们提供了一个容易理解的几何光学的图解性的解择——虽然这是一个必备的条件——而且还因为它把我们带到某种未具体说明的东西的传播的图像之外，启发我们做出光粒或光波在传播的推测，这个推测产生了丰富的成果。"②

图尔敏最后指出，模型具有一定的图像性，但它并不是客观的真实世界的肖像，而只是一种对现象做出系统性表述或解释的必要的手段或工具，因而它不具有实物的真实性。把这种手段或工具的模型当作真实世界的肖像，常常是科学通俗化给人们造成的误解。图尔敏指出可以这样说，它是建立在这样一种技巧上的，离开它们，它不会告诉我们任何东西，而只能是不可理解或者引起误解。③ 又说："……物理理论是从它用以解释的现象那里获得生命的"。如果仅告诉门外汉以"物质是由不连续的粒子构成的""热是运动的形式"或"宇宙在扩张中"等模型，就等于什么也没有告诉他，或者正确地说，几乎什么也没有告诉他。如果你给他以有关推理技巧的清楚观念，并告诉他物质的原子模型、热的运动模型和宇宙的球形的模型等是用以解释现象的，那么他就有可能走上理解的道路；否则，他只能被引进死胡同。④

既然模型不具有客观真实性，而只是一种解释经验现象，使经验现象系统化、整体化的一种手段或工具，那么能否说，模型是一种文学比喻或科学家的虚构呢？图尔敏对此做出否定的回答。他认为模型虽不是世界的

---

① 图尔敏：《科学哲学导论》，1953 年英文版，第 39 页。
② 图尔敏：《科学哲学导论》，1953 年英文版，第 38—39 页。
③ 图尔敏：《科学哲学导论》，1953 年英文版，第 30 页。
④ 图尔敏：《科学哲学导论》，1953 年英文版，第 39 页。

实物性的肖像，而是一种解释现象（解释世界）的手段，但也不是一种比喻和虚构。比喻或虚构是文学的，而模型是科学的。例如，古希腊人把人的视力比喻为一种不可见的触角的活动；它触及某物，人就看到了某物。这是一种比喻或虚构。这种比喻或虚构直至今天还可以在西方人的日常言语中找到痕迹，但它并不反映世界的任何本性，因而它没有科学模型所具有的那种扩展性，即从它那里绝不可能扩展出任何新的科学模型、发展出新的学科来。而科学的模型，如上面所述的光的直线传播模型就完全相反，从它那里发展出了许多新的科学模型，建立了许多新的学科，推动了科学的发展。那么为什么科学模型与文学的比喻或虚构不同，独具这种能力呢？图尔敏的回答是：尽管它不是肖像那样反映世界的真实性，但却在某种意义上反映了实在或世界的本性，因为它得到过一定程度的证实。他写道："当普朗克和爱因斯坦坚持电子和引力场像桌子、椅子、公共汽车一样真实时，他们无论在逻辑上和物理上都没有否认那些理论实体和观念（如电子、基因、电势梯度、场），与日常对象（如公共汽车、桌子）之间的区别。但是，物理学家们有权利去坚持他们的模型，而无须把它们说成是理论的虚构。因为一旦承认它们完全等同于虚构，就意味着它们没有任何希望作进一步的扩展；并且暗示从它们那里不可能得到任何鼓舞我们去进一步发展的问题。"[①] 他又说："启发性和系统的可扩展性，使得一个好的模型高于一个简单的比喻（隐喻）。例如，当我们说'我们的眼光扫过地平线'，这是把视力看作从眼睛里伸出来的触角的活动的一个古代模型，是残留在我们现代的说话中的一个比喻。但是，当我们说'光传播'时，就远远高于一个比喻。因为人们说'光传播'就在某种意义上反映了世界的本性；而说'他的眼光扫过地平线'就不是这样，它充其量不过是一个比喻而已；从它这里引申出来的一切光的理论都只能导致死亡。如问'眼睛是用什么扫帚去扫的'或'触角是何物制成的'这一类询问只能是轻率的。而前者就能做得很多；它既处于一个丰富的理论的核心地位，同时又启发我们去进一步思考许多富有远见的问题。"[②]

那么图尔敏所说的模型"在某种意义上反映了实在的本性"中的"某

[①] 图尔敏：《科学哲学导论》，1953年英文版，第38页。
[②] 图尔敏：《科学哲学导论》，1953年英文版，第39页。

种意义上"是什么意思,"反映"又是什么意思呢?可惜图尔敏没有做出进一步阐明。不过我们在后面"科学理论与地图"这一节中将能模糊地推测到它的含义。

在讨论科学发现的方法论的同时,图尔敏还讨论了理论和观察的关系问题。在这个问题上,图尔敏再次批判了归纳主义与演绎主义。但重点是批判以马赫和逻辑实证主义为代表的经验主义;同时他又与过去的假设主义划清了界限。

图尔敏认为马赫主义以及后来的逻辑实证主义都从经验主义的立场出发,强调实验与观察对科学理论的发现与发展的重要性,这无疑是正确的。因为科学理论是对经验现象或经验材料的系统的解释,它是建立在经验材料基础上,并且依靠观察和实验检验的。从这个意义上说,没有观察实验提供的丰富的经验材料,就不会有科学理论。为此,他称实验材料是科学理论的"生命"。然而,马赫和后来的逻辑实证主义者夸大了这一点,因而得出了错误结论,从根本上否定了科学理论与经验材料之间的本质区别。他写道:"人们可以这样说,物理理论是从它用以解释的现象中吸取生命的……有一位科学哲学家马赫,看到了这一点的重要性。他也经常坚持:只有通过观察和实验的结果的证实,新的理论和模型才会被接受。然而,他以一种值得人们注意的方式过分地夸大了这种情况,从而得出了理论物理学的陈述仅仅是实验结果描述的简略以及实验报告的综合与浓缩这个结论。他认为,只要理论是由我们的实验报告合乎逻辑地构造出的,我们就有充足的理由接受这种理论。"①

他认为,由于经验主义者不懂得科学理论与经验材料之间的本质区别,把科学理论与经验材料看作同一经验层次上的东西,认为前者只是后者的量的压缩,因而常常犯下以下错误:

首先,在科学发现问题上常常犯归纳主义的错误。他们认为,既然科学理论只是经验材料的量的积累和压缩,那么科学理论一定来自归纳法。但是,图尔敏通过上述光的直线传播原理的发现为例,指出:科学理论或自然定律绝不是通过归纳法所能获得的。经验材料的累积和压缩,并不能得到"光是直线传播的"这个科学的原理。它是通过"图像—推理"方

---

① 图尔敏:《科学哲学导论》,1953年英文版,第38页。

法，即通过提出一个光传播的模型和一系列图像推理技巧亦即几何光学图解法而获得的。①

其次，他们犯了还原主义的错误，认为既然科学理论只是经验材料的压缩和它们的逻辑构造，那么一定能够通过演绎逻辑把科学理论化归或还原为经验材料。众所周知，逻辑实证主义者卡尔纳普等人在这个问题上做了毕生的努力，但却以失败而告终，其原因就在于他不懂得科学理论是通过科学家的创造力和想象力，通过模型与图像推理技巧而获得的。他写道："观察报告与理论学说之间，既不存在归纳关系，也不存在马赫所想象的那种演绎逻辑的关系。这可以从以上我们所举的例子中清楚地看出来：你可以收集许多'当太阳在30°和墙高6英尺时，影长10.6英尺'等一类的陈述，但却无法通过演绎的方式证明'因此光是直线传播的'这个结论。"② 他又说："爱因斯坦常常用倒过来的方式反驳马赫学说。他说，物理学理论是人类想象力的'自由创造物'。他赞同物理学理论的发现既不是仅仅通过实验材料的演绎论证，也不是通过哲学家们所集中关注的逻辑著作中常常讨论的'归纳'论证，以及其他任何能给出的形式规则的论证。他同意：与其说理论物理学的发现来自新的概括，不如说它来自考察现象的新方式和新表述模型的应用；并认为对这种新的有用的方式的认识，至少部分地是想象力的任务。因此，它们是理论物理学的公理基础，它们不能来自抽象，而必然来自自由的创造。……经验可能暗示合适的（模型和）数学概念，但是它们绝不能从经验中归纳出来。"③

既然图尔敏同意爱因斯坦的观点，认为科学发现必须依赖于"想象力"，那么他是不是一个单纯的假设主义者呢？我们知道历史上的假设主义者惠威尔等人，就是反对科学发现是一个理性的逻辑的过程，而认为它们来自神秘的灵感或"想象力"。不！图尔敏明确表示，他虽然同意科学发现必须依赖于"想象力"，但坚决反对假设主义的神秘的灵感和直觉。这是因为，他所说的依赖于想象力的道路，是一条通过想象力提出对一系列现象做出新解释的科学模型与图像推理技巧的道路。因此，他指出：诚

---

① 图尔敏：《科学哲学导论》，1953年英文版，第41页。
② 图尔敏：《科学哲学导论》，1953年英文版，第42页。
③ 图尔敏：《科学哲学导论》，1953年英文版，第43页。

然，他承认"想象力"在科学发现中的作用，传统的假设主义者也是这样，然而两者是不同的。这不仅是由于传统的假设主义者们根本否认科学发现是一个理性的推理过程，而他认为科学发现是一个理性的推理过程，因此把以模型与图像推理技巧为核心的科学发现的认识活动称作为"图像的物理学的推理活动"；而且还在于他对"想象力"的理解与传统假设主义者们对"想象力"的理解根本不同。传统假设主义者们把"想象"说成是一种神秘的非理性的活动。而他则相反，认为科学的"想象"是理性的而非神秘的，是可培养可训练的。他写道："这不是一种一无所知的想象，它可能是一种艺术，然而它的运用需要经过一种严格的训练。虽然没有什么东西能告诉科学家们，使他们可以立即找到对他们有用的新型模式和表达方式；也不存在任何用以发现新理论的形式规则，但理论物理学家应当接受教育和训练，不能仅依赖于天才。尽管想象力无法教会，但确实存在着许多只有通过训练的人才能发挥作用的想象力。……根本否认科学发现中的偶然性是错误。……但只有先前受过训练的科学家才会去了解这种偶然事件发生的原因。……一个科学家比另一个科学家先注意到某种新现象，靠的也许是幸运。然而引导他进一步研究下去，靠的就不大可能是幸运了。同样，正是想象力首先促使这位物理学家，而不是另一位去研究某种可能性很大的理论。当然，一旦研究开始，从训练中获得的技能就与想象力一样，在指导科学家的研究中发挥着重要的作用。"①

图尔敏在讨论了上述科学发现的问题之后，为了进一步批判以逻辑实证主义为代表的现代经验主义，他又一次深入地探讨了物理科学与自然史的区别问题。

他断言，人们应该严格区分两类不同的科学，那就是描述的科学与解释的科学。后一种是真正的科学，而前一种虽然有时也被称为科学，但严格地说，它还不是一种科学，还不配冠之以科学的美名。因此，他常称后一种"解释的科学"为"物理科学"（理论物理科学、理论科学或物理学）而称前一种"描述的科学"为"自然史"。他之所以称描述的科学为自然史，是由于它们并不探索自然界（物理世界）的法则和规律，而只是对自然界作忠实的记录和描写；不具有科学的价值，而只具有历史事实的

---

① 图尔敏：《科学哲学导论》，1953年英文版，第42—43页。

价值。他说:"自然史还缺乏成熟科学的本质特征;只是出于礼貌,我们才在一定条件下称它们为科学。"①

那么什么是图尔敏所称的物理科学或解释的科学呢?什么是他所称的自然史或描述的科学呢?在他的主要著作《科学哲学导论》以及后来的其他著作中,都没有对这两个重要概念下过定义。不过他的意思是明确的,通过他的论述可以看出,他所说的自然史或描述的科学,是以考察、描述和记录自然界的经验现象为己任的"科学";而物理科学或解释的科学,则是研究探索物理世界(自然界)的定律、法则、规律或模型,从而对大量经验现象作整体、系统的解释的科学。具体地说,他认为这两类科学有以下几个主要方面的不同:

第一,对象不同。描述科学或自然史以具体的经验事物、经验现象为对象,这些经验事物、经验现象都是具体的,可以直接观察、直接描述的;解释科学或物理科学的对象是抽象的非具体的或非经验的,它们是作为系统地解释现象的工具,即定律、法则或规律。

第二,任务不同。描述科学或自然史以描述、记录具体的可观察的经验事物、经验现象为己任,它具有材料性;而解释科学或物理科学以探索、寻求抽象的法则、规律,系统地解释经验现象为己任,它具有理论性。

描述科学或自然史由于具有描述性或材料性,因而它要求真实性;而在工作上却具有呆板的特点;反对主体的能动性或想象性。如天鹅是白的,就忠实地记录成"天鹅是白的",不能有丝毫任意的变动。解释科学或物理科学由于具有理论性或解释性,因而它要求较多的灵活性和能动性,反对呆板性;它容许主体在现实材料的基础上做出丰富的想象,构造出各种各样的模型,以对经验现象做出系统的解释。只要解释得有效、有用,它就是一个好模型、好理论。材料是不变的,今天看到这只天鹅是白的就是白的,不能明天就说它是黑的;模型和理论是可变的、发展的,如果有一个更有效的解释原来的现象的新模型,科学家就可以抛弃旧模型,接受新模型,发展新理论。因此,他说:"物理学不是呆板的自然史。"②

描述科学或自然史由于以收集材料为己任,因而它要求材料的丰富

---

① 图尔敏:《科学哲学导论》,1953年英文版,第49页。
② 图尔敏:《科学哲学导论》,1953年英文版,第44页。

性，即材料越多越好，不怕重复性。重复越多，佐证性越强，如果处处看到天鹅是白的，就更能证明"天鹅是白的"这个命题的正确；材料的分类则越细越好，如在斑点啄木鸟中又区分出北方斑点啄木鸟，那就会增加材料的价值。由于解释科学或物理科学以系统性解释经验现象为己任，它要求理论的高度精练性和概括性。如果一个理论能以最简练的公式或模型解释最普遍的现象，那就是一个最好的理论。

由于描述科学或自然史要求材料愈丰富愈好，因而它对材料的记录往往缺乏选择性，看到什么就记录什么。有见必记，有闻必录，是一个历史学家和地理观察家的好品质。解释科学或物理科学则不同，它对材料和实验的确定，具有高度的目的性和选择性。解释科学或物理学家不是什么材料都取，什么实验都做，而是精益求精地决定他所需要的东西。他写道："对于自然历史学家说来，任何种类的动物都是'合适的研究对象'。"[①]"英国著名博物学家怀德通过长年详细记录汉伯雪乡间的所见所闻写成的《日记》对自然史做了重要的贡献。……但是，正如波普所指出：这种方法在物理学中就不会有任何成就。有人可以把毕生的经历写满一个笔记本，但是它对于物理学家全无价值可言。在物理学中观察受到某种特定理论问题的推理的严格控制。"[②]"这里，我们再次看到了物理科学与自然史之间的重大区别。自然史家从一开始就要睁大眼睛看，它绝不会因时时观察周围的鸟类与动物而关注过早。在物理学中则相反，很容易因理论问题还没有细致考虑，实验条件还没有完备，而过早地做了实验。自然史家是带着他的眼睛与记忆走向自然界的，他随时随地关注着道路上的任何事情；而物理学家则只能在对某些重大问题已做出回答，并认真地设计出必要的仪器装置后才走进实验室。"[③]他又写道："从这里我们能够看出物理科学与自然史之间不同的道路，正如牛顿所说：我们必须从少量简单事例的现象中探索出法则，并转而把我们的发现作为原理应用于大量的事例。要对每一个特定的事例作直接的立即的观察是无止境的，因而是不可能的。"[④]

描述科学或自然史由于其描述的任务的呆板性，决定了它的研究过程

[①] 图尔敏：《科学哲学导论》，1953 年英文版，第 47 页。
[②] 图尔敏：《科学哲学导论》，1953 年英文版，第 54 页。
[③] 图尔敏：《科学哲学导论》，1953 年英文版，第 66—67 页。
[④] 图尔敏：《科学哲学导论》，1953 年英文版，第 46 页。

的呆板性。其研究过程大体不外两大步（或两阶段）：一是鉴别对象，二是描述其情况。如自然史捕捉到一种动物，首先是判定它是什么野兽，属什么种、什么门；其次是描述它的外形、内部结构及其生态环境，等等。解释科学或物理科学则不同，它没有这种阶段性，因为它的研究对象的确定，不是在研究的开始，而是在研究过程的终结。他写道："在自然史中，人们能把每一部分的研究明显地区分为两个阶段：鉴别一个动物的开始阶段与相继的研究它的习性的阶段。在物理学中就没有这种明显的区分，而是屡屡表现出这样的情况：随着工作的开展而导致重新表述他所研究的体系。"[1]

不过，图尔敏指出，说描述科学只具有描述性而不具有解释性，是从基本上或根本上说的，并不是说描述科学不具有任何解释性。它有时也作些解释，并且最终还是要做出解释。只是它仅仅对现象或现象的外部联系作一些表面的解释，而非深入系统的、形式性或规律性的解释。例如，描述科学通过大量经验现象的记录与描述，也可以得出"太阳愈低墙影愈长，太阳愈高则墙影愈短"的规则性解释。不过，这种解释仍然是现象性的。而几何光学对大量光和影的现象所做出的光的直线传播的模型性或理论性的解释，就具有高度精密的规律性和预见性。正是在这个意义上，图尔敏说："搞清楚这一点有助于我们理解解释科学（如物理学）与描述科学（如自然史）之间的区别：简要地说，物理学家不是去寻找现象的规则性，而是去研究那些已被认知的规则性的形式。"[2] 又说："自然史学家则找给定形式的规则性，而物理学家探索给定规则性的形式。"[3]

第三，语言不同。描述科学或自然史与解挥科学或物理学，由于研究的对象和任务不同，而决定了它们的语言的不同。描述科学的任务在于对日常经验现象做出描述，因此它所使用的语言是日常语言。它们的语词大多是日常经验的语词；所使用的陈述是一些日常的习惯陈述，如，"花是红的"，"天鹅是白的"，等等。因而，他写道："自然史学家的'习惯陈述'是与日常说话的陈述相同的。"而解释科学或物理科学则相反，由于其任务不在于描述日常经验现象，而是通过科学的模型和数学的图像推

---

[1] 图尔敏：《科学哲学导论》，1953年英文版，第52页。
[2] 图尔敏：《科学哲学导论》，1953年英文版，第44页。
[3] 图尔敏：《科学哲学导论》，1953年英文版，第53页。

理，对大量经验做出系统的解释，因而它使用的语词和陈述常常不是与日常经验相联系的，而是与理论的模型、与图像推理技巧相联系的，它们是理论和数学的语词，以及"理论陈述"。[①]

第四，发现的方法不同。图尔敏指出，由于描述科学或自然史的任务在于描述经验现象，因此，它的研究或发现的方法是观察加形式逻辑的方法。描述科学或自然史的发现和研究的工作离不开观察，这是显而易见的，没有观察就没有经验现象的描述，也就不可能有任何发现和研究可言。至于形式逻辑与描述科学或自然史的关系，一般人考虑得很少，因而图尔敏做了比较详细的论述。图尔敏指出，描述科学或自然史的任务只限于现象的记录和描述，它的研究领域局限于经验的层次，而解释科学或物理学的任务在于把具体的经验材料或现象上升到抽象的理论，即提升到高度抽象的模型和理论，以系统地解释经验现象。用我们的话来说，就是透过现象深入事物的本质和规律，因而它的领域是多层次的，不仅有现象的层次，而且还有现象之上的抽象的层次或理论的层次。它具有层次的跳跃性，这种层次的跳跃性决定了形式逻辑对它的不完全适用性。

为什么呢？图尔敏分析道，形式逻辑可适用于同一层次的推理形式，却不适用于层次间的跳跃。

首先，他分析了归纳逻辑。归纳逻辑是只适用于经验层次的推理形式，是描述科学的发现方法。如今天看到天鹅是白的，明天又看到的天鹅是白的，我们就可以把材料积累起来，确定"很多天鹅是白的"。

其次，图尔敏分析了演绎逻辑。他所说的演绎逻辑也包括现代的演绎逻辑，即符号逻辑。他认为演绎逻辑本质是重言式，即 A = A。人们仅通过它不可能获得新知识。它的任务只局限于研究已有知识的形式关系。因此它既适用于描述科学，也适用于理论科学；但不能担当起科学发现尤其是物理学发现的任务。如前所述，物理学的发现具有逻辑层次的跳跃性，它是不能靠形式逻辑来完成的，而是主要依赖于思维的想象力来完成的，虽然在这个过程中，演绎逻辑也起了重要的辅助作用。因为物理科学的发现的核心是模型与数学的图像推理技巧而数学的图像推理技巧中就包含着

---

① 图尔敏：《科学哲学导论》，1953 年英文版，第 51 页。

演绎逻辑的应用。

图尔敏特别反对逻辑实证主义者把理论陈述与经验陈述之间的关系归结为演绎逻辑的关系，从而力图把理论陈述化归或还原为经验陈述的主张。他认为这种主张是错误的。因为理论陈述与经验陈述之间的关系不是同逻辑层次中的关系，而是种逻辑跳跃的。因此，理论陈述永远不可能依靠演绎逻辑而完全还原或化归为经验陈述的。

最后，图尔敏指出，强调必须严格区分描述科学与解释科学，并不是说，要把它们截然割裂开来。恰恰相反，它们总是密切地结合在同一个学科中的。这就是说，几乎每一个学科都是由这两个部分结合而成的，只不过程度不同而已。有的学科（如理论学科），解释性的成分多一些，描述性的成分少一些；有的学科（如应用学科）则相反，描述科学的成分多一些，解释科学的成分少一些；还有的则居于其间。他写道："不能把所有的科学都说成是同等地描述的或形而上学地解释的。应该注意考虑任何一个特定科学在何等程度上是描述的，在何等程度上是解释的。大多数科学，逻辑地说是自然史与物理学的混合物。如较近于自然史的是农业科学，较近于解释科学的是物理学，有些学科（如地质学和病理学）则具有更多、更复杂的交织性。"[①]

三 科学理论的应用范围与内在结构

图尔敏重视科学理论的应用范围及其内在结构的研究，并对这两个问题做了论述。

（一）科学理论的应用范围

图尔敏认为任何一个科学理论、原理或定律都有它的应用范围的问题。因为它具有普遍性或普遍可适用性；但这种普遍可适用性并不是无限的，而是有一定的限制，即一定的应用范围。它在一定条件或情况下起作用，离开这些条件或情况就不起作用，或者需要其他定律作补充。在这里，他仍以光的直线传播原理为例来说明。他指出，光的直线传播原理就

---

① 图尔敏：《科学哲学导论》，1953年英文版，第55—56页。

只限于几何光学的范围内起作用,即只限于在仪器尺度远远大于光的波长时才起作用,超出这个范围就不起作用,而必须以物理光学的理论来代替了。即使在几何光学的范围内,在有些情况下,在有些情况下,它也需要别的理论做补充,例如,在发生折射的情况下,就需要用斯奈定律(折射定律)做补充。

那么,科学的理论、原理、定律为什么会有这种应用范围的限制呢?在图尔敏看来,这是由于理论、原理、定律是对一系列的现象所做的系统化解释。它们的模型是根据一定系列的现象提出的,因而只能适用于有限的领域;一旦超出这个领域,就需要根据新的现象提出新的模型,做出新的包括新现象在内的系统化解释,即需要建立新的理论来补充或代替它了。他写道:"应当提醒大家,几何光学的推理技巧像其他推理技巧一样是有一定范围的,我们只有在一定限度的光学现象的领域内应用它们才能有比较高的精确度。在此之外,就需要其他推理技巧了。"[1] 他认为,一个科学理论适用于多大的范围,即在何种范围内适用、在何种范围外失效,这往往是不能预先知道的,而是实验检验的结果。熟悉每一个科学理论的应用范围,是科学家在学习和训练中必须关注的内容之一。他说:"正确认识一个特定理论的原理在其中起作用与不起作用的情况(条件),是科学家的艺术的一部分,它是在科学家的训练进程中在得的。"[2]

(二)科学理论的内在结构

接着,图尔敏讨论了理论的结构问题。他认为,科学理论是一个复杂的整体或体系。它具有复杂的结构,人们应重视研究它的结构。

图尔敏认为,科学理论是由原理、定律和假设等所构成的。从本质上说来,它们都是一系列现象所做出的系统化、整体化的解释;但是,它们彼此之间是有区别的。

首先,他讨论了原理跟定律的联系与区别。他指出,科学原理与定律都是科学理论的主要内容,是对一系列现象所作的系统化、整体化的解释,但它们彼此之间有重要的区别。他写道:"定律与原理有什么区别呢?

---

[1] 图尔敏:《科学哲学导论》,1953 年英文版,第 69 页。
[2] 图尔敏:《科学哲学导论》,1953 年英文版,第 92—93 页。

为什么我们称'光的直线传播'为原理，而称折射定律为定律呢？原来原理是理论的基石，例如：光的直线传播原理是几何光学的基石。人们可以想象，如果没有斯奈定律，就不会有'折射率'的观念；但是它并不影响整个几何光学理论的存在……然而，如果放弃光的直线传播原理，那就意味着放弃我们所知道的整个几何光学；如果怀疑这个原理，整个几何光学理论的主题就会陷入危机。这就是原理为什么永远不对错误直接开放的原因。"①

至于科学定律，相对于原理来说，在整个科学理论中的重要性就比较小一些；其应用范围也往往比较窄，有时并不能普遍适用于整个理论领域；它的建立是依赖于科学原理的，是以科学原理为基础或根据的；它是原理的进一步充实、发挥或补充。对它的否定，并不一定是对科学原理的否定。他写道："定律在物理学理论的等级中处于原理与假设之间的中间位置。""如折射定律并不在几何光学领域内起决定作用，如果它改变了，整个几何光学的主题并不会因此而夷为平地。"相反，"它们却把原理奉为神圣不可侵犯的东西。"②

其次，图尔敏讨论了科学定律与科学假设的关系。他认为，假设与科学原理、定律一样，也是一种对一系列现象的解释方式，它们的区别是：首先，假设往往是定律的发挥或补充，往往是依附于定律的，真所起的作用不及定律重要。其次，原理、定律是理论的已建立部分，它们是稳定、巩固的，而假设是不稳定、不巩固的。定律在整个理论体系中虽不及原理那样重要和不可否定，然而，它仍然比较稳定，即它已受实验的多次检验，已为人们所普遍接受，已经成为整个理论体系中的稳定部分。而假设则不同，假设是对现象的一种尝试性的解释方式；它具有暂时的假设性和尝试性，还没有接受观察实验的多次检验，还没有为人们普遍地接受，是整个理论体系中未稳定、未巩固或未建立部分。他写道："定律是理论的确定部分，我们应该考虑到把物理学假设与它的理论的确定部分区分开来，否则会引起广泛的错误。假设与理论的确定部分相反，它们对一些问题还没有清楚地解决，是试验性、假设性的东西，因而对于一些问题还是

---

① 图尔敏：《科学哲学导论》，1953 年英文版，第 83 页。
② 图尔敏：《科学哲学导论》，1953 年英文版，第 84 页。

开放的、非决定的,仅仅是一个假设……它们的意义是依赖于理论陈述的。"① 而且,假设的这种地位也是可改变的。如果它经受住实践的反复多次的检验,就会逐渐巩固稳定起来,成为理论的确定部分(定律),以丰富和发展理论。反之,如果不能经受住实践的检验,那就会被人们抛弃。他以斯奈定律为例,说道:"譬如斯奈定律,起初只是几何光学领域中的一个假设性因素,……到了后来,才成为理论背景中的确定部分。"②

图尔敏对假设主义与逻辑实证主义把一切科学理论等同于假设假设的观点做了批判。首先,他批判了逻辑实证主义的观点。逻辑实证主义认为,由于科学理论(普遍命题)来自经验材料的概括和归纳,是或然的,因而都只是或然性的假设。他指出:"我们绝不能把理论中的确定陈述称作为假设","应该把物理学的假设与它的理论的确定部分区分开来,否则会引起广泛的误解。某些哲学家断言,所有的经验陈述都是假设,因为它们只有'高度的或然性'。这种观点是错误的"。③ 他认为,科学理论,特别是科学理论中的原理和定律等有关普遍性的知识,根本不是经验材料的概括或归纳,而是久经实践检验的,是已为人们所普遍接受或者说已经牢固建立的对一系列经验材料的普遍性的解释方式。因而,它并非尝试性的假设,也不是来自经验材料的归纳的或然性的东西。至于假设,它们也同样是一些对一系列经验现象的解释方式;只是还未经受实践的反复检验,所以只是处于尝试性或假设性阶段而已。他指出,逻辑实证主义之所以坚持上述错误观点,真根源在于不懂得物理学与自然史的区别,从而把物理科学的理论陈述错误地等同于作为经验概括的或然性的经验性陈述。他认为,这是"逻辑层次"的错误,它表明严格区分"物理学与自然史的对立"的必要性。

图尔敏也不同意早期(或传统)假设主义的观点。早期假设主义并不把科学理论说成是来自经验材料的概括的或然性假设。但是他们却把一切科学理论都说成是来自偶然的灵感的一种无经验根据的猜测或假设。他认为这也是错误的。如前所述,他认为科学理论的提出或发现,虽然需想象

---

① 图尔敏:《科学哲学导论》,1953 年英文版,第 84 页。
② 图尔敏:《科学哲学导论》,1953 年英文版,第 84 页。
③ 图尔敏:《科学哲学导论》,1953 年英文版,第 82 页。

力或灵感的作用，但是它们并不是无根据的猜测，而是一种对一系列经验现象的合理的，并经受了实践长期检验的解释方式。就是一些暂时的假设，我们将它与确定的理论、原理、定律区分开来，也只是因为它们还处于经受检验的阶段，而有待于实践的继续检验与巩固而已，绝不是一些毫无经验根据的灵感的猜测。

在图尔敏看来，定律因其抽象性程度的不同而区分为若干类：一类是抽象程度较低、比较接近于经验现象的定律。他称之为"现象学的定律"。如波义耳定律，其内容是：一定质量的气体在保持温度不变时，它的压强（p）与体积（v）成反比（关系式为：pv＝常数）。它使用的概念是"温度""压力""体积"等，都比较接近经验现象。他写道："人们能感觉到一种有时被称为'现象学法则'的陈述，它们不包含象'光线'这种基本的理论术语。波义耳定律就是一个很好的例子，它陈述的是在一定温度下，物体的压力与体积成反比。"①

另一类是抽象程度比较高、离经验现象比较远一些的定律。如斯奈定律，它所使用的概念是"光线""入射角""折射角"等，离日常语言较远，外行人比较难理解。他说："斯奈定律就是一个中间类型的定律，虽然它比较接近于波义耳定律而不接近于牛顿定律。"②

另一类是抽象性程度很高、离经验现象更远的定律，如牛顿运动定律和麦克斯韦定律等。牛顿定律所使用的动量、质量、惯性等概念，以及麦克斯韦定律所使用的电荷、电流、电场、磁场等概念，都是远离日常语言的，是一般外行人不能理解的概念。他写道："另一种极端类型的例子是牛顿运动定律与麦克斯韦定律或电磁原理。它们并不像波义耳定律那样直接表述能在现象中找到的规则性形式，反倒像计算的公理（原则）。它们之所以被接受，只是由于在实践的应用中符合事实。这些比较抽象的定律的任务不在于直接描述观察现象，而是提供一个框架并使之与现象学法则相符合。"③

由此可见，在图尔敏看来，科学理论是一个具有复杂结构的体系，是

---

① 图尔敏：《科学哲学导论》，1953年英文版，第86页。
② 图尔敏：《科学哲学导论》，1953年英文版，第86页。
③ 图尔敏：《科学哲学导论》，1953年英文版，第86页。

由原理、定律和假设构成的。原理是整个科学理论的基石，是整个科学理论的稳固的基础部分。建立在它之上的是种种抽象程度不同的定律，它们都是相对稳定的。依赖于各种定律的则是种种暂时性假设，它们是不稳定的，是有待于实验进一步检验的部分。有的经受了实践的反复检验，逐渐巩固下来转变为定律，丰富了科学理论，推动了科学的发展；有的经受不了实验的反复检验而被淘汰。

因此，图尔敏有时把科学理论的这种复杂的结构说成是一个复杂的"物理科学的等级制度"（hierarchy of physics）①。

图尔敏认为，科学理论的这个具有复杂性结构或复杂的等级的体系，是有内在逻辑联系的。这种内在的逻辑联系或关系既不是对单纯经验进行概括的归纳关系，也不是单纯空洞的同义反复的演绎关系，而是一种上述物理科学所特有的图像—推理的关系。它们都是在大量经验材料基础上，用图像—推理的技巧建立起来的，是以模型为框架的相互联系相互依赖的理论体系，是对现象所作的系统性解释。因而，它们既具有不同的等级性或逻辑层次性，又具有内在的逻辑相通性。对这种复杂的具有紧密内在联系的等级结构体系，不能有任何简单化的理解，任何简单化的歪曲必然会导致错误。逻辑实证主义就是简单化地曲解这种体系的产物。他写道："有的人对物理理论的层次性做了错误的理解。他们做了这样的描述：物理理论在形式上是一个归纳逻辑的金字塔，各种实验观察的直接报告是它的底层，建立于其上的是一层又一层的逐级上升的经验概括。"② 他举例说，譬如从"这只老鼠是吃奶酪的""那只老鼠是吃奶酪的"而归纳出"某地的老鼠是吃奶酪的"；又从"这只老鼠吃奶汁""那只老鼠吃奶汁"而概括出"另一地的老鼠是吃奶汁的"；然后，又从"这地的老鼠吃奶酪""另一地的老鼠吃奶汁"这些比较具体的原理归纳出"所有的老鼠是吃奶制品的"这一比较抽象的原理；如此等等。他还指出，逻辑实证主义者们由于认为科学理论的金字塔是用归纳法一层层地建立起来的，因而同时也把它们之间的关系歪曲成一种演绎关系。他写道："这种错误导致把物理理论的等级制度相应地曲解为一种'演绎体系'。它暗示同一层次中的陈

---

① 图尔敏：《科学哲学导论》，1953年英文版，第84页。
② 图尔敏：《科学哲学导论》，1953年英文版，第84页。

述,以及与下一层次的陈述之间的关系是一个演绎关系。"① 这就是说,可以用演绎法从最高的抽象原理还原为经验事实。例如,把"所有的老鼠是吃奶制品的"还原为"此地的老鼠是吃奶酪的""那地的老鼠是吃奶汁的",再还原为"这只老鼠吃奶酪""那只老鼠吃奶汁"等具体经验事实的陈述。这就是著名的逻辑实证主义的还原论。图尔敏认为,逻辑实证主义的这种归纳主义的金字塔理论是错误的。这种错误导致把一切科学理论都说成是或然性的假设,而把科学事实归结为一种依赖于机遇的投机活动。他写道:"这种错误的理解'会给物理科学带来神秘性',如果物理理论都是经验的概括而具有或然性,那么,'像爱因斯坦的相对论那样非常抽象的物理原理,能如此精确地与事实相巧合'就令人不可思议了。"②

图尔敏再一次指出,逻辑实证主义的这种错误的根源仍然在于把物理科学混同于自然史。他说:"这种错误不是偶然的,而是企图用'老鼠吃奶酪'等一类的'习惯陈述'去说明物理理论等级制度的金字塔,从而以自然史的图画歪曲了理论物理学的逻辑结构。"③

(三) 科学理论与真假问题

最后,图尔敏讨论了科学理论、原理和定律的真假问题。他反复强调,对于科学的理论、原理和定律是没有真假可言的。这是因为真假乃是就经验现象的描述来说的。然而,科学理论或定律并不是对经验事实的表述,而是对于一系列经验现象的系统化的解释方式。他写道:"对于科学定律,我们不能问它们是不是真的,而只能问它们是在什么条件下起作用的。"④ "例如,我们对光的直线传播原理就不能简单地说它是真的或是假的,而只能说是适用或不适用。我们可以说它在仪器尺度远远大于光的波长的条件下是适用的,超过这种条件它就不适用了,就必须以光的电磁理论或波粒二象性理论来代替,而不能说它在一定限度内是真的,而在一定限度外是假的。""同样,爱因斯坦的工作并没有证明牛顿运动定律是不真的,只是证明它的描写是有一定局限的。牛顿力学能精确地计算行星运

---

① 图尔敏:《科学哲学导论》,1953 年英文版,第 84 页。
② 图尔敏:《科学哲学导论》,1953 年英文版,第 85 页。
③ 图尔敏:《科学哲学导论》,1953 年英文版,第 85 页。
④ 图尔敏:《科学哲学导论》,1953 年英文版,第 78 页。

动,但是,如果要求在理论上更为精确,就必须用相对论。如果认为它证明了较者的牛顿运动法则是不正确的,那就是一种古怪的论调。"①

图尔敏认为,由于科学理论和定律表述的是解释方式,而不是经验事实,因此可以把它们与人为的规则或规定相类比。他写道:"自然法则类似于其他一类的法则、规定和规则,它们本身是没有真假可言的,只有应用范围的规定。想象一个学院规定:禁止践踏草地。人们只能问:它规定的范围育多大,是否包括任何人,研究员是否也包括在内?因此只能问真的有这种规定吗?而不能问这个规定是真的吗?同样,物理学家也不能问:自然定律是真的吗?"② 因此,在图尔敏看来,真与假的问题表述的是经验事实,确有其事是"真",并无此事是"假",它属于自然史的范畴。科学理论并不表述经验事实,而是整理经验材料的方式,它们只有"适用"或"不适用"的问题,而没有"真"或"假"的问题。这是两类不同性质、不能混淆的逻辑范畴,混淆这两类范畴的使用,就犯了逻辑类型的错误。他写道:"……对不同类型的陈述进行逻辑上的评价,需要用不同的术语或概念。这一点在物理科学的逻辑讨论中经常被人们忽视,因此必须坚持。说一个定律普遍地'起作用'与说它是'真'的,是完全不同的,不能把'起作用''不起作用'与'真''假'混淆起来。"③

图尔敏认为,正是由于这个缘故,科学家们根本没有兴趣去讨论科学理论或定律的真或假的问题,他们认为讨论这类问题没有实际意义。有实际意义的是该定律在什么条件下适用或不适用,或在什么条件下起作用与不起作用等。当然,图尔敏补充说,这并不意味科学家对"真理"是不关心的,科学家是十分关心追求真理的。但是,他认为"真"和"假"与"真理"是内容完全不同的概念。他写道:"绝不要产生这样的误解:由于'真''假'和'可能'不适用于自然定律,就认为科学家对自然定律的'真理'问题不感兴趣。必须说清楚,任何人也不能否认科学家对真理的追求。应该指出:'真理'是一个抽象名词,它的应用远比'真的'这一形容词要广阔得多。"④ 至于"真理"概念与"真""假"概念的内容到底

---

① 图尔敏:《科学哲学导论》,1953年英文版,第70页。
② 图尔敏:《科学哲学导论》,1953年英文版,第79页。
③ 图尔敏:《科学哲学导论》,1953年英文版,第80页。
④ 图尔敏:《科学哲学导论》,1953年英文版,第79页。

有什么不同,他并没有专门论述。

(四) 批判四种错误的科学理论观点

图尔敏对历史上有关科学理论、定律的四种错误观点曾做出批判。

图尔敏认为,在物理学的教科书中,讨论到科学理论或定律时往往对于自然定律有四种不同方面的陈述。这四个不同方面的陈述是有本质区别的,然而物理学家们从实际工作出发,对它们往往不加详细区别,而这种区分对于逻辑学家和哲学家说来都十分重要。历史上的与当代的哲学家由于不懂得它们的区分,产生了种种有关自然定律的错误观点,并进行了长期的无谓的争论。

图尔敏认为,由于出发点不同,科学教科书中有关自然定律陈述有下列四种不同的类型:

(1) 关于自然定律或原理的抽象的、形式的陈述,即对原理、定律所下的形式定义。如斯奈定律:不论何时,任何光线射入两种介质的平滑界面都会发生折射;入射角的正弦与折射角的正弦之比(对一定介质说来)是一个常数。用公式表示则是: $\frac{\sin i}{\sin x}$ = 常数。

(2) 关于自然法则或定律所起作用的范围(或条件)的历史记录。如关于斯奈定律在常温下对非晶体物质所起作用的历史记录。

(3) 自然定律或原理在特定情况中的应用。如在某个具体实验中光线按斯奈定律而发生折射的陈述。

(4) 依据自然定律或原理所作的具体的推理或计算。如依据斯奈定律推论或计算:当太阳的仰角30°,墙高6英尺时,其影长必然是10英尺等。

图尔敏强调指出,上述四类陈述都是对自然定律所作的表述,然而它们表述自然定律的角度或所强调的方面是不同的:(1) 表述的是自然定律的抽象的形式;(2) 表述的是自然定律所起作用的条件或范围;(3) 表述的是自然定律在特定环境下的具体应用;(4) 表述的是根据自然定律所做的推理形式或计算。由于它们表述自然定律的方面不同,因而是四类不同逻辑类型的陈述。历史上和当代的许多哲学家由于不懂得它们之间的逻辑区别,而把它们混淆起来,各自强调其中的某一类陈述的意义,从而产生了有关自然定律的四种不同的哲学派别。他写道:"与上述自然定律的四种不同的逻辑性质的陈述一样，哲学家也提出四种主要理论类型。这绝不是奇怪的巧合，因为人们可以发现每一种观点的代表者的论述都与上述四种类型陈述中的一种相适应。因而这些观点并不是真正绝对地对立的。也许它们的出现毋宁说是反映了对自然定律不同方面的一种偏见。"这四种理论是：(1) 以洛克与当代哲学家克奈尔 (Kneal) 为代表的自然定律必然论；(2) 以休谟和现代逻辑实证主义者们为代表的自然定律偶然论；(3) 以怀特海为代表的自然定律的有限概括论；(4) 以石里克与拉姆塞为代表的自然定律的形式规则论。哲学派别 1 与上述自然定律陈述的逻辑类型 4 相对应；哲学派别 2 与上述自然定律的逻辑陈述 3 相对应；哲学派别 3 与上述自然定律陈述的逻辑类型 2 相对应；哲学派别 4 则与上述自然定律陈述的逻辑类型 1 相对应。而在理论上，哲学派别 1 是与哲学派别 2 直接对立的，前者断言自然定律是必然的，后者则断言是偶然的。哲学派别 3 则是与哲学派别 4 直接对立的，前者认为自然定律仅是一种空洞的形式规则，而后者则认为自然定律是一种经验材料的概括。下面他把四种错误理论分成两对做了进一步的分析与批判。

首先，图尔敏批判了洛克、克奈尔的自然定律必然论。他认为，洛克等人断言：自然定律是一种必然的原则。这是有其根据的。其根据就是物理教科书中关于自然法则的第四类陈述，即物理学中关于依据自然定律、依据表述自然定律的数学公式所作的数学计算或逻辑推理。这是一种不容怀疑的必然性。而这种必然性就是他们自然定律必然论的根据。他写道："让我们首先讨论洛克关于自然定律是必然性原理的理论。回想起物理学家们使用'必须''必然'等一类词的方式，特别是把它们的观点与上述第四类陈述相比较，就能认识这种观点的实质。例如，一个科学家会说，如果太阳在 30°仰角，墙高 6 英尺，那么影长就是 10.5 英尺。很清楚，物理学家在处理他们的定律或原理时，好像在告诉我们在给定的什么环境中必然会发生什么。'必然性原理'一词就是自然定律的有关这类事实的反映。"[①] "把原理应用于特定的环境中能期望必然发生什么，这是因为，并且仅仅是因为，一个物理理论中包含着引进那个'必然'的图像——推理技

[①] 图尔敏：《科学哲学导论》，1953 年英文版，第 92 页。

巧，一旦我们学习了这种推理技巧，正确的计算必然导致这样的结果。"①
"重复一遍，这不是说解释的事实是'必然的事实'，而是理论的必然的推论，这种必然推论与必然陈述之间的区别在初等数学中是十分明显的。"②

图尔敏认为，应该承认这确实是一种必然性，物理科学教科书也确实充满着这种必然性的陈述。这是由于这种必然性才使物理学与自然史区分开来，成为一种成熟的"精确的科学"。

那么洛克的这种理论是否是正确的呢？图尔敏认为，不！它们是错误的。他们的错误在于只强调了有关自然科学的一种陈述，而忽视、否定了其他一些陈述。因为，如前所述，自然定律乃是对一系列经验现象所作的系统化或整体化的解释。它们之中包含了推理技巧、数学计算，但是不能把它仅仅归结为推理技巧或数学计算。虽然后者是其中的必要的组成部分。作为一系列经验现象的系统化的解样方式，它既涉及经验现象问题，也涉及数学计算，还涉及理想化的模型等。诚然，自然定律的数学计算确实具有其必然性，但只是逻辑必然性，而不是经验事实的必然性。这两种必然性是有区别的。他打了一个比喻说："例如，有一个家庭主妇推论说，我原有12斤糖，用去4斤，应该还剩余8斤。她所依赖的 $12-4=8$ 这个公式，与其说它必然是真的毋宁说它是无条件可应用的。然而，她得到的结论，（我还有8斤）不是无条件的。"③ 这就是说，这只是数学计算的必然性，而不是事实的必然性。事实上，她为什么原来正好有12斤糖，后来恰巧来了一个客人，不多不少用去4斤，因而还剩下整整8斤糖，这个具体事实并非必然的，不能把这种数学计算的必然性误解为事实的必然性。依据自然定律所正确做出的数学计算或逻辑推理的必然性也不是绝对的、无条件的，而是有条件的，因为自然定律的应用是有条件的。它只能在一定条件下起作用，离开一定条件就不起作用了；从而它的数学计算的正确性也就不是必然的了。例如，假定在墙的前面正好有一团滚动的高热空气，那么太阳以30°仰角照射在6英尺高的墙上，地面上的影长就不是10.5英尺，而是别的结果了。而这种条件的存在与否，以及如何存在，却

---

① 图尔敏：《科学哲学导论》，1953年英文版，第91页。
② 图尔敏：《科学哲学导论》，1953年英文版，第90页。
③ 图尔敏：《科学哲学导论》，1953年英文版，第96页。

不是必然的,而是偶然的了。又如,"光的直线传播原理在特定的条件下就不是必然的,相反,却为光的波动理论所取代了"①。

图尔敏反问:既然自然定律的数学计算的必然性是逻辑的必然性,那么,它们为什么不像其他逻辑的必然性,如"没有东西既是红的又是绿的"那样的逻辑必然性所具有的那种自明性呢?也即克奈尔所说的"后者具有'透明性'而前者只具有'智力的不透明性'呢?"他的回答是:后一种陈述是简单的日常生活中所经常、反复涉及的;而前一种(依据自然定律的数学计算所得到的陈述)并不是这样。他写道:"人们也许会问:为什么依据自然定律的推断的必然性仿佛是'智力不透明的',而'没有东西现在是红的又是绿的'却具有'透明的必然性'(transparently necessary)呢?这个问题如果在这里讨论,对我们来说就过大了。但是这也许给我们一个暗示:这里的区别是这样的,我们从幼年时期起在区别、把握、使用和标记周围事物的同时,就学习如何使用'红'与'绿'这一类语词了。在我们的知识中没有东西既是红的又是绿的,后来通过不断学习,对于我们说来,它们又成了第二本性了。……然而'光以直线传播'或'作用与反作用必然相等而方向相反'等却不是这样。但是,也许通过区分颜色的方式,动力学计算对于我们也会成为第二本性。如果我们用眼睛就都能认识,例如,像区分红与绿那样认识纯粹的引力体系,那么我们可以想象,引力定律就像区分颜色的原则那样,也是透明的了。"②

图尔敏批判了休谟等人的自然定律偶然论的错误观点。他指出,休谟等人强调自然定律的偶然性,其根据就在于片面夸大自然法则应用于具体条件时所产生的具体结果的偶然性,从而否定自然法则的数学计算的必然性。他们认为,世界上只有具体的经验事实,不存在脱离事实的抽象的定律,因而,自然定律所表述的只是经验现象的恒久的连续,这种恒久的连续只是可能的、偶然的。他写道:"偶然论的直观者,他们的注意力不是集中在自然定律自身,而是集中于它们所解释的事实上。如'这些盐在水中溶解''那条影长是多少''这束光为何改变了方向'等,所有这些事情都可以用一些理由把它们说成是规则性(经验的重复性)或恒久的连

---

① 图尔敏:《科学哲学导论》,1953 年英文版,第 49 页。
② 图尔敏:《科学哲学导论》,1953 年英文版,第 95—96 页。

续。但是，再说一遍，他们所引用的这些陈述毕竟不是自然定律本身。"①他指出，其实，自然法则所表述的并非单纯经验事实的连续，而是对一系列经验现象的系统化的解释方式。它的内容不仅包含了可能的、偶然的经验事实，还包含了必然的推理技巧或数学计算。

由此可见，看来绝对对立的洛克的自然定律必然论与休谟的自然定律偶然论，实际上并不像表面看起来那样是绝对对立、完全不相容的。其实，他们都从某个角度表述了自然定律的某个方面，都有一定的合理性，然而又都是片面的、错误的。因此，他写道："通过这种方式来论证自然定律是'偶然的'，与论证自然定律是'必然的'同样都是错误的。"② 那么，为什么人们会把它们看成对立的呢？图尔敏认为，那是人们的"非此即彼"的二分法观点作祟的结果。如果我们把这种二分法看作详尽无遗的，并试图把自然定律固定在这两个对立范畴中的一个中去，我们就会无所适从。我们能无视它的经验起源而把自然定律说成必然性命题吗？或者说无视它们告诉我们为什么会"必然"发生，而说它们仅是关于恒久连续的偶然性命题吗？或者我们不顾自相矛盾，把它们说成既是必然的又是偶然的吗？不能！因为没有一种说法是令人满意的。③

图尔敏还进一步指出，自然定律的必然性与偶然性的问题，归根到底是与上述自然定律的真与假的问题密切相联系的。说一个陈述是必然的，实际上就是说它必定是真的。事实上，像"真"与"假"的语词并不适用于自然定律一样，偶然性与必然性这两个词也同样不适用于自然定律。与自然定律相关的不是"偶然"和"必然"的问题，而是在什么条件下起作用、在什么条件下不起作用的问题。他写道："'自然定律偶然论'与'自然定律必然论'都是错误的。因为它们都把注意力过分地集中在自然定律的推理所从不会发生的问题上，即真与假的问题上。显然，把引力定律应用于电磁辐射现象是应该是被否定的，但是这并不否定引力定律自身；一个人能说它必须重新考虑并重新系统化以致使它符合于相对论'，但这并不是说它是假的；在这样的一种情况中，'假'这个词是不适用的。实际

---

① 图尔敏：《科学哲学导论》，1953年英文版，第98页。
② 图尔敏：《科学哲学导论》，1953年英文版，第98页。
③ 图尔敏：《科学哲学导论》，1953年英文版，第97页。

的情况是科学家们总是通过实验去调查研究他们的定律的应用范围,以及应用这些定律并使之发生作用的特定环境。他们从来不会去说定律自身是符合事实或不符合事实。这种定律与事实之间的逻辑关系是非直接的,如果把它们的联系说得过分接近,那只会造成混乱相误解。"①

在批判了洛克的自然法则必然论与休谟的自然法则偶然论之后,图尔敏批判了怀特海的自然定律有限概括论与石里克、拉姆塞的自然定律的形式规则论。如果说洛克与休谟所争论的是自然定律是必然还是偶然的问题,那么怀特海与石里克等人之间的争论是自然法则是经验的概括还是一种形式规则的问题。图尔敏首先批判了怀特海的自然定律的有限概括论。

怀特海断言:自然定律是一种经验的概括。这种理论不是怀特海一个人的主张,历史上许多归纳主义的经验主义者都认为科学理论来自经验材料的概括或归纳。但是,这种观点所面临的最大的困难是:众所周知的"休谟问题"即归纳知识不能保证普遍有效性的问题,而自然定律都是普遍有效的。针对如何摆脱这个逻辑的困境的问题,怀特海提出了一种"有限概括论"。他认为,自然定律来自有限的概括,但它是普遍地有效的。人们应该相信,自然定律的这种有限概括能普遍地推及任何时间与地点,因为它是属于神的"宇宙纪元"的。怀特海写道:"地球上几百年的实验虽然很难向我们提前证实完全无限的概括,但是我们有足够的理由断定,自然定律是一种可以不言而喻地推论到一个单一的、至大的,然而又是必然的宇宙纪元(Cosmic epoch)的所有时间与地点的概括。"②

图尔敏批判怀特海的这种观点。他指出,怀特海的错误是把自然定律与有关自然定律的第二类陈述混淆起来。这类陈述表述的不是自然定律自身,而是有关自然定律所起作用的范围的历史记录。如记录万有引力定律在地面的物体运动中起作用,在天上的行里运动中起作用等。由于把自然定律所起作用的范围的种种陈述误解为自然定律自身,于是也就把自然定律误解为对种种经验事实的概括了。他写道:"怀特海的'有限概括论',产生于对上述第二类陈述的考虑,即有关自然定律的显现范围的陈述的考

---

① 图尔敏:《科学哲学导论》,1953年英文版,第98页。
② 图尔敏:《科学哲学导论》,1953年英文版,第99页。

虑","问题的核心是把物理学中有关'自然定律'的表述,与有关自然定律在特定环境范围内的应用混淆起来了,应该把二者区别开来。譬如:应该把引力定律这个真正的自然定律与自然物体以每种 32.2 尺/秒加速——这个引力定律在地球的特定条件下的应用——区别开来。其实,后者并不是一个真正的自然定律,而仅仅是一个经验定律"。① 总之,怀特海的错误是把"自然定律与概括"混淆起来了。

图尔敏进一步指出,怀特海之所以一定要把自然定律说成一种经验的概括,其思想根源还在于他坚信自然定律必然是真的,自然规律只有来自经验的概括才能是真的。他写道:"不应问'自然定律是不是在任何地方都是真的',而应向'自然定律是不是相同地应用于所有的时间与地点'。因而回答也不应是'是的!令人惊奇和难以理解,它是普遍地真的',而应是'是的!它是可以普遍地应用的'。"② 又说:"引力定律之所以能应用于限定领域的地点和时间,并不是由于它是一个简单的概括;恰恰相反,而是我们原来就打算把它应用于所有限定的时间和地点的公式。"③

接着,图尔敏批判了石里克、拉姆塞的自然法则的形式规则论。他认为,石里克、拉姆塞的理论与怀特海的理论是一对对立理论的两个不同极端。如果说怀特海所断言的是:自然定律完全来自经验的概括;那么石里克、拉姆塞则坚持自然定律与经验事实根本无关系,它们仅仅是一些科学家们进行科学研究时的行为规则。因此,他们反复强调:"与其认为自然定律是陈述、断言或命题,不如说它们是把许多命题组合起来的'构造''指导规则''准则'或'方法的指令'。"④ 图尔敏认为,这种观点有其合理的地方,那就是他们注意到了上述有关自然定律的四类陈述中的第一类陈述的重要性;因为它们确实是自然定律自身的定义性的表述,对于科学家的研究工作确实具有一定的指导意义。然而,这种观点是错误的。其错误根源在于把自然定律看作一种与现实世界无关的纯粹的形式规则;而看不到它们虽然不直接来自经验现象,却是与经验现象密切相关的,就是对一系列经验现象所作的系统化的解释方式。因此,他们的这种理论必然会

---

① 图尔敏:《科学哲学导论》,1953 年英文版,第 99 页。
② 图尔敏:《科学哲学导论》,1953 年英文版,第 99 页。
③ 图尔敏:《科学哲学导论》,1953 年英文版,第 99 页。
④ 图尔敏:《科学哲学导论》,1953 年英文版,第 100 页。

带来两大错误：

首先，把自然定律说成是强制性的规则、指令，这就使它们对于科学家的科学研究具有严格的约束性和强制性，从而会窒息科学家的创造性。他写道："他们使用过分强制性的语词，如：用'命令''指示''规则'代替了'原则'这一较正确的词，这就使得反对者的理由更加有力了。"①

其次，把自然法则说成是一种与经验事实完全无关的纯粹形式性的"指令"，这就割断了自然定律与现实世界的联系。正如克奈尔在批判中所指出的：如果自然法则仅是与经验事实毫无关系的形式性规则，那么从这些形式规则推论出来的只能是形式规则，科学理论只是一系列指令而与现实世界就毫无关系了。所以，他写道："依照这种观点就不可能运用一个定律并得到有关世界的真的命题了，人们所能得到的只能是一系列特殊的指令了。"② 又说："石里克之所以在这个问题上陷入困境，也就在于他切断了自然定律与世界的联系。石里克强调，自然定律是'我们的表述方式的法则''研究工作者的指令'，这就完全切断了自然定律与世界的联结，而把它说成仅仅是与物理学家的处理方法相关的东西。但是，如我前面所说的，切断了这个联系就会导致极大的错误。事实上，通常的情况是，推理告诉我们的更多的是有关世界，而不是有关物理学家自身和他们的方法。"③

图尔敏指出，石里克等人之所以把自然定律说成是一种行为规则、指令，是为了反对洛克、休谟等人把自然定律说成"不是必然性命题就是偶然性命题"这种错误看法。石里克与洛克、休谟等人不同，他完全否定自然定律与必然性、偶然性有关。他认为，自然定律不是一种表述经验事实的陈述，因而，它是一种形式上像命题而实质上并非命题的"准命题"。图尔敏认为，石里克等人否定自然定律的必然性与偶然性是正确的，但是，他否定自然定律与经验事实的联系则是错误的。自然定律确实不是经验事实的直接概括，既不是必然的，也不是偶然的。然而，并不能因此就否认它与经验的联系，因它是一系列经验事实的系统化解释方式。

---

① 图尔敏：《科学哲学导论》，1953 年英文版，第 101 页。
② 图尔敏：《科学哲学导论》，1953 年英文版，第 101 页。
③ 图尔敏：《科学哲学导论》，1953 年英文版，第 102—103 页。

四 科学理论与地图

为了进一步说明科学理论与经验现象的关系，反对逻辑实证主义把科学理论说成经验材料的概括或归纳的主张，图尔敏把科学理论与地图做了详细类比。

（一）科学理论与地图的类比

图尔敏认为，科学理论从经验材料获取生命力，然而它并不是经验材料的简单的概括，而是它们的一种系统的解释模式。如果把科学理论与经验现象的这种关系跟地图与地理现象的关系相类比，那么就可以更清楚地认识这种关系了。他写道："通过物理理论与地图之间的类比和分析有助于消除关于自然定律的种种误解，弄清楚一些科学哲学中隐晦的、含糊不清的问题。当然，与任何分析类比一样，它仅仅给我们一个方法。但是这对于清除把物理学当作自然史来处理的错误却是有益的。"[①] 他认为科学理论与地图相类比，在以下几个方面十分相似：

首先，科学理论与观察陈述（现象材料）之间的关系跟地图与地理现象的陈述之间的关系一样，不是一种归纳与演绎的关系。如前所述，归纳主义的经验主义由于把理论看成一座通过理论逐层上升的金字塔，因而把金字塔内部的理论上下层之间的关系，以及与它的最底层的观察陈述之间的关系，说成是一种三段论式的演绎关系。图尔敏认为这是错误的。科学理论与观察陈述的关系并不是这种归纳与演绎的关系，这就像地图与地理现象陈述之间也不存在这种归纳与演绎的关系一样。他写道："通过科学理论与地图之间的类比分析能帮助我们弄清楚在实验观察和自然定律之间并不存在演绎的联系。"[②]

他详细地举例说：人们调查 B 镇的地理现象，记录了许多从观察得到的地理现象的记录（陈述），如："B 镇在大 F 村与小 F 村的西南方"、"B 镇与小 F 村、大 F 村均有公路相通"、"从 B 镇到小 F 村之间的公路上有一

---

① 图尔敏：《科学哲学导论》，1953 年英文版，第 105 页。
② 图尔敏：《科学哲学导论》，1953 年英文版，第 106 页。

座 P 桥"，"从 B 镇到 P 桥的公路长 5 公里，从 P 桥到小 F 村的公路长 7 公里"，等等。制图者根据这些陈述做出 B 镇的地图①，B 镇的地图是上述有关现象的归纳吗？当然不是。所谓归纳就是从一些具体陈述中归纳出一个普遍的陈述。地图是一个图形，根本不是一个陈述，根本谈不上是对一些具体陈述的归纳。B 镇的地图与上述地理观察陈述之间是一种演绎的关系吗？同样也不是。因为所谓演绎就是从一个陈述推演出另一个陈述，地图根本不是一个陈述，它与上述一些地理观察陈述之间的关系根本不可能是演绎关系。他写道："当然不能说地图是从一系列地理陈述中归纳出来的。反之，地理陈述也不是从地图演绎出来的。因为在演绎推理中，比如在'鱼是脊椎动物，鲻鱼是鱼，所以鲻鱼是脊椎动物'之中，其前提与结论中呈现的是相同的术词。但是在这里，即在地图与地理陈述之间，个是陈述，另一个是地图，后者根本不包含任何术词，因而不可能存在这种关系。"②

科学理论虽然不是图形，但是科学理论是依图像和推理技巧建立起来的，而图像推理技巧与地图有相似之处。例如：上述光的直线传播原理是建立在图解法的基础上的。而图解法就是一个几何图形，因此科学理论与观察陈述之间的关系，与地图与地理观察陈述的关系一样也既非归纳，又非演绎的。他写道："例如：在几何光学中的光线图解与它们所表述的现象之间就与地图与地理陈述之间的关系一样，不是一个可以从另一个中演绎出来的。"③

其次，地图是地理观察陈述的系统化和整体化的解释。科学理论则是科学观察陈述的系统化和整体化的解释。如前所述，B 镇地图是制图者根据实地测量的许多零散而庞杂的记录绘制出来的，它把这些陈述系统化、整体化了。同样，科学理论也使大量庞杂的科学察陈述整体化和系统化

---

① 图尔敏：《科学哲学导论》，1953 年英文版，第 107 页。如下图：

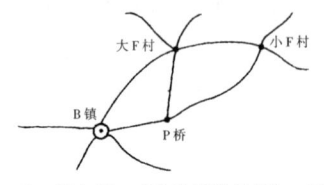

② 图尔敏：《科学哲学导论》，1953 年英文版，第 106—107 页。
③ 图尔敏：《科学哲学导论》，1953 年英文版，第 108 页。

了，成为它们的一种系统化、整体化的解释方式。他写道："光线图解并不比它所表述的观察现象包含更多的东西，相反，它所表述的内容全部包含于观察陈述的系列之中。不过，这是通过新的逻辑方式进行的，即分散的观察的聚集被整体化于简单的连接的图画之中，这就像测量者的记录中的诸多分散的读数整体化于一张清楚的、有条理的地图之中一样。"①

制作地图无须测量每一寸土地而其结果可以是精确的，制定科学理论也无须过多的实验而效果精确。富有制作地图经验的人都知道，一张精确地图的制定，不是来自对每一寸土地的测验，而是选择标点合理、测量仪器精密和计算正确。同样，制定一个科学理论也不是实验越多越好，恰恰相反，个重要的理论的建立，仅仅需要几个重要的精确的实验就够了。例如，爱因斯坦的相对论的建立就是这样。

图尔敏指出，实验越多越好的观点是一种外行人的看法，或者说是"把死气沉沉的自然史观点搬移到理论科学之中"。对理论科学而言，它要求的不是尽量多的实验，而是"以少量观察实验建立起来的覆盖面大的理论"，"从事过多的观察实验，实际上是对科学家的时间和精力的浪费"。②

由于使用目的或精确度不同，对于同一个地区可以绘制出种种不同的地图，如自然地理图、交通图、航空线图等。同样，因使用目的或精确度不同，对于同一个科学领域，可以有不同的科学理论并存，如在同一个光学领域内，可以有几何光学理论、电子光学理论等。自然地理图、交通地图、航空线图等并不是彼此对立，而是各有所用的。例如，航空线图比较简单，只标出该地区的航线，适用于航空的需要；交通地图比航空线图详细和复杂，不仅标出航空线路，而且还标出海陆交通线路，适用于各种旅行的需要；自然地理图更为复杂，更为全面，不仅标出该地区的海陆空各种交通线路，而且还标出所有城镇及其山川湖泊等地形地貌。它们相互依存，从自然地理图可以简化出交通图，从交通图可以简化出航空线路图。反过来说，航空路线图并不标示公路、铁路的交通情况，交通图则不标示山川湖泊等地形地貌的情况。但是它们并非因而彼此否定。

我们只能说这一个地图比那一个地图详细、全面、精确，或更适用于

---

① 图尔敏：《科学哲学导论》，1953年英文版，第108页。
② 图尔敏：《科学哲学导论》，1953年英文版，第112页。

某一方面，而不能说它们哪一个真，哪一个假。同样，几何光学理论与光的电磁理论以及量子光学理论也是这样。它们不是相互排斥、彼此否定，而是相互依存的。尽管用几何光学理论不能解释衍射现象，用光的电磁理论不能解释黑体辐射现象等，但是它们都适用于不同广度的光学理论；不能说它们哪一个是真的，哪一个是假的。他写道："几何光学理论与光的电磁理论的关系很像交通图与详细的自然地图之间的关系；光的电磁理论所能解释的不仅包括全部几何光学理论所能解释的内容，还能解释几何光学理论为什么在某些地方能起作用，而在另一些地方不能起作用。然而，光的电磁理论又不能代替光的几何理论，这就像人们能根据自然地图而构制出交通图一样。然而自然地图又不能完全代替交通图，因为对于一个只需交通图的人来说，自然地图太复杂了。"[①]

最后，基础地图是历史的、变化的，科学的基础理论也是历史的、变化的。所谓基础地图就是一种包括各方面的完全的地图，但是"完全"是相对的概念，随着测量技术和人们的需要的发展以及绘图者的努力，新的、更完全的、更准确的基础地图不断取代过去的、比较不完全、不精确的基础地图。科学的基础理论也是这样，它也是随着历史的发展而发展的。例如，早期人们把亚里士多德力学看成整个物理现象的基础理论。17世纪，伽利略——牛顿的力学理论代替了亚里士多德力学理论而成为基础理论。这样，许多传统观念就发生了根本的变化，原先被前人看作简单的现象（如重物下落），在后人眼里成了复杂的现象；原先在前人眼里是复杂的现象（如行星运行），却被后人看成简单的现象。进入20世纪之后，力学基础理论又有了历史性的变化。爱因斯坦的相对论和量子力学理论代替牛顿理论，成为物理学的基础理论。许多传统的观念又发生了根本的改变。但是它的"基础"和"完善"也是相对的，也将随着历史的改变而改变。

他写道，物理学中建构一个完善理论的标准是变化的，这就像绘一张完善的普通地图一样，它是随着制图者的抱负而发展的，是由历史条件决定的。"人们开始往往认为物理科学有一个明确的最终的目标，亚里士多德、牛顿、拉普拉斯、麦克斯韦尔和爱因斯坦都是这样。但是只要仔细考察一下历史就会发现这种观点是错误的。恰恰相反，时代的标准决定着物

---

① 图尔敏：《科学哲学导论》，1953年英文版，第115页。

理学家们的抱负。"①

(二) 科学理论与因果性

在科学理论与地图作类比的过程中，图尔敏还讨论了因果性问题。

图尔敏指出，因果性这个哲学的热点问题在科学哲学中也讨论得十分热烈。许多哲学家和逻辑学家把科学发现说成"原因"的发现。例如，著名的归纳主义者穆勒就认为他的"归纳四法"就是发现原因的四种方法。他写道："原因问题在传统的'归纳'与科学方法论的讨论中是一个受到广泛注意的问题。人们明确地坚持发现原因是科学的任务，正因为如此，穆勒的四种方法以及类似的形式分析被理所当然地认为与物理学相关。一些逻辑学家走得更远，他们把因果链的存在说成是科学之所以可能的一种条件。因而量子理论的某些特征被解释成：因果原则的破灭或因果性的放弃。原因、因果关系和因果性是许多有关科学哲学和逻辑著作的中心议题。"②

然而令人惊讶的是，在哲学和科学哲学领域中被热烈地讨论的因果问题，在理论科学领域却根本不受重视。他写道："如果我们从逻辑著作与科学家的业余哲学著作转到科学的专业著作，那么就惊奇地发现，在这些文章中很难找到'原因'这类词。当然在以应用为目的的工程师的著作以及医学杂志中，还能发现有关原因与结果的讨论。但是在理论科学著作中，'原因'这个词像'真''假'这类词一样是不存在的。"③

图尔敏认为，要回答这个问题必须对"原因"这个词语做一番考察。他指出，在人们的日常语言中是经常使用"原因"一词的。例如，收音机坏了，发出嗡嗡的噪声，我们就会问这是什么原因；病人发烧到40℃，我们也会问这是什么原因；铁路地基突然倒塌了，火车不能通过，我们也会问它是什么原因等。这是说事物处在发展变化中，我们从自己的要求出发，企图加速改变或阻止这种变化，这样，我们就会企图去寻求它的原因。事物原来是无所谓原因的，我们去关心、注意它，企图了解、改变它，于是事物就有了原因。因此，原因的本质特征是人的注意力转向，也

---

① 图尔敏：《科学哲学导论》，1953年英文版，第117页。
② 图尔敏：《科学哲学导论》，1953年英文版，第119页。
③ 图尔敏：《科学哲学导论》，1953年英文版，第119页。

可以说原因是人类中心化的产物,即从人的自我利益出发,或者说以人的自我利益为中心去观察事物,于是事物就有了原因,就有了因果关系。

与日常语言相类似,应用科学中也是经常使用"原因"这个词的。如诊断学、医学、工程学等就是如此。这是因为它们也是从人的某种特殊利益出发去考察事物的现象的变化与发展的。因而也具有人类中心化的特征。但是理论科学就不同了。它不是从人的某种特殊利益出发去考察某个或某类事件,借以加速、延缓或阻止它们的发生和发展,而是对事件的现象做整体性的考察,或者说对一系列现象做系统化、整体化的解释。因而它是中立于应用的。这就是理论科学家很少甚至根本不使用"原因"这个词的缘由。

在讨论这个问题时图尔敏把理论科学与应用科学的关系同地图与导游图的关系做了类比。他指出,理论科学与应用科学的关系很像地图与导游图的关系。导游图是一种应用性很强的简图,它是专门为某些人游览某个地方而制定的。图上路线的起点、终点只适用于游览某地的游客的需要。例如,一张南兰卡西的导游图并不专门告诉我们如何去利物浦的路线;而一般性的地图就不是这样了,它对怀着不同目的而共同使用该地图的人都持中立态度;它全面地表征地理上的各方面的情况。理论科学与应用科学的关系也是这样。应用科学从某种需要出发,特别关注某类事件或某类事件的某个方面的发展与变化,因而具有很强的应用性。而理论科学则关注诸现象的整体性和系统性的解释,而不是割裂这种系统性,来考虑某类事物变化的结果的"前件"或原因。它保持对应用的中立性,很少使用"原因"这一类语词。他写道:"'原因'这个词在诊断学与应用科学中经常使用。因而物理科学不同于诊断学与应用科学,就像地图不同于导游图一样。制作一张全面的地图就要同等地对待所有的交通路线,因为地图的使用者不会全都去同一条路线。因此它是'路线中立的'。一张有关某地的导游图就不是这样,它只关系到某一特殊的旅行路线","物理科学与应用科学的关系也是这样,物理科学关心的是对现象作系统化的解释",而"不关心应用中的原因的研究"。①

但是这里有一个问题:如果物理科学的目标不在于寻找原因,那么为何在物理科学中也存在过关于因果链的争论呢,如在量子力学中就是如

---

① 图尔敏:《科学哲学导论》,1953年英文版,第1122页。

此。他回答道："这个问题太复杂了，然而解释清楚这个问题是有意义的；那就是只有当基础理论呈现出在原则上有能力解释所有事物的时候，因果现念才能不受挑战地占统治地位。因此当爱因斯坦把他的视野扩展到比量子力学更远时，就企图重建因果性，并指责玻尔与他的同事们'相信上帝在掷骰子'就不会令人惊奇了。因此，用我们的话来说，这就是是否能把所有的物理现象都完全地绘制到地图上去的问题。这就像包含'每一个事物''所有'与'完善'等词的其他一般哲学问题一样，它几乎完全依赖于一个人的'完善'的标准。"①

图尔敏指出，因果链观念的来源不是物理科学，而是应用科学。它带给人们的是"一切必然发生"的思想，而"应用科学的成功加强了这种思想"。然而这一观念与"原因"这个词一样，对物理科学来说是"无用"的。②

（三）科学理论与科学方法的主体性

图尔敏还讨论了科学理论与科学家的方法上的努力的关系问题。

图尔敏设问：既然科学理论并不来自经验的概括，而是对诸经验现象所作的系统化的解释，它们是科学家通过模型和图像等技巧而建立起来的，那么科学理论与科学家的方法上的主观努力有何关系呢？科学家的主观努力是否会使科学理论丧失客观性而陷入主观主义？著名天文学家、科学哲学家爱丁顿就是这样认为的，并把他的这种看法称为"选择的主观主义"。

爱丁顿认为科学理论不是经验的直接概括，而是依据自己的方法建立起来的解释现象的一种方式。因而必然会把自己的主观性的内容加入理论的建构中去。他打了一个比喻：科学家好像是一个鱼类学家，其方法好像是渔网。一位鱼类学家用一张网眼为 2 英寸的渔网在大海里捕鱼，他捕遍了整个海域，所得到的鱼的尺寸都超过 2 英寸。于是他得出结论说：大海里的鱼的尺寸都在 2 英寸以上。显然这个结论是主观主义的，然而他无法避免这种主观主义。因为他总得用渔网来捕鱼，而渔网的网眼点有大小。尽管渔网的网眼大小可以由他来选择，然而他不能不使用有网眼的渔网。这就是说科学家在科学研究中不能不使用方法，而他所选择的方法总要给

---

① 图尔敏：《科学哲学导论》，1953 年英文版，第 123—124 页。
② 图尔敏：《科学哲学导论》，1953 年英文版，第 124 页。

科学理论带来不可避免的主观主义性质。因而他宣称:"物理理论本质上是主观的。"① 爱丁顿是一位有选择的主观主义者。他的这一看法使人想起普洛克路提斯的故事。普洛克路提斯是希腊传说中的一个强盗。他把捉到的人直挺挺地绑在一张特制的铁床上,身体矮的将他拉长,身体长的把他截短;使他们的身高与铁床的长度正好相等。这有点像我们中国的成语"削足适履"。在爱丁顿看来,科学家就是一种把自己的方法强加于科学理论之上的主观主义者。图尔敏批判了爱丁顿的这种"有选择的主观主义"理论。他认为这种看法是错误的,不能把科学方法与科学主观主义等同起来。为了说明这个问题,他又用地图与科学理论做了类比。他说,建构科学理论很像绘制地图。制图者在绘制地图时必须采取一定方法,其中包括基础线、定位和比例尺的选定以及投影方法与记号体系的采用等。例如,把地球表面的弧形的地理情况正确地绘制在一张平面的纸上,就不能不采用投影法。投影法表面上看来似乎是制图者把方法上的主观性强加于地图之中,而实际上却保证了平面图上的每一点都与弧形地面上的点准确地对应。因而它不是地图的主观主义的歪曲,而是使地图准确化的必要保证。同样,科学理论的制定或建构也是这样。科学家在制定或建构科学理论时也必须使用多种多样的模型和图像推理的方法。但这并不是对科学理论的曲解或主观主义化,而是使科学理论系统地解释经验现象的必要条件和可靠保证。不能说它是主观的或私人的,因为它是经过实验的反复检验而为大家所公认的。他写道:"建构科学理论像绘图一样,在绘制一张地图以前制图者选择了基础线、定位、比例尺、投影方法与记号体系,他们必须在各种方式中做出选择,于是生产出不同类型的地图。但是,事实上他们做出某种方法的选择并不全在应用中导致虚假的结果。因此把作图的投影方法与鱼类学家的渔网作类比会导致误解。这里并没有弄虚作假的问题。恰恰相反,只有做出这种选择才能绘制出一张地图。"②

图尔敏认为,有一种错误的看法必须澄清,那就是把科学性与科学家的方法的努力对立起来。在有些人看来,科学家的任何方法上的努力都会歪曲科学,这是一种错误的看法。其实科学理论的建构没有科学家的方法

---

① 图尔敏:《科学哲学导论》,1953 年英文版,第 125 页。
② 图尔敏:《科学哲学导论》,1953 年英文版,第 127 页。

上的努力是不会成功的。这就类似绘制一张地图没有制图者的方法论上的努力是不可能的一样。他写道:"要求绘制出一张没有特殊投影方法与特殊比例尺的地图是不可能的,在认识论中也是这样。如果我们想说明什么,我们就必须遵守语言的规则和习惯。它们给我们以谈话的语词。这是没有什么好抱怨的,就像有些哲学家常常所做的那样。因为我们不能不通过说话来说出真理。"① 又说:"我们对于建构理论物理学时所起的那部分作用是必需的,只有这样,理论的陈述才能解释世界。"②

最后图尔敏指出,为什么有的人会产生这种把科学理论与科学家的方法对立起来的错误看法呢?这仍然是不懂得物理科学与自然史的根本区别造成的。一般说来,自然史的发现只需简单的观察就行了,而物理科学的发现和研究却永远离不开复杂的科学方法。

(四) 理论实体的存在问题

为了进一步说明科学家在科学方法论(包括表述技术)上的努力与科学理论的关系,图尔敏还对温度,绝对零度等科学理论的概念以及科学实体是否存在等问题做了说明。

图尔敏说,温度观念不是一个现象的观念。现象中只有冷和热,而温度是冷与热这些经验现象的精确化、数学化的表达方式。温度的高低用温标来表示,温标是量度物体温度高低的一种方法上的规定。人们可以选用不同的温标,如华氏温标($°F$)、摄氏温标($°C$)和开氏温标(K)。但是科学家的这些方法上的选择并不使科学的温度概念成为主观主义的东西。相反,却是科学化、理论化的必要条件。

"绝对零度"的概念比"温度"概念更为复杂。外行人往往把绝对零度想象为类似于一个坚不可摧的地层,再坚硬的钻头也钻不透它。其实它只是物理现象的一种科学方式的表达。科学家们把绝对零度约定为比水的三相点温度低 273.16C。这表明任何物质系统达到这一温度时能量变为最小,因而处于基态,即可能存在的最低能量状态。现代科学表明绝对零度是达不到的,它只能无限地接近。因此,绝对零度可以与世界地图上的经

---

① 图尔敏:《科学哲学导论》,1953 年英文版,第 128 页。
② 图尔敏:《科学哲学导论》,1953 年英文版,第 128 页。

纬度相类比，它们都具有高度的方法论的意义，然而却并不因此而失去其科学性。它们都是科学的表达方式。他写道："绝对零度的存在可以与通过极射赤面投影线或面图投影所画出的世界地图上的边界线相比较。它们都不是真实存在的。然而它们都具有高度的方法论的意义，并不因此而失去它们的科学性。"①

图尔敏还讨论了理论实体是否存在的问题。

理论实体如原子、电子、基因等，它们真实地存在吗？对于这个问题在科学哲学中讨论得十分激烈。哲学家们各抒己见，众说纷纭；有的肯定理论实体的存在，有的否认它们的存在，有的犹豫不决地持怀疑态度。图尔敏认为在这个问题上之所以产生如此混乱的看法是由于不懂得"存在"一词的多义性。要回答这个问题，必须首先考察"存在"一词的真实含义。我们知道，图尔敏曾就读于牛津大学，早期深受日常语言学派的影响。在这里就可以明显地看出他思想中受日常语言学派影响的痕迹。他认为，"存在"一词，在不同语境中具有不同的意义。自然史语言中"存在"一词与理论科学语言中"存在"一词的含义就不一样。在自然史语言中，"存在"与"不存在"相对，例如，如果问"巴黎的埃菲尔铁塔存在吗？"我们可以回答说"是存在"或"不存在"；如果问，"能在地球上存在过吗？"我们也同样可以回答道"是存在过"或"没有存在过"。然而，在理论科学的语言中就不是这样了。科学语言中的"存在"不是与"不存在"相对立，而是与"虚构"相对立。我们问理论实体存在吗？不是问理论实体是否如经验事物一样客观存在，而是问它是否具有理论的解释意义，还是一个"没有理论解释意义的虚构"。例如，我们问"电子存在吗？""原子存在吗？""基因存在吗？"就是这样。我们不能像自然史语言中用"是，存在"或"不，不存在"那样简单的方式去回答。这往往使人产生误解，我们最好作具体的回答。

在这个问题上，图尔敏又把科学理论和地图做了类比。他说，问"原子存在吗？"或"电子存在吗？"就相当于问"赤道存在吗？"或"经度、纬度存在吗？"一样复杂。赤道确实不是真实地存在于地面上的一个经验事物。地球上确实找不出一条像足球场上的白色界线和中国的长城那样的

---

① 图尔敏：《科学哲学导论》，1953年英文版，第132—133页。

可经验的赤道线。然而人们又不能因此而简单地否定它的存在。因为赤道这个在地理科学中具有十分重要性的概念并不是毫无科学意义的虚构。它是环绕地球表面，和地球南北两极距离相等的圆周线的规定；是划分纬度的基准；是使地理学成为一门系统的科学的必要条件。因而它具有十分重要的解释意义。在这种意义上可以说它是存在的。同样对于电子、原子、基因等理论实体是否存在的问题也是这样，它们是存在的。我们说它们存在，并不是说它们是经验意义的存在，而是说它们具有理论的解释意义。而一个不具有理论解释意义的概念就是与存在相对立的虚构；一个失去了这种解释意义的概念，也就成为一种虚构。如历史上的"燃素""热质"等概念，就是这样。他写道："我们的结论是：一个观念只要完全失去了解释的丰富性，它就必须抛弃。"①

图尔敏指出，当然，说原子的存在不仅由于它具有理论的解释意义，而且它还为布朗运动所证实。但是，一个理论实体的存在，主要是由于它具有理论的解释意义，而不是为观察或实验所直接证实。在这里过分地强调观察与实验对它们的直接证实是错误的。原子理论在被布朗运动证实之前，由于它具有理论的解释意义，早已为科学家们所接受，尽管奥斯特瓦尔德、马赫等少数科学家在很长的时期里不承认原子的存在。但是这并不影响科学家们对原子这个概念的接受。他写道："在19世纪，全部理论物理学和化学是围绕原子和分子概念而发展的……但是直到1905年，爱因斯坦明确宣布布朗运动现象之后，它们的真实存在才得到证实。就连诺贝尔奖获得者奥斯特瓦尔德作为化学家也一刻也离不开原子、分子概念，但在原子是否存在这一问题上，却持怀疑态度。1905年，原子理论结束了它在物理学中的稳定地位。它的基础受到严厉的挑战。玻尔和汤姆逊的工作开始改变物理学家们有关物质结构的全部印象。人们奇怪地发现，原子理论获得成功的时候，正是科学家们把原子看作仅仅是有用的'虚构的时候'。由此可见，把有关理论实体的真实或存在问题过多地放在中心地位是错误的。"② 他进而运用上述观点解释了电子、粒子及其他各种基本粒子的存在问题。他写道："一个理论往往在它得到视觉证实，包括产生理论实体以

---

① 图尔敏：《科学哲学导论》，1953年英文版，第132页。
② 图尔敏：《科学哲学导论》，1953年英文版，第138页。

前很久就被人们接受了。可以断言，对于某些事情（如对云室照片）的估价是过高了……不能混淆两个不同的、完全独立的问题，理论的可接受性问题与理论实体的真实性问题。承认云室照片显示了电子和粒子的真实存在，并不必然意味着在接受原子理论中云室有一种优先的地位。这些理论在云室发现之前早就被科学家们接受和发展了。然而云室第一次以真正令人注目的方式表明：原子核、电子、粒子等可以被有把握地看作真实的东西。这就是说，它们不只是用来解棒的虚构。"①

总之，图尔敏反复强调，理论实体的意义在于它的理论的解释性，而不在于它的真实性；过多地强调或关注理论实体的真实性问题，就是把物理科学和自然史相混淆。

图尔敏对自然齐一性与决定论的问题做了详细的论述。首先他讨论了自然齐一性问题。

五　驳自然齐一性与决定论

（一）驳自然齐一性

自然齐一性问题是一个科学哲学与逻辑学中长期争论不休的问题。图尔敏指出，历史上许多逻辑学家坚持自然齐一性原则是为了给归纳逻辑寻找理论根据。归纳逻辑是一种以过去经验事实的重复来论证未来经验事实必然重复的一种逻辑方法，如以过去凡人都必死来推论今后凡人皆必死。但是过去经验事实的重复如何能保证今后同类经验事实必然会发生呢，其根据就是自然齐一性。归纳主义者们认为，由于自然界具有齐一性，因而能从过去经验事实的重复推论出今后同类经验事实的必然重复。他写道："有些人把自然齐一性原则看成解决归纳问题的关键，是跨越已有的观察和预见未来之间的经验的桥梁。"②

许多科学哲学家坚持自然齐一性原则则是为了保证科学理论的普遍有效性。科学理论都是一些普遍性的陈述。正由于它具有普遍有效性，才具有预见性，因而预见性成为科学之为科学的一个重要特征。而科学理论的

---

① 图尔敏：《科学哲学导论》，1953年英文版，第139页。
② 图尔敏：《科学哲学导论》，1953年英文版，第140页。

普遍性、科学家的预见性都是建立在自然齐一性原则的基础之上的；没有自然齐一性原则，科学理论的普遍性及科学事业的预见性就失去了根据，科学家就失去了寻求普遍真理的信心，科学也就不成其为科学了。因此，他写道："有些人把自然齐一性原则看成一种科学的信念，即科学家们解决他们的问题的可能性的信念"，"没有这种信念就不可能有科学"。[1]

因此历史上许多逻辑学家与科学哲学家都把自然齐一性原则看作一个不可怀疑的"外加的前提"。由于这个前提是无法用理论和观察实验来证明的，因而它们又把它说成是一个"形而上学的假设"[2]。

自然齐一性原则果真是一个不容怀疑、不可否定的形而上学的假设吗？一切科学果真离不开这一形而上学的假说吗？图尔敏对此做了否定的回答。

图尔敏认为历史上许多科学哲学家和逻辑学家把自然齐一性原则说成是一个必不可少的前提性假设，是由于抹杀了"自然史和物理学的区别"。说得更具体些是由于抹杀了"概括与自然定律的区别"[3]。

图尔敏指出：如前所述，自然史是一门描述性的学科，它重视对经验事实的分类和概括，而在经验事实的概括过程中具有逻辑跳跃性，例如，我们从"这个兔子吃草""那只兔子也吃草"而概括出"所有兔子都吃草"这一普遍性的结论。这就是一个逻辑跳跃，因为在它们的前提与结论之间是没有可靠的逻辑保证的，也即这一结论的正确性是存在问题的。它很可能有错误，因而它是一种冒险性的假说。如果用自然齐一性原则来"保证"这种概括，那么，这个"自然齐一性原则"自身也只是一个无逻辑保证的、冒险的、形而上学的假设。因此他写道："如果把自然定律看成是经验的概括，那么依赖自然齐一性原则就成为不可避免的了。把地球上的概括'猫是食肉的''兔子靠莴苣生活'应用到火星上去（假如火星上有猫和兔子），那是一种危险的、自然史的逻辑的跳跃。"[4]

然而，物理科学不同于自然史，物理科学的自然定律也不同于经验概括。因为自然定律并不是经验事实的简单积累和分类的结果，而是对经验事实的系统化的解释的结果。如果把科学定律看成是经验事实的累积，像

---

[1] 图尔敏：《科学哲学导论》，1953年英文版，第140页。
[2] 图尔敏：《科学哲学导论》，1953年英文版，第141页。
[3] 图尔敏：《科学哲学导论》，1953年英文版，第145页。
[4] 图尔敏：《科学哲学导论》，1953年英文版，第142页。

前述"兔子都吃草"一样，那么，把它说成是一种普遍性的陈述就需要某个"自然齐一性"这样一类形而上学的假设来保证。然而科学定律是对经验事实的系统化解释，如"光的直线传播原理"等是对一系列几何光学现象的系统化的解释；"引力定律"是对一系列机械运动现象的系统化的解释。这就是说自然定律与被解释的经验现象的关系不是概括与被概括的关系，而是解释与被解释的关系，亦即自然定律本身就是建立在解释这一系列经验现象的基础上的。因此它之所以能解释这些经验现象自然是理所当然的。例如，光以直线传播原理就是建立在太阳升得越高则物影就相应越短等经验事实的解释的基础上的，因而它能解释这些经验现象是必然而不是偶然的了。又如，引力定律就是建立在太阳系诸行星的机械运动与地面上诸物体的机械运动等经验现象的基础上的，它是对这些经验现象的系统化的解释，因而它能解释这些引力现象自然是必然的，而不是偶然的了。因为它们本质上是同义反复。它们无须像上述概括性陈述那样需要用自然齐一性原则这类形而上学的假设来为它的普遍有效性作保证。他写道："这一点值得详细地说清楚：物理科学在所有情况下都以同一种形式表述它们的引力定律，这并不能证明自然齐一性。得出这样的结论，即运用同一个定律去描述所有的引力现象并不需要做出任何假设。"

"因为什么是我们所说的引力现象呢？正是由于它们是依据引力理论所解释的现象，所以我们才称之为引力现象，所以我们的结论实质上是同义反复。"①

图尔敏进一步指出，科学家在制定或建立自然定律的过程中是无须自然齐一性之类的形而上学假设的。然而，在自然定律的应用过程中，科学家们都需要某种假定性的东西。不过这种假定性的东西不是自然齐一性之类的理论上的形而上学假设，而是一种方法上的预设。他写道："科学家是依靠预设工作的，而不是依赖假设工作的。"②

图尔敏认为，科学家在应用自然定律的过程中需要有下述两个方面的"齐一性"预设。

预设（一）：科学家们必须预设等待某自然定律对它做出解择的新现

---

① 图尔敏：《科学哲学导论》，1953 年英文版，第 144 页。
② 图尔敏：《科学哲学导论》，1953 年英文版，第 144 页。

象与用以建立该自然定律的那些旧现象之间是"齐一的"。例如：天文学家在太阳系外的遥远太空处发现一对新的双星（新现象），他如果企图用引力定律来研究、解释它，那就必须预设它与太阳系内的行星运动及地面上的苹果下落等引力现象（它们是建立引力定律的经验根据或基础）是"齐一的"，即它们都是相同的引力现象，都服从引力定律，都能用引力定律做出解释。显然，这种预设是不可少的，否则科学家就不会运用引力定律去研究解释它了。

预设（二）：科学家必须预设被研究的新现象与当时存在的各种相互联系的背景理论是"齐一的"。这是因为，研究一个新现象，如研究一对新发现的双星，不仅要涉及直接与之有关的理论或定律（如引力定律），而且还要涉及与引力定律相联系的其他各种背景理论。因而预设这种"齐一性"也是不可少的。

不过，图尔敏反复强调，这里科学家们所使用的是"预设"，而不是"假设"。预设与假设是不同的，假设是理论的，预设是方法的。假设是对一种理论的假设性的肯定，而预设仅是科学研究方法上的一个预定步骤，它不作理论上的任何肯定，而是在做出方法论上的预设后，时时处处寻找"背离"，即寻找它们的"不齐一"以准备否弃这种"齐一性"的预设。因此当发现自然定律与新现象不一致，即对新现象不能做出科学的说明或解释时，就会放弃这种齐一性的预设。他们常常放弃预设（一），即认为自然定律与新现象之间不存在齐一性，于是它们可能做出两种不同的修改。如当天文学家发现某种天文现象不能用引力定律对其做出解释时，他们就有可能做出两种不同的修改：一是修改对该现象的认识和理解，即认为该天文现象不是纯粹的引力现象，可能还有其他自然定律对它起作用；因而除了运用引力定律外还需应用其他科学定律来对它做出解释。二是修改引力理论，如牛顿理论不能解释水星近日点偏离现象时，爱因斯坦就修改牛顿的理论而建立相对论。在某种特定的情况下，科学家们也可能放弃预设（二），即当运用某自然定律不能解释某一新现象时，科学家们认为不是该自然定律有问题，而是与该定律相联系的其他背景理论有问题；即放弃某些背景理论与该现象的齐一性，而修改背景理论。这种情况虽然比前种情况［放弃预设（一）］少见，但是在科学史上还是不乏其例的。他写道："科学家的预设仅仅是最初的预设，他必须寻找'背离'，如果他发现研究的结果与原来的期望不一样,他就会追问这是为什么,就会放弃原来的预设,作各种修正。"①

总之,图尔敏认为把齐一性说成一种形而上学的假设是错误的。但是采用科学方法论上的一种"同一性"的预设,则是正确的。因为它是种自我纠正的科学方法,或者说是科学方法中的一个必不可少的步骤。他写道:"物理学家把一个相同的定律广泛地应用各种不同情况,这并不是接受了自然齐一性的大胆假设,而是采用了一种合适的方法步骤。一旦他发现有错误,他就会受到警告,并且知道下一次遇到类似的情况时应该期待些什么。因此这不是自然的"齐一",而是一种科学的步骤,一种方法上的和随时准备自我纠正的'同一'。"②

(二) 驳决定论

接着,图尔敏讨论了决定论问题。

决定论问题与自然的齐一性问题一样是科学理论与实在世界关系问题中的另一个十分重要并且争论激烈的问题。许多科学哲学家认为,既然自然定律具有普遍性,那么自然界应该是齐一的;同样,既然自然定律普遍地起作用,一切都受自然定律的严格支配和决定。那么宇宙应该是一个完整受制于自然定律的大机器了。他写道:"决定论问题是另一个令人困惑的问题。一切都服从于物理、化学定律而被迫行动。通电的镉灯只能被迫发射出它特有的光。行星服从引力定律被迫沿着它的椭圆轨道运行,就像有轨电车被迫沿着它的线路奔驰那样。科学越进步,宇宙就越被看作一个巨大的机器。"③ 然而图尔敏认为,这种观点与自然齐一性观点一样是错误的。这个问题实际上他在前面已经涉及了。在讨论自然定律的性质时,他批判了洛克与克奈尔的必然论观点。洛克、克奈尔等人的必然论实际就是一种决定论:一切都服从于自然定律,一切都是必然的。其实,他认为,这种观点混淆了两种必然性:数学计算或逻辑推论的必然性与实在世界的必然性。物理科学是一种严肃的科学,它是承认有必然性的,正是这样

---

① 图尔敏:《科学哲学导论》,1953 年英文版,第 147 页。
② 图尔敏:《科学哲学导论》,1953 年英文版,第 146 页。
③ 图尔敏:《科学哲学导论》,1953 年英文版,第 155 页。

必然性使它与自然史清楚地区别开来。但这种必然性是数学计算、推论规则的必然性，而不是实在世界的必然性。前面说过，科学理论、自然定律是以模型、图像推理技巧对各种现象所做出的系统化、整体化的解释。而图像推理技巧就是数学计算。例如，前面曾多次举过的例子，按照光的直线传播原理，太阳高30°，墙高10英尺，那么墙影的长度一定是1.5英尺，就包含一种数学计算或逻辑推理规则的必然性，而不是实在世界的必然性。因为它是通过模型和图像推理技巧得出的，而模型以及与之紧密联系的推理技巧只是科学研究的手段和工具，而不是实在世界的图画。因此他写道："理论的必然性不是强迫"，"'必然'这个词只用在推理的联络中和应用规则的联结中""哪里有这样一个推理规则和一组恰当的前提，那么哪里就只有这样一个结论。这就是我们要说的'必然'"。①

图尔敏认为，这里分清两个不同的概念，一个是相信（Believing that）另一个是认作（Regarding as）。相信是肯定它是这样，认作是姑且把它看作这样。前者是要把它当作真理，后者只是把它当作手段或工具。科学家对于模型的态度是"认作"而不是"相信。"他说："思考A是B是一回事，思考A作为B又是另一回事。"例如，物理学家把一个装满运动着台球的箱子作为一个充满气体的气缸的模型。科学家们只是为了科学研究的需要才把它"认作"是这样，而不是"相信"它是这样。光以直线传播的模型也是如此，科学家们只是为了解释各种光现象才把它们认作有一种实体在直线传播，而不是真正相信有一种实体在直线传播。因此他说："这只是导致理解，而不是导致相信。"又说："模型终究只是模型，应用它们只是为了获得广泛的成果。""模型带给我们的是一种新的说话方式和思考方式。"②

总之，图尔敏认为物理科学的必然性只是一种模型和图像推理技巧的必然性，即数学计算与推理规则的必然性，而不是实在世界的必然性：是一种"认作"的必然性。如果一定要说物理学家坚持决定论，那么他们坚持的是方法论的决定论，而不是形而上学的决定论。科学哲学中的形而上学决定论是对数学计算必然性的神秘化，是对物理科学中的方法论的决定论的歪曲或形而上学化。所以他写道："完全按照数学精确化运行的决定

---

① 图尔敏：《科学哲学导论》，1953年英文版，第160页。
② 图尔敏：《科学哲学导论》，1953年英文版，第166页。

论机器是数学幻想的产物。它歪曲地反映了我们计算中各个步骤的指导规则的精确性。""决定论者的世界图画中的不可破裂的因果链则是推论链的投影。他们把逻辑的必然性投射到天上,于是假想必然性像日常所理解的那样是一种强迫性运动。"又说:"方法论的决定论者与形而上学的决定论者是有区别的。物理学家并不需要断言世界是一架机器,但是为了专业的需要,他可能做出决定论的假设。但这只是做出暂时的假设性的方法论的决定论,它与形而上学的决定性有质的区别。"①

那么,为什么会产生这种物理科学的方法论的决定论与科学哲学的形而上学的决定论的混淆呢?他认为正是由于自然史与物理科学的混淆。有一些自然科学的门外汉,他们不懂得自然史与物理科学的区别,总是以自然史的眼光来看待和解释物理科学中的诸问题。于是不可避免地产生了"星期五的谬误",产生了种种错误的观点。其中包括自然齐一性观点、机械决定论观点以及在这本书中他所批判的种种观点。因此,他把这本书的最后一节的标题定为"为什么通俗物理学引人误解"②。当然,我们对于他这个标题应该理解得更宽广一些。实际上他不仅反对用通俗化的观点曲解科学哲学,而且反对一切脱离物理科学的实际去研究科学哲学的种种倾向;提倡把科学哲学与具体物理科学的研究以及科学史的研究结合起来。正是在这种意义上,我们认为是图尔敏开创了西方科学哲学中的历史主义学派。

六 科学秩序理想与科学理论的进化

以上几节的科学哲学思想是图尔敏在 1953 年出版的《科学哲学导论》一节中表述的。后来,在 1961 年出版的《预见与理解》一书中,他又发展了这些思想。如果说,前一本书的思想曾经影响过另一位著名科学哲学家汉森的观点,那么,后一本书的思想却是明显地受到了汉森的科学哲学思想的影响。

图尔敏在《预见与理解》一书中,从以下两个方向发展了《科学哲学导论》的思想:一是进一步探索了科学理论的内在结构问题,提出了"科

---

① 图尔敏:《科学哲学导论》,1953 年英文版,第 166 页。
② 图尔敏:《科学哲学导论》,1953 年英文版,第 167 页。

学秩序理想""科学理论构架"或"范式"的思想;二是动态地探索了科学理论的发展或进化的思想。而在探讨这些问题以前,他还论述了科学理论的主要特征是它的解释性这个重要观点。

(一) 科学理论的本质特征是解释

图尔敏讨论科学理论的本质特征是它的解释性时,是从讨论科学目标的多样性问题开始的,而他的这种讨论风格,明显地表现出受到过牛津日常语言学派的影响。

众所周知,日常语言哲学反对逻辑实证主义的对科学语言进行形式分析的主张。坚持语词意义的多样性,即认为任何一个语词在不同的使用过程或语境中有不同的意义。图尔敏在论证科学的目标问题时也是这样。他认为科学是一种活动,科学活动和其他任何游戏(game)活动一样,目标是多样的而非单一的。有人断言游戏的目标只有一个,那就是取胜或得分。但是,事实上事情并非如此简单。有些游戏活动的目标并不是明确地取胜或得分。如单人玩牌,根本没有对手,当然谈不上"取胜对方";而在网球赛中,有时不是自己得分,而是造成对方失分来取得胜利。科学活动也是如此,它的目标是多种多样的,而不是单一不变的。图尔敏进而批判了种种把科学的目标归结为单纯一种的错误观点。

首先,图尔敏批判了把科学目标归结为单纯的解释的观点。他说:以前许多人都认为科学的目标就是解释,"一个科学的理论、观点、体系或假设,解释的现象越多就越好"[1]。这是错误的。因为并不是所有科学理论都把提出多种的解释作为自己的目标,如生物学中的分类学与医学中的诊断学等,它们关心的只是分类与诊断的成功,而不是把对现象的解释作为自己的目标。同时,图尔敏指出,人们过于狭隘地理解"解释"这一概念,从而无法真正认识和把握解释在理论中的结构与作用。许多人,包括前面那种认为科学目标就是解释的人,都把理论的解释看作理论与已有经验相一致,理论尽可能去符合已有的经验事实。哥白尼的朋友奥森达(Osiarde)就曾以这种观点分析哥白尼学说和托勒密学说之间的关系。图尔敏指出,实际上哥白尼本人很清楚,托勒密的理论是与众多的经验事实

---

[1] 图尔敏:《预见和理解》,1961年英文版,第21页。

相一致的。他反对托勒密的理论并不是由于它与观察事实不一致。在理论与观察相一致这个方面，托勒密的理论其实都已经做到了。他反对的是托勒密理论的本身。因而哥白尼理论的目标要比仅仅解释已有经验材料这个方面要多得多，那就是通过提出新的"自然秩序理想"对经验材料做出新的"理解"。因此，在图尔敏那里，理论的解释性也就是在一定"理想"的指导下理解零乱的经验材料，即"自然秩序理想"下的理解性。

其次，图尔敏批判了把科学目标归结为单纯的预见的观点。他说：近年来在科学哲学家中流行着另一种观点，认为科学活动的目标就是预见。在他们看来，"科学理论的优越性是与它所包含的正确预见性成正比的"，"一个成功的理论就是指出众多预见的理论"①。他认为这种观点是错误的，并称坚持这种主张的人为"预见主义者"。他认为，"预见"与"理解"对科学说来确实十分重要，但不能因而说科学的目标就是"预见"。图尔敏结合科学发展史对这种预见主义做了全面的批判。

他认为"预见"一词的含义很混乱，人们可以给出许多种不同的解释。但无论哪种解释，预见主义者的观点都是站不住脚的。预见主义者认为：对理论生命力的关键性检验是看它所产生的成功预见的数量。图尔敏称这一观点为"预见主义的第一原理"。按照这一原理，人们就完全可采用一种简单的、可靠的，甚至量化的标准和方法来选择科学理论。"在吃中证明布丁，在预言中证明理论。"② 按照这一原理，也必然会得出另一个结论，即一个没有产生预见的理论就是一个不好的理论，就不能称为"科学"。图尔敏用具体的科学案例来反驳预见主义的第一原理。他称自己的反驳为"第一反论"（First Counter Argument）。他说，其实许多成功的理论都没有提出明确的、可证实的预见，最明显的例子就是达尔文的进化论。

如果我们对"预见"一词做一些量上的限制，情况又会怎样呢？或如图尔敏所说，我们对第一原理作"第一限制"，即认为要使一种理论成为科学理论，并不需要理论去预见它所要解释的所有情况，而只要能预见其中的一部分就行，这样是否就能不受第一反论的驳斥呢？仍拿达尔文理论

---

① 图尔敏：《预见和理解》，1961 年英文版，第 22 页。
② 图尔敏：《预见和理解》，1961 年英文版，第 24 页。

作例说明。当澳洲科学家用多发性黏液瘤来控制野兔数量时，他们在达尔文理论的基础上预见一种新的体质上比原先兔子更能抵抗这种病的新兔品种将出现，这个预见的成功更能使我们相信达尔文理论的科学性。图尔敏认为，实际情况是：只是到了最近几年，随着现代生态学和基因学的发展，才有可能在达尔文理论的基础上，甚至也是在小范围内，做出这种积极的、可证实的预言。可是在这之前的整整一百年间，这尔文理论的科学性却基本上没有被怀疑过。由此可见，预见主义的这种量上的限定也是不能成立的。

如果对"预见"一词再做限制，使"预见"的含义从日常用语的意义上解脱出来，把它看作对过去事件发展的预见，就像英语中的过去将来时那样看待预见的作用，又会怎样呢？他称这种限定为"第二限制"。毫无疑问，在日常用语中，预见确实不用来指称已经发生过的事，因为它们的时间已经过去，预见永远指向未来。但现在情况发生了变化，经过这一修改，预见主义者可以声称，由于在达尔文进化论指导下，古生物学家们发现并揭示了马的过去历史发展有不同阶段，从而就有理由相信达尔文理论的科学性。显然，这里的"预见"一词有了不同于以前的新的意义，即理论只要有演绎出所讨论事件的能力，理论就是科学的，而不管这种事件发生在过去、现在，还是将来。所以图尔敏称它为"修改过的原理"（Revised Thesis）。

图尔敏提出他的"第三反论"来反驳上述"修改过的原理"。他认为，科学史上许多成功地做出过预言[①]的技巧并没有任何理论基础，靠的仅是试错法（trial-and-error），而与此相反的另一些受人尊敬的理论却毫无预言性可言。科学史上最典型的例子便是爱奥尼亚人与巴比伦人在考察天体现象上的两种不同的思维方式和倾向。巴比伦人是对天体运行的时间计算的能手，能对月食等做出准确的预言，却没有任何有关天体的物理性质的创造性思想。他们没有任何想象，靠的全是纯数学的统计方法。而爱奥尼亚人则相反，他们的天文学充满想象，他们的理论和解释没有任何预见，既没有对未来事件的预见，也没有对过去事件的预见。如果按照"修改过的原理"，巴比伦人才是真正的科学家，爱奥尼亚人只是幻想家。其实，尽

---

① 图尔敏认为预言是经验的，如月晕而风；预见是理论的，如根据广义相对论预见光线弯曲。

管巴比伦人有"预见力",却缺少"理解力",因而他们根本弄不明白日食与地震、蝗灾的区别,以至于妄图把有关天文的数学统计数据,用于预言地震和蝗灾等现象。

前面分析的都是明确性的预言,预见主义者会反问说:"但为什么我们就不能作假设性的和条件性的预见呢?"换句话说,为什么不能把"预见"的意义理解为条件的预见和假设性的预见呢?图尔敏称这种观点是"第二修改过的原理"。这样,预见主义者的观点就又变成了:科学理论的优劣取决于它的预见性的成功——这种预见既包括明确性预见,也包括条件性和假设性预见。

图尔敏指出,现在的关键问题是进一步曲解了"预见"一词的意义。前面已经讨论过,明确性的预见作为检验科学理论的解释力并不重要。从现在开始,我们要看看条件性、假设性预见的作用是不是像预见主义者们所希望的那么大。

牛顿理论可以看作爱奥尼亚与巴比伦思想传统的发展。牛顿理论也对潮沙、天文现象进行计算、测量,提出所需的预言,这一点与巴比伦大的做法差距并不大;而同样地,牛顿理论的"预言"在许多方面同巴比伦人一样不成功,如一样无法预见地震和蝗灾。牛顿高于巴比伦人的方面,在于它能帮助我们理解这些计算技巧为什么会发挥作用以及如何发挥作用。而做到这一点的主要原因是牛顿理论有一整套能帮助人理解所观察到的经验事实的一般概念与原理。通过这些概念与原理,所有现象都联系起来,成为容易被人理解的对象。可见,牛顿理论的优越性体现在解释(理解)上而不是预见上;它告诉我们,在什么条件下,某个事件必将发生,而不会告诉我们某事件将无条件地发生。

其次,他批判了预见主义把解释和预见混为一谈。预见主义者认为,"一个成功的解释就是产生众多预见的解释"。他们企图用更为基本的思想:"预见"来解释理论的"解释力"与"解释"在理论中的作用。从上面的论述中可看出,图尔敏反对把理论的科学性与解释力归结为预见,反对把科学性、解释力与预见等同起来。他认为"从明显与引人注目的观点看,解释与预见明显地不是完全一致的"[1]。因为在图尔敏看来,科学的解

---

[1] 图尔敏:《预见和理解》,1961年英文版,第22页。

释与解释力无非是在一定"自然秩序理想"指导下的对经验材料或观察现象的理解或整合。"预见是好的，但我们必须理解我们所预见的对象。"因此，图尔敏认为科学理论最本质的特征是"理解"或"解释"，而不是"预见"，绝不能把两者混为一谈。

总之，图尔敏认为科学或科学的目标是多样的，或多方面的，而不是单一的。它可以是预见，也可以是解释，还可以是分类（分类学）或诊断（如诊断学）等。他写道："科学的目标不是一个而是多样的，必须否弃那种用一个单一的无所不包语词来表示科学目标的梦想。"①

然而，图尔敏认为，科学的目标虽然是多样的。但是并不能因而否认科学理论的共性。相反，却应该重视并强调其共性，正是由于这种共性才使不同的科学理论都成为科学理论。那么这种科学理论的不可缺少的共性或它的本质特征是什么呢？他认为那就是它的"理解性"或"解释性"，即根据科学的想象力所做出的理解或解释。

图尔敏认为科学理论的解释性是与科学想象力联系在一起的。因为，所谓"解释"就是对分散的经验材料做出系统化、整体化的解释。而这种系统化、整体化的解释必须以科学的想象力为前提。他认为，科学的预见性和科学的想象力，对于一个科学理论来说都是重要的。一个典型的科学理论"应该兼具这种优点"，如牛顿力学理论就是如此。然而相比之下，科学想象力比科学预见性更为重要。因为只有科学的想象力，即以科学想象力对零散杂乱的经验材料给予整体化、系统化的解释，才能使它们从零乱的经验上升为系统的科学理论。而且经验性的预言也只有得到科学想象力的系统化的解释，才能使它纳入科学理论的范围，上升为科学的预见，成为科学的一个部分。"预言只是一种经验的技术或技巧，而不是科学。它的成功有待于科学家去解释。一个新的和成功的理论可以并不导致增加新的预言技巧，同样，一个成功的预言技巧也可以在几个世纪中缺乏任何科学理论的基础。前一种科学理论不一定是坏的，而后一种预言技巧则不一定能上升为科学。"②"预言家只是告诉人们下一次将发生什么，而不能

---

① 图尔敏：《预见和理解》，1961年英文版，第12页。
② 图尔敏：《预见和理解》，1961年英文版，第36页。

理解为什么它们发生。"① "而科学家则不同,他们不仅确信什么事情将会发生,而且用一系列的确定的定律、模型或结构去描述自然的过程,从而导致对期望的理解。"② 因此可以这样说,科学的想象力以及依据想象力所做出的系统化的解释性才是科学理论的一个必不可少的特征,是科学的多种目标中的一个中心的目标。他写道:"科学的解释才是科学的核心。"③ "不论是治疗的、分类的、工业的或预见的活动,只有与作为科学的核心的解释性观念联系在一起时,它们才能被合适地称为科学的活动。"④

有些预见主义者反驳他的这种观点,认为牛顿理论之所以成为一种具有典范性的科学理论,正是因为它的预见性。正是因为它做出了种种预见并且后来一个个地证实了这些预见,它才被人们承认为一个伟大的科学理论。图尔敏不同意这种看法。他认为牛顿理论的创立开不是由于它做出了种种预见并确证了这些预见,而在于他对开普勒、伽利略等人所发现的天上、地上的种种事实做出了系统化、整体化的解释。而后来发现的经验事实也不是确证了它的预见,而是支持了它的依靠想象力所做出的系统化、整体化的解释。他写道:"牛顿给予我们以一系列全新的概念,它们把零乱的事物联系在一起并赋予其以意义。开普勒告诉我们事实是如此这般的,牛顿则向我们说明,如果我们假设是如此这般,那么开普勒所说的事实就成为必然是如此这般了……因此,他的优点与其说是预见性的,不如说是解释性的。"他继而论述道:"预见主义者们说:一个科学理论是由通过它所导出的预见确证的。现在应该由另一种说法来取代:那就是一个科学理论是由许多支持它的事实陈述(过去的、现在的、未来的、确定的或假设的)确证的。"因为"理论的预见的成功仅仅是对它的解释力的检验"。⑤

图尔敏还认为,在科学研究工作中实验工作是至关重要的。没有科学的观察实验就不可能有科学。特别是没有现代化实验就没有现代科学。但是,科学的观察、实验与科学的理论解释相比,后者就更为重要。因为如前所述,没有理论的解释,实验就不具有科学意义。他写道:"除非这些

---

① 图尔敏:《预见和理解》,1961年英文版,第44—45页。
② 图尔敏:《预见和理解》,1961年英文版,第45页。
③ 图尔敏:《预见和理解》,1961年英文版,第30页。
④ 图尔敏:《预见和理解》,1961年英文版,第45页。
⑤ 图尔敏:《预见和理解》,1961年英文版,第33—53页。

可能性理论最后都应用于解释性事件的实际,否则我们的先验研究就不会产生积极的科学成果。然而解释是科学研究的一部分,是科学研究的合情合理的部分,现在与几个世纪以来的情况都是这样。……成功的思索比实验室工作带来更大、更持久的效益。最高荣誉属于后一些人,他们构想新的基本思想的框架,联结毫无联系的分支学科。牛顿、麦克斯韦尔以及达尔文之所以被人们铭记于心,不是由于他们是伟大的实验家或观察家,而是由于他们是富有批判精神和富有想象力的新的思想体系的创造者。"[1] 总之,图尔敏认为,对经验材料的整体化或系统化的解释,才是科学理论的最重要、最根本的特征。

(二)"自然秩序理想"或"范式"

在上述观点的基础上,图尔敏进一步讨论了"自然秩序理想"问题,提出了"范式"或"解释性范式"的概念,从而进一步发展了他的理论的静态结构学说,并探讨了科学的动态发展或进化问题。

如前所述,图尔敏认为科学理论的最后的不可或缺的特征是它的理解性,或他所理解的解释性,即用科学想象力对分散无序的经验材料做出系统的整体化的解释。他断言"自然秩序理想"是这种解释的基础。

图尔敏认为,"自然秩序理想"就是使分散的经验事实互相联系起来,构成理论体系的基本公理或原则。它们是整个科学理论的最根本的基础和最初的出发点,是整个科学理论的核心。如"物体在外力作用下运动"就是亚里士多德力学的"自然秩序理想";"惯性的自转运功"则是哥白尼力学理论的"自然秩序理想";"惯性的直线运动"则又是牛顿力学的"自然秩序理想"。有时图尔敏又把"自然秩序理想"称作"解择性范式""自然统一的理想""模型"等。[2]

在图尔敏看来,"自然秩序理想"作为一个理论的基础或核心,具有以下一些特征:

第一,它是自明的或自释的(Self-explaining),所谓"自明的"就是"自然的",它之所以如此是不言而喻的。所谓"自释的",就是它之所以

---

[1] 图尔敏:《预见和理解》,1961年英文版,第108—109页。
[2] 图尔敏:《预见和理解》,1961年英文版,第42—43页。

如此，是由于事物的本性：它只能自己解释自己，而不能也无须用其他的原因或理由来解释它。他写道："自然秩序的理想是合理的、自释的、自然的和自身可以理解的……在那里事情按照它们的本性而行动。"又说："自然秩序理想是自然的，就是它们是按照其固有的本性而行动的，不能再进一步追问它们的原因。"①

第二，"自然秩序理想"是整个理论的起点和基础。图尔敏认为，自然秩序理想不只是自释的，而且还是释它的，即整个理论都需以它为起点来解释，因此它们是整个理论的起点和基础。他说："自然秩序理想是科学解释的起点，是一切解释的基础。"② 图尔敏还对自然秩序理想与科学理论的其他部分的关系做了进一步的区分，认为有些理论或现象与自然秩序的理想有直接关系，可以由自然秩序的理想直接做出解释。如牛顿力学的第二定律是由第一定律直接做出解释的。而另一些理论或现象则与自然秩序理想有间接的关系，只能从自然秩序理想得到间接的解释。如对行星摄动及潮汐等异常现象的解释。因此图尔敏认为，自然秩序理想或解释范式处于整个理论的核心地位，由它的解释所引出的其他理论或原理、定律就成为围绕它的整个理论系统的外层。再外面一层则是一些不稳定的、不巩固的、有待进一步检验的假设。这也就是他在《科学哲学导论》一书中所描述的理论系统的结构。

同时，图尔敏认为，不同的自然秩序"理想"或"范式"是以不同的典型范例和思想实验为基础的。如亚里士多德力学的"理想"或"范式"就是以实际的日常具体事物为基础，考虑的是物体在所需的时间内克服阻力所作的位置移动，他的典型范例是马车将保持静止状态，直到马用力克服车子的阻力做匀速运动。伽利略力学的"理想"或"范式"与亚里士多德的不同。这不仅体现在伽利略有了"加速度"观念，而且更重要的是有了不同于亚里士多德的典型范例和思想实验。伽利略思考的是船在平静的海面上航行，设想运动的阻力逐渐减少，以至可以忽略不计。这时，船将保持原有运动不变。如果它是静止的，则会继续保持静止，直到外力作用于它为止；如果它是运动的，则会按原来的方向继续运动，直到遇到阻力

---

① 图尔敏：《预见和理解》，1961年英文版，第41页。
② 图尔敏：《预见和理解》，1961年英文版，第42页。

为止。这样，对伽利略来说，永恒的运动与静止一样都是自然的和自释的。毫无疑问，伽利略用的仍是现实中真实的物体（船）在海上运动，来解释他的"惯性"思想。但与亚里士多德不同，他做了一些在亚里士多德看来是不可思议的思想实验；考虑到在实际生活中不存在的阻力为零的状态，亚里士多德会问："是什么力量使得伽利略所想象的船保持不断的运动？"而对伽利略来说，这是自然的和自明的。到了牛顿那里，他所使用的典型范例与思想实验又有了新的变化，并在此基础上提出了既不同于亚里士多德，也不同于伽利略的新的"理想"或"范式"。牛顿所使用的典型范例完全是抽象的思想实验，考虑的是物体在完全排除外力（包括自身重力）时的运动状况，这不仅为亚里士多德所反对（因为它不可能存在于现实世界中），也为伽利略所反对（因为伽利略的理想是船沿地球表面做封闭的旋转运动），牛顿在新的思想实验基础上，不仅提出了一个物体在完全排除外力时将做匀速直线运动（欧几里得线），而且解除了伽利略的顾虑。由于船自身的重量与地球的引力，船在运动过程中不会沿切线飞离地球。

第三，自然秩序理想或范式是历史的和可变的，它的转变将会导致整个科学理论的变化。图尔敏认为，自然秩序理想或范式不是永恒不变的原理或公理，而是历史的，可变的。不阔的历史时期有不同的理想或范式，也有与此相应的不同的典型范例和思想实验。不同时代的人都把他们那个时代提出的理想看作理所当然的和不言而喻的。同时，由于"理想"或"范式"在科学理论中所处的核心地位，它们的变化又常常引起整个科学理论系统的变化。他写道："有关什么是'模型''理想''规则性原则'和'解释范式'的问题，有时科学家的认识是不一致的。有关它们的不同见解常常导致意义最为深远的科学争论。并且有关它们的变化会导致科学理论的最重要的转变。"[①]

图尔敏详细列举了在动力学理论中与物质构造理论中，自然秩序理想或解释性范式的历史性变化的情况。

首先，在动力学领域，自然秩序理想或解释范式发生过多次历史性的变化。在西方的古代和中世纪，亚里士多德力学理论占统治地位；它的范

---

① 图尔敏：《预见和理解》，1961年英文版，第42—43页。

式是物体的本性是静止的，外力造成物体的运动；运动时，力与物体的重量乘速度成正比。用公式表示就是 F = w × v。在这里根本就没有"能量""加速度""阻力趋于零""瞬间速度"的概念。在他看来，"阻力趋于零"是不切实际的空想，而"瞬间速度"则是纯粹的无意义的抽象。他的整个动力学理论就是建立在这种自然秩序理想或解释范式的基础之上的。从伽利略开始，并为牛顿所完成的近代动力学理论却改变了这种自然秩序的理想或解释范式。牛顿以"质量"代替了亚里士多德力学中的"重量"概念，并提出了"阻力趋于零"的观念和"瞬间速度"的观念，以"加速度"的概念代替了亚里士多德的"速度"的概念，从而提出了"万有引力"以及物体"动则恒动、静则恒静"和 F = ma 的理想或解释起式，并在此基础上建立了一系列理论、原理、定律和假说。从而构成了完全不同于亚里士多德动力学的牛顿力学体系。

19 世纪末 20 世纪初建立起来的现代动力学理论又否定了牛顿力学的理想，提出了新的理想或解释范式，从而引起了动力学理论体系的又一次根本改变。他写道："牛顿的理想也是相对的。在非常精确的分析水平上，牛顿的理想就失去它的权威性，而为相对论的理想所代替……这种交替是意义深远的。"①

其次，图尔敏列举了物质构造的自然秩序理想或解释范式的历史性变化。他指出，早期亚里士多德的物质构造的自然秩序理想或解释范式是把有机体的成长过程理想化了。用这种成长过程来解释无机物的构造和变化，认为生物有机体所具有的内在本性规定着它的从小到大的成长过程。无机物（如金属）也有其从低到高、从简单到复杂、从贱金属到贵金属的成长过程。炼金术的理论就是以亚里士多德的这种预成论为基础的，认为只要在贱金属中掺加一些贵金属，它就会成为发酵物，促成整个贱金属向贵金属的变化。他写道："动力学中的范式的改变在物质变化的理论的领域也同样发生过……亚里士多德的物质变化的理想是物质朝自身的内在目标变化，而人造的'调制剂'只能加速这一自然的过程。"② 图尔敏指出，"提出这一物质结构变化'理想'或'范式'的基本思路，简单地说来就是：所有的

---

① 图尔敏：《预见和理解》，1961 年英文版，第 58—59 页。
② 图尔敏：《预见和理解》，1961 年英文版，第 69 页。

化学物质都具有布朗（Brown）所谓的'完美化发展的性能'，自然界处于自我发展的过程中。例如金属矿在岩石的母体中自然地发展。在自然界中，所有的东西如果不受到外界的破坏，它们就按其潜在的可能性而发展"①。

图尔敏指出，直至18世纪，著名科学家牛顿和波义耳等人虽然在科学中的某些方面做出了巨大的贡献，然而在物质变化的问题上，仍受亚里士多德的炼金术的"自然秩序理想"的影响。

直到19世纪中叶，道尔顿等原子论化学家才抛弃了这种古代的自然秩序理想或解释范式，而提出新的近代物质构造理论的自然秩序理想或解释范式。与前种理想或范式相反，它不是以有机体的生理发展过程来解释无机物的变化，而是把无机物的构造理论扩大化，用它来解释一切有机体的生理发展过程。他写道："到了18世纪末，物质变化的理论的范式发生了变化"，"一个新的范式代替了旧范式"，"几乎所有的化学家都抛弃了亚里士多德和炼金术士的旧范式，从而接受了惰性的，不变的化学物质的概念"。② 并以此来解释生物有机体的生理变化，"即用化学的观念来解释生理的过程"。

图尔敏认为，自然秩序理想或范式的变化，给整个科学理论、科学家们的观念带来的变化是巨大的、根本的。"过去人们认为是自然的、不言而喻的事情现在则成为异样的、反常的、甚至是不可理解的事情。反之，过去认为是反常的难以理解的事情，现在却成了自然秩序的完美的例证了。"③

因此，"一个自然秩序的理想代替另一个理想所必然带来的深远影响是不足为奇的"④。

第四，自然秩序理想或范式是"自明"的，但并不一定是人们所"熟悉"的，这是因为"自明"与熟悉是两个不同的概念，前者是理性的，后者则是经验的。例如，亚里士多德的动力学的理想既是自明的，又是人们所熟悉的。牛顿动力学的理想就不是这样，它是自明的，但不是为经验所熟悉的。相对论理想则更是如此。在日常生活中，人们总是把"熟悉的"与"不熟悉的"相联系，用熟悉的经验，知识去解释不熟悉的现象，而科学却不是这样，它把自明的理想或"范式"跟异常或反常的现象联系起

---

① 图尔敏：《预见和理解》，1961年英文版，第70页。
② 图尔敏：《预见和理解》，1961年英文版，第75—76页。
③ 图尔敏：《预见和理解》，1961年英文版，第47页。
④ 图尔敏：《预见和理解》，1961年英文版，第57页。

来。图尔敏指出,熟悉与不熟悉总是相对的,用水流解释电流能使许多人了解电的性质,但对生活在沙漠中的人来说,水流比电流也许更不熟悉。而反常却不是这样。如果坚持在力学科学中用"熟悉的"去描述"不熟悉的","我们将永远不能摆脱亚里士多德的力学体系,因为亚里士多德的范式是简单的、熟悉的,而牛顿的范式却相反。用牛顿的方法处理马拉车现象就相当复杂和困难"①。接着图尔敏分析了"反常"与"范式"或"确定性"的关系,指出两者间的关系是相互的。一方面,自明的、确定性的"理想"或"范式"力求去解释异常或反常现象,争取把它纳入正常的科学理论体系之中,以发展理论;另一方面,反常又常常启发人们去做出新的理解和解释,去提出新的理想模式和解释性范式。正像一个站在窗前看街上行驶的汽车的人一样,一辆汽车一刻不停地从窗前的街上开去,一般不会引起他太大的注意;而另一辆车开到窗前突然停下,然后又突然开走,就会促使他提出问题:"车为什么会突然停下,然后又突然开走?"他就会提出各种各样的可能性解释。

第五,自然秩序理想或解释性范式对于科学家来说,是预设的。图尔敏认为:"这些理想的性质就像 R. G. 柯林伍德所说的那样,完全是预设的。"② 他指出,科学中的预设与无根据的、先入之见的预设是不一样的。先入之见的预设往往带有个人的偏见,它给科学带来危害。而科学的预设,特别是自然秩序理想的预设则是完全必要的和不可缺少的。他写道:"科学家们正确地怀疑先入之见,他们力求使自己对自然保持一种客观性的精神,这是必要的。如果人们带着希望发现什么样的先入之见进入观察或实验,科学家们就会感到这会损害他的研究。""然而我们的自然秩序的理想并不是指这种预见,这是因为自然必须回答我们对它的拷问,而我们提出的问题必然有赖于预先的理论的思考。这里与偏见无关,而是与先前形成的概念有关。我们要去理解科学的逻辑,就必须承认这种'偏见'是恰当的和不可避免的。"③ 图尔敏的这种科学的预设是不可避免的思想,为后来的一些科学哲学家(如夏佩尔)所阐发。

---

① 图尔敏:《预见和理解》,1961 年英文版,第 60 页。
② 图尔敏:《预见和理解》,1961 年英文版,第 57 页。
③ 图尔敏:《预见和理解》,1961 年英文版,第 101 页。

第六，自然秩序理想或解释的范式是相对的，无真假可言。他写道："当然，解释范式和自然秩序理想并非是朴素的意义上的真的或假的，而是引导我们的研究多少有所深入和理论上多少有所成效的方法。"① 又说："那种超越理论的形式之外的真和假的问题是不存在的。"② 上述观点，图尔敏在《科学哲学导论》一书中已有所论述。因为在他看来，自然秩序理想不过是使分散的经验事实加以系统化，从而使它们做出系统性解释的一种方式；而不是客观事实的真实表述。因而它只有有用与无用、方便与不方便之别，而没有真假之别。正是为了强调这一点，他才称之为"自然秩序的理想"或"解释的范式"。因为"理想"和"解释的范式"等概念都含有一定程度的主体性和相对性的意思。

第七，不同的自然秩序理想或解释范式之间在一定意义上是"不相通的"。当然，图尔敏在《预见与理解》一书中对自然秩序理想或范式从未使用"不相通的"这个词句。这是后来库恩使用的术语，但图尔敏确实潜在地持有这种思想。在他看来，由于自然秩序理想或范式是预设的、自释的和历史地可变的，因而它们没有"朴素意义上的"真假可言，只是一定智力环境中系统解释经验事实的手段和方法。图尔敏认为，由于不同的"理想"或"范式"有相应不同的理论术语和概念（如亚里士多德的力学理论就没有"惯性""瞬时速度""阻力为零"等概念），以及不同"范式"指导下的科学家有不同的问题，甚至有完全不同的"是与非"、"真与假"、"合理"与"不合理"、"正常"与"反常"的问题，因而它们之间是有某种形式的不相通性。他说："接受不同理论和范式的人们没有共同的理论术语去成功地争论他们的问题。他们甚至没有共同的问题（重点符号是译者加的），甚至在一个人的眼里是'罕见的''意外的'事情，在另一个人看来却是'完全自然的事情'。"③ 不过，应该指出，图尔敏的这种范式之间的"不相通"的观念与库恩、费耶阿本德的"不可通约"的理论是有根本区别的。首先，他并不认为它们是不可比的，相反，认为是可比的。而且，我们将会看到，他是在肯定科学的进化的前提下承认这种可

---

① 图尔敏：《预见和理解》，1961年英文版，第57页。
② 图尔敏：《预见和理解》，1961年英文版，第84页。
③ 图尔敏：《预见和理解》，1961年英文版，第57页。

比性的。他没有因而根本否定范式与范式之间的联系和继承。也就是说，他并没有因此而导致相对主义。后来，库恩和费耶阿本德进一步发挥了他的这一思想，从而完全陷入相对主义，但这也正是后来他所批判的。关于这一点，在本章的最后4节将有所阐明。

图尔敏在上述自然秩序理想的特征的分析中不仅进一步发挥了他在《科学哲学导论》一书中所阐发的科学理论的静态结构的观点，而且也涉及对科学理论进化的动态的分析。因为他已论述了自然秩序理想的变化的问题。为了突出地分析这一问题，他另辟一章"科学观念的进化"来做专门的讨论。

（三）科学理论的进化

如前所述，图尔敏没有明确地论述科学革命的问题（后来他还公开反对库恩的科学革命理论），但却讨论了科学理论（观念）的进化问题。

图尔敏认为科学理论是进化或不断发展的。他写道："我们应该把科学的思考和实践看作一个观念和技巧的发展体系。这些观念和方法以至调节科学发展的科学目标本身，都是在一个变化的社会环境中不断进化的。因此，不论是对科学思想史的研究或科学的逻辑与方法的研究都应明确持进化的态度。"[①] 他认为一代又一代的科学家在科学研究和探索的道路上都做出了贡献。他们成就的涓涓细流都汇进科学理论的汪洋大海里，促进了科学理论的发展。这原是惠威尔的"条条支流"汇成"科学的海洋"的思想。他写道："科学观念体现一个活生生的批判的传统，它们代代相传，并在相传的过程中不断改进。例如：1850年，琼斯教授把他从父辈那里学来的物理学知识传授给他的年轻的学生史密斯；1880年，史密斯又把它们传授给年轻的罗宾逊。每一代都把某些智力的变化并入传统之中。从历史角度看，这就是科学中的不断的进步。"[②]

应如何评判理论的进步呢？图尔敏首先批判了以逻辑实证主义为代表的形式主义的科学哲学家的科学评价观和用现代科学的眼光与标准评价以前理论的非历史主义观点。他认为，形式主义的科学哲学家忽视具体的历史分析，企图孤立地制定出一种放之四海而皆准的、永世不变的、中立的

[①] 图尔敏：《预见和理解》，1961年英文版，第108页。
[②] 图尔敏：《预见和理解》，1961年英文版，第110页。

评价标准，甚至妄图用简单的数理统计的方式来评定理论的优劣，这是极其错误的。他写道："相似的争论也发生在科学的逻辑中。孤立地考虑一个科学理论的优点会导致抽象"，"建立'中立的评价标准'的梦想，是许多形式化的科学哲学的中心"，"他们试图建立单一的可以用"数学统计计算的"标准"，"这是不可能实现的"。①

同时，他专门批判了那些站在今天的科学水平上简单化地批判前人的观点。这种观点完全否定古代和中世纪的前科学的贡献。他说"通过查问我们的科学前辈是否坚持或否定类似于我们今天所接受的学说来简单地判定他们的高低是极无意义且令人讨厌的"②。又说："不能把前科学弃于一边，他们的成果为后人清除了场地和收集了材料，使科学的结构得以及时的建立。事实上，伽利略等近代科学家的许多成就都是继承了中世纪自然哲学的成就而做出的。"③ 他认为对于炼金术也不应全盘否定。对它的成就也应做出正确的、历史的评价。他写道："幸存下来的科学的观念都已经很好地证明它们是有价值的。当它们被抛弃时——如炼金术士的观念——就可以把它们看作科学上的飞龙（pterodactyls）。"④

在此基础上，图尔敏认为，评价科学理论必须用历史的观点。具体来说就是：（1）要认识到科学发展就像历史的发展一样有一定的阶段性。在不同的阶段具有不同的目标和工作方法。有的阶段重视材料搜集，有的阶段重视理论概括。因此，在评价科学理论时应该看到这种阶段性。（2）特定的时代只能提出和解决特定的问题。图尔敏指出，科学家只有具备了一定的智力条件、批判精神和观察能力后，才能提出和解决一定的科学问题。而所有这些，都要受时代和历史条件的限制。如亚里士多德关心的是他周围世界的真实事物。他既不可能也没有必要像伽利略那样进行高度的抽象分析，构想现实中几乎不存在的特定的典型范例。伽利略本人也因历史条件的限制未能像牛顿那样正确解决船在地球表面按欧几里得线航行而又不会飞离地球的难题。（3）要结合具体的思想背景和理论内容。图尔敏指出，评价科学理论不仅要结合具体的时代背景，还要结合具体的思想背景和理论内

---

① 图尔敏：《预见和理解》，1961年英文版，第112页。
② 图尔敏：《预见和理解》，1961年英文版，第59页。
③ 图尔敏：《预见和理解》，1961年英文版，第104页。
④ 图尔敏：《预见和理解》，1961年英文版，第82页。

容。例如，波义耳和道尔顿都是原子论者，但是他们的理论命运与结局却完全不同。原因是波义耳受传统思想的影响，仍把火看作一种稳定的、有重量的、可度量的基质，从而阻碍了他思想的进一步发展；而道尔顿则在拉瓦锡成就的基础上，提出不能把火看作稳定的和有重量的基质，从而对化学的发展做出了重大的贡献。

那么怎样对待科学理论的未来发展和进化呢？图尔敏认为，正像评价科学理论要用历史观点一样，对待科学理论的发展与进化也要坚持历史的观点。科学发展像科学目标一样，有各种可能性，不存在一种普遍的共同的模式去预测理论的发展。在这里，图尔敏引进了达尔文的物种进化论，认为达尔文进化论的"物竞天择、适者生存"原则可适用于科学的进化。他写道："科学观念的进化与生物物种的进化是相同的，变化的结果通过变种的选择而得以保存……达尔文的公式可以简洁地说明这个问题。"[①]

图尔敏认为，科学发展的可能性在两个方面像达尔文的进化论：第一是理论的适用性就像生物进化那样有各种可能性。根据达尔文进化论判定物种的优劣的标准在于它们是否适应环境。环境是变化的，因此判定物种优劣的具体标准也是随环境而变化的。一物种在一个特定环境下具有的优点，在另一个特定条件下就变成劣点，反之亦然。这同样适用于科学的进化。科学理论的优劣也应根据"不同的思想背景来处理"，而不能像形式主义的科学哲学那样脱离历史条件，用一个抽象的、"中立的"标准来处理。他写道："物种的进步、在于适合一定的环境，一个物种在一个特定的环境中的优点，对别的物种而言并非优点。甚至同一物种的变化在一个环境中是优点，在另一个环境中就不是优点了。科学亦是如此，科学理论的优劣应在一个问题域中处理，同一个理论在这个领域或环境中是进步的，在另一个领域或环境中却不是，甚至相反。"[②] "一个成功地应用于某一领域的理论有时可以应用于另一个领域而获得同样的成功，而在另一些时候情况却相反。某种以前在某个领域里获得成功的理论，在另一个领域里却把人引入死胡同。"[③] 他举例道：康德用"物质的扩散"这种理论去解

---

① 图尔敏：《预见和理解》，1961年英文版，第110页。
② 图尔敏：《预见和理解》，1961年英文版，第111页。
③ 图尔敏：《预见和理解》，1961年英文版，第79页。

释万有引力并没成功，而后来有人用这种理论去解释光照现象却获得了成功。他还说：最近剑桥大学的伟大物理学家狄拉克做出了引力场的量子化的推测，这种推测如果得到证实，那么康德的早期猜测就有了根据。

他还举了化学中的一个例子，说："早期化学中的'素'的观念，如易燃物中有'燃素'，酸化物中有'酸化素'，以至糖中有'甜素'，盐中有'碱素'，等等；在19世纪的经典化学中都消失了，代替它的是道尔顿的原子理论。但是这种类似的论证在后来的遗传学领域中又重新出现。不过它们不是以'素'的名称出现，而是以'遗传因子'的名称出现的，后来它们又被称为'基因'。"①

第二是理论的未来发展形势也像生物进化那样有各种可能性，无法准确预言。根据达尔文学说，无法准确地断言某种物种经过一段时间后将发生哪些变化，也无法准确地预言将有哪几种新物种产生。这也同样适用于科学理论。我们无法准确预言某种科学理论在未来将发生哪些变化，将采取什么形式，也无法准确预见若干年后将有哪些新的具体理论出现。这一观点是与图尔敏一直坚持的"反对科学的目标是预见"的观点是一致的。因而，在图尔敏看来，不仅某个具体理论的目标不是预见，就是整个科学的发展或某一领域的科学发展也无法准确地预见。

七　继续发展历史主义

图尔敏的关于科学理论是经验材料的系统化解释的观点，特别是他的关于"自然秩序理想"或"解释范式"的理论，为历史主义科学哲学开辟了先河。后来库恩、拉卡托斯等发展了他的思想，使历史主义科学哲学蔚为大观，成为一个影响重大的思潮。20世纪60年代以后，图尔敏继续批判逻辑实证主义传统，为历史主义的发展做出了重要的贡献。后来，他又站在夏佩尔等新历史主义者一边，批判了库恩、费耶阿本德的相对主义、非理性主义观点。这些思想主要体现在他的《科学理论的结构》（1969）和《常态科学与科学革命的区分能成立吗》（1970）等文章中。

---

① 图尔敏：《预见和理解》，1961年英文版，第90—94页。

（一）进一步批判逻辑实证主义，发展历史主义

20世纪60年代以后，图尔敏为批判逻辑实证主义、发展历史主义继续努力。1969年于美国伊利诺伊召开的科学哲学讨论会是一个总结历史主义的发展，探讨其进一步前进的方向的会议。在这个会议上，图尔敏以历史主义先行者的身份，做了总结性的发言。后来，这个发言以"科学理论的结构"为题发表在萨普所编的《科学理论的结构》一书中，在这篇重要的论文中，他继续批判逻辑实证主义科学哲学传统，为历史主义的继续前进鸣锣开道。在论文的一开始，他就指出："每一种传统，都是为了满足一定的需要而产生的。当这种传统对科学的发展表现出某种阻碍作用时，它就会被人们所抛弃。"[①] 那么逻辑实证主义于20世纪50年代以前产生并流行的历史条件是什么呢？他回答说："马赫的逻辑——历史批判和经验主义的认识论、罗素的符号逻辑以及爱因斯坦相对论物理学在维也纳的汇合。"是它的产生的历史条件；理论力学的充分发展为"形式的公理系统的提出，并为物理世界提供（至少在原则上）包罗万象的机械论解释"提供了可能，从而"把理论力学当作其他科学的典范，要求在此模型的基础上建构其他科学，并达到相同的一致性"，这是它的"数理逻辑学主义与统一科学运动方法论的理论根据"。[②] 那么逻辑实证主义为什么会盛极而衰，并最终解体，它的历史原因又是什么呢？他回答说："那就是现代自然科学，特别是现代物理学的进一步发展。"现代物理学，特别是量子力学的波粒二象性以及测不准关系等原理表明："形成完整的逻辑系统对于科学说来并非典型的；恰恰相反，典型的科学却是具有逻辑分歧和不一致性的。正是这些分歧和不一致性才成为科学探索的能动地发展着的领域的有生命力的课题。""例如，在量子力学中，通行的解释程序甚至会要求我们自己反驳自己：为了某种计算目的，我们假定P，如'电子有零半径'；而为了作其他计算，我们又需假定非P，'电子有非零半径'等。"[③] "所以，如果我们想了解实际上科学是怎样在起作用的，那么我们必须放弃逻

---

① 图尔敏：《科学理论的结构》，载于萨普编《科学理论的结构》，1977年英文版，第600页。
② 图尔敏：《科学理论的结构》，载于萨普编《科学理论的结构》，1977年英文版，第610页。
③ 图尔敏：《科学理论的结构》，载于萨普编《科学理论的结构》，1977年英文版，第609页。

辑实证主义的那种形式主义的假设；相反，必须考虑这样的科学事实：不论何时，它们的理性内容都是有逻辑分歧、不连贯性以及种种矛盾的。"① 这些事实表明逻辑实证主义理论与现代科学发展的事实是如何地不符合，已成为现代科学发展的理论的桎梏而必须被否定。

那么历史主义科学哲学为什么会替代逻辑实证主义而兴起并流行呢？那是因为近现代科学突飞猛进的发展。它表明，"科学不是一幅静态的逻辑系统的图像"，而是"生动活泼的、不断发展着事业"。"这表明科学哲学不应远远脱离科学实际去谈论'理论的演算及其结构'，而应去研究'科学的事业及其问题'。""科学哲学的中心问题不应是'科学系统的逻辑结构'问题，而应是'科学事业的合理发展'问题。"因此，他说："如果科学哲学家确实决定从理论演算的传统的静态的或'照相'式的观点走向科学事业的'动态'的观点，那么，他们将会发现自己面临着一系列全新的问题。"② 他号召科学哲学家们彻底摆脱逻辑实证主义观点的桎梏走向历史主义。他说："摆脱限制科学哲学家如此之久的科学理论的静态的'照相'，去建立一种科学问题和程序的'活动形象'，现在已经是时候了；运用这种'活动的形象'，科学中的概念变化的理性动力学将成为清晰易懂的，而其'理性'的本质也将是显而易见的。""总之，"他强调说，"流行于有关科学中的任何暂时阶段中的概念和概念系统，是怎样合理地发展成为后继阶段的那些概念和概念系统的呢？等等，所有这些必须回答的问题，不应以抽象形式的术语去回答，而应以引导各种'科学事业'发展为解释的目的，持应有的历史的态度去回答。一旦科学哲学达到这个阶段，那么它所关心的将不再是科学理论或'公理演算'的'传统'观念，代之而起的将是一种全新的传统。"③ 不言而喻，他所说的"全新的传统"就是他毕生倡导的历史主义的传统。

（二）批判库恩的"科学革命"理论

图尔敏为历史主义的发展努力不懈，同时对库恩、费耶阿本德等人的

---

① 图尔敏：《科学理论的结构》，载于萨普编《科学理论的结构》，1977年英文版，第609页。
② 图尔敏：《科学理论的结构》，载于萨普编《科学理论的结构》，1977年英文版，第613—614页。
③ 图尔敏：《科学理论的结构》，载于萨普编《科学理论的结构》，1977年英文版，第614页。

非理性主义思想做了批判。如前所述，图尔敏的自然秩序理想的思想与后来库恩的范式或科学革命的理论具有内在的逻辑联系。但是20世纪60年代后图尔敏并不完全同意库恩的上述理论，而是对它的非理性主义观点进行了批判。这主要反映在他后来发表的《科学中的概念革命》（1966）、《常态科学与科学革命的区分能成立吗》（1970）等一些文章中。

图尔敏承认库恩的关于科学发展具有"革命性"特征的思想的意义。他写道："库恩教授坚持认为，在科学理论的某些变化中具有'革命性'的特征。这一思想的重大价值在于它迫使人们第一次面对概念转换的深刻哲学理论。"[①] 但是他认为，库恩的这个理论是错误的，这主要是他把这种"革命性"的特征过分夸大了。图尔敏对库恩的范式或科学革命的理论做了以下几个方面的批判。

首先，图尔敏批判了库恩关于范式的不可通约性或科学革命的不连续性的思想。图尔敏承认科学的某些重要概念的不连续性。他写道："科学思想的发展确实包含一些重要概念的不连续性。在一个科学传统里相互展示的一些概念体系也经常是基于一些完全不同、甚至相互对立的原理和公理的。"[②] 但是，他认为，这种不连续性是相对的，而不是像库恩所夸张的那样是"绝对的""彼此间毫无内在联系"的。这是因为在科学发展的过程中，"科学家抛弃一个过时的概念体系，提出并接受一个新概念体系以代替它，这总是理性的反复修改的结果，它是有充分的理由的"[③]。这种理由就构成了新旧概念之间的可比性和内在联系，而不是像库恩所认为的那样是一种盲目的、非理性的信念转变。

其次，图尔敏批判库恩关于区分常态科学与科学革命的观点。图尔敏认为，在科学发展的过程中，概念的转换无疑是存在的。如果把这种转换说成是"科学革命"，那么库恩显然扩大了这种"革命"的范围，因为库恩在其著作中所列举的科学革命，都是像哥白尼革命、牛顿革命、相对论

[①] 图尔敏：《常态科学与科学革命的区分能成立吗》，载于拉卡托斯、马斯格雷夫编《批判与知识的增长》，1970年英文版，第48页。

[②] 图尔敏：《常态科学与科学革命的区分能成立吗》，载于拉卡托斯、马斯格雷夫编《批判与知识的增长》，1970年英文版，第53页。

[③] 图尔敏：《常态科学与科学革命的区分能成立吗》，载于拉卡托斯、马斯格雷夫编《批判与知识的增长》，1970年英文版，第54页。

革命等那样一些大范围的革命。"它们大约在两百年里才发生一次",其实,科学发展过程中的概念转换,"其范围大多是相当小,而发生却是相当频繁的"。① 这就是说,科学发展的历史事实是:并非像库恩所想象的那样,在较长的常态科学时期就没有任何小的概念转换了;恰恰相反,它们是不断发生的。科学家们也并非总是把当时的概念体系或范式当作"教条",死守不放,深信不疑;而总是具有一定的批判性、独创性和倾向性的。因此他说:"一旦我们认识到科学中没有任何一个概念的变化是绝对的,我们就会看到,只有一条仅在一定程度内相区别的,或大或小的一些概念转换的连续序列。"这样,"科学革命的发生就不再只是科学'常态'连续体中的一次令人触目的中断了","曾经作为库恩理论的核心和精髓的'常态'和'革命'的变化之间的那堵界墙也就坍塌了"。②

最后,图尔敏批判了库恩把科学发展的动力归结为社会心理的信念转变的思想。图尔敏认为在科学发展的动力的问题上,有两种对立的观点:一是波普的"科学发现的逻辑"的观点,认为科学发展的动力在科学内部,是理性的逻辑思维;另一是库恩的"科学研究的心理学"的观点,认为科学发展的动力在科学的外部,是社会心理的信念的转变。图尔敏认为库恩的观点是错误的,而波普的观点也是片面的。正确的观点应该是:科学内部的理性思维的因素决定概念的更新与选择,而它的外部的社会因素决定科学革新的速度。因此,"说到底,一个特定学科的革新趋势取决于内外因素的复杂的混合"③。

图尔敏指出,以上是他对库恩的科学哲学思想的批判,同时也是他的新的科学哲学观点的概要的阐述。他将在未来的新著中进一步展开这些思想。

---

① 图尔敏:《常态科学与科学革命的区分能成立吗》,载于拉卡托斯、马斯梅雷夫编《批判与知识的增长》,1970年英文版,第55页。
② 图尔敏:《常态科学与科学革命的区分能成立吗》,载于拉卡托斯、马斯梅雷夫编《批判与知识的增长》,1970年英文版,第55页。
③ 图尔敏:《常态科学与科学革命的区分能成立吗》,载于拉卡托斯、马斯梅雷夫编《批判与知识的增长》,1970年英文版,第55页。

第三章 汉森的"观察负载理论"说

诺乌德·罗素·汉森（Norwood Russell Hanson）是美国科学哲学家。他生于1924年，1941年进入葛底斯学院学习音乐后在芝加哥大学、哥伦比亚大学、英国牛津大学学习，获硕士、博士学位。1952—1954年在英国剑桥大学任科学哲学讲师。1957—1962年，在美国印第安纳大学任哲学教授，1960—1963年任科学史和逻辑系主任、教授。1967年，因飞机失事去世。他的主要著作有：《发现的模式》（1958）、《正电子概念》（1962）以及后人集其遗稿而编成的《知觉与发现》（1969）。

汉森是图尔敏之后的另一位历史主义科学哲学的创始人。他的思想明显受图尔敏的影响，对逻辑实证主义哲学思想的解体及历史主义学派的形成和发展，起了十分重要的作用。

一 论科学哲学与科学史相结合

惠威尔早在19世纪中叶就提出了"科学哲学与科学史"相结合的原则，但为后来盛极一时的逻辑实证主义的"科学哲学等同于逻辑"的口号所否定和取代。图尔敏重新提出并阐发了惠威尔的"科学哲学与科学史"相结合的思想。汉森进一步发挥了这一观点，向逻辑实证主义的口号进行挑战，为后来历史主义学派的许多科学哲学家所接受和发展。汉森与图尔敏共同开创了科学哲学历史主义学派之先河。

汉森在其著作《知觉与发现》一书中，第一章就开宗明义地论述了科学哲学与科学史相结合的主要思想。

首先，他讨论了什么是科学史的问题。汉森认为，历史上许多科学史学者都对此做了歪曲的理解。他们把科学史理解为科学编纂史，并错误地认为，科学史的任务就是把科学技术发展中的历史事件，如某年某月某日某人在某地发明了什么，或发现了什么等逐件详细如实地记录下来，然后按时间先后编纂，使之成为一部历史书，供后人查考。这样就把科学史家变成为科学历史事件的记录者、整理者和保存者。科学史变成了科学大事的年表或发展谱系。他写道，科学史家们总是在构建一部科学发明和发现的总记录，把何时发明了什么、科学家的名字、出生年月、家庭关系等如实地写下来。因此，许多科学史著作读起来好像是作者在设计一种科学大事的时间表、日历表和发展谱系。他批判说："科学史并不是科学大事记式的科学编纂史，而是科学思想发展史。它应该写出科学思想和观念的发展演变过程。它的内容应丰富于科学编纂史。"[①] 科学史家"不是英国皇家学会的资料登记员，或美国科学艺术学院的图书管理员，而是一个探索者。他的任务在于探索体现于历史发展事件过程中的科学思想和观念的演变"[②]。他说，科学活动本质上是一种思想认识活动。思想是进化的，科学史应该体现这种科学思想、科学观念的变化。科学家的科学思想、观念的产生、演变，并不是完全偶然的，而是受一定智力环境的各种因素制约的。科学史家应该努力从历史事实中去寻找这些制约科学家的科学思想和科学观念以及思维模式的演变的因素，从而揭示各种不同科学历史时期形成不同科学观念的方式或原因。只有这样，才能更好地把握科学家的科学思想。正像要了解一个人的行为必须首先了解他的思想以及影响他的思想的各种因素一样。例如，科学史家应该揭示为什么"加速度""力""质量""负荷""场""变量"等这些老概念在新的历史时期会产生新的内容；是什么导致化学家用这样的方式来表述某种化学物质，而不是用另外的方式等。

接着，汉森讨论了什么是科学哲学的问题。

汉森认为："科学史关心科学家的观念与思想，科学哲学也是这样。但是他们的研究方向是根本不同的"，"科学史家探究的是科学思想与科学观念的进化，而哲学史家所探究的却是科学思想与科学观念的内在结构"[③]。在汉森看来，这两门不同的学科正由于在内容上有这种共同性或联

---

① 汉森：《知觉与发现》，1969 年英文版，第 9—10 页。
② 汉森：《知觉与发现》，1969 年英文版，第 9—10 页。
③ 汉森：《知觉与发现》，1969 年英文版，第 9 页。

系，就决定了他们之间的相互依赖或相互结合。科学史不能离开科学哲学。如果没有以揭示科学思想与观念的内在结构为己任的科学哲学的引导，科学史就无法合理地表述科学思想、科学观念的发展演化过程；这势必成为一部单纯记录科学历史事件的科学编纂史。反之，科学哲学也必须依赖于科学史。因为只有透过科学史所提供的科学思想与科学观念的发展演变的具体过程或事实，才能揭示其内在结构。因而他大声疾呼，科学哲学家们必须重视科学史，必须熟悉科学家们的具体思想。因为他们所寻找的"科学思想、观念的内在结构，只能从对一定的科学概念有了充分认识的每个科学家的日常科学活动中概括出来。对于缺乏有关科学思想的内在结构和有关科学思想发展的全部知识的人来说，这是不可能的"①。

因此，他强调科学哲学与科学史的结合。他说："我毫不犹豫地提到物理史上的事件。它们会增强其他论证的说服力。这与我的科学哲学思想是一致的，即对任何科学作有益的哲学探讨，都有赖于全面地通晓那门科学的历史与现状。"②

为了提倡科学哲学与科学史相结合，他批判了三种当时流行的错误的科学哲学观。

首先，汉森批判了当时盛行于欧洲大陆的人本主义的科学哲学观。人本主义强调人在哲学中的中心地位，以人或人类社会为中心来考察科学，断言现代科学的发展给人类带来的不是幸福，而是不幸和灾祸，并反对单纯地考察科学哲学问题。汉森极力反对这种观点。他说："最近10年来'科学向何处去'的讨论甚嚣尘上，某些科学家、蛊惑人心的政客以及沮丧的剧作家们把科学、特别是微观物理学、生物化学、火箭技术和遗传学等看成是一种发狂了的'弗兰根斯坦'③，是用以创造不可控制的怪魔的工具。于是，他们把这类问题哲学化为关系到人类未来文明的大问题，而置于'宗教与科学''科学与未来文明''科学家有人性吗'等大标题之下，从而把科学哲学歪曲成为一种'世俗的宗教'，这实质上是否定了科学哲学。"他说，他不是反对讨论这些问题，"在这个杀人武器

---

① 汉森：《知觉与发现》，1969年英文版，第9页。
② 汉森：《发现的模式》，1958年英文版，第3页。
③ Frankenstein：英国作家雪莱于1818年所著小说中的生理学研究者，他创造一个怪物，而自己被它毁灭。

日益精良的时代,讨论这些问题无疑是有价值的,不仅应该认真讨论,而且还应该认真地付诸实施"①。但是,尽管如此,他们还不是科学哲学的内容,不能用这些社会问题来代替科学哲学的问题。因为这些问题尽管非常重要,但是对于科学的教学和具体研究说来,却并没有内在的重要性。这是两类不同层次的问题。它们影响科学家并不甚于影响其他社会成员。它们影响到科学家如何作为一个公民的问题,而不是作为科学家自身的问题。②

汉森反对科学哲学一味去讨论科学与社会、科学与宗教的关系,这无疑是正确的。可惜他把这种观点绝对化了。在他看来,科学哲学只是探究科学思想、科学观念的内在结构与发展逻辑,根本不应涉及社会问题。然而,科学本身就是一种社会现象,它是与社会生产、社会文化、社会制度密切联系的,否定科学与社会关系的探索,就使他的科学哲学只局限于科学的"内部史",否定了与科学"外部史"的联系,这点后来在库恩的科学哲学中得到了某种程度的修正。

其次,汉森批判了轻视具体科学内容的学究式的科学哲学观。西方某些哲学家由于过分强调科学哲学的一般哲学特点,从而轻视或否定科学哲学与具体科学内容的密切联系,主张科学哲学只能讨论一些"世界是什么""科学是什么"等十分一般的空泛问题。汉森极力反对这种观点。他认为,科学哲学应密切联系自然科学的内容,只有这样才能不仅引起广大科学家对科学哲学的兴趣,而且使科学哲学家与科学家互相成为朋友,彼此帮助,合作探讨,共同前进他说,科学家们常常厌恶并回避"正统"的科学哲学,这是有原因的。因为,他们不喜欢那种学究式的哲学家和学院式的历史学家们的思想,这些人只能泛泛地向科学家们作些"世界是什么""科学是什么"的说明。如果物理学家能够被专业哲学家和史学家从中有所发现的全部问题所困惑,那么,他们就会在实验室里、在每个讲授科学的学院或大学里坐在一起成为亲密的伙伴。但是,现在的情况远非如此。他们要问:"对于这些既从不肯走进现代物理实验室里去看看,又从不为科学研究中的疑难所困扰,并对科学前沿中起决定意义的那些深奥问题毫不接触的书本式学者说来,他们

---

① 汉森:《知觉与发现》,1969 年英文版,第 10 页。
② 汉森:《知觉与发现》,1969 年英文版,第 10 页。

怎么能成为理解并解决物理学家们的概念问题的依靠呢？"① 汉森认为，要做到这一点，科学哲学家必须重视自然科学。因此，他要求科学哲学家认真学习与研究自然科学，成为一名自然科学家。他写道："除非自己是科学家，否则就无法依靠他们。因此成为一个科学家，是任何一个写作与讲授科学哲学这门学科的人所必要的。可惜在讲解科学哲学与科学史的人员中还难以遇到这样的人。"②

汉森还着重批判了把科学哲学片面地等同于逻辑的逻辑实证主义的科学哲学观。由于逻辑实证主义的科学哲学现在当时影响甚大，所以他的批判也较集中。

众所周知，逻辑实证主义把自然科学理想化为公理化系统，把哲学等同于逻辑，认为一切真正的哲学问题都是逻辑问题。汉森反对并批判了这种看法。

汉森认为，逻辑实证主义者们把自然科学理想化为一个严密的公理化系统，不仅要求整个自然科学理论体系必须严密地符合于逻辑，而且要求每一个科学陈述都必须严格地符合于逻辑句法，从而把自然科学理论彻底演绎逻辑化、公理化，这是错误的。

首先，他认为，把整个自然科学理论体系彻底公理化、演绎逻辑化是错误的。现代自然科学是建立在现代化实验的基础上的，而现代化的实验室工作不可能单纯用演绎逻辑推理或全部机械化、自动化代替。因为科学的任务在于发现。而科学发现经常是一定程度的猜测，是一种容易犯错误的事业。它要求有巨大的独创性、洞察力和想象力。因为它是进入黑暗的一步，进入未探明的未知领域的一步。在这一步中，没有任何可以避免风险的办法，因而它是一个单纯演绎逻辑无用武之地的领域。"逻辑实证主义者们从来不关心实验科学家们所做、所说、所想的各种实际情况，他们所关心的只是单纯的逻辑关系，如科学理论的一般性陈述（公理）与从这些一般性陈述中演绎出来的特殊性陈述之间的逻辑关系，以及假设与支持这种假设的证据之间的逻辑关系等。总之，它们只是科学知识体系的形式结构或逻辑结构，而从不涉及任何科学家或所有科学家的行为特性。因而他们的科学哲学整篇都是逻

---

① 汉森：《知觉与发现》，1969年英文版，第11页。
② 汉森：《知觉与发现》，1969年英文版，第11页。

辑符号、逻辑推理和逻辑后承（entailment）。"① 这种科学哲学与科学家们的实际研究活动相去甚远，以至于对他们没有什么大的裨益。

其次，汉森认为，逻辑实证主义者们要求每一科学陈述都必须严格符合逻辑句法的主张也是错误的。因为科学的基本陈述是科学实验结果的记录。这就不可避免地渗透着实验者个人的猜测、臆想等主体性因素，以及仪器等造成的误差。逻辑实证主义者们却从不考虑这种实际情况。他写道："一个实验科学家的研究报告中的每一句陈述怎样才能接近于数学或形式逻辑的表述方式呢？他能完全做到吗？我们的回答是'不能'。也许甚至是'谢天谢地！不能！'因为这是一种包含着各种实验工作的猜测的判定，包含着仪器粗糙性所带来的误差的判定，以及包含着不是简单地通过演绎推理可以消除的理论和实际工作上的困惑的判定。"②

汉森并不否认演绎逻辑，特别是现代符号逻辑在现代科学发展中的重要意义，而且充分肯定这种意义。他说："谁愿否定现代科学中的许多重大进步显然就是逻辑的进步呢？"③ 但是，他认为逻辑实证主义者把这种进步作用过分夸大了，以至于以点代面，以面概全，妄图以逻辑的内容来代替整个科学哲学的内容，以至于在客观上否定了科学哲学，从而把西方科学哲学的研究引上了歧途。他写道："应该反对的是，有人常常把科学哲学时髦地等同于逻辑分析活动。逻辑实证主义的科学哲学理论的不充分性，不在于这种理论没有任何实践的价值或科学家对它不感兴趣，而在于它以点代面，把一个巨卷中的很小的一章，夸大成为全部了。这种歪曲所带来的危险是：导致广大科学哲学家们倾真毕生精力反复撰写这一章。"④

最后，汉森再次强调，科学进步的历史不是一个实验技术不断精确化的历史，而是一个概念演变的历史。科学哲学研究的中心不是逻辑的精确化，而是科学思想、科学概念的变化，以及寓于这种"变化"中的"内在结构"。

汉森对逻辑实证主义的科学哲学理论的批判是正确的、深刻的。他的关于科学哲学应着重研究科学思想、科学观念的变化及其内在结构的见解也是合理的、很有意义的。这种思想为后来的库恩等人所接受和发展。不过应该

---

① 汉森：《知觉与发现》，1969 年英文版，第 14 页。
② 汉森：《知觉与发现》，1969 年英文版，第 14 页。
③ 汉森：《知觉与发现》，1969 年英文版，第 14 页。
④ 汉森：《知觉与发现》，1969 年英文版，第 14 页。

指出的是：汉森的科学哲学只是着重研究了科学思想、科学观念的变化问题，还没有深入涉及这些思想及其变化的内在结构问题。后一个问题，他只停留在口头上，而把它留给库恩等人来进行。

二 论"观察负载理论"

（一）观察是经验，不是视觉图像

汉森在《发现的模式》一书的第一章和《发现与知觉》一书的第二部分中，详细地论述了观察的性质问题，提出了"观察负载理论"的重要思想。

众所周知，逻辑实证主义的科学哲学是建立在观察中性论基础上的。他们认为，观察（经验）是检验真理的唯一标准，它是科学大法庭中最高的权威或最公正的法官。一切科学理论必须还原为经验命题并受到经验或观察的最终检验。汉森提出并阐发了"观察负载理论"的思想，从根本上动摇了逻辑实证主义的理论基础，导致了它的迅速衰落。

关于观察负载理论的思想，惠威尔早在19世纪中叶就有论述。后来，波普提出了理论先于观察的问题，对此也有所发挥。汉森则在他们思想的基础上，结合当时心理学方面的新成就，做了进一步的系统的阐发。

汉森指出，传统的经验主义（唯物主义的经验主义与唯心主义的经验主义）都把"观察"解释为"睁开眼睛看"。但是却无法解释这样一个事实：在科学实验中，不同的科学家对同一事物的观察却可以得出不同的观察结果。他在其著作《发现的模式》一书的一开始就讨论了这一问题，提出了三个这方面的例子：（1）两个微生物学家在显微镜下观察同一个细胞切片，一个人说看到了"高尔基体"，另一个人却说观察到的只是因染色技术不佳而人为地造成的凝结物。（2）两个生物学家观察同一单细胞动物——阿米巴，一个人说看到了单细胞动物，另一个人却说看到了一个无细胞动物。（3）开普勒与第谷登山同观日出，开普勒说他看到了太阳是固定的，是地球绕着太阳转，而第谷观察到的却是地球是固定的，是其他天体绕地球旋转。汉森问：为什么两个科学家在同一科学观察中会得出如此不同的观察结果呢？

传统的解释是："当然，他们看到的东西是相同的。因为他们进行了同样的观察，他们都是从同样的视觉材料出发的。不过他们以不同的方式解释了自己所见的东西而已。"这种坚持"观察结果必然相同"的观点的人，把分歧归结于"观察后的解释"，其"科学"根据是视觉生理学。视觉生理学告诉我们：以开普勒和第谷观察日出为例，他们的视觉生理过程是相同的。"从太阳中辐射出来的光子，穿过太空和地球的大气层。由于这两个天文学家都有正常的视力，光子以相同的方式透过他们眼睛的角膜、水状液、虹膜、眼球晶体和玻璃体，刺激到他们的视网膜，产生同样的电化学变化，从而在他们视网膜上出现了相同的图像，于是他们看到了相同的东西。"[1]

汉森反驳了这种观点。他的反驳分为两个方面：

（1）"看是经验"，而不是"视网膜反应的物理状况"。汉森认为，上述视觉生理学的分析无疑是正确的。但是，这只是分析了相同的物理刺激产生相同的"视网膜反应的物理状态"，并不证明相同的观察获得相同观察结果。相反，"观察""看"不是"视网膜反应的物理状态"，而只是人的一种经验活动。它是有一定的主体性的。观察到的东西不等于视网膜上的东西。如果没有人的主体能动性，切断了视网膜与大脑中枢神经系统间的视觉神经的联系，或酒醉后失视，那么，尽管视网膜上呈现出各种图像，而人却什么也看不见。他写道："看是一种经验。视网膜反应仅仅是一种物理状态，一种光化学刺激。生理学家并不经常去鉴别经验与物理状态之间的区别。是人而不是眼睛去看，照相机和眼球本身是瞎的。企图把我们所说的'看'限制在视觉器官的范围内（或限制在眼睛背后的神经系统的网状结构的范围内）是让人无法同意的。"[2]

（2）不同的结果不是产生在"解释"之后，而是在"看"的同时。持"观察结果必然相同"观点的人认为，不同的结果产生于观察之后的解释。汉森列举了格式塔心理学上所经常使用的许多例子对此进行了反驳。这些例子有：1. 方格图（图3-1）；2. 婆—媳图（图3-2）；3. 长嘴鸟—羚羊图（图3-3）。首先，汉森以方格图为例说：人们从不同的角度来观察同一张图，可以看到不同的东西。"有人从上方观察，看到了一块立方

---

[1] 汉森：《发现的模式》，1958年英文版，第6页。
[2] 汉森：《发现的模式》，1958年英文版，第6—7页。

形有机玻璃，而有的人从下方观察则看到了别的东西；还有些人把它看作一种多面体的宝石，有些人则仅仅看到几条平面上纵横交叉的线条：它还可以被看作一块冰，一只养鱼缸，一只风筝线框架——或者其他别的什么东西。"① 婆—媳图也是这样。从一个角度观察，看到的是一个丑陋的老妇，而从另一个角度观察，却看到了一个漂亮的少女。从长嘴鸟—羚羊图中则可以从不同的观察角度分别看到一只长嘴鸟或一只羚羊。显然，这些不同的结果不是来自观察后的解释，而是直接来自观察。

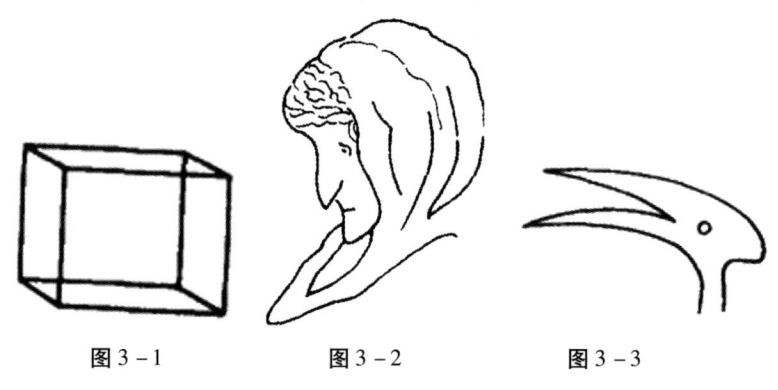

图 3-1　　　　图 3-2　　　　图 3-3

那么，为什么相同的观察会得出不同的观察结果呢？汉森用格式塔心理学的理论解释了这个问题。汉森指出：图像是由各种线条组合成的。人们观察图像时不是分散地只看到各种线条的杂乱堆积，而是用一种整体观点来观察的，即把各种线条看成一个有组织或模式的整体。所谓组织（organization）或模式（pattern）就是人们在观察图像时对图像中各种线条的整合。不同的组织便会产生不同的观察结果，便会形成人们心目中各自不同的事物。汉森以曲调把各种音符整合成一曲美妙乐章、以情节把各种分散的细节整合成一篇动人的小说来作比喻，说明组织在鉴别图像时的作用。他写道："组织并不像图像的线条与色彩那样是可以被看到的。它不是线条、形状或色彩。它不是视觉领域中的一个因素。但是，却是一种用以鉴别视觉因素的方式，就像情节不是小说里的另外一个细节，曲调并不是另一个音符。然而，如果没有情节与曲调，细节与音符就不能联结在一起。"② 又说："把线条整合在一起的组织是并不与线条一起印记在人的视

---

① 汉森：《发现的模式》，1958 年英文版，第 6—7 页。
② 汉森：《发现的模式》，1958 年英文版，第 13 页。

网膜上的。然而，它却能给各种线条和图像以一种模式。如果没有这种模式，我们只能看到一堆散乱的线条。"①

由此可见，上面所说的"从不同视角观察同一个图像，可以看到不同的东西"，实际上则是：在不同的视角下，同一个图像的各种线条被组织或整合成不同的东西。因此汉森说：我们的注意力（视角）改变了，"视觉的感性材料本身并没有任何改变，可是人们却看到了不同的东西，这是由于人们所看到的东西的组织改变了"②。

那么，图像的组织是什么决定的呢？单纯是由不同的视角决定的呢？不！它们是由人们预先具有的知识或理论决定的。

汉森指出，图像的组织、模式或整合方式是与观察者的知识背景直接相关的。例如，把同一张长嘴鸟—羚羊图放进不同的背景知识，人们就会把它看成不同的东西。又如在图3-4中，人们把它看成长嘴鸟，而在图3-5中则把它看成羚羊。汉森还进一步指出，图像的组织不仅与观察者的背景知识直接相关，而且归根结底是由观察者已有的知识决定的。这方面最有力的证据是："只有见过羚羊的人才能从'长嘴鸟—羚羊图'中看到羚羊，某些只见过鸟类而从未见过羚羊的人就根本不可能从这里看到羚羊。"③

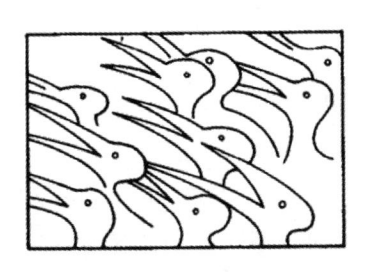

图3-4

具有不同知识的人观看同一个现象，其观察结果会不一样吗？例如，著名物理学家布拉格和一个因纽特儿童一同观看一个X射线管，其观察结果会不一样吗？汉森回答说："是。"然而他又认为正确的回答应该是既是

---

① 汉森：《发现的模式》，1958年英文版，第13页。
② 汉森：《发现的模式》，1958年英文版，第12页。
③ 汉森：《发现的模式》，1958年英文版，第13页。

又不是。说"是",是由于他们对射线管在某些方面都有共同的知识,如它是一个圆状体,是玻璃和金属制成的,等等;说"不是",是由于布拉格比因纽特儿童对 X 射线管具有丰富得多的知识。他看到的不仅是一个玻璃、金属制成的圆筒,而且是一个具有各种复杂物理性能的仪器。这种情况也同样适用于同一个人观察同一个事物。由于岁月的增加,他的观察结果也会不同。例如:"一个物理学家在学生时期见过这种玻璃与金属造成的仪器,后来他到大学里做了几年研究工作,然后回来又见到它,这时他看到的就不再仅仅是一个玻璃和金属制造的仪器,而且还能用电路理论、热力学理论、关于金属与玻璃的结构理论、热离子发射理论、光的传播、折射、衍射理论、原子论、量子论以及狭义相对论等理论去看这个仪器了。"[1]

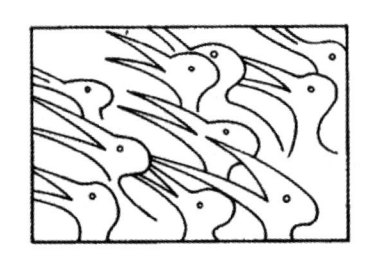

图 3-5

现在,再回到开普勒与第谷一起在山顶上观看日出这个例子上来。他们看到了相同的东西吗?汉森的回答是:是的,由于他们对太阳有共同的知识,所以看到了相同的东西。但是,由于理论知识方面的不同,他们看到的又是不完全相同的。他写道:"对于第谷和西姆勃里西奥斯说来,看日出就是看到太阳——这颗地球的光辉的'卫星'——开始在白天绕着我们运转;而对于开普勒和伽利略说来,看日出就是看到地球把他们带回到地球的光亮部分。"[2]

汉森进一步指出:"这种情况可能使某些人困惑不解;研究人员有时不能以相同的方式对资料进行评价,这不是一个严重的问题吗?"是的,逻辑实证主义者们就是这样认为的。在他们看来,观察的结果(经验)是

---

[1] 汉森:《发现的模式》,1958 年英文版,第 15—16 页。
[2] 汉森:《发现的模式》,1958 年英文版,第 20 页。

中性的。它们是永恒正确的,因而是科学的,是真理仲裁法庭中的最高权威。现在观察的结果也可以因人而异,那么科学还有真理性可言吗? 汉森认为,这种想法或顾虑是不必要的。科学家们对同一观察做出不同的判断,这是科学的事实,并不是任何理论所能抹杀与否定得了的。肯定这种事实,不仅从客观对象的分析中,并且从观察者的主观因素进行综合的再分析中"去寻找并深入认识这种分歧才是正确的道路。诚然这项工作是艰巨的"。但不能因而掩盖这样一种情况:"不这样做是不行的。"[1]

(二) 观察负载理论

在上述理论的基础上,汉森提出了"观察负载理论"的重要命题。他写道:"在观察和实验中渗透了概念,负载着理论。"[2] "总而言之,'看'是一种负载理论的活动。观察者的有关某一事物的已有知识决定了他对某一事物的观察。"[3] 汉森的这个命题的提出,从根本上否定了逻辑实证主义的经验中性论,从而给逻辑实证主义的科学哲学理论以致命的打击。

seeing 仅仅是指看见对象。seeing that 是指看到对象的属性。

为了进一步深入论证"观察负载理论"这个重要命题,汉森分析了看见 (seeing)、看作 (seeing as) 与看到 (seeing that) 的联系与区别。

首先,他分析了"看见"与"看作"的联系与区别。

早在汉森之前,维特根斯坦就从日常语言哲学的角度出发,在他所著的《哲学研究》一书中,探讨了"看见"与"看作"的关系问题。维特根斯坦写道:"'看作'不是感觉的一部分,因此它与'看见'既相似又不相似。"[4] 其意思是说,"看见"是一种纯感觉(纯经验)活动,而"看作"则是非感觉(非经验)的认识活动。汉森不同意维特根斯坦的这种看法。他认为,诚然,"看见"与"看作"这两个概念是有区别的。如"看见一个 X 射线管与把一个玻璃与金属造成的物体看作 X 射线管是不同的。"[5] 但是不能因此而把"看见"说成是一种没有认识活动的纯感觉或经

---

[1] 汉森:《发现的模式》,1958 年英文版,第 19 页。
[2] 汉森:《发现的模式》,1958 年英文版,第 157 页。
[3] 汉森:《发现的模式》,1958 年英文版,第 19 页。
[4] 维特根斯坦:《哲学研究》,1953 年英文版,第 197 页。
[5] 汉森:《发现的模式》,1958 年英文版,第 19 页。

验的东西，而把"看作"说成是"非感觉"或"非经验的"活动。当然，把一个对象"看作"为某物时，显然原先已有了关于某物的知识。如果没有关于某物的知识，那就不会把某对象看作为某物。但是，"看见"也是这样。"看见"某物也需要有关于某物的知识。没有关于某物的知识同样不可能看见某物。以上述长嘴鸟—羚羊图为例，一个没有羚羊或长嘴鸟知识的人就不可能看见图中的羚羊或长嘴鸟。①

接着，汉森进而分析了"看见"与"看到"的关系。他认为"看到"是一个比"看作"内容更丰富的概念，例如：我们从图 3-6 中看到一只熊。我们不仅看到四只脚在树上，而且还想到我们如果把身体转到树的另一面去，就能看到图 3-7 的情景。否则，我们就不会认为自己看到一只熊。这就是说，要看到某个东西，必须先要具有关于某个东西的知识，否则就看不到这个东西。同时，也就是说，看到某个东西，比我们在视网膜上印记的有关东西的图像要丰富得多。例如，我们从图 3-6 中看到一只熊，不只是看到了四只脚在树上，而且还意味着看到了图 3-7 中的东西，等等。

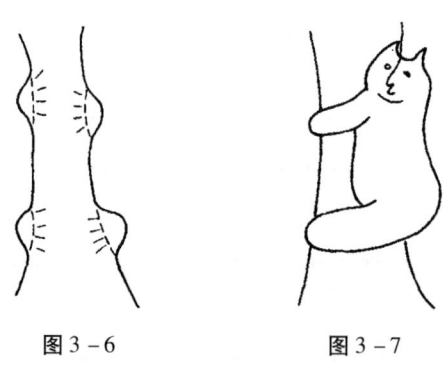

图 3-6　　　　图 3-7

汉森认为"看见"（观察）是一个比"看作"与"看到"的内容更为广泛的概念。它既包含"看作"的内容，又包含"看到"的内容。

因为，"看见"某物，当然是把该对象看作了某物，同时也一定是"看到"了某物。因此，"看见"这个概念应具有"看作"与"看到"这两个概念所具有的特征。也就是说，前面说过的"看到"这个概念所具有的两个特征：(1) 没有关于某物的知识就不能看到某物；(2) 看到的比记

---

① 汉森：《发现的模式》，1958 年英文版，第 19 页。

印在视网膜上的要丰富得多,也必然是"看见"这个概念所具有的特征。

汉森不厌其烦地反复论证了"看见"的这两个特征。

首先,汉森论证了"没有关于某物的知识,就无法看见某物"。汉森认为,理论与观察不像逻辑实证主义者们认为的那样是两个截然分离的概念,它们是紧密联系的。观察中渗透着理论,"理论或知识则编织进看见(观察)之中,而不是它的附属物"①。没有知识或理论的参与,显示在人们眼前的只是一些零散杂乱的线条,根本看不见什么东西。只有在已有知识或理论的作用即组织之下,人们才能把这些零散杂乱的线条整合成某种事物,从而观察到了(看见了)某种事物。

其次,汉森论证了"看见的比印记在视网膜上的要丰富"的观点。他在其《知觉与发现》这部著作中,用了整整一节的篇幅论证了这个问题。他说:"看见的比眼睛接触到的要多。"② 这是因为,观察(看见)不单纯是视觉构成的,而且充满着知识。它是"视觉与知识"的"相互结合"。知识给观察带来了视觉因素之外的许多内容。这使科学家的观察区别于常人的观察,常人的观察区别于动物的观察,更区别于照相机的机械摄录。他写道:"看见一个对象 X",比眼睛接触到的有关 X 要多。因为"这还意味着看见了它将会按照我们所知道的 X 那样去活动,如果它并不按照我们所知道的 X 那样去活动,那么以后我们就不会再把这个对象看作 X"③。例如"看见一个 X 射线管"不仅看见了视网膜上的有关图像,而且还看见它下面的那个感光片能够发光,看见它的对阴极会达到高温,和它的无水套(No water-jacket)一定是用熔点很高的金属(如钼或钨)制成的,并且还看见它在高电压下,阴极会出现绿的荧光,等等。一个物理学家看见一个 X 射线管,而又没有看见它的这些性能,这可能吗?"看到"把我们过去的知识编织进了我们的"看见"过程之中,"这就使我们不必重新再去识别眼前的每一个事物。它使物理学家可以作为物理学家,而不是像照相机那样观察新材料。我们就可以不必每经过一辆自行车就问:'这是什么'?"④

汉森认为,影响观察的因素不仅是知识或理论,而且还有语言。因为

---

① 汉森:《发现的模式》,1958 年英文版,第 19 页。
② 汉森:《知觉与发现》,1969 年英文版,第 61 页。
③ 汉森:《发现的模式》,1958 年英文版,第 22 页。
④ 汉森:《发现的模式》,1958 年英文版,第 22—23 页。

知识或理论是离不开语言的。它们总是通过语音的或文字（记号）的形式表现出来的。他写道："影响观察的另一个因素就是用以表述我们知识的语言和记号。如果没有语言和记号，就几乎没有我们可称得上知识的东西。"① 又说："如果没有语言因素，我们就无法把观察到的东西与我们的知识联系起来。我们就无法表述自己的观察。我们所见到的东西就毫无意义。显微镜就变成一个万花筒了。如果没有一些用语言或记号组成的有意义的句子来描述事物，事物怎么会有确定的意义呢？"② 为此，他考察了语言与图像以及观察（看见）与语言、图像的关系问题。

汉森认为，由于观察（看见）是视觉与知识这两种不可缺少的因素的合成物，而视觉本质上是图像的，知识本质上是语言的，因此，观察（看见）不仅是视觉与知识的复合物，而且也是图像与语言的复合物。③

那么图像与语言有什么关系呢？它们对观察的影响有什么异同呢？汉森指出，图像与语言的共同点就是它们都能摹写原物。图像经常摹写原物，语言也是这样。一只熊在树上爬，我们可以用图像来摹写它。如在图像上画一棵树，在树上再画一只熊，它就与原物相符了。语言也是如此，我们说："熊在树上爬"，这个句子中既有"熊"这个词，又有"树"这个词，它表述了"熊在树上爬"的意思；如实地摹写了原物，也就与原物相符合了。

如果把语言符号化，即用符号来表示，设 b = 熊，t = 树，R = "在……上"的关系，那么图像中的"熊在树上"与语言的符号"bRt"就能相互对应，它们摹写了原物；否则，图像"熊在树上"与语言符号"bRt"就没有摹写原物，即与原物不相符。

汉森进一步指出：图像与语言不仅有相同之处，而且有相异之处，分析他们的这种区别性是很有意义的。

第一，图像模仿或直接表现原物，而语言并不模仿或直接表现原物，而是以记号代表或表示原物、描述原物。如一张图画、一座塑像模仿了原物的外形；一盘录音带、一张唱片模仿了原物的声音，等等。而语言却不

---

① 汉森：《发现的模式》，1958 年英文版，第 19 页。
② 汉森：《发现的模式》，1958 年英文版，第 25 页。
③ 汉森：《发现的模式》，1958 年英文版，第 25 页。

是这样，它们是用记号来表示或描述的。而且用什么样的记号来表示又是任意的、约定的，各民族可以有不同的约定。例如：中国人约定以"一只熊在树上爬"来表示一只熊在树上爬；英美人则约定为"A bear is climbing on the tree,"它们不必对原物有任何模仿。例如：大熊大于小熊，我们在文字上就不必写成"大熊大于小熊"。当然也有个别例外。如"叮当""嘟嘟"等，它们都似乎在模仿声音，但也仍然有一定的约定性；中国人约定为"叮当""嘟嘟"；英美人却约定为"tinkle""toot"。图像与语言的这种区别决定了以下的几个区别。

第二，图像的摹写是局部的或某一方面的，而语言的摹写是"多能的"，即多方面的。图像摹写之所以是局部的，是由于它只能摹写原物的某个方面。如图画只能摹写原物的形状色影方面，而不能摹写原物的声音方面。所以，虽能惟妙惟肖地画出蒙娜丽莎的微笑，却无法画出她的笑声；而录音机虽能如实地收录原物的声音，却无法录下它的形象与色彩。语言，由于它的记号性就能突破这种局限，多方面地描述原物，既能生动地描写原物的形象、色彩，又能生动地描述原物的声音。不仅如此，甚至连看不见、摸不着的人的内心世界，以及早已成为过去的历史事件，都能生动地描述出来。

第三，图像的组成部分是可分割的，语言的组成部分是不可分割的。由于图像摹写所具有的模仿性，它是可以分割的。如一幅日出图可以分割成几幅小图像，它的各部分仍然摹写着原物的各小部分。然而，语言则不然，由于它的摹写并不具有模仿性，而只具有描述性，它的句子是不可分割的。一个完整的句子，如果分割成各单词，就失去了它原有的意义。

第四，图像无所谓真假，语言是有真伪的。由于图像只是模仿原物，它只有模仿得像与不像的问题，而没有真伪可言。语言则不然，由于语言的摹写是记号性、描述性和约定性的，它就有真伪问题。一个命题可以是真的，也可以是假的。

综合以上的分析，汉森得出的结论是：观察（看见），尤其是科学的观察学的观察不等于单纯的视觉，它是受理论和语言的影响的，是充满着知识和理性的。理论和语言给观察带来视觉材料以外的丰富的内容。它使观察者能观察到视觉材料之外（看不到的）东西，从而使观察者有所发现，有所预见。他写道："如果在研究观察过程时，忽略了语言和记号，那就会把物理学描绘成建立在感觉和低级实验之上的学科，就会把物理学歪曲成仅仅是各种引人注目的感觉以及学校实验室的实验的反复而单调的联结。其实物理学并不只是感官对世界的全面接触，而且还是对世界的一种思考方式和形成有关世界的概念的方式。拥有某种范式的观察者并不只是观看和报道所有通常的观察者所观看和报道的事件，而是善于从熟悉的对象中看出前人从未看到过的东西。"①

三 事实的不可观察性和不可表述性

汉森在上述理论的基础上进而讨论了关于"事实"的问题。他认为传统的经验主义者，其中也包括传统的唯物主义者（他统称为"硬心肠的哲学家"），由于把观察简单地理解为"睁开眼睛看"，他们都把"事实"简单地解释成"发生了的事情"。在他们看来，"事实就是那些硬的冷的，不以人的意志为转移的东西。事实是绝对的，确定无疑的，不可改变的。我们面对着的就是事实。它们就是物质世界的块块：树枝、石头、箱子，等等"②。他认为不论是早期的休谟、密尔、罗素、维特根斯坦，还是后来的逻辑实证主义者，都是这样看待世界的。只要稍稍分析一下他们关于"事实"的论述，这一点就很清楚，汉森认为这种对"事实"的理解是错误的。

（一）事实与理论、语言密切相关

汉森认为，关于"事实"的概念与"观察"的概念密切相关。"这是一个十分复杂的概念。甚至它可能比观察概念更为复杂。"③

汉森断言"事实是不可观察的，也是不可用语言表述的"。他说："我们可以看见太阳，可以描述我们所看见和谈论的那颗称为太阳的星体是什么样的，但是我们怎么能描述太阳在地平线上的事实是什么呢？这是一个不可能的问题。"④ 其缘由是什么呢？他回答说，这是因为"事实"不仅跟"观

---

① 汉森：《发现的模式》，1958 年英文版，第 30 页。
② 汉森：《发现的模式》，1958 年英文版，第 171 页。
③ 汉森：《知觉与发现》，1969 年英文版，第 172—173 页。
④ 汉森：《知觉与发现》，1969 年英文版，第 173 页。

察"一样,与知识或理论相联系,而且还与"经验""语言"密切相联系。

首先,汉森讨论了"事实"与"理论知识"的关系问题。他指出,由于理论掺透于观察,具有不同的理论修养的人对于同一对象可能有不同的观察结果。因而他们对于"事实"的理解也会不同。13世纪天文学家认为太阳绕地球旋转是事实,而20世纪的天文学家认为地球绕太阳旋转是事实。如果他们都看到了"事实",表述了"事实"那么到底哪一个是事实呢?"其实,我们可以坚定地说,他们都没有看到太阳在地平线上的事实。我们都不能看到事实。他们在那里也没有看到事实。"①

其次,汉森相信事实之所以是不可认识和不可表述的,还在于它与经验是密切相关的,是随着经验的变化而变化的。他以颜色为例,说:"试想我们一起在剑桥大学的麦顿楼上观日出,你也许会对我说,太阳在地平线上是一个事实。同样,我看到草是绿的,这也是事实。这些都是不以人的意志为转移的,不可改变的事实;是独立于我们的思维、语言、认识与心理的事实;是我们只要睁开眼睛就能看到的事实。然而,事情果然如此简单吗?不。我们看到太阳是发光的、黄色的,而对一个患黄色色盲的人却不是这样。他不认为这是事实。也许有人反驳道:黄色色盲患者看不到太阳的黄色,这并不影响太阳是黄的这一事实。然而我们可以进一步设想,一旦有一个超高温核弹爆炸,它所产生的放射物质破坏了人类的视网膜对黄光和绿光的感受性,即所有的人的眼睛对A5000—A7000范围内的辐射都不产生电化学作用。每个人都成了黄与绿的色盲。这时我们说'这是黄色的,那是绿色的'和说'这是红外色的,那是紫外色的'有什么区别呢?我们还能说'太阳是光亮而黄的,草是绿的'是绝对的、客观的事实吗?"②

汉森进一步断言,"事实"这个概念不仅与知识(理论)、经验密切相关,而且还与人们的语言密切相关,它深受人们的语言的影响,随语言方式的变化而改变。他比较详细地论述了这个问题。他说:"例如,'太阳是黄的','草是绿的','糖是甜的','熊是毛茸茸的'等句中的谓词都是形容词。它们都从属于主语:'太阳''草''糖''熊'等。因此这些句

---

① 汉森:《知觉与发现》,1969年英文版,第173页。
② 汉森:《知觉与发现》,1969年英文版,第175页。

子的意思是说：'不甜的就不是糖，不绿的就不是草，不毛茸茸的就不是熊。它们都是我们所说的客体的内部所固有的本性的表现。'"①

但是，如果我们改变一下说话的方式，即不按照我们的习惯方式去说话，而按阿拉伯人和俄罗斯人的方言那样的方式说话，用动词代替形容词以传达同样的消息。不再说"太阳是黄的""草是绿的""糖是甜的""熊是毛茸茸的"；而是说"太阳发黄""草发绿""糖发甜""熊长毛"，等等。这样，这些句子的内容就改变了。在这里，"黄""绿""甜""毛茸茸"不再是其主语"太阳""草""糖""熊"的内在属性，而是它们的外在动作或行为了。"太阳是黄的"，其意思是说太阳具有黄的属性，而"太阳发黄"的意思是说，太阳正在经历着一种变黄的过程，就像太阳正在爆炸那样。"草发绿"也与"草是绿的"意义不一样，而是说草正在向外发射出种绿色的光彩；如果人们要穿过一块草坪，就会受到绿光的照射，如同涉过一个绿光的池沼一样。当然，还可以设想，不用动词而是用副词来代替形容词说话。如说"太阳黄黄地发光""草绿绿地闪耀"，等等，那么它们的意义就又有了新的变化。

也许有人会反驳说，这只是说话方式的变化，而不是事实的改变。草是绿的，就是草是绿的。它是客观事实，不以人的意志为转移。它是在语言之外的。不会因说话方式的变化而变化。汉森反驳了这种观点。他断言这种观点是错误的。语言是由概念组成的，人们是运用概念来思想的。语言与思想是密不可分的。"说话的逻辑与思想的逻辑是相同的"②，因而没有思想就不会有语言。反之，离开语言，也就不可能有思想。康德说过："如果不能在语言上做出区别，也就不能在思想上做出区别"③，试想在语言和思想中只有"太阳发黄""草发绿"的词句或观念，而没有"太阳是黄色的""草是绿色的"的词句或观念的人，怎么会承认"太阳是黄色的""草是绿色的"是事实，而不认为"太阳发黄""草发绿"是事实呢？还可以进一步设想，假如每个人都按照前一种方式说话，那么还会有什么人会坚持"早上的太阳是黄色的""草是绿色的""圣约翰教堂

---

① 汉森：《知觉与发现》，1969 年英文版，第 176 页。
② 汉森：《发现的模式》，1958 年英文版，第 33 页。
③ 汉森：《知觉与发现》，1969 年英文版，第 181 页。

是灰色的"或"糖是甜的"等都是事实呢？即使坚持，又怎么来表述清楚它们呢？①

汉森还举了另一些例子。他说，有的原始部落在他们的语言和思想中的数字顺序是"1、2、3、一些、很多"。他们根本就没有4以上的数字观念或词汇。那么，他们会认为"圣约翰学院的小教堂有4个楼顶""1加仑有8个品脱"等是"事实"吗？②

汉森认为，语言影响人们对事实的理解，这一点，在科学技术领域中同样明显。他写道："事实的全部性质以及意义是随着陈述事实的语言的变化而改变的。这当然也同样适用于科学技术与数学的语言。这一点在现代物理学中是十分明显的。"③ 他以这种观点专门分析了比克曼（Beekman）与笛卡尔关于自由落体的观点的分歧。他指出：他们两人在研究自由落体时虽然都使用了同样的几何学，但是比克曼是"作为一个物理学家来看待几何学的，而笛卡尔却是以纯数学家的观点看待几何学的。因而他们对自由落体的事实的理解是不同的"。这与第谷和开普勒在观看日出时所看到的东西是不同的一样。他还认为，这种情况在基本粒子理论中尤为明显。在那里，我们全部的有关微观世界的概念都受到形式语言的特性的限制。④ 他举例说："玻恩和薛定谔在处理""符号时，运用了同一数学方法。但是他们的解释却是完全不同的。在处理测不准关系时也是如此。以爱因斯坦、德波罗依、玻姆、杰弗里斯为一方，以海森堡、狄拉克、泡利、贝特为另一方。前者否定它在现代粒子理论中的必然性，而后者则肯定它"。⑤ 他进一步解释了有关测不准关系的争论的原因。他说："它仅是量子物理学语言的一种逻辑推论，是努力使对过程的符号描述与粒子位置的符号描述达到同时性的结果……因为有人把它当作一个基本粒子的波—粒概念的逻辑结果来处理，而有人则把它说成是算符的非交换性。"⑥

---

① 汉森：《知觉与发现》，1969年英文版，第177页。
② 汉森：《知觉与发现》，1969年英文版，第181页。
③ 汉森：《知觉与发现》，1969年英文版，第186页。
④ 汉森：《知觉与发现》，1969年英文版，第180页。
⑤ 汉森：《知觉与发现》，1969年英文版，第49页。
⑥ 汉森：《知觉与发现》，1969年英文版，第186—187页。

总之，汉森认为："事实的情况在很大程度上是由陈述这些事实的语言决定的。"① 他写道："也许事实是陈述事实的语言的逻辑形式以某种方式造成的。它们提供模子，世界按照这个模子以不同的方式为我们凝合起来。"又说："语言的逻辑、语法的特性规定了事实成为它那个样子的状况和所处的背景。规定了持这样的方式而不是那样的方式解释事实。也就是说，科学语言的逻辑和语法的特性以及它们的概念与符号群，可以影响人们对世界的看法以及如何解释这个世界的事实。这就像在鸭群的背景中人们就倾向于把鸭兔图看成鸭，在兔群的背景中就倾向于把鸭兔图看成兔一样。"又说："当然，这不是说我们的语言产生我们所思想与感知的东西，而是说语言的形式控制着我们的思想与感知，控制着我们表述事实的倾向。"②

为了进一步说明"事实"是不可观察和不可表述的，汉森对"事物"（thing）、"对象"（object）、"事件"（event）等概念与"事实"（fact）概念做了区别。他认为，人们往往把这两类概念混淆起来，这是错误的。"事物"或"对象"是可以看到的。如一个人从鸭兔圈中看到了鸭子，另一个人从该图中看到了兔子。鸭子和兔子都是可以观察到的"对象"或"事物"；"事件"是一个过程，也是可以观察的，如第谷和开普勒在山顶上都观察到了日出，日出就是一个可观察的事件；但是"事实"就不是这样。两个人从同一张鸭兔图中看到了不同的东西，这能说他们看到了不同的事实吗？第谷与开普勒在观察日出时看到的不一样，这能说他们看到不同的事实吗？显然这是不对的。

汉森还主张把"真理"的概念与"事实"的概念区别开来。他认为真理是语义学上的概念，是从属于陈述的。一个陈述可以是真的或假的，而事实是无所谓真假的。我们可以说"太阳是黄的""草是绿的"是真的或假的，却不能说这些事实是真的或假的。

因此，汉森要人们提高警惕，谨防把"对象""事件""情况""事态"或"真的陈述"等类似的概念与"事实"的概念混淆起来。③

---

① 汉森：《知觉与发现》，1969年英文版，第187页。
② 汉森：《知觉与发现》，1969年英文版，第183页。
③ 汉森：《知觉与发现》，1969年英文版，第190页。

那么到底什么是事实呢？由于否认事实的可陈述性，汉森没有给"事实"下精确的定义。他认为，要给事实下定义是不可能的。不过，尽管如此，他还是对"事实"这个概念做了种种解释，虽然这些解释是含泪不清、令人费解的。下面这些就是他对"事实"的解释："'事实'是一个范畴性的、隐晦的、空洞的、反复变化的语词。我们语言中的论点的改变（以及概念框架的改变）就能改变我们对世界的本性的评价。事实就是一个传达这些变化的概念。通过科学的事实的改变，反映出了我们的世界图像的改变、表达方式的改变，以及知觉性质的改变，等等。"①

（二）因果律是理论的构造

汉森以上述"观察负载理论"的观点，不仅考察了"事实"的问题，而且还考察了因果律的问题。

汉森提出，传统唯物主义者把因果律看作与"事实"的概念一样，是客观的、与理论无关的，这种观点是错误的。他断言："原因负载理论"，"因果律是理论的构造"。以下便是他对这种观点的论证。

首先，汉森批判了传统的因果律观点。这种观点把客观世界的各种事件看作简单的、各自孤立的事物；而因果律则是"因果链"，即把这些各自孤立的事物由看不见的"关系链"联结起来而成为一根长链。他写道："由于缺少一只钉子而失去了一只马蹄铁，由于缺少一只马蹄铁而失去了一匹马，由于缺少一匹马而失去了一场战役，由于缺少一场战役的胜利而失去了一个王国——全都是由于缺少一个钉子。"②他继图尔敏之后指出："近300年来的物理学著作、论文和教科书中绝少看到原因这个词，更不用说因果链这个词了。尽管在它们的序言和附言中，物理学家们也可能滔滔不绝地谈论它们，然而在物理学的实际应用中却很少使用这个概念。"这是什么原因呢？是由于传统的因果观是一种错误的观念。它非但不能促进，反而有碍于物理学的研究。这种观点的根据是机械力学。"可以设想伽利略的球与斜面的例子：许多球从斜面上滚下来，散乱地停止在地面尽头的各处。另一个球从斜面上滚下来，以预计的速度移动，碰到另一个

---

① 汉森：《知觉与发现》，1969年英文版，第198页。
② 汉森：《发现的模式》，1958年英文版，第51—52页。

球。这个球又以预计的速度移动。"这是因果链的最形象化的说明。布莱特则称之为"因果系"。它就像一个家族的家谱一样：伽利略的上一代是伽利略的父亲，其父又是伽利略祖父的儿子，而他的祖父 X 又是他的曾祖父 W 的儿子，而 W 又是 V 的儿子……这样一直往上追溯，则可回归到 A，即亚当。然而，这样就遇到了一个古老的问题："A（亚当）是什么东西引起的呢？"这必然是"自然的神秘之源"。拉普拉斯是这种机械因果律观点的最著名的代表。他断言："如果给他某一时刻的宇宙状态的详细记录，以及所有的因果律，他就能计算出世界的过去和未来的任何时刻的情形。"[1]

汉森批判了这种机械论的因果律观点。首先，他认为这种观点是与上面批判过的传统经验主义的"观察"观与"事实"观相联系的。"它们在思想上是同源的"。从科学史上来考察这种观点，就能发现，它们在科学研究中根本不起作用。"就是伽利略也不是用这种简单的思考方式在科学上做出发现的。"其次，汉森认为，这种机械论因果观看起来似乎是建立在力学的严格的必然性基础上的，实际上却是把一切都归结为偶然性。一个王国的覆没就在于偶然缺少了一颗钉子；一个行人在路上被马车撞死，就在于有人偶尔在街道上丢了一块香蕉皮；等等。这就"使因果链的描述成了一系列偶然事故的描述"，这就错误地把因果链当作一种外在的黏合剂，用它把两个似乎完全孤立的事件简单地联结起来；而根本不分析这两个事件自身的内在性质，以及它们之间的内在联系。最后，汉森认为，因果链的叙述过于简单。光了解其中一个环节，并不能知道因果链中其他环节的性质和状况，了解事物之间的真正关系。"要知道一个钢球为什么会推动另一只钢球，这不仅要知道这个钢球在与另一铜球相碰以前的运动方向，而且还要知道它的自身的种种属性以及其他球的种种属性；不仅如此，而且还要熟悉包括弹性物体动力学在内的种种知识。"[2] 同样，要知道一个王国为什么会覆灭，这不仅要知道一个战役的失败，一个营和一个骑兵的覆灭，一颗马蹄铁的钉子的失落，而且还必须熟悉一个钉子钉入马蹄中的摩擦性能，还要知道马为什么喜欢在马蹄上钉上铁板，为什么公文递送员需

---

[1] 汉森：《发现的模式》，1958 年英文版，第 51 页。
[2] 汉森：《发现的模式》，1958 年英文版，第 53 页。

要骑马，为什么一个孤立的营是那么无用，以及一个部队在多大程度上依赖于一个营，一个王国的安全在多大程度上依赖于军事上的胜利，等等。

在批判传统因果观的基础上，汉森提出了有关这个问题的自己的看法。他写道："所谓寻找某事物的原因，从根本上说就是对某事物 X 做出解释。""如果没有我们的努力，任何事情都不能得到解释。"① 因而他认为对于一个事物能做出多少种解释，它就有多少个原因。他举例说，一个人在车祸中死亡的原因就可以有多种解释。医生认为是"大量出血"；律师认为是司机的一时疏忽；汽车制造商认为是车闸失灵；市政规划人员则认为是由于马路转弯处不适当地种植了一丛不利于交通安全的树林；等等。那么，对事物做出解释又是什么意思呢？他解释道，所谓对某事做出解释，就是用理论把某事物置于一个与其他事物相互联系的整体的结构或模式之中。他写道："只有把某物 X 置于其他有关事物 Y、Z 概念的相互联结的模式中，我们才能说对该事物 X 做了一种解释。"② 由于事物的因果性联系是人们用理论对它们做出解释的结果，是人们用理论把它们置于与其他事物相互联系的整体或模式之中的结果。因而汉森断言："原因是负载理论的"，"因果联结是理论解释的结果"。③ 他举例说：伽利略在观察月亮时发现月亮表面凹凸不平，有许多陷坑。如果他把这些陷坑解释为火山口或陨石坑，这就把天文学理论渗透进了观察，用天文学理论把这些陷坑与一定的原因联系起来。同样一个毒理学家从一种液体的苦味中辨别出这是一种毒药，这就把毒理学理论渗透进了味觉中，把毒药的作用与苦味联系起来。毒药的化学刺激成了原因，苦味则成了结果。如此等等。汉森还认为，由于原因是负载理论的，它是理论解释的结果，因而没有理论的解释就无所谓原因。例如，伽利略的学生费佛尼（Vi-viani）或年轻的托列斯里（Toricelli），他们的视力都很好，能清楚地看到钟表的机械结构及其运转情况。但是，由于缺乏足够的有关钟表的理论，就无法说出它的运转的原因。而年老且视力衰弱到几乎失明的伽利略，却用钟表理论解释出了它的原因。④

---

① 汉森：《发现的模式》，1958 年英文版，第 54 页。
② 汉森：《发现的模式》，1958 年英文版，第 54 页。
③ 汉森：《发现的模式》，1958 年英文版，第 54 页。
④ 汉森：《发现的模式》，1958 年英文版，第 54 页。

因此，汉森指出，"要说明钟表运转的原因就必须具有比正常的视觉材料更多的东西。光是睁开眼睛看钟表是无法找到其原因的，还需要理论，需要各种知识的学习。当然，这不是说我们在寻找原因时必须机械地背诵这些理论，而是说这些理论知识是不可缺少的"①。他认为因果链的观点就"忽略"或"掩盖"这一重要方面，因而"把世界当作一种机械结构来处理"，从而把观察者看作一架照相机。这样，他们在感性材料中就找不到称为"原因"与"结果"的东西。于是一些传统的经验主义者（逻辑实证主义也如此）就主张在语言中避免使用"原因"和"结果"这样一类语词。这就是由于不懂得原因负载理论和因果关系是理论解释的结果的缘故。②

汉森认为，传统的经验主义者，包括现代的逻辑实证主义者，由于不懂得"观察负载理论""原因负载理论""因果关系是理论解释的结果"，因而他们把理论语言和感觉材料语言（经验陈述）绝对地区别开来。其实这种严格的、绝对的区分是人为的，是错误的。因为这种区分是相对的，是由它们在语言中的语境决定的。他写道："这不是说：某些词是绝对地负载理论的，另一些词则绝对地是感性材料的。实际上，哪些是感性材料的词，哪些是理论的词，这是一个语境问题。"③ 他认为一般来说，原因词是理论词，它是充满理论的，而结果词是经验材料词，它是被理论解释的。但是这种区分也是相对的。譬如"伽利略的伤疤"，一般说来它是一个感性材料词，或结果词。它需要原因词（或理论词）来做出解释，即解释这一伤疤是什么原因引起的。但是在一定场合下，它又可以是理论词或原因词，因为它可以看作伽利略当时提出退休的原因之一。因此他说："一个词在什么场合下是原因词，什么场合下是结果词，这也是由语境决定的。"④

汉森断言，原因解释结果实质上就是一个负载理论的词把一个属于感性经验的结果词引入一个理论的或概念的模式中，从而使这个结果词或感性经验词具有特定的语境。而不同的语境就决定它的不同含义。他用国际象棋和桥牌等游戏为例说明了这个问题。他说：以国际象棋为例，它有"象""车""将死""开局让棋"等概念，以及"玩牌""记分"等规则。这些概

---

① 汉森：《发现的模式》，1958年英文版，第59页。
② 汉森：《发现的模式》，1958年英文版，第59页。
③ 汉森：《发现的模式》，1958年英文版，第59页。
④ 汉森：《发现的模式》，1958年英文版，第60页。

念和规则不是各自孤立的,而是相互联系的。它们相互联结而构成一个整体性的概念模式。任何一个概念,只有在这个模式中才有意义;并且这种意义只有在相互关系中才得到体现。在科学语言中也是这样。"在物理学中'压力''温度''容积''导体''绝缘体''电荷''放电''波长''振幅''频率''弹性''张力'等概念。生物学中的'摄食''消化''同化''排泄''呼吸'等概念,医学中的'创伤''毒药''阈限'等概念,以及钟表中的'齿轮系''摆轮''摆''平衡器'等概念都是这样。我们要想知道其中任何一个概念,就必须全面地知道它们起作用于其中的那个概念模式。"① "现在它是红的""消失"这些语词在日常生活语言的语境中与在科学语言的语境中就不一样。例如,"现在它是红的",在天体物理学的语境中,或在开普勒效应的语境中就具有十分复杂的含义,可用来解释天体现象。同样,"消失"在阴极射线管的语境中,包括在克鲁克的暗区(dark space)语境中,其含义就与日常生活中的含义十分不一样。

那么一个原因为什么必然会得出一个结果呢?因果链观点把它看成是在经验事物之外的一条无形的锁链的联结,即无形的因果链的链环,把原因与结果链连在一起,因而从原因就能推出结果。这当然是错误的。其实,从原因 X 之所以能推出结果 Y,是由于渗透着理论的原因概念把结果概念与它一起引入一个具有内在联系的整体结构或模式之中的缘故。这是从原因 X 能够推出 Y 的真正保证。他认为,也许现实世界中可能确实存在着一种把原因与结果联结起来的不可触及、不可认识的事物或力量。但是,即便如此,它也是与我们的认识无关的。因为我们所能认识的则是负载着理论并使结果纳入一个理论结构或概念模式中的原因才是这种必然的推论的保证。他写道:"'结果'和'原因'绝不是构成事件的链条的环节。它们表明的是理论,观念、信息和实验模式,是一个互相纵横交错的网络。一个结果词在一个语境中,并通过一个理论的方式必然跟随着原因词,如:'发条伸展——指针走动''闪电——雷鸣''下雨——路湿''夏天——炎热''烈火——焚毁'。"② 他还说:"原因必然联系着结果,这是我们的理论把它们联结起来,而不是什么宇宙胶水把这个世界粘在一

---

① 汉森:《发现的模式》,1958 年英文版,第 61—62 页。
② 汉森:《发现的模式》,1958 年英文版,第 64 页。

起的。世界可能是通过无法估量的事物或力量被胶合在一起。但是这与知道原因的解释是不相干的。'原因 X'与'结果 Y'的观念只有依靠一个能保证从 X 推出 Y 的理论模式,才是可理解的。"①

汉森指出,传统的经验主义者,由于不懂得因果联结是理论解释的结果,因而常常把它与两个经验事件的先后相继混淆起来。他们的公式是:"$(AB)_1$、$(AB)_2$、$(AB)_3$……因此,所有的 AB。"② 然而他们又无法解释为什么 A 与 B 必然先后相继。于是不得不把这种必然性归结为巧合或主观的期望(经过多次先后相继后,人们心理上产生一种期望,期望它们今后也先后相继)。然而因果联系与经验事件的先后相继毕竟是有区别的,尽管有的人在睡觉前总要习惯地拧紧手表的发条,而且可能这样重复了许多年。但是拧紧手表发条和睡觉之间毕竟没有因果联系,因为它们没有被共同纳入一个整体性的理论或概念的模式之中。因此,他写道:"事件重复发生的普遍化与自然现象的因果结构的理解之间是有区别的,这种区别就像一个圆盘的视觉印象与观察月亮之间的区别,以及注视月亮的凹凸不平的表面与鉴别月亮具有陨石坑之间的区别一样。"③ 换句话说,它们之间的根本区别在于有没有理论的渗透。

最后,汉森分析了"因果链"观点的理论根源。他认为这种观点的理论基础是机械力学。科学发展史告诉我们,在各门学科中最早发展的是天文学(天体力学)和力学。它们研究的是物体的机械运动,即把运动的原因归结为外力的推与拉。某些哲学家推广了这种观点,把一切运动归结为机械运动,从而为"因果链"观点提供了生长的土壤。④ 同时,"数学演绎法在物理学中的广泛应用也助长了这种观点"。数学演绎法的推理链即演绎链,在这里起了惊人的作用。它使物理学家们把上帝认作数学大师,认为毕达哥拉斯是正确的,世界的结构本质上是数的结构,自然哲学成了数学的事业,而欧氏几何学则被看作《创世纪》一书的序言来读。到 18 世纪,伽利略、开普勒、牛顿相继获得的成功使人们把宇宙设想为一道复杂的几何算术难题。在物理学家看来,知道了数学结构的相互联系和联结,也就认识

---

① 汉森:《发现的模式》,1958 年英文版,第 64 页。
② 汉森:《发现的模式》,1958 年英文版,第 64 页。
③ 汉森:《发现的模式》,1958 年英文版,第 65 页。
④ 汉森:《发现的模式》,1958 年英文版,第 65—69 页。

到了自然界的诸事件的联系和联结。因而正如演绎的前提和结论是由一系列的形式步骤相联结的那样,自然现象中的原因和结果(如由碰撞而产生的动量的转移)也是由一系列事件(因果链中的环节)相联结的。

此外,机器设计的兴盛又成了"因果链"思维的有力证据。机械装置自动的连续运动,使人们产生一种错觉,似乎能用"因果性解释机器的恒定性""星球运动、潮汐运动以及其他神创物的运动也同样能用因果性解释"。①

四 科学发现的合理性

在汉森之前,有关科学发现的方法论问题,在科学哲学史上曾出现过归纳主义与演绎主义以及假设主义之间的论争。大体说来,19世纪30年代以前,是演绎主义与归纳主义斗争的时期。演绎主义的理论基础是先验主义化的欧氏几何。19世纪30年代后,非欧几何的出现,否定了建立在欧氏几何基础上的演绎主义理论,开始了归纳主义与假设主义的斗争。汉森对这几种科学发现的理论做了比较与评价,提出了一种新的科学发现的方法论——"溯因法"。

(一)对归纳主义与假设主义的评价

首先,汉森对归纳主义做了批判性的评价。汉森认为,培根、穆勒等人所提倡的归纳主义的科学发现方法论是"虚假的"和"错误的"。不论是关于"力学、热力学、电磁学的定律还是古典物理学与量子物理学的定律等,都不是通过培根所说的简单枚举归纳法发现的"②。这是因为科学发现的任务在于发现定律,而定律不是一些材料的综合,而是对材料的一种为什么必然如此的解释。因此,他进而写道:"物理学家们寻求的是对材料的解释,他们的目标在于寻求概念的模式,根据这种模式就能把他们的材料与人们更为熟悉的材料结合起来而成为可以理解的东西。"③ 他以太阳

---

① 汉森:《发现的模式》,1958年英文版,第68页。
② 汉森:《发现的模式》,1958年英文版,第70页。
③ 汉森:《发现的模式》,1958年英文版,第72页。

光谱的发现为例说:"牛顿发现太阳光谱不是简单地通过许多实验资料的综合,而只有当他解释了为什么太阳光通过三棱镜而出现光谱时,才算做出了发现。"不过,汉森认为,归纳法也有其合理之处,那就是它重视感性材料,认为要做出科学发现必须从现实的感性材料出发。他写道:"归纳的观点认为重要的推论是从观察到定律,从特殊到一般。"即"通过从材料出发的推论而获得定律"。这是正确的、合理的。"牛顿就强调:'自然哲学家的重要工作是从论证现象出发的。'"①

其次,汉森对假设主义做了批判性的评价。他认为假设主义的假设—演绎的观点与归纳主义相比"有更多合理之处"。这是由于它们不把科学定律视为实验材料的简单的综合,而是正确地认为它是一种对经验材料的解释。这是它合理的地方。不过,这种方法论同样有错误的方面。这是因为:他们虽然正确地认识到科学定律是什么,但是"却不能告诉我们科学定律是如何来的"。这就像毕顿夫人的烹饪法,它虽然告诉人们野兔应该如何烹饪,但是并不告诉人们野兔是如何捕捉到的。这就是说他们根本不关心,也不懂得科学假说的提出是建立在经验材料的基础上的;不懂得牛顿所教导的"自然哲学的重要任务是从论证现象开始的"。因此他们"只强调从较高层次的假设到较低层次的观察陈述的基本推论",而忽视或不承认"从较低层次的观察陈述到较高层次的假说"的假设的建立,从而掩盖了实验材料与自然定律之间的最初的联结,把科学理论的发现归结为神秘的灵感或直觉,"像一些传记作家或科学史所认为的那样,认为科学理论的提出总是受直觉、洞察力、预感或某些无法估量的心理因素的影响"。因而"常常不去考虑或研究一个假说是如何开始的,而把它们归结为心理学的或其他天赋因素,从而把它们排斥于逻辑的领域之外"②。诚然,科学的发现需要天才,"伽利略、牛顿在发现加速度与引力理论时都具有伟大的天才";然而,考察一下他们做出科学发现的具体的思考过程,就可发现"他们构想假说是同样具有逻辑的"。因而不能做出假设主义者们所做出的那种认为科学的发现是"非理性的"或"无理性的"结论,因为他们在发现的过程中都使用了"溯因法"。他还说:"必须首先区分这样两种理

---

① 汉森:《发现的模式》,1958年英文版,第71页。
② 汉森:《发现的模式》,1958年英文版,第71页。

由之间的逻辑区别(1)接受假说 H 的理由;(2)最初提出假设 H 的理由。(1)与断言 H 为真有关;(2)与断言 H 似乎有理有关。这两者都是逻辑的研究领域内的事情。然而假说主义者们只讨论(1),而把(2)说成是心理学或社会学的问题,排斥于逻辑领域之外,从而得出假说 H 的最初构成(直觉、预感、洞察力、知觉,等等)是心理问题的错误结论。但是许多假说是研究者在心灵中经过严肃的思考,以充分的理由而被提出来的。"①

那么什么是"溯因法"呢?汉森如下地论述了这个问题。

(二)科学发现的方法——溯因法

汉森反复强调,科学发现并不是非逻辑的,而是逻辑的;并不是非理性的,而是理性的。这是因为:许多伟大的科学家(如开普勒与牛顿)在科学发现时既不采用归纳主义者的归纳法,也不使用假设主义者的假说法,而是采用了溯因法或逆推理。这是一种理性和逻辑的推理方法,他指出:溯因法并不是一种全新的方法,这不仅是因为伽利略、牛顿等伟大科学家早就运用过这种方法,而且古代的亚里士多德和现代的皮尔士都研究、考察过这种方法。

最早对溯因法做出研究的是古希腊著名的哲学家亚里士多德。亚里士多德在《工具论》中研究了科学发现的方法论问题。他把有关科学发现的推论分为三类:(1)演绎的;(2)归纳的;(3)逆推的。皮尔士研究了这种类型的推论,并称之为"外展推理"或"溯因推理"②。这种推理过程可以简化如下:

1. 观察到意外现象 P;
2. 如果 H 为真,则 P 理所当然的是可解释的;
3. 因此有理由认为 H 是真的。

这种推理的方法与归纳法、假设法都是不同的。(1)它们的推理过程不同:归纳法是指望从 P 的重复出现中综合出 H,假设法是从 H(更高层次的假设)推论出 P,而溯因法则是从 P 推论出 H,因而是一种溯因法。

---

① 汉森:《发现的模式》,1958 年英文版,第 200 页。
② 汉森:《发现的模式》,1958 年英文版,第 85 页。

(2) 它们的结论的性质不同：归纳法的结论是"事实上是如此的"；假设法的结论是"必然是如此的"；而溯因法的结论则是不确定的、或然的，即"它也许是如此的"。(3) 推理的规则不同：归纳法与假设法的推论都受逻辑规范的约束，而溯因法的推理则"很少受逻辑规则的约束"①。因此，汉森认为："溯因法仍然是一种逻辑推理，虽然它的结论只局部有或然性和猜测性，但是它仍然具有完整、确定的逻辑形式。"② 汉森认为由于它是一种逻辑推理，因而它是理性的。

汉森指出，考察一下科学史，可以发现，许多科学家在科学发现的过程中都运用了这种推理方法，这种方法在科学发现的过程中起了十分重要的作用。他用开普勒发现火星轨道与伽利略发现垂力加速度的例子说明了这一点。

首先，汉森详细地考察了开普勒发现火星轨道的推理过程，证明开普勒在其思维过程中，出色地运用了溯因法。他指出，归主义者穆勒在《逻辑体系》一书中（第3册第2章第3节），把开普勒发现行星运行定律的思维方法，化归为归纳法，认为它们只不过是"对一组直接观察到的事实的简洁表述"。这是错误的，是"荒诞可笑的"。假说主义者惠威尔等则把开普勒的思维方法归结为假设法，认为"开普勒的成功"是由于想出了一种假说，从中推出能被观察检验的理论。这也是错误的。只要仔细地阅读一下开普勒的《论火星运动》一书就不难发现，他使用的是溯因法。

汉森对开普勒发现火星轨道的认识过程做了详细的考察。他指出，开普勒的研究不是从假说开始，而是从他的老师第谷所积累的大量观察材料开始的。他为了解释这些材料而首先提出的假设是"火星运行的轨道是正圆的"。这是由于他受亚里士多德的天体"完善运动"思想的影响。但是这种假设给出的距离与第谷观察到的距离不相符，这迫使他一次又一次地修改假设，从正圆的假设改为蛋形（完善的椭圆形）的假设，直至最后改为椭圆的假设，才达到与第谷的材料相符。于是他把对火星研究的结果胜利地推广到解释整个太阳系，从而发现了著名的行星运动的三个定律。"这三个定律是：(1) 行星轨道都是椭圆形的，太阳位于这些椭圆的一个共同焦点

---

① 汉森：《发现的模式》，1958年英文版，第86页。
② 汉森：《发现的模式》，1958年英文版，第86页。

之上（1609）。（2）行星绕日划出的面积与其所用的时间成正比（1609）。(3) 行星公转周期的平方与其长轴立方或到太阳的平均距离的立方成正比（1619年）。而这三个结论又为牛顿以溯因法推论出万有引力定律提供了材料。"因此，汉森推崇它是"科学史上的一次溯因法的最伟大的运用"①。

其次，汉森分析了伽利略利用溯因法发现重力加速度的例子。他认为，伽利略关于重力加速度是一个常量的发现则是另一个运用溯因法的伟大例子。他说：1604年，伽利略最初做出的是落体速度与落体下坠的距离成正比的错误假设。自1609年以后，他开始意识到这个假设是错误的，因为它与实际资料不符。于是他努力探索、修改自己的假设。经过34年的艰苦奋斗后，才最终做出了均匀加速度的假说并得到了确证。②

在阐述了开普勒与伽利略运用溯因法做出科学发现之后，他对什么是"科学理论"、什么是"科学发现"提出了自己的见解。首先他说："理论不是观察的现象的拼凑"，而是对现象的整合，即把各种观察到的现象整合在一个总的概念的模式之中，使它们相互联系起来，构成一个可以互相说明、互相解释的整体，或"概念的格式塔"。而所谓科学理论的发现，在他看来，就是把原来不能用理论说明或解释的些现象，整合在一个概念的模式中，成为与其他现象可以互相说明、互相解释的活动。因此他写道："物理理论为资料提供一种可以使它们在某中得到理解的模式。物理理论构造了'概念的格式塔'，因而理论不是观察现象的拼合，而是使这样一点成为可能：把现象作为与其他现象相互关联的、一定的类来观察。"又说："物理学家所寻求的不是一组可能的客体，而是一组可能的解释。"③ 汉森进一步断言，正是因为科学发现不是寻求什么新的客体，而是寻求或发现一种新的解释，即使意外的现象纳入一个可以互相说明的概念模式或体系中的解释，因而科学发现的方法既不是力图从观察现象中归纳出什么客观规律或客观联系的归纳法，也不是脱离观察材料单凭灵感、直觉构想出来的一个假设的"假设—演绎法"，而是一种从观察资料出发去寻求一种对这些观察资料可以做出说明、做出解释的概念模式、概念格式塔或假说的溯因法。这就是为什

---

① 汉森：《发现的模式》，1958年英文版，第85页。
② 汉森：《发现的模式》，1958年英文版，第89—90页。
③ 汉森：《发现的模式》，1958年英文版，第90页。

么"理论总是以相反的方法——'溯因法'建立起来的"原因。

(三) 科学发现与因果关系

如前所述,汉森认为,因果关系是理论解释的结果。原因词与结果词纳入一个相互联系的概念模式中,才有了因果联系。现在,他又说科学发现的任务不是寻求一种新客体,而是寻求一种新的解释,是把原来无法解释的意外现象纳入一个概念模式中,使之与其他现象相互联系起来成为一种可以解释的现象。那么,科学发现与因果联系有什么关系呢?科学发现是不是就是发现新的因果关系呢?汉森的回答是:既是又不是。说它是,是由于这种说法在经典物理学中是可能的;说它不是,是由于它在现代的基本粒子物理学中是行不通的。

汉森断言,由于因果关系不是两个事物之间的外在的客观联系,而是由于理论的解释所构成的原因词与结果词之间的逻辑联系,这种联系是以因果对的形式表现出来的。一个原因对应于一个结果,原因解释结果。这种解释形式在经典物理学中是行得通的,并且也是十分流行的。例如,对于牛顿力学,人们就惯于用这种因果关系来解释。但是,即便这样,也不是说这种因果观念是牛顿力学所固有的。如果认真地研究一下科学史便会知道:"在牛顿的《原理》一书出版之初,人们对于牛顿的运动理论并不是用因果观念去理解的,而是把它看成一种抽象的、纯数学的理论。"① 例如,惠更斯和莱布尼茨就从来不认为这一理论对粒子运动及其相互作用做出了令人满意的解释,即因果说明。奥森达(Osiander)则把牛顿理论:"看作只是计算基础的假说。如果这些假说正确地描述了观察到的现象,那么即使它是假的,也是无关紧要的。"② 同样,伽利略也曾放弃其原有的观点而承认,日心说仅仅作为一种数学虚构才是正确的,而作为行星与太阳运动的因果说明则是假的。③

因果观念统治牛顿力学是后来的事情。由于《原理》一书对物理学家思维的征服,由于牛顿力学理论取得了广泛的成功,人们才不再把它作为

---

① 汉森:《发现的模式》,1958年英文版,第91页。
② 汉森:《发现的模式》,1958年英文版,第202页。
③ 汉森:《发现的模式》,1958年英文版,第91页。

预测物体运动的纯数学的辅助工具,而把它看成因果理论的典范。于是力学的一些基本概念,如"力""质量""动量"等,才被认为是因果性的。"因果观才统治了整个经典物理学。从此,'因果的'与'力学的''可描述的'成了同一个概念。麦克斯韦的场方程就是因不能用力的因果关系来解释而受到批评。"①

但是,汉森认为,并不是所有的事件或现象都是能用因果对的因果理论解释的。因而他说:"并不是所有的事件都是同一类的,并不是所有的物理理论都是因果理论。"② 有一些事件、现象,如基本粒子物理学的现象,就是这样。由于"在当今的基本粒子理论中,现象是'偶遇的',它既不是因果的,也不是描述的,甚至也不是任何经典意义上的力学的。"因而它们就不能用因果观念来解释,例如,对同位素的衰变现象就是这样。因而,现代基本粒子物理学中的种种发现自然也不能说是因果关系的揭示或发现了。除非把"因果关系"和"力学"等观念作"放宽"的解释。③

五 研究性科学与经典学科

汉森认为存在着两类不同性质的科学,一类是研究性科学(research science),另一类是经典学科(classical disciplines)。所谓研究性科学就是一种正在成长中的科学,是一种完美的体系。在他看来,由于研究性科学正在成长之中,因而它有以下两个特征:(1)它还没有固定的为科学家们所公认的概念模式,这时科学家们的主要任务是去寻求不同的概念模式来解释现象;因而对于同一种现象可以出现各种不同甚至完全相反的解释方式。例如,16、17世纪牛顿以前的力学就是一种研究性的科学。当时,不同的力学家对于相同的力学现象往往用不同的概念模式做出不同的,甚至是对立的解释。如第谷以地心说的概念模式去观察和解释日出现象,伽利略以日心说的概念模式去解释和观察日出现象。他写道:"在成长着的研究性科学所探求的不是重新整理原有的事实和解释,从而使解释模式更加

---

① 汉森:《发现的模式》,1958年英文版,第91页。
② 汉森:《发现的模式》,1958年英文版,第92页。
③ 汉森:《发现的模式》,1958年英文版,第92页。

完善，而是发现新的解释模式。因此许多科学家提出的观念是不同的。"（2）由于它们的任务在于寻求新的概念模式以解释现象，因而所使用的方法主要是科学发现的溯因法，即从所解释的现象（被解释项：P）出发，用溯因推理的方法寻找出得以系统地解释这些现象的新的概念模式（解释项：H）。如开普勒运用溯因法发现火星的椭圆轨道及行星三定律，牛顿运用溯因法发现引力定律与运动三定律等。

汉森认为，经典学科由于它是一种已经完成的科学，因而它具有与解释性科学恰好相反的特点：（1）它们的概念模式已经固定，并为广大科学家所普遍接受。这时科学家们的基本观点已完全一致，因而他们的主要任务已不是各自寻找新的概念模式以系统地解释现象，而是用现有的概念模式去解释各种新的现象。如在牛顿以后的时期，力学家们运用牛顿定律去解释海王星的摄动以及潮沙现象，等等，以巩固和发展牛顿定律。他写道："经典力学不再是研究性科学，它的问题能用确定的方式去解决了。"① （2）他们使用的方法主要已不是科学发现，即寻求概念模式的溯因法，而是运用已有概念模式以解释各种新现象，即验证理论的"假说—演绎法"。

在汉森看来，许多学科的发展，似乎都要经历这样两个时期，即从研究性科学时期到经典学科的时期。例如，如前所述，力学或宏现粒子物理学就是这样。从 16 世纪到 18 世纪牛顿定律发现之前，是它的研究性科学时期；从 18 世纪牛顿定律建立以后到 19 世纪末相对论建立前，则是它的经典学科时期。而代替经典力学或物理学而兴起的量子力学或微观物理学（基本粒子物理学），则是一门研究性科学而不是经典学科，即它正处在研究性科学时期，而非经典学科时期，因而它具有与第谷、开普勒、伽利略的力学或物理学时期相同或相似，而与经典力学或经典物理学完全不同或根本对立的特征。那就是：（1）它们的主要任务不是以已有的概念模式去解释待解释现象，而是寻找新的概念模式以解释待解释现象。（2）它们主要的方法不是确证理论的假设—演绎法，而是发现理论的溯因法。他写道："溯因推理的方式导致了现代理论物理学的诞生，在理论物理学的领域内进行的研究可被描述为寻求观察陈述的前提。""这种溯因推理的程序，这种从观察回溯到由此得出观察陈述的解释的模式是现代物理

---

① 汉森：《发现的模式》，1958 年英文版，第 118 页。

学的基础。"① 他认为，由于微观对象（基本粒子）的不可经验性所导致的不可描绘性，它的这两种特征就显得更突出、更明显。所以他说："基本粒子物理学是典型的研究性科学。""这是前沿物理学，是自然哲学，它在困惑难解的资料中探索概念的秩序。"②

汉森举例论述了现代的，即基本粒子物理学的这两个特征的明显性。首先，汉森以基本粒子的存在为例说明这个问题。他说，基本粒子是不可经验的。那么，怎么证明它们的存在呢？这就既不能运用归纳法，也不能运用单纯的假设—演绎法，只能运用溯因法，即从待解释的现象或问题出发，来找出某种粒子的概念模式，以对这些现象做出系统的解释。例如，从威尔逊云室中或摄像感光乳胶上的"径迹"以及粒子撞击感光屏时所激起的"闪光"等观察到的现象出发，运用溯因法而得出电子或其他带电粒子存在的理论。中微子的发现就更加明显了。"为什么科学家们都接受了中微子的概念呢？它既不能在威尔逊云空中观察到，也从来通过其他任何手段被直接探测到，而是运用溯因法从这样两个问题或现象出发得出来的。那就是：（1）衰变中发射的电子具有不同的能量，不同于一般电子，这将危及能量守恒定律。（2）许多现象危及线动量、角动量守恒定律。（3）射线的光谱是连续光谱，等等。为了对这些现象做出合理的解释，1931年泡利提出了中微子存在的概念模式，即如果有一种"速度为C，质量为零，不带电，自旋为1/2"的基本粒子——中微子存在，那么上述两种现象就能得到合理的解释。25年后（1956年），中微子的存在得到实验的证实。汉森对于过种运用溯因法的科学发现做了很高的评价。他说："中微子概念像其他基本粒子概念一样，是一种溯因法的概念结构，它们不是逻辑的虚构，也不是单纯在演绎基础上所做出的数学推测的假设。更不是观察对象的概括性描述。"又说："中微子概念的形成，提供了观察与理论、物理学与数学如何在物理学的解释中密切结合在一起的范例。它说明了比开普勒、伽利略、毕克曼、笛卡尔及牛顿的几何学更为精巧、更为有效的数学技术对于当今物理学的至关重要的作用。只有这些技术才能把各种杂乱无章的现象组织成为一个解释的整体，从而表明只有肯定基本粒

---

① 汉森：《发现的模式》，1958年英文版，第109页。
② 汉森：《发现的模式》，1958年英文版，第119页。

子及其性质的存在，那些观察所得的现象才能得到合理的解释。"①

其次，汉森以基本粒子的相同性论证了这个问题。他指出，基本粒子的相同性是量子力学得以建立的一个重要原则。所谓基本粒子的相同性，就是每一种基本粒子的质量、结构、性质等各方面都必定是相同的。例如，每一个氧原子都是相同的；它们的质量、结构、性质等都是完全一样的。构成氧原子的每一个电子、质子、中子又都是完全相同的；每一个电子都必定带负电，其电量必定是 1.602189×10^{-19} 库仑，质量必定都是 9.10953×10^{-28} 克，等等；每一个质子的质量都必定是电子质量的 1.836 倍，都必定带正电，其电量包都必定与电子相同；每一个中子的质量都必定是电子质量的 1838.6 倍，都一定不带电，等等。基本粒子的这种相同性在宏观现象中是不存在的。宏观物体没有两个是完全相同的。两个同胞兄弟可能很相像，但也绝不会完全一样。德国著名哲学家莱布尼茨有句名言：没有两片叶子是完全相同的。但这并不适用于微观世界。汉森说："一切原子和基本粒子都具有相同性。所有的氧原子彼此间根本无法区别。它们比任何极真相似的事物还要相同。我们的概念图式（conceptual scheme）的——量子论——要求同类的两个原子非常严格的意义上相同。"②

那么，肯定基本粒子的这种相同性的根据是什么呢？或者说，这个量子力学的重要原则是如何发现的呢？来自观察材料的积累和归纳，即归纳法吗？当然不是。因为基本粒子是根本不可能直接经验或观察的，何况"更为精确的观察可以揭示微小的差异，恰恰无法确定两个原子或电子的相同"，这就是说，"它不是一个单纯的实验问题"，"而主要是一个'概念问题'"③ 即运用溯因法所获得的概念模式问题。因为只有肯定这个"基本粒子相同性"的概念模式，量子力学中的许多问题才能得到系统的、合理的解释。他写道："所有电子、所有的质子、所有的中子必定是同一的，这是量子论的一个必要条件。微观物理学的成功就依赖于这个概念。如果这有问题，那么两代人的一切成就都要被怀疑。"又说："量子论的有效和

---

① 汉森：《发现的模式》，1958 年英文版，第 125 页。
② 汉森：《发现的模式》，1958 年英文版，第 128 页。
③ 汉森：《发现的模式》，1958 年英文版，第 130 页。

成功在于它给复杂物体的行为以相互联系的、系统的说明模式。既然仅通过假定所有同类的基本粒子的绝对同一性就做到了这一点,那么还有什么比这更好的理由说所有同类的基本粒子不是不同一的呢?"①

那么,基本粒子的绝对同一性仅是一个必要的假设或任意的定义吗?不,汉森反对这种说法。他认为,这不仅是一个单纯的定义或假设,因为它是以经验事实为依据的,是对大量经验事实的合理解释,而"又在一切微观物理实验中得到了证实的","事实上,如果没有这个概念模式,微观物理实验就没有什么意义。因此微观物理学的所有资料、事实、观察都带有这个统一的概念模式的痕迹"。②

接着,汉森还通过"波粒二象性""测不准原理"以及"波函数"等的发现而阐明了微观物理学作为研究性科学所具有的上述特征。

汉森认为,明确区分研究性科学和经典学科的上述特征是非常重要的。然而当今的科学哲学家,特别是逻辑实证主义者们都忽视了它们。他们无视研究性科学与经典学科的这些重要区别,而仅以经典学科为范例,即在分析经典学科的特征的基础上,建立他们的科学哲学。他写道:"他们不是把像微观物理学那样的不稳定的、动态的研究性科学,而是把天体力学、光学、电磁学和经典热力学等那样的完善的体系作为物理学研究的范例。"③ 因而这种科学哲学不可避免地具有这样一些特征:(1)把一切科学典型化为一种公理化系统,以科学与逻辑结合的逻辑主义反对科学与科学史结合的历史主义。(2)强调科学理论的证明的研究,忽视科学理论的发现的研究;强调"假说—演绎法"的作用,忽视或否定溯因法的作用。(3)强调科学家们的概念模式的统一,忽视或否定科学家们的概念模式的差别。(4)强调观察对理论的中性作用,否认理论对观察的渗透作用。

汉森认为,逻辑实证主义的这种科学哲学理论是错误的。而他的科学哲学理论与之相反,既不忽视对经典学科的方法论的研究,更关注对研究性科学的研究。因为它是一种成长中的科学,在动态中更明显地显示了一切科学和科学方法论的特征。他写道:"我强调的是微观物理学思维的哲

---

① 汉森:《发现的模式》,1958 年英文版,第 134 页。
② 汉森:《发现的模式》,1958 年英文版,第 134 页。
③ 汉森:《发现的模式》,1958 年英文版,第 1 页。

学方面。"① 又说："不适用于微观物理学的任何论据一般都被认为是可疑的。相反，有助于理解基本粒子理论的概念基础则被认为是确定的。"② 因而他的科学哲学的特征是：

（1）提倡科学哲学和科学史相结合的历史主义，反对将科学哲学逻辑化的逻辑主义。

（2）重视科学理论的发现研究，反对单纯的科学理论的证明研究；重视溯因法的研究，反对单纯对假说——演绎法的研究。

（3）重视科学家们的概念模式的差别，强调观察负载理论；反对概念模式的不变性，反对观察的中立性。

汉森的上述观点强烈地动摇了逻辑实证主义的理论基础，并为历史主义科学哲学的研究指明了方向。

汉森关于研究性科学与经典学科等的理论孕育了库恩的范式理论。不难看出，库恩的范式理论是他的这个理论的系统化和进一步发展。

---

① 汉森：《发现的模式》，1958年英文版，第1页。
② 汉森：《发现的模式》，1958年英文版，第3页。

第四章 库恩的范式理论

托马斯·库恩（Thomas Samual Kuhn）是当前美国颇负盛名的科学哲学家与科学史家。他继承和发展了图尔敏与汉森的科学哲学思想，是西方历史主义学派的最主要的代表人物。他1922年生于美国的辛辛那提，1943年毕业于哈佛大学物理学系，1949年获哲学博士学位；1952年开始讲授科学史；1958—1959年在斯坦福行为科学高级研究中心从事研究工作，后长期在普林斯顿大学任教；1959年任麻省理工学院科学、技术与社会项目的教授；并曾任美国科学史学会主席，是美国科学院院士。他的主要哲学著作有《科学革命的结构》（1962）、《量子物理学史料》（1970）、《必要的张力》（1977）和《黑体理论和量子不连续性》（1978）等。

一 历史主义的方法论

库恩继承了图尔敏、汉森等人关于科学哲学必须与科学史相结合的思想。但是，他是一位科学史家，不仅具有系统的科学史观，而且具有系统的一般历史观。他的科学史观是与他的一般历史观直接相联系的。

（一）自主性的科学史观

库恩坚持种"自主性的"历史观，认为历史有一定的人为性。在他看来，历史的经验事件就像科学的经验材料一样，是一些分散的零乱的东西。历史学家的任务像自然科学家的任务一样，就是用一种模式或范式把它们整体化、系统化起来，对它们做出整体性、系统性的解释；就像儿童把许多零乱分散的拼板拼合出各种整体性的图像一样。他写道："我认为，历史学家的研究工作同孩子们看一副方形拼板因没有什么两样。只是历史学家的盒子中还多一些另外的拼板。他已经掌握或可能掌握的资料虽不是它们的全部（它们的全部是什么呢？），但是却很多。他们的任务是从中选出一组可以排列的素材，在孩子们那里可以合理地组合成一幅图画，以表示一个可识别的物体；而历史学家及其读者则把它构成一个合理的叙述，其中包含各种可识别的行为和动机。历史学家搞研究，同孩子们玩游戏一样，也得遵守不可违背的规则。如在历史的叙述中与在拼板画中一样不能留有空白（空隙），等等。"[1]

由于历史是依据一定模式或范式的拼合，不同的历史学家、不同历史条件下的历史学家集团，可以按不同的范式拼合出不同的历史，因而他强调历史具有自主性。他说："我必须首先坚持：历史本身并不是许多现代哲学家们所认为的那种事业，就是说，我必须简要地论证路易斯·敏克（Louis Mink）所称的历史理解的自主性（autonomy）。"[2]

由于坚持历史的自主性，库恩否定历史规律。他认为历史是无规律可循的，寻求历史规律，只会使人们走入歧途。他说："历史叙述的合理性，当然不取决于这种少数零乱的可疑的规律的作用，如果真是这样，历史将真的什么也说明不了。"[3] 他也反对用一种覆盖律模型对历史做出普遍的规律性的说明。他说："显然，覆盖律模型来自自然科学的说明理论，并已用于历史中。我认为，不管在最初提出的领域中它有什么优点，却完全不适合于历史。"[4] 他更否认历史预见性。他写道："在历史学家的武库中并没有一种像先知那样的预见未来的东西。"[5]

库恩不仅否定历史的规律性及其预见性，并否定历史的真实性。他反复强调，由于历史从总体上说来不是记述，而是拼合、编凑；不是揭示，而是掩盖；因而，他认为，"历史科学所完成的研究成果，总是掩盖着产生这一成果的过程的真相"[6] 因而对历史来说，是没有什么真假可言的。

库恩的科学史观体现了他的上述的一般历史观。

---

[1] 库恩：《必要的张力》，1977 年英文版，第 16—17 页。
[2] 库恩：《必要的张力》，1977 年英文版，第 14—15 页。
[3] 库恩：《必要的张力》，1977 年英文版，第 16 页。
[4] 库恩：《必要的张力》，1977 年英文版，第 15 页。
[5] 库恩：《必要的张力》，1977 年英文版，第 15 页。
[6] 库恩：《必要的张力》，1977 年英文版，第 x 页。

库恩认为，科学史不是一部单纯记录科学历史事件的历史，不是科学事件的大事年表，而是对科学历史事件的整体化、系统化的说明。因此，与他的一般历史观一样，他强调科学史的主体性，否认科学史的客观规律性、预见性与真实性。

在库恩看来，科学史是没有真实性可言的。这不是说某一个科学事件是否在历史上存在过是没有真实性可言的，而是说对某一个历史事件的估计、评价、看法是没有真实性可言的。这是因为，单纯的科学历史事件的记录远不能构成科学史，而只有把它们系统化、整体化起来，对它们做出一种系统的估计、评价和看法，才构成科学史。而估计、评价和看法是依赖于一定的观点和范式的。依据不同的范式和观点，就会对历史做出不同的估计、评价和看法。它们之间就没有什么真假可言了。他认为，即使是像某个具体科学事件是否在历史上存在过这样的具体的历史事实的认识，严格地说来，也很难与历史学家个人的估计、评价和看法无关；因而它们也往往很难分辨真假。他以化学史上发现氧这个历史事实为例做了详细说明。他说，由于对于"发现"这个概念的理解或看法不同，对于到底是谁首先"发现"氧这个问题，在化学史上就有过好几种不同看法。这些看法长期争议不休。到底谁是谁非、谁真谁假，至今也无法做出最终的判定。[①]

（二）科学史发展的内在化

库恩把科学史分为内部史与外部史，并断言科学史发展的过程就是一个由外部史为主逐渐走向以内部史为主的内在化过程。

库恩所说的科学内部史就是科学在科学家或科学家集团的认识观点、看法和范式的作用下自身发展演变的历史；而外部史就是科学自身之外的外部因素，如社会政治因素、经济因素、文化因素等对它的影响的历史。他认为科学的发展与演进，往往可以从它的内部因素与外部因素两个方面来说明。因此，一部科学史总是它的内部史与外部史相结合的历史。他认为，任何只肯定一个方面的作用和影响，而否定另一个方面的作用和影响的观点，如只肯定内部因素的作用而否定外部因素的影响的内部

---

① 库恩：《必要的张力》，1977年英文版，第167—171页。

主义与只肯定外部因素的影响而否定内部因素的作用的外部主义，都是片面的、错误的。内部主义只肯定科学家们的思想、观点和范式对科学发展的作用，而否定社会、政治、经济等外部因素对它的影响，从而就无法解释为什么在苏联魏斯曼—摩尔根的遗传学说曾长期受到批判、抑制，而李森科的理论却得到了大力扶植和发展等历史事实。反之，外部主义由于只肯定社会、政治、经济等外部因素的影响，而否定科学家们的思想、观点等内部因素的影响和作用，就否定了科学史的系统性或内在结构，而把它解释成一部没有内在联系的、零星杂乱的历史事件的堆积，从而也就否定了科学史的系统性、结构性，否定了科学哲学存在的必要性。

库恩认为科学史的发展经历了一个从以外部史为主到内部史为主的内在化过程。他断言："任何一门新学科，在早期，由于科学家们的学术观点还没有完全成熟，科学家们的研究往往集中于当时社会需要与受社会价值决定的那些问题上，因而他们的观点容易受当时的社会现实、思想、常识以及传统哲学观点等的影响。"① 因此，当时他们所使用的主要方法常常是外部的方法；当时的科学史也总是以外部史为主的历史。但是，随着学科自身的成长与发展，科学共同体逐渐形成，它们内部的专业思想逐渐统一，共同的范式逐渐确立，于是科学共同体的内部交流性和外部封闭性加强，外部因素对它们的影响相应减少。这时，专家们研究的主要已不是外部社会所提出的问题，而是那些由其内部所产生的种种课题了。（1）于是，他们所使用的主要方法也就从外部的方法转向内部的方法。这时的科学史也就逐渐从以外部史为主转向以内部史为主了。但是，他断言，这种内在化过程永远不会终结，"这是因为科学的进步总还有其他方面"，"例如，邻近学科的进步、新技术的采用等外部因素对它的影响，总是存在的"。（2）因此科学的内部方法总必须以外部方法为补充。科学的内部史总必须以外部史为补充。单纯的内部史与外部史是不存在的。而外部主义与内部主义就是分别对早期"外部史（外部方法）为主的科学史（科学方法）与后期的内部史（内部方法）为主的科学史（科学方法）的夸大和绝对化"。它们都同样是不正确的。

---

① 库恩：《必要的张力》，1977 年英文版，第 118 页。

(三) 科学哲学与科学史相结合

库恩认为，科学史不是一部单纯记录科学历史事件的历史，不是科学事件的历史年表，而是对科学历史事实的整体化、系统化的说明。因此，他与图尔敏、汉森等人一样，反对传统的把科学史说成一部单纯具体历史事件的"忠实"记录的观点与做法。他的关于这方面的言论，也大体与图尔敏、汉森等人的具体言论相同。他并且在这个观点的基础上论述了他的关于科学史必须与科学哲学相结合的思想。

库恩认为，科学史与科学哲学是两门相互联系又彼此有区别的学科。首先，它们是彼此有区别的。科学史是一种历史。它是描述性的，是科学的历史事件的描述，但不是分散的、零乱的描述，而是系统性的、整体性的描述，因而它具有描述性；它不是单纯的描述性，"而是具有一定解释性的描述性"[①]。科学哲学则是一种哲学。作为哲学，它是概括性的，即对科学的哲学问题做出概括性的研究和说明。他写道："科学史与科学哲学作为两门不同的学科，它们具有一系列不同的特征。最明显的就是它们的目标不同。科学史作为一门历史，它研究的最终成果，是过去具体事件的叙述或描述；而科学哲学作为一门哲学，其目标则显然是广泛范围内的概括，而不是讲故事，不是了解特定时间、地点所发生的特定事件。"[②]

与此同时，库恩指出，它们又是相互联系、相互影响的。这不仅由于它们都是有关科学的两个不同的学科，还在于它们在内容上是相互依存的。

首先，他认为，科学史依存于科学哲学。它必须以科学哲学为指导。这是由于，虽然科学史是对过去发生的具体科学事件的叙述、记录或描述，但是它不是这些事件的分散的零星的描述，而是系统化、整体化的描述。因而这种描述要获得成就，就不能仅靠记录的精确性，且还需要有其内部结构。这就是说，它只有在一种哲学观点指导下才能表达得似乎合理，并能够使人理解。他写道："科学史需要哲学，其理由是显而易见的。它们的基本工具不只是科学知识，而且还需要哲学观点。众所周知，直至 17 世纪以前，科学的大部分还没有从哲学中分化出来；就是分化出来了

---

① 库恩：《必要的张力》，1977 年英文版，第 4—5 页。
② 库恩：《必要的张力》，1977 年英文版，第 5 页。

的，也还继续受哲学的影响，并深受其益。一个人如果不能掌握他所研究的时期和领域的主要哲学流派的思想，要想对科学史中的许多重要问题研究得好，是不可能的……科学史家并不总是哲学家。但是他们总得与思想打交道，而思想分析，历来是属于哲学范围内的事情。"①

其次，库恩反复强调科学哲学必须依赖科学史，他认为如果离开科学史，科学哲学的研究必然走入歧途。这是因为，如前所述，科学哲学是对科学中许多问题的哲学概括。没有科学史为它提供情况、问题与资料，它就无从概括，就成了空中楼阁，就不可能获得任何积极的成果。他写道："科学史有助于在科学哲学与科学之间的空隙上架起桥梁，可以为它们提供问题和资料的来源。"②

总之，库恩与图尔敏、汉森一样，十分强调科学哲学与科学史的结合，并极力反对把科学哲学与科学史彼此割裂开来或孤立起来的看法与做法。为此，他与图尔敏、汉森一样，极力反对把科学史看成科学历史事件的单纯记录，从而把科学史沦落为科学事件的大事年表的观点。同时，他还反对下述两种忽视科学史的科学哲学观。

首先，库恩反对传统的形而上学的科学哲学观。他认为，传统的形而上学的科学哲学无视科学与科学史，一味"纠缠于特定的现行理论的研究，诸如因果性、时空等长期存在的形而上的哲学问题"，"华而不实"，看起来似乎争论得十分热烈，实际上却"空无结果"。③

其次，是反对当前流行的逻辑主义的科学哲学观。逻辑主义者，主要是逻辑实证主义者，他们把科学哲学单纯地等同于逻辑，从而使科学哲学脱离科学、脱离科学史，"把它完全消融于应用逻辑之中"，而导致了科学哲学和科学史的完全分离，"走入了死胡同"。④

二 范式理论

库恩的科学哲学的理论核心是范式。他的范式理论是建立在他的"科

---

① 库恩：《必要的张力》，1977年英文版，第11页。
② 库恩：《必要的张力》，1977年英文版，第13页。
③ 库恩：《必要的张力》，1977年英文版，第12页。
④ 库恩：《必要的张力》，1977年英文版，第11页。

学共同体"的概念的基础上的。故他在论述范式理论时,总是把它的论述与科学共同体的理论结合在一起,并且总是从论述科学共同体这个概念开始的。他在1969年说:"如果我现在重写我的那本书(《结构》),那么我要从论述共同体的科学结构开始。"①

(一) 科学共同体与范式

库恩的科学哲学思想,以科学共同体为起点,这是一个重要的进步。过去的科学哲学总是讨论个别科学家的科学思想或科学哲学思想,这样就把科学家的思想与当时的历史条件和社会条件割裂开来了,从而把科学家的思想任务、科学成就归结为个人的才能或灵感,掩盖了科学与科学思想发展的社会历史的联系,掩盖了它们的发展的规律性,把科学哲学的研究引向歧途。而库恩的"科学共同体"思想的提出,一反这种传统的根深蒂固的错误观点。当然这只是指他对"科学共同体"这个问题的提出,而不是指对这个问题的解决。事实上,他远远没有能够解决这个问题;相反地,在这个问题上陷入了很深的错误泥坑。

库恩于20世纪50年代提出科学共同体的思想,是有其特定的社会历史条件的。科学发展到20世纪,科学研究的社会性已经十分明显。现代自然科学的研究必须与现代化的科学技术相结合。同时,某个科学家孤立地关闭在小小的个人实验室里搞科学攻关的时代已经过去。现时代的科学研究课题的进行不仅必须具有庞大的现代化的科技仪器设备,而且必须具有庞大的由各个方面的学科组织起来的高度综合性的科技队伍。这就必须依赖于国家的整体性的规划和引导。而科学社会学、科学学等新兴学科的相继出现,也促进了库恩的这种思想的产生。

那么什么是库恩所说的"科学共同体"呢?他回答说"科学共同体"就是科学家集团,就是在一定历史时期,一定学科领域中的科学家团体。这些科学家团体,由于他们受共同的传统的教育与训练、共同的思想的熏陶,等等,因而具有:1. 共同的研究目标;2. 共同的学术观点;3. 共同的概念、术语、行话;4. 共同的交流方式;5. 共同的教材、文献资料;6. 共同的心理素质;等等;因而就构成了一个学术共同体。这样的

---

① 库恩:《对批判的答复》,载于《批判与知识的增长》,1970年英文版,第339页。

共同体，他称之为"科学共同体"。他写道："直观地看，科学共同体是由一些学有专长的实际工作者所组成的。他们由他们所受的教育和训练中的共同因素结合在一起。他们专门探索一些共同的目标，也包括培养自己的接班人。这种共同体具有这样一些特点：内部交流比较充分，专业方面的看法也比较一致；同一共同体成员很大程度上吸收同样的文献，引出类似的教训；不同的共同体总是注意不同的问题；所以超出集团范围进行业务交流就很困难，常常引起误会，勉强进行就会造成严重分歧。"①

在论述科学共同体时，库恩主要强调了三点：

1. 科学共同体之所以成为一个共同体是由于他们共同具有：（1）共同的研究目标；（2）共同的学术观点；（3）共同的概念、术语和行话（4）共同的交流方式；（5）共同的文献资料、教材；（6）共同的心理素质；等等。

2. 科学共同体的成员之所以具有以上这些共同特征，是由于他们在共同的社会历史阶段接受了共同的教育、训练和熏陶。在这里他特别强调了教科书的作用。他认为教科书是科学共同体成员共同学习的范本，他们往往是通过这些范本而具有上述相同的特征，使用共同的范式的。他写道："在我的思想中，权威的来源主要是科学教科书以及以科学教科书为蓝本的科学普及读物与哲学著作。作者们在写作它们的过程中，致力于把它们写成种种问题、资料与理论的综合体，并总是致力于把特定的一套范式交给科学共同体。"②

3. 由于科学共同体成员具有共同的研究目标，共同的观点，共同的概念、术语和行话，共同的交流方式，共同使用的文献、资料和教材，共同的心理素质；因而在他们成员的内部，在他们的成员之间，彼此心心相印，可以顺利地讨论问题、交流业务；相反，在共同体成员之外，由于研究目标不同，观点不同，概念、术语和行话不同，使用的资料、文献和教材不同，以及心理素质不同，他们之间的业务交流就比较困难，甚至难以进行。③

---

① 库恩：《对批判的答复》，载于《批判与知识的增长》，1970年英文版，第296页。
② 库恩：《科学革命的结构》，1962年英文版，第136页。
③ 库恩：《必要的张力》，1977年英文版，第296页。

库恩认为，科学共同体的共同学术领域的范围大小是不定的，它们可以是一个学科的共同体，如物理学家的共同体、化学家的共同体、生物学家的共同体等。总之，只要他们具有以上的共同特征，就可以被看作一个科学共同体。他写道："从这一方面说，共同体显然可分为许多级，全体自然科学家可以成为一共同体，低一级是各个主要科学专业集团，如物理学家、化学家、天文学家、动物学家等的共同体……"①

（二）范式的含义

那么，为什么科学共同体的成员们都会具有上述这些共同的特征呢？库恩认为，那是由于他们具有共同的范式。由于科学共同体成员们具有共同的范式，因而他们才具有以上共同特征，从而成为一个共同体。所以他说："要把范式这个词弄清楚，首先必须认识科学共同体的独立存在。"②那么什么是范式呢？

库恩对于"范式"这个作为他的科学哲学的理论核心的重要概念的理解和解释却是十分含糊、十分混乱的。他在各种不同的场合，对这个概念做了不同的解释。英国科学哲学家马斯特曼（Magarel Masterman）做了一个统计，库恩在仅有170余页的《科学革命的结构》一书中，竟先后对范式做了20余种不同的解释。他把这20余种解释分为三类：（1）形而上学方面（形而上学范式）；（2）社会学方面（社会学范式）；（3）建构方面（建构范式）；③现在根据我们的理解，把它们归纳起来，主要有以下几类：

1. 范式是"模型""模式""框架"。这方面的具体说法有如下几种：
（1）范式是"认识模型"或"模式"（《科学革命的结构》，第23页）。
（2）范式是理论的结构（《必要的张力》，第177页）。
（3）范式是"把握世界的理论框架"（《科学革命的结构》，第6页）。
（4）范式是"整理现象的方式"（《必要的张力》，第 xvii 页）。
（5）范式是"整个事实与理论的网络"（《科学革命的结构》，第141页）。
（6）范式是"理论的胶合剂"（《科学革命的结构》，第109页），以

---

① 库恩：《必要的张力》，1977年英文版，第296页。
② 库恩：《必要的张力》，1977年英文版，第294页。
③ 马斯特曼：《范式的本质》，载于《批判与知识的增长》，1970年英文版，第73—115页。

上种种说法虽然不同，但总的说来，都是把范式说成是理论，或理论与事实（经验）的整体性结构、模型或框架。

2. 范式就是事例（examples）或例证（illustrations）。

具体说法如：

（1）范式就是"共同体共同使用的成功事例"（《必要的张力》，第318页）。

（2）范式就是"已被公认的科学成就的具体事例"（《必要的张力》，第346页）。

（3）范式就是"科学研究所不可缺的事例"（《必要的张力》，第318页）。

（4）范式就是"标准事例"（《必要的张力》，第307页注16）。

（5）范式就是"内含定律、理论、应用以及仪器设备等在一起的事例"（《必要的张力》，第262页）。

（6）范式就是"一系列重复的、近乎标准性的例证"（《必要的张力》，第36页）。

3. 范式就是题解（问题的解答）。具体说法如：

（1）范式就是"具体的题解"（《必要的张力》，第228页）。

（2）范式就是"实际的题解"（《必要的张力》，第357页）。

（3）范式就是"示范性题解"（《必要的张力》，第xix页）。

（4）范式就是"能使人产生一条思路（智力定向）的具体题解"（《必要的张力》，第229页）。

（5）范式就是"使科学家们仿照它们进行自己工作的题解"（《必要的张力》，第351页）。

（6）范式就是"解题的标准"（《科学革命的结构》，第103页）。

（7）范式就是"解题的标准方式"。

4. 范式就是成规（Commitment）。

具体说法如：

（1）范式就是"科学共同体所共同使用的成规"（《必要的张力》，第294页）。

（2）范式就是"支配常态科学的成规"（《科学革命的结构》，第7页）。

（3）范式就是"为科学实践提供基础的专业的成规"（《科学革命的结构》，第6页）。

库恩反复强调,他所说的成规与科学中的规则、定律是不同的。成规是受习惯性约束和不成文的规定;科学的规则、定律则是成文的或可成文的规定。他写道:"作为成规的范式与规则(定律)不同,它无须明确规定其共同特征。"① 在他看来,成规(范式)比定律更为根本。因为后者是依赖于它的,是从它那里引申或派生出来的。他因此说道:"定律来自范式。"② "范式比定律更重要、更具有约束力并更完全。"③

5. 范式是"一致意见""专业判断一致"。

具体说法如:

(1) 范式就是"共同体内部的一致意见(《必要的张力》,第 xix 页)。

(2) 范式就是"专业判断一致"(《必要的张力》,第 297 页)。

6. 范式就是科学的成就。

具体说法如:

(1) 范式是"一种科学成就,它为共同体规定应研究什么问题和采用什么方法"(《科学革命的结构》,第 10 页)。

(2) 范式是"一种科学成就,它是科学共同体进一步展开活动的基础"(《科学革命的结构》,第 10 页)。

(3) 范式是"一种公认的科学成就,它为共同体提出典型的问题及其解答"(《科学革命的结构》,第 viii 页)。

7. 范式就是方法或方法的来源。

具体的说法如:

(1) 范式就是"看待世界、探索科学的方法"(《必要的张力》,第 226 页)

(2) 范式就是"科学共同体的方法的来摞"(《科学革命的结构》,第 103 页)。

8. 范式就是信念、预想。具体的说法如:

(1) 范式是"特定的信念和预想"(《科学革命的结构》,第 17 页)。

(2) 范式是"信念的基础结构"(《必要的张力》,第 263 页)。

---

① 库恩:《科学革命的结构》,1963 年英文版,第 44—45 页。
② 库恩:《科学革命的结构》,1963 年英文版,第 42 页。
③ 库恩:《科学革命的结构》,1963 年英文版,第 46 页。

9. 范式就是"学科专业的基体""科学和科学活动的基本部分"。

具体说法如：

（1）范式是"学科专业的基体"（disciplinary matrix）（《必要的张力》，第 297 页）。

（2）范式是"科学活动的基本部分，也是科学的基本部分"（《科学革命的结构》，第 109 页）。

10. 范式就是理论和观点（形而上学）、方法、标准、仪器设备、经典著作的"不可分的混合物"。

具体说法如：

（1）范式是"包含定律、理论、应用以及仪器设备在一起的东西"（《科学革命的结构》，第 10 页）。

（2）范式是"包含形成各种成规的形而上学和方法论的东西"（《科学革命的结构》，第 34 页）。

（3）范式是"理论、方法和标准的不可分的混合物"（《科学革命的结构》，第 109 页）。

（4）范式"包括最早提出典型事例的经典著作"（《必要的张力》，第 xix 页）。

库恩对"范式"这个重要概念的混乱不清的解释，自然遭到了许多学者和读者们的批评与责问。为了回答这些责问，他对自己使用范式这个概念的历史过程，及其理解做了详细的解释。这主要体现在他于 1974 年写的《再论范式》以及 1979 年写的《必要的张力》的"序言"等文章中。

库恩自称，他于 1959 年写的《必要的张力》一文以前，没有使用过"范式"这个观念。但是他已经有了类似的思想和观念，不过他没有把它称为"范式"，而是称之为"意见一致"。因此，"意见一致"在库恩的早期著作中是"范式"这个概念的原始术语。

后来，库恩于 1959 年在《必要的张力》文中，首先使用了"范式"这个概念。他在该文中写道："取得了意见致的范式"[①] 等等。不过，他还没有把这个概念的使用固定化，而是与"意见一致"这个概念同时并用的。在多数场合，他仍然使用"意见一致"这个词，而只是在少数场合才

[①] 库恩：《必要的张力》，1977 年英文版，第 232 页。

使用了"范式"这个概念。这就是说，当时"范式"与"意见一致"在他那里是同义的，而它们的意思都是"示范性题解"① 或"典型事例"。②

在 1961 年发表的《科学发现的历史结构》一文以及 1962 年发表的《科学革命的结构》一文中，库恩再度使用了"范式"这个概念。这时候，他扩展了它的含义，即它不再仅仅有"意见一致"、"示范性题解"或"典型事例"的意思，而是广泛地意指上面我们所引的各种各样的含义了。以至于后来他自己承认：这种做法不妥当，造成了这个概念的含义的握乱。他写道："不幸的是，我走得太远了，把这个词的用法扩展得太广了，竟包括集团所有的共同成规了。"③

为了把上述各种各样的不同理解或用法统一起来，以回答各种责难，库恩在 1974 年特地写了《再论范式》一文。在该文中库恩写道："不管'范式'一词在《科学革命的结构》一书中有多少用法，但是还是可以把它们分成两个集合……'范式'的一种意义是综合的，它包括了科学家集团所共有的全部，另一种意义则是把其中特别重要的成规抽取出来，成为前者的一个子集。"④ 这意思是说，"范式"一词有广义的与狭义的两种用法：广义的"范式"概念，内含科学共同体所共有的那些各种各样的因素；狭义的"范式"概念则仅指其中的一种因素。他还把广义的范式称为"范式Ⅰ"，狭义的范式称为"范式Ⅱ"，并把广义的范式或"范式Ⅰ"称为"学科专业的基体"，即是学科专业所不可缺少的最基本部分。

库恩认为，广义的范式虽然是多种庞杂因素的集合，但是其中有三种因素是最基本的，那就是：1. 符号概括；2. 模型；3. 事例。

库恩在此所说的"符号概括"是指以符号表示的方程式，如 $F = ma$，$I = V/R$，等等。他写道："符号概括，实际上就是那些被科学家集团毫无怀疑地使用的方程式，它们可以直接化为逻辑形式，如 $(x)(y)(z)(x, y, z)$，这是学科专业的基体的形式部分，或易于形式化的部分。"⑤

他所说的"模型"，大体说来，就是图尔敏所说的"模式""结构"，

---

① 库恩：《必要的张力》，1977 年英文版，第 232、xix 页。
② 库恩：《必要的张力》，1977 年英文版，第 307 页。
③ 库恩：《必要的张力》，1977 年英文版，第 319 页。
④ 库恩：《必要的张力》，1977 年英文版，第 294 页。
⑤ 库恩：《必要的张力》，1977 年英文版，第 297 页。

即把分散的经验材料与理论加以系统化、整体化的结构或框架。它们是不能被直接感受的，具有假设性，属于形而上学的，但却是颇具有启发性的东西。他写道："模型以它为科学集团提供优先选择的类比，或者在深入地把握它时，还提供一种本体论……它可给人以启发……是形而上学的成规的对象。"①

库恩在这里所说的"事例"，也就是他所说的"题解"，他说："事例就是具体的题解。"②

库恩指出，他所说的狭义的范式则仅指广义范式中的上述第三部分，即"事例"或"题解"那一部分；而这一部分是广义范式的诸多因素中的最基本的因素。他写道："'实例'一词为'范式'的第二种更基本的意义（按：即狭义的范式）提供了一个新名称。"③

库恩的上述辩解，并未能为多数责难者所接受。为此，1979 年库恩在《必要的张力》一书的"序言"中又对"范式"一词做了新的解释。这次他没有把范式分为广义的与狭义的两种，而是说，最早，他没有使用范式这个词，而是使用"意见一致"这个词，后来采用了"范式"这个词来代替"一致意见"这个词。开始它只是示范性题解或典型事例的意思，后来扩大了它的含义，包括了"最早提出这些公认事例的经典著作"，"最后又囊括了某一特定科学共同体成员所共有的一系列成规"④，等等。

总之，库恩不仅在使用范式这个词的含义方面往往是多变、不定的；而且在解释这个词的含义方面也是多变的、不定的。这就造成了人们对于他的这个词的含义的理解和把握的困难。但是，这不是说我们就无法把握它的含义了，实际上只要把他的这么许多不同的用法或解释联系起来，加以整体性的思考，那么，还是能够理解和把握这个词的基本含义的。下面是我们对这方面工作所做的尝试。

在这里，我们拟从下面几个方面理解库恩的"范式"的含义：

1. 整体主义的科学观——理论的结构、模型、框架是范式的核心内容。

---

① 库恩：《必要的张力》，1977 年英文版，第 297—298 页。
② 库恩：《必要的张力》，1977 年英文版，第 298 页。
③ 库恩：《必要的张力》，1977 年英文版，第 298 页。
④ 库恩：《必要的张力》，1977 年英文版，第 298 页。

第四章 库恩的范式理论

库恩继承了图尔敏、汉森以及奎因的整体主义的科学观。他跟图尔敏一样，认为科学理论是一个整体，或是经验材料的整体比或系统化的解释。他写道："如果我们再一次记住，不论是科学家还是工匠，他们都不是零零碎碎地或一件一件地去学习观看世界的，那么一切就会看来更合理了。"[①] 也因为，"科学是各个不同部分之间结合的松弛的结构。"[②] 又说，科学理论工作"就是给予一大堆资料以框架，把它们放进一相互关系的体系之中"[③]；等等。因此，库恩所说的范式，其核心部分就是理论的结构、框架或模型，这与图尔敏所称的"范式"的内涵大体是相同的。库恩、在《再论范式》一文中所说的"范式Ⅰ"的三种成分中的前两种——"符号概括"和"模型"，大体说来就是图尔敏所说的"模型"：库恩所说的"符号概括"，大体上就是图尔敏所说的"数学模型"；库恩所说的"模型"，大体上就是图尔敏所说的"形象模型"。正由于库恩把科学理论的结构、模式看成范式的最重要的核心部分，所以他反复强调科学的任务就是"以范式整理零乱的经验"，就是"把自然界塞进范式所提供的箱子"，[④]等等。

2. 世界观与方法论的统一——范式为学科提供基本观点与基本方法。

库恩的"范式"与图尔敏的"范式"当然是有区别的。在图尔敏那里，"范式"与"模型""框架""结构"是同义词；而在库恩那里，"模型""框架"仅是"范式"的一部分，虽然是它的核心部分。因此它的含义比前者更广泛。实际上他扩大了图尔敏的"范式"一词的词意内容。

库恩的范式还包括了科学共同体成员的共同的世界观和方法论。库恩在此所说的"世界观"与"方法论"，主要不是指关于整个世界的观点与方法，而是指该学科领域的总的观点和方法。例如，物理学领域的总的观点与方法，化学领域的总的观点与方法，等等。当然，这些总的观点与总的方法与整个世界的观点与方法是密切联系、不可分割的。因此，从这个意义上，它们也是世界观与方法论。

在库恩看来，世界观与方法论是一致的。作为科学理论的框架或核心

---

① 库恩：《科学革命的结构》，1962年英文版，第128页。
② 库恩：《科学革命的结构》，1962年英文版，第49页。
③ 库恩：《科学革命的结构》，1962年英文版，第85页。
④ 库恩：《科学革命的结构》，1962年英文版，第152页。

的范式,它不仅在科学知识领域内起着认识论的指导,作用,而且在科学研究的实践领域内起着方法论的指导作用。因此他说:"理论和方法是不可分的混合物。"① 又说,作为理论核心的范式"在一定时期里为以后几代的工作者隐隐地规定了在该学科领域内应当研究些什么问题,以及采用些什么方法"。②

正由于此,库恩反复强调,范式包括了作为世界观与方法论的形而上学内容。③

3. 范式只可意会,不能言传——只能通过事例与题解才能把握范式。

库恩深受波兰尼思想的影响。波兰尼认为,任何事物都是由各个部分(方面)构成的整体(结构)。但是,人们能经验到的只是部分,而不是整体性结构。作为各部分之间的内在联系的框架、结构(整体),是只能意会,不能经验的。同时,他还认为,人们可经验和言说的只是事物的各个具体部分,而整体或结构,是不可经验的,因而是只可意会,不可言说的(不能用语言或文字表述的)。从波兰尼的这种观点出发,库恩多次强调作为科学理论的框架结构的范式也是只能意会,不能用文字规定或定义的。④ 因此,他认为,科学家们对范式的领会和把握往往不是通过简单的定义学习和文字学习,而是通过大量的事例的学习和题解的学习,这就像掌握语法中的词尾变化规则,不是通过简单的定义学习和文字学习,而是通过大量词尾变化的事例学习一样。他写道:"不是通过定义而是通过示范性题解……和事例来把握范式。""这就像学习语言的学生们学习动词变位和名词、形容词变格一样。"⑤

4. 范式是规定或影响整个学科各个方面的基本部分。

库恩认为,作为该学科领域的总的理论框架以及总的观点与方法的范式,必然普遍地作用(支配)着该学科领域的各个方面:如理论、观点、方法、标准以及仪器设备的设计,教科书的编写,等等。因而他把范式说成是这些诸多方面的庞杂的混合物,并称之为科学共同体的"思路"

---

① 库恩:《科学革命的结构》,1962 年英文版,第 109 页。
② 库恩:《科学革命的结构》,1962 年英文版,第 10 页。
③ 库恩:《科学革命的结构》,1962 年英文版,第 41 页。
④ 库恩:《科学革命的结构》,1962 年英文版,第 44 页。
⑤ 库恩:《科学革命的结构》,1962 年英文版,第 xix 页。

(mental sets)，规定着该学科的发展方向的"专业基体"。

综合以上，根据我们的理解，库恩所说的"范式"，主要就是该学科领域的基本理论结构，以及在此基础上产生的基本观点与基本方法。它们影响、规定着该学科领域的各个方面，为该学科领域的科学共同体提供了思考、选择、解决问题的准则，规定了他们的基本思路，并为整个学科领域的发展规定了基本方向。

（三）范式的自主性

库恩的范式概念具有合理的内容，然而他把它主体主义化了。这主要表现在他把范式归结为科学共同体的一种共有的"信念"。

如前所述，库恩的范式理论是一种整体主义的科学理论。他认为范式的基础或核心部分就是使分散、零乱的经验材料系统化、整体化的理论结构或模式。这种思想来自图尔敏与汉森。在图尔敏那里，模式、结构还具有某些客观的成分，而到了汉森那里，模式、结构就完全成了主观的、可以任意选择的东西了。库恩则进一步做了发挥，把这种思想相对主义化。他断言，范式是自主的、可变的，或可以任意选择的。他写道："科学哲学家们曾一再证明：根据同样一套材料总是可以提出一种以上的不同的理论构造（construction）。"① 不过，他这里所说的任意选择和改变，已不是个别科学家的任意选择和改变，而是科学家共同体的选择和改变。

库恩的关于范式的自主性和可变性的论证方式，也直接来自汉森。他跟汉森一样，以格式塔心理学论证了这种可变性或可选择性。他反复以鸭兔图等心理学实验结果论证了这种可变性。他说："革命前科学家世界中的鸭子，革命后变成了兔子，一个人第一次从图的上方看到了箱子的外部，下一次却从下方看到了它的内部。"② 等等。他还用著名的汉诺威心理实验论证这种变化。他写道："格式塔实验只能说明知觉转变的性质，并不告诉我们关于范式的作用……但是有关这个问题的大量心理学资料，其中有许多来自汉诺威学院的开创性的工作。一个作为实验对象的人，戴上墨色眼镜，装上倒置镜头去看整个世界，开始时他的视觉混乱，严重地迷

---

① 库恩：《科学革命的结构》，1962年英文版，第76页。
② 库恩：《科学革命的结构》，1962年英文版，第111页。

失方向。后来，经过一段时间跟新世界打交道的学习，他的视野突然改变，重新又看到了对象。"①

同样，由于以格式塔心理学解释范式的相对性与可变性，库恩像汉森一样，否认了"范式"内容的客观性。他并把范式归结为一种心理上的"信念"，一种科学家在接受教育与训练中获得的，在解决问题的过程中得以巩固的心理上的"信念"。他写道："特别是汉森已用格式塔的论证详尽地阐述了我在这里所关心的某些科学信心。"②并说这种"信念"是"科学教育与训练的伴随物"③。

由于把"范式"归结为心理上的"信念"。库恩把他的整个科学哲学归结为一种心理学。又由于他讨论的是科学共同体的集体的信念，而不是个人的信念，他又把它归结为一种社会学。他写道："共有的价值尽管无力支配个人的判定，却可以决定共有这种价值的集团的选择。因此，这些信念显然属于社会学。"④又说："我的书本质上是属于社会学的。但也绝不容许这个问题离开认识论。"⑤

三 论科学革命——科学发展的动态模式

库恩在提出和解释"范式"这一重要概念的基础上，提出了科学发展的动态、模式。科学动态发展的思想是波普在反对逻辑实证主义科学观的基础上提出来的。库恩继承了波普的这一思想，同时又汲取了图尔敏与汉森从科学史角度研究科学哲学的传统，使科学史与科学发展相结合，从而实现了对科学发展进行历史的动态研究。

（一）前科学

库恩认为范式是使"学科成为科学的标志"，任何一门学科只有成长、发展到具有共同的范式时，才能称之为科学。"此外，很难找到别的什么

---

① 库恩：《科学革命的结构》，1962年英文版，第112页。
② 库恩：《科学革命的结构》，1962年英文版，第113页。
③ 库恩：《科学革命的结构》，1962年英文版，第111页。
④ 库恩：《科学革命的结构》，1962年英文版，第xxi页。
⑤ 库恩：《科学革命的结构》，1962年英文版，第xx页。

标准可以明确地宣布某一个领域成为一个科学了。"①

那么范式赋予了什么样的特征才使一门学科成为真正的科学呢？库恩认为，范式赋予学科以许多科学所必需的具体特征：首先，有了范式，研究的目标才能集中。库恩认为，早期的研究之所以有各种"全然不同的描述与解释"②，一个重要的原因就是缺乏范式的指导，因而没有形成统一的研究目标，没有提出相同的研究问题。后来的研究由于有了确定规范的指导，以及有了相应确定的研究范围和研究问题，学科的研究才真正进入科学研究阶段。其次，有了范式，才能有一致的观点。库恩认为，在还没有形成范式的科学的早期发展阶段，人们会对相同的一些现象，做出完全不同的解释与描述，所形成的观点与看法也很不相同。有了统一的相同范式的指导与影响，对相同领域中的相同现象就会得出相同或近似的结果。最后，有了统一范式的指导，才能有统一的研究准则与规范，科学研究的力量也才能集中。库恩认为，有了统一的范式做指导，科学家们就再也用不着去"证明每一个引进的概念"，再也用不着重新确定原则，重新确定研究领域。相反，却"可以高度集中关注科学界所关心的最微妙、最深奥的自然现象"。③ 否则，科学家们就会各行其是，"收集材料便会成为一种随机的活动"，甚至"任何一部自然史都无法得到解释"。④ 所以，在库恩看来，正是范式带来的"限制"，使学科有了明确的目标，明确的研究问题，有了明确的指导整个集体进行共同研究的准则与规范，科学团体能集中力量，使研究深入下去。所有这些特征，都是一门学科达到成熟、走向科学的具体表现。

在把范式作为科学的标准之后，库恩又把学科在形成范式前的时期称为"前科学"时期或"前范式"时期。如科学史上亚里士多德以前对运动的研究，阿基米德以前对静止的研究，布莱克以前对热的研究，都是"前科学"研究，或"前范式"研究⑤；库恩有时又称它们为"科学的前史时期"⑥，

---

① 库恩：《科学革命的结构》，1962 年英文版，第 22 页。
② 库恩：《科学革命的结构》，1962 年英文版，第 17 页。
③ 库恩：《科学革命的结构》，1962 年英文版，第 19—20 页。
④ 库恩：《科学革命的结构》，1962 年英文版，第 13 页。
⑤ 库恩：《科学革命的结构》，1962 年英文版，第 ix 页。
⑥ 库恩：《科学革命的结构》，1962 年英文版，第 21 页。

还由于这个时期常常会出现意见分歧,他又称这个时期为发散阶段"。① 相应地,库恩称确立范式之后的时期为"科学时期"或"范式时期",有时又称之为"科学的本史时期"。库恩认为,任何一门学科在成为真正科学之前,都经历过这样一个从前科学到科学、从前范式到范式的转变过程。他写道:"从史前期以来,研究领域一个接着一个都跨过了历史学家称之为一门科学的前史与本史之间的分水岭。"②

不过库恩认为,由于性质不同,每门学科从前科学过渡到科学的历史时间也不尽相同。最早实现这种过渡的是古代的天文学和数学。他写道:"像数学、天文学这样一些部门,早在史前时期就有了第一个明确的范式。"③ 随后实现这种转变的是中世纪的动力学和17世纪的物理光学;再后来则是电学、化学、热力学、地质学和生物学。库恩认为:"社会科学中,究竟哪些分支已具备这种范式,还完全悬而未决。"④ 社会科学的有些部门,"至今还处在从前科学到科学阶段的过渡之中"⑤。而应用科学则根本无须基础科学或理论科学的那种"范式"。库恩这样说,"应用科学与基础科学不同,它们根本不需要严格的范式"。⑥

(二) 常态科学

在库恩看来,任何科学都经历了一个从无范式可循到有共同的相对稳定和统一的范式作指导,从前科学到科学的发展过程。库恩还把范式确立后的时期称为"科学时期"或"范式时期",也称"常态科学时期。"⑦ 那么,什么是"常态科学"呢?库恩认为,他所说的"常态科学"具有这样几个特征:(1)它"根据范式进行研究"。⑧ 库恩认为,以科学事实的搜集与观察为例:在常态科学中,科学家关心的重点是那些范式表明能揭示事物本质的事实,和那些能直接与范式所做的预测相对照、检验的事实,

---

① 库恩:《必要的张力》,1977年英文版,第234页。
② 库恩:《科学革命的结构》,1962年英文版,第21页。
③ 库恩:《科学革命的结构》,1962年英文版,第15页。
④ 库恩:《科学革命的结构》,1962年英文版,第15页。
⑤ 库恩:《科学革命的结构》,1962年英文版,第21页。
⑥ 库恩:《必要的张力》,1977年英文版,第23页。
⑦ 库恩:《科学革命的结构》,1962年英文版,第10页。
⑧ 库恩:《科学革命的结构》,1962年英文版,第24页。

以及根据范式进行清理与整顿的经验性工作。(2) 它把"自然界强迫纳入僵化的框框中"①。库恩认为，常态科学的目标不是发现和寻找新的解释或新型的现象，而是把自然界的现象尽可能地纳入范式所确定的规则和框架之中，尽量扩大范式的应用范围和它所解释的事实知识，从而更详细地表述范式本身。② 对于那些不适合范式的现象，科学家们总是不予注意，也引不起他们的兴趣，甚至根本就没有看到。他把这些工作称为"有待完成的扫尾工作"③。(3) 它"是一种高度确定的活动"。库恩认为，常态科学既有确定的"难题"，又有确定的目标；既有确定的规定与法则，又有确定的研究活动。同时库恩认为，由于常态科学中的科学家们受相同的范式的制约，受相同的科学实践规则与标准的制约，他们在常态科学中的活动，基本上不会有原则性的不一致。他写道："这种制约以及由此所造成的表面上的一致，正是常态科学的前提，也是某一种研究传统形成和延续的起源。"④ 因此，库恩认为常态科学不是抛弃已有的范式。"它要求创造的新东西，不管是观念上的还是现象上的都很少。"⑤ 相反，它的作用只是"扩大了应用范式的可能范围，提高了应用的精确性"，系统地发展范式。⑥

库恩一再声称，在科学发展的常态时期，科学共同体对既定的范式持坚信不疑的态度。库恩认为，常态科学得以顺利发展的原因，就在于它的研究建立在一个假定的信念上，即"科学家了解的世界是什么样子"⑦。科学家们对自己的信念又是这样执着、热烈，使常态科学的研究"成了一种狂热而虔诚的尝试，想把自然界强迫纳入专业教育所规定的思想框框里"⑧。库恩认为，科学共同体的共同信仰就是既定的"范式"。"范式"成了科学家的希望，而常态科学就在于实现科学家的这种希望。库恩指出，信念是科学进步所必需的。他写道："如果人们对牛顿力学没有信念，那么，谁还会为了研究行星间相互吸引效应的需要而根据开普勒的基本轨

---

① 库恩：《科学革命的结构》，1962 年英文版，第 6 页。
② 库恩：《科学革命的结构》，1962 年英文版，第 24 页。
③ 库恩：《科学革命的结构》，1962 年英文版，第 24 页。
④ 库恩：《科学革命的结构》，1962 年英文版，第 11 页。
⑤ 库恩：《科学革命的结构》，1962 年英文版，第 35 页。
⑥ 库恩：《科学革命的结构》，1962 年英文版，第 36 页。
⑦ 库恩：《科学革命的结构》，1962 年英文版，第 5 页。
⑧ 库恩：《科学革命的结构》，1962 年英文版，第 5 页。

道去发展复杂的数学技巧呢?又怎么可能发现海王星并改变行星表呢?"①又说,"这种信念不可避免地会显得很顽固,甚至很愚蠢……但它是非常重要的东西。它使常态科学或解难题的科学成为可能"。②

众所周知,波普曾把科学活动解释成发现问题和解决问题的事业。库恩反对这种主张,他认为,在科学发展的常态时期,科学家所要解决的是"难题"(puzzle)而不是"问题"(problem),常态科学实质上是科学家在一定范式指导下的解题(解决难题)活动。库恩写道:"常规科学,就是我们刚刚考察过的解决难题的活动。"③ "在常规科学的范围内,研究工作是解决难题,而不是检验范式。"④ 库恩认为,在常态科学下一般不会出现问题,更不把问题作为它整个活动的中心和目标。那么为什么库恩要把常态科学下的疑难称作"难题"而不称作"问题"呢?库恩认为,这是因为,在常态科学时期,科学家集团对于共同的范式坚信不疑。如果在运用范式中发现有问题,如发现范式跟观察和实验中的事实不一致,以及运用范式解决问题而失败时,他们绝不会怀疑范式是否有问题,而只会怀疑自己运用范式的能力是否有问题。自己在运用范式中的设计、计算、使用的仪器及某条件等是否有问题。这就像在博弈或猜谜等游戏活动中,游戏者遇到死棋或难题一样,绝不会怀疑博弈规则或谜底是否正确,而只会责难自己的博弈或猜谜能力。他写道:范式犹如工具,"只能责怪人,不能责怪人的工具"⑤。又说:"我采用难题这个词是为了强调,即使是最好的科学家,通常所遇到的困难就像纵横字谜或死棋那样,只是对他自己的创造性的挑战。陷入困境的是他自己,而不是现行的理论或范式。"⑥

库恩还认为,在常态科学时期,科学家集团不会随意变换工具,更改范式。因为"理由很清楚,科学像制造业一样——更换工具是一种浪费,只能留到非改不可的时候进行"⑦。

---

① 库恩:《必要的张力》,1977年英文版,第235页。
② 库恩:《科学革命的结构》,1962年英文版,第152页。
③ 库恩:《科学革命的结构》,1962年英文版,第152页。
④ 库恩:《科学革命的结构》,1962年英文版,第52页。
⑤ 库恩:《必要的张力》,1977年英文版,第271页。
⑥ 库恩:《必要的张力》,1977年英文版,第268页。
⑦ 库恩:《科学革命的结构》,1962年英文版,第76页。

库恩认为，科学难题的不断解决，推动着常态科学的向前发展。它一方面显示既定范式的强大生命力，另一方面又使科学在原有的基础上以量的累积的方式不断前进。难题也成了这时期科学家们从事研究的动力，成了这时期的科学发展动力。常态科学时期的科学家们都有这样一个信念："只要他有足够的能力，就可以成功地解决以前谁都没有解决过或没有解决好的难题。"[①] 而"许多最伟大的科学大师们都把他们专业方面的全部精力用到这一类急需解决的难题上。"[②] 从而使常规科学同样充满生机，同样处于不断的向前发展之中。

后来，库恩又从收敛性思维理论出发，考察了常态科学与收敛性思维之间的关系，以及常态科学的保守性。库恩认为，"即使是最好的常态研究，也是一种收敛性的活动"[③]。那么什么是库恩所说的收敛式活动呢？库恩认为，收敛性活动实质上是一种按既定方式，用既定概念进行思考与研究的活动。正是在这个意义上，库恩又把常态科学的活动称作为保守性的活动。而这种保守性，也就是无批判性。库恩认为，抛弃批判性对话，是常态科学的标志。他写道："从一定意义上讲，恰恰应把卡尔爵士（波普）的观点倒过来，恰恰是抛弃批判性对话才是科学的标志。"[④] 相反，前科学时期或科学的革命时期才以批判见长，以批判性对话为主要特征。在这点上，库恩与波普的看法有所不同。波普强调"批判性讨论传统"的意义，指出正是这种希腊式的批判性讨论传统"促进了学派之间与学派内部的争论与进步"[⑤]。库恩则否认这种批判性传统与常态科学的联系，指出"这种批判与常态科学毫无共同之处"。例如，哲学与大部分社会科学从来都没有丧失过批判的传统，（除中世纪外）但它们至今仍难以称得上是真正的科学；而希腊时代的数学、天文学和静力学放弃了这种批判性的对话形式，"反而成了科学"[⑥]。库恩指出，常态科学与收敛性思维相一致。这种保守性还表现在对新事物的压制和排斥方面。首先就常态科学的目的来

---

① 库恩：《科学革命的结构》，1962年英文版，第38页。
② 库恩：《科学革命的结构》，1962年英文版，第38页。
③ 库恩：《必要的张力》，1977年英文版，第227页。
④ 库恩：《必要的张力》，1977年英文版，第272页。
⑤ 库恩：《必要的张力》，1977年英文版，第272页。
⑥ 库恩：《必要的张力》，1977年英文版，第272页。

说,"常态科学"的目的"并不在于寻求新事物","甚至于恰恰相反,而是倾向于压制新事物"。① 其次从创新常常会引起已有范式的危机和打破既定的一些基本成规来说,常态科学为了捍卫自身的存在,必须"常常压制重大的革新"②。当然,只要这种革新不危及范式和基本成规,压制就不会太久或不会发生。

与此相应,库恩认为,常态科学的另一保守性表现就是常态科学不需要哲学。在库恩看来,哲学对科学的作用,最重要的是给科学一种全新的观点和方法。不过常态科学"并不需要这种哲学"③。而与"要求创造的哲学保持一段距离"④。那么为什么常态科学会有这种保守性,会体现出这种收敛式的思维呢?库恩分析了它的原因,指出:是由于"成熟科学的研究工作者从研究开始,就连续工作在个受既定范式统治的领域",这才造成了常态科学的这种保守性。⑤

既然常态科学本质是保守的,是收敛式思维,那么常态科学还有进步性可言吗?库恩对此做了十分肯定的回答。库恩认为,保守性与进行性并不矛盾。常态科学的保守性并不必然导致常态科学的退步。相反,在既定范式指导下对难题的成功解决,就是科学在常态下进步的标志。他写道:"在正常情况下,一个科学共同体是解决既定范式所限定的问题或难题的十分有效的工具。而解决这些问题的结果,必然是不可避免地进步的。"⑥不过,库恩认为,这种进步充其量只能称作进化,是一种渐进性的积累和变化。他说:"常态科学也带来了知识的细节,带来了任何别的办法都达不到的观察与理论的精确配合。"⑦ 正因如此,库恩声称,常态科学只有点滴的进步,而没有革命性的变革。那么为什么常态科学不可能有重大的革命性的变革或发现呢?库恩认为,这首先是因为在常态科学时期,不可能发现新的理论或范式。在常态研究中,所有的科学家,包括那些最具天才

---

① 库恩:《科学革命的结构》,1962年英文版,第64页。
② 库恩:《科学革命的结构》,1962年英文版,第64页。
③ 库恩:《科学革命的结构》,1962年英文版,第88页。
④ 库恩:《科学革命的结构》,1962年英文版,第88页。
⑤ 库恩:《必要的张力》,1977年英文版,第23页。
⑥ 库恩:《科学革命的结构》,1962年英文版,第116页。
⑦ 库恩:《科学革命的结构》,1962年英文版,第64—65页。

的大科学家都把他们的毕生精力贡献在完善范式、论证范式的工作上。他们根本不去怀疑范式本身，相反是通过既定的范式去发现疑难和解决难题，去论证和扩大范式的应用。因此，库恩说："显然，他们既不想也不大可能在科学理论中做出什么基本发现或革命变革。"① 其次是因为在常态科学时期由于受既定范式的限制，科学家们根本看不到新的现象。库恩这样写道，"凡不适合这个框框（指范式）的现象，科学家们实际上往往根本看不到"②。再次是因为在常态科学时期，科学家们解决的只能是难题而不是问题；说明的只能是细节与局部，而不是全部与整体。库恩说，在常态时期，科学家"力图阐述地图的地形细节，以填补他们事先已知道的地图的主要轮廓"。最后是因为在常态科学时期，科学主要是累积性的事业。库恩曾把确定范式后科学家们在常态科学下的研究活动称作"扫尾工作"，③ 认为绝大多数科学家能尽毕生精力的都是这样的扫尾或结束工作。这种研究性工作基本上是累积性的，是量上的发展与积累。他说："常态科学……是一种高度积累性的事业，它追求的目标是科学知识的稳步的扩大和精确化。"在这方面，即量的累积方面，常态科学"是有杰出成就的"④。

在分析和说明了常态科学的渐进性进化后，库恩进一步分析了常态科学的三类主要成就。首先是用既定的范式发现新事实，使理论更精确、经验更丰富，从而促成常态科学的进步。库恩以天文学和物理学的史实来说明这个问题。库恩认为，天文学中用既定范式发现了行星的位置、大小、双星星蚀周期和行星周期，从而使天文学理论更精确，经验材料更丰富。物理学中也有类似的情况。如在既定范式指导下发现了物质特有的引力、可压缩性、波长、光谱强度、导电等事实，并建立了相应的解释与说明。其次是用新的事实来证明与巩固既定的范式。如水星近日点的岁差的测定，就为广义相对论的科学性提供了令人信服的事实根据。最后则是用新的事实发展既有范式，使范式更加精确化。如万有引力常数的测定，焦耳数、电荷等的测定。

---

① 库恩：《必要的张力》，1977 年英文版，第 233 页。
② 库恩：《科学革命的结构》，1962 年英文版，第 24 页。
③ 库恩：《必要的张力》，1977 年英文版，第 235 页。
④ 库恩：《必要的张力》，1977 年英文版，第 52 页。

(三) 常态科学与划界标准

库恩的常态科学的理论是与他的划界标准的理论密切相关的。这里所说的划界是科学与哲学、宗教、迷信等非科学的划界。西方早期的科学哲学家都以知识的确定性作为科学与非科学的划界标准，认为凡是已被经验证实的确定可靠的知识是科学的知识，否则是非科学的。后来由于相对论等现代科学的发展，科学知识的可错性日益明显，于是逻辑实证主义与批判理性主义抛弃了上述标准，各自提出了新的标准。前者提出了证实标准：凡有可能被经验证实的知识才是科学知识；后者则提出了证伪标准：凡可被经验证伪的知识才是科学的知识。库恩反对上述两种标准而提出了自己的标准。

库恩在 1962 年出版的《科学革命的结构》一书中并没有直接地讨论到此标准，而只是说："范式是学科成为科学的标志。"后来在《发现的逻辑还是研究的心理学》一文中才明确地提出了此标准：认为凡是具有运用范式以解决疑难的传统的，才是科学的，否则是非科学的。他写道："在检验理论和解决疑难这两个标准之中，后者既是更加明确，又是更为基本的。"① 他还以天文学与占星术为例，说明他的这个标准。他认为天文学之所以是科学，就在于它具有以范式解决疑难而发展自己的传统，而占星术则没有。他写道："可以把天文学家同占星术士的情况相比较。一位天文学家如果预言失败而计算核实真理论并没有错误，他还有希望一切如常；也许是数据错了，需要重新观察，重新测量……也许需要重新调整本轮、均轮、偏心轮，等等，也许需要从根本上改进天文技术。"1000 多年来，他们都是围绕着这些理论上和数学上的疑难，以及仪器方面的疑难，共同构成了天文学研究传统的。相比之下，占星术却没有这种疑难。遇到失败，虽然也可解释，但失败并不产生疑难，因为"不管技术多高明，谁也无法借助于失败而建设性地改进占星术传统"②。库恩的这种说法遭到了许多人的批判。如英国科学哲学家沃特金斯指出，占星术之类的伪科学也有他们的范式（占星术的教义），他们预言的失败也常常不危及教义，而是

---

① 库恩：《必要的张力》，1977 年英文版，第 274 页。
② 库恩：《必要的张力》，1977 年英文版，第 275 页。

怀疑占星术士的预言能力，等等。沃特金斯写道："人们可能知道为什么像画算命天宫图或编写占星术的历书之类的活动正好符合库恩的常态研究的要求。这种活动是靠一种丝毫不能动摇的教义的支撑才得以完成的。在占星术士的心目中，这是不因预言的失败而有所怀疑的。"①

应该指出，库恩在科学与非科学的划界问题上的态度并不坚决，他一面主张上述划界标准，一面又说："我认为不一定要寻找一条界线分明的决定性的标准。"② 因为在他看来，科学知识并不是客观知识，它与宗教、迷信等其他意识形态一样，只不过是意见或心理上的信念。因此罗蒂批评他说："库恩一直摇摆于两极之间：一极是'客观的'，因而是分界明确的；另一极则是模糊的，无须分界的。"③ 库恩的后一种无须分界的思想，为后来费耶阿本德等人的"消除分界论"所发展。

（四）反常与危机

库恩认为，在常态科学时期有时会出现反常现象。所谓"反常"就是现象与范式的预期不相符合，也就是人们无法用范式对现象做出解释。库恩说："反常现象也就是不符合预想的现象，……反常现象的特征是顽固地拒绝被现有的范式所接受。"④

众所周知，波普十分重视反常，认为理论一旦遇到反常，就应该立即被抛弃。库恩反对波普的这种观点，认为"历史上没有一种理论能解决面临的一切难题"。如果按照波普的观点，"理论一旦遇到反常就被立即抛弃"，那么"所有的理论就都应该被抛弃了"⑤。即使说得温和一些："只有严重不适应反常的理论才应被抛弃"，情况也是一样。因为严重到何等程度才应被抛弃，很难有一个确定的标准。库恩指出，波普的错误是把反常看作"证明了理论的错误"。其实，反常只是与理论"不一致"，并不证明理论一定是错误的。"不一致"与"错误"是两个不同的概念。科学史表明，科学家们对最初出现的反常，常常采取不大在意的容忍态度，"愿

---

① 沃特金斯：《反对"常态科学"》载于《批判与知识的增长》，1970年英文版，第40页。
② 库恩：《必要的张力》，1977年英文版，第272页。
③ 罗蒂：《作为团结的科学》，载于《人文科学的辩术》，1987年英文版，第44页。
④ 库恩：《科学革命的结构》，1962年英文版，第97页。
⑤ 库恩：《科学革命的结构》，1962年英文版，第146页。

意等待一下"①。如科学家们对牛顿的"反比的平方"律就曾多次采取容忍态度。由于月球近地点运动与它的计算不一致，有人建议修改它。但没有一个科学家曾认真对待过这种建议。直至1750年才证明不是牛顿的"反比的平方"律错了，而是用以计算的数学错了。又如声速与水星运动跟牛顿理论的不一致，也从没有对后者造成严重的威胁。他写道："没有一个人曾因牛顿理论与声速及水星运动的不一致，而怀疑过牛顿理论。前一个不一致是后来在一个意外的有关热的实验中解决的；后一个不一致直到广义相对论建立才消失。"②

不过库恩认为，科学家们不可能永远无视反常。以下几种情况下的反常有可能引起科学危机：1. 出现大量长期难以解决的反常；2. 出现与范式的本性严重不一致的反常；3. 在各种不同实验环境中反复出现，从而特别引人注目的反常；4. 有时外部条件也可能使一个或几个反常引起整个的科学危机。他写道："只要看一看哥白尼和日历的关系，就可以知道外部条件也可以使单独一种反常现象成为一场严重危机的根源。"③

那么什么是库恩所说的科学危机？他认为，他所说的科学危机是"常态科学的危机"或"范式的危机"，因为"一切科学危机都是从范式变得模糊不清开始的"④；它又是"信念危机"或"心理危机"，这时科学家们在心理上开始失去对范式的坚定信念；它又是"共同体的危机"，这时，统一的科学共同体开始分裂，意见分歧，互相争论。

库恩认为，危机可能导致以下三种结局：1. 常态科学解决严重反常，危机暂时缓和或平息；2. 科学家们认识到现有条件下严重的反常一时无法解决，有待下一代科学家和新工具出现时才能解决，危机暂时搁置；3. 出现新范式取代旧范式的斗争，引起科学革命。库恩认为，前两种结局是可能的、暂时的，后一种结局是必然的，最终不可避免的。

库恩认为，由于在常态科学进入危机的过程中，会出现种种改造旧范式和创立新范式的努力与尝试，因而危机总是与概念化的重组、理论框架的重建相联系的。他写道："我认为，共同体危机的某些或全部的特征是

---

① 库恩：《科学革命的结构》，1962年英文版，第81页。
② 库恩：《科学革命的结构》，1962年英文版，第81页。
③ 库恩：《科学革命的结构》，1962年英文版，第89、84页。
④ 库恩：《科学革命的结构》，1962年英文版，第89、84页。

预示基本的重新概念化，而这对于排除顽固的反常几乎总是需要的。"①

又说："典型的情况是：危机只有到了这种时候才结束，即若干特别有想象力的个人或小组建构一组定律、理论和概念的构造物，它们可以吸收与以前的理论不相一致的经验，以及大多数或全部已被以前理论所同化的经验。"②

由于危机与理论（范式）的重建相联系，而重建理论需要创造性、发散性思维，因而与常态科学时期不同，在危机时期科学家们的发散性思维开始表现得明显。与此相联系，此种思辨的理论也开始流行。他写道："不能设想实验是没有任何理论指导的。科学家们在危机中经常会试图运用此种思辨理论。如果成功，就可以揭示通向新范式的道路。"③ 同时，哲学分析也开始被重视。他说："特别是在公认的危机时期，科学家们必须转向哲学分析，以此作为解开他们领域中的谜的工具。"④ 在谈到哲学分析的这种作用时，库恩指出，17 世纪的牛顿物理学与 20 世纪的量子力学都是以哲学分析为先导的。伽利略、爱因斯坦与玻尔等人都受到过这种批判性的哲学分析的影响。不过，库恩指出，在危机时期，这些还只是局部的，全面实现原有理论的概念化重组和理论框架的重建以及发散性思维、批判性哲学分析的运用，这已是科学革命的任务了。

总之，库恩认为，如果说范式只是一种工具，那么危机只是表明更换工具的必要与时机的成熟。危机的终结也无非是旧工具的抛弃与新工具的成功引进与运用，从而引起更换工具的科学革命。

（五）科学革命

危机是科学革命的前兆，而科学革命则是危机的必然归宿。这便是库恩有关危机与革命之间关系的基本思想。不过，库恩的"科学革命"概念的提出经历了一个历史的过程。早在 1947 年，库恩就开始考虑和酝酿"科学革命"的概念，几经徘徊后，他还是暂时放弃了这方面思考，转而完成物理学学位论文，并开始钻研科学史。1951 年前后，库恩应邀赴洛厄

---

① 库恩：《必要的张力》，1977 年英文版，第 263 页。
② 库恩：《必要的张力》，1977 年英文版，第 263 页。
③ 库恩：《科学革命的结构》，1962 年英文版，第 87—88 页。
④ 库恩：《科学革命的结构》，1962 年英文版，第 87—88 页。

尔研究会做系列讲演,在这些演讲里,库恩开始阐述他正在形成的科学革命思想。但正如他自己所说的"第一次冒险的结果却使我感到,我既不完全了解历史,也不完全了解我正要发表的想法"①。因此,1951—1958 年间,库恩又转向科学史,开始对科学史作真正的研究。到 1958 年在完成《哥白尼革命》一书后,又转到哲学领域;1961 年底,正式运用并明确阐述"科学革命"这一重要概念。

库恩强调科学革命,把它看作不同于常态科学的另一个重要的科学发展阶段,是对积累或发展模式的突破和中断。因此他认为,"科学革命"和"非常态科学"这两个术语是同义的。② 他有时也称科学革命为"范式的革命""专业成规的革命""心理的和信念的革命",以及"世界观、方法论的革命",等等。他认为,科学革命首先是范式的转变,抛弃旧范式、接受新范式是科学革命的根本性内容。他写道:"一种范式经过革命向另一范式逐步过渡,这是成熟科学的通常的发展模式。"又说:"范式的转变就是科学革命。"③ 由于科学革命是范式的转变,因而它又是一个重新概念化的过程,即抛弃旧的科学概念体系,建立新的科学概念体系,对经验材料重作新的系统化解释的过程。因此他说:"我称这重新概念化过程为科学革命。"④ 又由于范式具有收敛性,他又称科学革命是"由一种收敛式研究代替另一种收敛式研究"⑤,等等。

库恩认为科学革命必然带来探索问题的改变,与解决问题的合理性标准的改变。过去认为是严重的问题,现在不成为问题;过去不成为问题的,现在却成了严重的问题。过去认为以某种方式解决问题是合理的,现在成为不合理了;过去认为不合理的,现在却被看成合理的了。他写道:"每一次革命都必然会改变科学所要探讨的问题,也会改变同行们据此以确定什么是可以采纳或怎样才算是合理解决问题的标准。"⑥

库恩认为科学革命是一个世界观与方法论的转变。他写道:"科学革

---

① 库恩:《必要的张力》,1977 年英文版,第 6 页。
② 库恩:《科学革命的结构》,1962 年英文版,第 90、85、11、6 页。
③ 库恩:《科学革命的结构》,1962 年英文版,第 92 页。
④ 库恩:《必要的张力》,1977 年英文版,第 263、175 页。
⑤ 库恩:《必要的张力》,1977 年英文版,第 230 页。
⑥ 库恩:《科学革命的结构》,1962 年英文版,第 6、121 页。

命是这样一种事件,在这种事件中,一个科学共同体放弃一种长期看待世界的观点和探索的科学方法,转而支持另一种往往与前一种不相容的观点和探索方法。"又说:"革命的过渡完成了,同行们对这个领域的观点、方法与目标全都改变了。"① 他特别强调科学革命对于世界观转变的意义。他说"科学革命就是世界观的转变。"② "每一次科学革命都会彻底地改变科学的形象,以至于最后不得不说,人们进行科学研究于其中的世界也根本改变了。"③ "拥有不同范式的科学家们总是以不同的眼光对待世界。"④ "他们以不同的方式看待他们的科学研究所约定的世界。""科学家处在不同的世界中。"⑤ 他举例说:"对一个人说来是缓慢下落的受约束的物体,对另一个人说来却是在重复地摇摆运动;在一个人看来溶体是化合物,在另一个人看来它却是混合物;在一个人看来是处于平直空间模型中的东西,另一个人看来却是处于弯曲的空间模型之中。工作在不同世界中的两个斡学家团体从相同的地点、相同的方向观看,却看到了不同的东西。并且,这不是说他们能按自己的愿望、兴趣看到任何东西。双方都在看这个世界,他们所看到的东西的本身并没有改变。"⑥

库恩认为,科学革命的范围可大可小。有的科学革命涉及一个大的学科领域,如天文学革命、物理学革命、化学革命、生物学革命等。库恩对这些大革命十分感兴趣,并对这些大革命进行过多次的研究与论述,如哥白尼的天文学革命,伽利略、牛顿、爱因斯坦等多次的物理学革命,道尔顿的化学革命,达尔文的生物学革命等。这些科学革命的范围广、影响十分深远;但是也有一些科学革命的范围、影响不及上述大革命。如"天王星的发现""麦克斯韦方程的提出"等。但由于它们都曾引起范式性的转变,则都属科学革命之列。他写道:以赫歇尔发现天王星为例。他不只是把自古以来公认的行星数目增加了一个,在此后的半个世纪里,在七大行星之外,还增加了 20 个绕太阳运行的其他星体,其主要原因是:"天文学

---

① 库恩:《科学革命的结构》,1962 年英文版,第 90、85、11、6 页。
② 库恩:《科学革命的结构》,1962 年英文版,第 90、85、11、6 页。
③ 库恩:《科学革命的结构》,1962 年英文版,第 90、85、11、6 页。
④ 库恩:《必要的张力》,1977 年英文版,第 263、175 页。
⑤ 库恩:《科学革命的结构》,1962 年英文版,第 6、121 页。
⑥ 库恩:《科学革命的结构》,1962 年英文版,第 150 页。

家的眼光因它而发生了变化。"① 又说:"如同爱因斯坦方程的提出所引起的革命一样,麦克斯韦方程的提出对于在他的小专业集体内也引起了革命性的影响。"② 等等。

由于科学革命是一个新、旧范式激烈斗争,新范式取代旧范式的过程,因而新范式与旧范式是根本对立、互不相容的:不抛弃旧范式,就不能最终建立新范式;反之,不建立新范式,也不能抛弃旧范式。因为作为一门科学,是不能没有范式的;否则它就不成其为科学,或者就失去了科学的意义。他说:"抛弃旧范式与接受新范式总是同时发生的过程。""如果只抛弃旧范式,不建立新范式就等于抛弃科学。"③ 因而他认为,科学革命不仅是一种破坏,而且也是一种建设。它是"破坏与建设的统一"。④ 因而他称科学革命时期是"破坏—建设性的范式变化时期。"

库恩认为,由于范式不是科学共同体的共同认识,而只是他们的共同信念,因而对于新、旧范式的评价与选择主要不可能是客观的,而只能是主观的、心理的。在多种范式的竞争中,如何评价它们的优劣,如何择优而取?这是因人而异、因心理上的信念而异的。它是没有绝对的客观标准可言的。这与常态科学时期不同,在常态科学时期,由于科学家们拥有共同的范式、共同的世界观与方法论,因而对理论有共同的评价标准与选择标准。革命时期就不是这样。他写道:"在竞争着的各种范式之间做出选择时所发生的问题,不能用常态科学的准则解决。"⑤ 从这种立场出发,他对历史上的种种关于理论的评价与选择的观点做了批判。

首先,库恩批判了传统的自然主义或基础主义的观点。这种观点认为:评价理论的优劣的标准是理论与自然,或理论与事实的比较。理论符合事实,就是真的、好的;否则就是伪的、不好的;愈是与事实相符合的理论,就愈真、愈好。库恩认为,这种理论的错误在于不懂得范式是一种世界观,拥有不同范式的科学家从事科学研究于不同的世界里。他们都自有不同的"自然",不同的"事实",你认为是符合事实的,他却认为是不

---

① 库恩:《必要的张力》,1977 年英文版,第 175 页。
② 库恩:《科学革命的结构》,1962 年英文版,第 6—7 页。
③ 库恩:《科学革命的结构》,1962 年英文版,第 77 页。
④ 库恩:《科学革命的结构》,1962 年英文版,第 66 页。
⑤ 库恩:《科学革命的结构》,1962 年英文版,第 109 页。

符合事实的。到底应以谁的"自然"或"事实"为标准呢？他写道："把科学家们引向抛弃一种以前接受了的理论（范式）的判断行为，始终不只是以那种理论同这个世界相比较为依据的，这是一个核心的论点。"① 又说："检验理论，就像解决难题那样，不只是简单地以个别范式与自然界相比较，而是作为两种对抗范式的竞争的一部分而产生的。"

其次，库恩批判了逻辑实证主义的"证实"或"确证"的理论评价标准。这种标准认为理论得到观察和实验的证实或确证的，就是真的、好的；否则，就是伪的、坏的；证实的次数愈多，它的真理性的概率度愈高，就愈真、愈好。库恩认为，这是一种传统的经验主义的观点。他们把经验（观察与实验）看成理论的公正裁判官，以它来判别理论的真伪、优劣。汉森早已证明，经验不是中性的，它是受理论污染的。在一种范式指导下的科学家认为已经被经验证实了的理论，在受另一种范式指导的科学家看来，它们不是被证实了，而是被证伪了。他写道："范式的改变不能通过论证来提供根据，……因为知识的转换伴随着范式的改变，我们不可能期待科学家们通过经验去直接证实这种改变。"②

库恩批判了波普的证伪主义的理论评价标准。波普认为理论的可证伪度，是科学家们选择理论和评价理论的客观标准。理论的可证伪度愈高，就愈好；科学家们应选择可证伪度高的理论，抛弃可证伪度低的理论。库恩认为，这与逻辑实证主义理论一样是错误的。由于经验受理论（范式）的污染，经验无法客观地证伪理论。他写道："共同体个别成员所提出的假说是可以检验的，因为预先已假定了共同体共有的范式。但是，共同体的范式是不受检验的，这与检验个人的假说是完全不同的。'错误'一类的词只能在个人的假设受检验时起作用，而在共同体的转变、选择过程中是不起作用的。"③ 又说："我对'证伪'一词的含义表示不满……尽管波普公开不承认，然而我想，他也许一直在寻找一种用于理论的评价程序。这种评价程序具有鉴别的算术、逻辑或测量中的错误那种绝对可靠的技巧。我只怕他在追逐一种从常态科学与非常态科学的混同中冒出来的鬼

---

① 库恩：《科学革命的结构》，1962年英文版，第77页。
② 库恩：《科学革命的结构》，1962年英文版，第114—115页。
③ 库恩：《必要的张力》，1977年英文版，第 xxi 页。

火。它使检验成为评价科学的根本的标志。"①

那么,评价理论(范式)的优劣能否以它们的解决问题的能力,或解决问题的多少为标准呢?劳丹就坚持这种观点。库恩反对这种观点。因为他认为,区分问题的是非……及区分是否已解决了问题的标准是因范式而异的。亚里士多德力学的拥护者们认为重物下落不是问题,而伽利略力学的拥护者们却认为是问题。应该以谁的标准来计算问题的多少呢?他写道:"如果只是一组问题,如果科学家们只是工作在一个世界里,而且只有一组解决这些问题的标准,那么范式的竞争就可以按通常计算解决问题的多少的方式来确定了。事实上(在科学革命时期),这些条件是不具体的,普罗斯特(Proust)与贝托莱(Berthollet)关于化合物的组成的问题的争论,就是一个明显的例子。"②

库恩还对科学哲学中普遍流行的其他几种理论选择观提出了批判。首先,库恩驳斥了"精确性、一致性、广泛性、简单性、有效性"这五个被普遍承认的理论选择标准。库恩不否认这五个标准在理论选择时所起的作用。他说:"我从来就完全同意传统的观点;当科学家必须在已有理论与后起竞争者之间进行选择时,这五种特征具有关键作用。它们连同其他类似的特征,提供了理论选择的全部共同基础。"但是,库恩认为,人们在运用这些准则进行选择时,"常常会碰上困难",其理由是:(1)这五个标准并非决定性的标准。例如,就精确性来看,人们总认为精确性是选择理论的最有决定作用的标准,因为科学家们孜孜以求的理论的预测力与解释力都与这种精确性有关,这种精确性不仅包括量上的精确性,也包括质上的精确性。但库恩说,不幸的是,理论不可能总是按照精确性加以辨别的。以哥白尼理论为例,在哥白尼理论提出的最初,它一点也不比托勒密的理论更精确,而且也没有直接导致日历上的任何改进。直到后来由于开普勒的彻底改进才最终改变了这一状况。因此,我们完全可以这样说,如果没有开普勒或其他什么人的工作,哥白尼的体系永远也不会比托勒密的体系更精确。又如光的波动理论,在它出现后的好几年里,在分辨偏振效应方面,甚至还不如它的对于光的粒子理论成功,从而一度出现了光学危

---

① 库恩:《必要的张力》,1977年英文版,第280页。
② 库恩:《科学革命的结构》,1962年英文版,第147—148页。

机。当然，库恩也承认，在典型情况下，精确性是可以辨别的。但这种可辨别的精确性也不能成为毫不含糊的选择的标准。最著名的例子便是氧化说与燃素说之间的竞争。氧化说能说明化学反应中所观察到的重量关系，而燃素说做不到；但燃素说却能说明为什么各种金属之间比金属与形成这一金属的矿石之间更为相似。而且，库恩认为，如果以精确性作为理论选择的标准，由于有的理论在这方面的精确度高，有的理论在那方面的精确度高，这就势必先要解决哪种精确性更重要，其作用更大的问题；而这往往是不可能的，是会争论不决的。因此库恩说："不管精确性多么重要，它本身很少甚至根本不是理论选择的充分准则。"[①] 再就一致性标准来说，库恩认为，人们常常把理论与经验事实之间、理论与理论之间的一致性、协调性作为选择理论优劣的标准，这其实也是不正确的。就以日心说与地心说为例，作为天文学理论，无论是托勒密的还是哥白尼的理论，其本身都是内在的一致的。但它们各自与其他有关理论的关系情况就不大一样。地心说能解释石头下落等许多物理现象，而日心说由于坚持地球转动，反而同这些地面现象不一致。单从一致性准则看，科学家们会毫不含糊地支持地心说的传统，而事实上并非如此。再从简单性标准看，库恩认为，似乎简单性的标准偏向哥白尼而不是托勒密，简单性能成为选择哥白尼理论的决定性标准，但事实也非完全如此。如果从预测行星在特定时间里的位置所需要的计算工作看，这两个理论实质上谁也不比谁更简单。当然，库恩承认，在用数学机制解释行星的总的定性特点时，哥白尼理论只需一个圆周，而托勒密的理论则需两个，从这点看，哥白尼的理论要比托勒密的理论简单。但库恩问道，简单性的这一方面意义能成为选取理论的唯一标准、唯一可能吗？毫无疑问，"就是对于那些实际计算行星位置的专业天文学家来说，甚至也不是一个最合适的标准"[②]。最后，就广泛性标准来看，库恩认为，人们还有一种流行很广的错误看法，就是认为新理论一定比旧理论的应用范围要广，换言之，广泛性能成为选取理论的标准。库恩不同意这种看法，认为有些新范式的经验内容还不如它们之前的旧范式，尤其在新范式产生的初期，情况更是这样。这就是所谓"库恩损

[①] 库恩：《必要的张力》，1977年英文版，第323页。
[②] 库恩：《必要的张力》，1977年英文版，第324页。

失"。因此，广泛性也不能成为选取理论的唯一标准。（2）以上这些标准在一起运用时，彼此间相互矛盾。库恩指出，我们在选择理论的实际活动中，常常会碰到这样的困难情况，即"精确性可能要求选择这一理论，而广泛性却又要求选择它的竞争对手。"① （3）这些标准究竟以哪个标准为主，无法统一。库恩认为，由于标准间的彼此矛盾，必然会牵涉以哪一类标准为主的问题，"而对于这一些或那一些标准在一起起作用时各自的重要性如何，却又意见分歧"②。对于这样的意见分歧，库恩感叹说："迄今未提出任何一套有用的选择标准。"③ 因此，他认为"人们可以像历史学家那样，专门解释为什么某一个人在某一时刻做出某种选择"④。但这已超出共同标准的范围了。（4）所有这些标准中都包含着主观性因素。就拿简单性标准来说，从我们上面的分析中可以看出，简单性的意义在不同的人眼里有很大的不同。究竟怎样才算理论的简单性？理论的哪方面的简单性才是我们选择理论的标准呢？所以库恩说："科学家如果必须在两种相互竞争的理论中选择一种，即使两个人都采用同一张选择准则表，仍然可以得出不同的结论。"⑤ 因为他们对简单性可以有不同的解释、不同的理解。牛顿力学的支持者们会认为牛顿力学简单，而相对论的拥护者则会坚持说相对论更简单，因为他们心目中的简单性因他们的信仰不同、研究问题与解题的方法标准不同而不同。

其次，库恩驳斥了把"美"当作选择理论的标准的错误观点。库恩承认，科学家们在选择理论时，会考虑到理论的形式美或数学美，尤其是那些讲究理论形式的科学家，更是如此。但"美"绝不应成为选取理论、判别理论优劣的标准。因为：（1）美或美感是艺术创作追求的目的，而不是科学研究追求的目的。在科学中，"它顶多也只是一个工具"⑥。库恩举了哥白尼理论的例子来说明这个问题。他说，不管椭圆形有多美，它在以地球为中心的天文学理论中毫无用处，只有在哥白尼把

---

① 库恩：《必要的张力》，1977 年英文版，第 322 页。
② 库恩：《必要的张力》，1977 年英文版，第 324 页。
③ 库恩：《必要的张力》，1977 年英文版，第 324 页。
④ 库恩：《必要的张力》，1977 年英文版，第 324 页。
⑤ 库恩：《必要的张力》，1977 年英文版，第 324 页。
⑥ 库恩：《必要的张力》，1977 年英文版，第 342 页。

太阳置于中心地位之后，椭圆才有助于解决天文学问题。(2) 只有当几种理论在其他方面旗鼓相当时才会考虑把美作为选择理论的标准。但库恩认为，就是在这种情况下把美当作选择理论的标准也是很少有效的。这是因为大多数范式在早期是不成熟的，只是"随着时间的推移，才能提出充分的美的要求"。而在这之前，科学共同体已接受了范式，而对此深信不疑了。(3) 美只能在启发科学家的想象力方面才会起指南作用。他说，"美是启发想象以设法解决麻烦的技术疑点的指南。只有当它解开了疑点，只有当科学家的美学终于与大自然的美学相一致时，美学才在科学发展中发生良好作用"①。

再以哥白尼的理论为例，"开普勒关于大自然具有数学和谐这一毕达哥拉斯观点，在他发现椭圆轨道适应自然的过程中是一种工具"，这种工具是一种指南，指导科学家"在恰当的时间，用恰当的工具去解决一个迫切的技术疑点，即要描绘火星的已被观察到的运行轨道"。所以，库恩说："在科学中，美学很少是目的本身，而且从来不是首要的。"②

库恩认为，影响科学家进行理论选择的因素很多，除了科学理论本身的因素外，还有复杂的科学领域之外的原因。首先，要受到形而上学思想的影响，其中最明显的是受科学家所相信的世界观和所坚持的方法论的影响。他说："个别科学家由于各种理由而信奉一种新范式，而通常只是由于几种理由，有些理由完全是在显而易见的科学领域以外的。例如，太阳崇拜帮助开普勒成为一个哥白尼主义者。"③ 其次，科学家的个性与经历也会对科学家的理论选择过程产生深刻的影响。库恩说："更重要的差异是个性的作用，有的科学家比其他人更重视创造性，从而更愿意冒险；有的宁要综合统一的理论，而不喜欢那种显然只是在更小范围中才更为精确而详细的题解。"④ 例如，开普勒最初选择哥白尼主义，部分原因是他卷入了当时的新柏拉图运动和赫米斯运动，而德国的浪漫主义则使那些受到影响的人容易承认并接受能量守恒定律。所以，库恩说："科学家在相互竞争的理论之间所作选择不仅依赖共有准则（那些批评者称之为客观的），还

---

① 库恩：《必要的张力》，1977 年英文版，第 342 页。
② 库恩：《必要的张力》，1977 年英文版，第 342 页。
③ 库恩：《科学革命的结构》，1962 年英文版，第 152 页。
④ 库恩：《必要的张力》，1977 年英文版，第 325 页。

依靠由个人经历和个性所决定的特有的因素。"① 最后，还要受到政治、经济等社会因素的影响。比如达尔文的生存竞争的观念，在19世纪受英国社会思想影响的人就很容易接受，因为库恩认为，"共有的价值尽管无力支配个人的判定，却足以决定共有这种价值的集团的选择，因此，这些信念明显地属于社会学"②。

总之，库恩认为，理论的选择是复杂的，既要受客观因素的影响，又要受主观因素的影响。他说："我的论点是：每个人在相互竞争的理论之间进行选择都取决于客观因素与主观因素的混合，或者说共有准则和个人准则的混合。"③ 不过，在库恩看来，客观因素是次要的、非决定性的，而主观因素才是主要的、根本性或决定性的。这是因为，主观因素是"科学知识的本质标志"。科学理论或范式的本质是科学家们的主观的或心理上的信念。所以他反复强调说："决定理论选择的不是检验，也不是理论解决问题的能力等，而是信念。"而信念是一种偏见。他写道："科学家们在讨论各自的范式的优劣时，总是不可避免地互相指责，结果总是陷入具有偏见的循环论证之中。每一个范式会被表明它们多少能满足于自己所遵循的准则，而不符合于某些它的反对者所遵循的准则。"④ 又说："与其说'理论的选择'，不如说是'理论的效忠'。范式的转变是效忠的转变，就像宗教徒的改宗一样。"⑤ 无怪许多科学哲学家，特别是后来的新历史主义学派的科学哲学家批判他的这种选择论是非理性主义，拉卡托斯则把它称作为"暴徒心理学"。⑥

但库恩极力否认他的这种理论选择观是非理性主义的。他在1968年写的《对批评的答复》一文中辩解说："批评者以为我在这个问题上的观点是采用非理性主义的、相对主义的，是捍卫暴民准则的，这些都是我绝不能同意的标签。"⑦ 他说，他从不认为理论的选择是盲目的，不依赖逻辑

---

① 库恩：《必要的张力》，1977年英文版，第329页。
② 库恩：《必要的张力》，1977年英文版，第 xxi 页。
③ 库恩：《必要的张力》，1977年英文版，第325页。
④ 库恩：《科学革命的结构》，1962年英文版，第109—110、94页。
⑤ 库恩：《必要的张力》，1977年英文版，第336页。
⑥ 库恩：《必要的张力》，1977年英文版，第321页。
⑦ 库恩：《对批评的答复》载于《批判与知识的增》，1970年英文版，第315页。

的，无须任何理由的。而是说，决定他们选择的不是规则，而是价值。他写道："我仍然坚持说，这些理由所构成的是用来进行选择的价值，而不是选择的规则。共有这些理由的科学家仍然可以在不同的具体情况下做出不同的选择。"例如，有人依据简明性坚持选择这种理论，有人依据精确性坚持选择另一种理论，等等。"在这样一些价值冲突里（一种理论较为简明而另一种则较为精确），不同人心目中各种价值的相对分量在单个选择中可能起决定性作用。"[1]

从上述观点出发，库恩认为新范式战胜旧范式靠的并不是逻辑的力量、理性的力量，而是心理上的宣传、共同体的"说服技巧"。他说："为了发现科学革命是怎样产生的，我们就不仅必须考察自然界的和逻辑的冲突，而且必须考察在相当专门的集团中生效的者说服力的辩论技巧。"[2] 库恩把理论的选择称作"判定问题"，并认为对待"判定问题是不可能用证明来解决的"，是"找不到任何证明情况下的论证和反证的"，讨论这种问题只能是讨论"说服的技巧"库恩认为，即便像普里斯特利那种顽固到底、毫无道理地抵制新理论的人，也不能给他戴上"这种抵制不合逻辑或者不科学"的帽子。因为"对一种新理论至死不悟……也不违背科学标准"[3]。但库恩有时又认为，新范式之所以能通过"说服技巧"而取得胜利，是"因为科学家是有理性的人，这样那样的理由最终会说服他们中间的许多人。但没有一个理由能够或应当说服他们全体"[4]。

库恩还分析了新旧范式交替时期科学共同体的分裂以及保守派与革命派之间的斗争的情况。库恩认为，在新旧范式交替的革命时期，旧的科学共同体已完全分裂。其中保守派是些受旧范式影响较深的老一辈科学家，"他们常常不能完成这种转换"[5]。例如，哥白尼主义者们在哥白尼死后的近一个世纪中只有很少一部分人完成了这种转换；牛顿《原理》出版后的半个世纪里，转变过来的人也寥寥无几。化学家普里斯特利则从来没有接受过氧化理论。开尔文勋爵也从不接受电磁理论，等等。对于这些拒绝接

---

[1] 库恩：《对批评的答复》，载于《批判与知识的增》，1970年英文版，第352页。
[2] 库恩：《科学革命的结构》，1962年英文版，第109—110页、第94页。
[3] 库恩：《必要的张力》，1977年英文版，第320页。
[4] 库恩：《科学革命的结构》，1962年英文版，第158页。
[5] 库恩：《科学革命的结构》，1962年英文版，第151页。

受新理论、不相信新观点会产生积极成果的最后剩下来的保守者,我们尽管没有理由说他们的抗拒是不合理的,或者说他们的做法与行为是错误的,是不合乎逻辑的,但我们还是可以这样说:"在他的整个专业已经转变以后继续抗拒的人,根据这一事实就已经不再是一个科学家了。"① "在科学方面,胜负的结局并不会拖延那么久,失败一方很快便消失,它残留下来的拥护者(如果有的话)则被认为退出了自己的专业领域。"② 而另一方面,从原有科学共同体中分离出来的革新派则基本上是一些受旧范式的约束和影响较少的年轻一辈的科学家,"任何对自然界的新解释、新发现或新理论都首先在他们中的一个或几个人的心目中出现","他们首先学会以不同的方式看待科学和这个世界"。③ 与科学家中的大多数成员相比,这些年轻人为什么会具备这种迅速转变的能力呢?库恩认为,这是"由于两种情况促进了他们造成这种转化的能力",一是他们的注意力强有力地集中在引起危机的问题上,二是"较少受到由老范式决定的世界观和各种规则的约束"。④

可见,新旧范式的这种转变,并不是科学共同体的统一的集体的转变,"而是忠诚分布状态的增长的转变"⑤。它往往要经历很长一个时期,常常是整整一代人的事业。"虽然有些科学家,特别是那些比较老的、墨守成规的科学家会拒绝新范式,但是他们中间的大多数人是可以通过这种或那种道路而达到转变的。""每次总有一些人转变,直到最后一个坚绝不让步的人死了,整个行业就在新的范式的统治下重新统一了。"⑥ 这是一个长期而艰苦的过程,也是保守势力逐渐减少直至消失以及革新派不断壮大直至取得统治地位的过程。普朗克的话表达了这一过程的长期性:"一种新的科学真理并不是靠他的反对者信服而胜利的,而毋宁说是他的反对者终于死绝了,新一代成长了,并熟悉它了。"⑦

---

① 库恩:《科学革命的结构》,1962 年英文版,第 159 页。
② 库恩:《必要的张力》,1977 年英文版,第 348 页。
③ 库恩:《科学革命的结构》,1962 年英文版,第 144 页。
④ 库恩:《科学革命的结构》,1962 年英文版,第 144 页。
⑤ 库恩:《科学革命的结构》,1962 年英文版,第 158、152 页。
⑥ 库恩:《科学革命的结构》,1962 年英文版,第 158、152 页。
⑦ 库恩:《科学革命的结构》,1962 年英文版,第 151 页。

库恩还将科学革命与政治革命相类比,把科学革命比喻为政治革命。库恩认为,科学革命与政治革命从性质上看来完全不同,但它们之间也有许多相似之处。如政治革命是从现存制度无法应付社会环境所提出的问题开始的,科学革命则是从旧范式无法应付科学问题开始的;政治革命以政治危机为先导,科学革命则以科学危机为先导;政治革命须通过党派间的激烈斗争来实现,科学革命则须通过新旧派别间的斗争来实现;政治革命的任务是消灭旧制度,建立新制度,科学革命的任务则是消灭旧范式,建立新范式。正因为有这样一些共同点,库恩把科学变革称为"革命"。

库恩还从发散式思维角度来考察科学革命。库恩把常规科学称作收敛式思维时期,把科学革命称作发散性思维时期。库恩说:"科学家需要彻底依附于某一种传统,但要取得完全的成功又必将与这种传统决裂。"① 科学革命,即前面所说的新旧范式间的转换,是科学共同体放弃一种长期看待世界、探索科学的方法,而转为支持和相信另一种往往不相容的新观点或新方法。它是新范式的产生与新理论的提出,而不是现有科学知识的堆积或增补。因此,科学家们在抛弃旧信念、旧实践因素时,就必须重新估价、重新组织科学材料与概念框架,这就必然要求科学家们思路活跃、思想开放,也就是要具有发散式思维的特点;反过来说,只具有这些特点和优点的人,具有这种性格与素质的人,才能担当起科学革命的使命。所以,库恩说:"如果不是大量科学家具有高度思路活跃和思想开放的性格,就不会有科学革命,也很少有科学进步。"② 但库恩认为,从整个科学研究的过程看来,光有思维活跃是不够的,还要有常规研究中那种高度收敛的思维活动。库恩说,"某种收敛思维也同发散式思维一样,是科学进步所必不可少的。"③ 这是因为:"科学传统的革命性转换,相对说来是罕见的。收敛式研究是革命性转变的必不可少的准备。"他写道:"我认为,没有收敛式思维,科学就不可能达到今天的状况,取得今天的地位。"科研只有牢固地扎根于当代科学传统之中,才能打破旧传统,建立新传统。④ 因此,库恩认为,一个科学家在常态科学时期要完成自己的任务,就必须受一系

---

① 库恩:《必要的张力》,1977 年英文版,第 227 页。
② 库恩:《必要的张力》,1977 年英文版,第 227 页。
③ 库恩:《必要的张力》,1977 年英文版,第 226 页。
④ 库恩:《必要的张力》,1977 年英文版,第 224 页。

列复杂的思想上与操作上的约束,但在科学革命时期需要有创见,又要他能放弃这一系列的约束,转而支持自己的新理论、新发明。所以"一个成功的科学家必须同时显示维持传统和反对偶像崇拜这两方面的性格"[1]。这种结合,即发散式思维与收敛式思维的结合,是一种矛盾。但是库恩认为,只有这种结合,才能充分发挥一个科学家、一个科学团体潜在的科学才能。而要正确运用这种结合,就得在两者间"维持一种往往难以维持的张力",这就是库恩所说的保持"必要的张力"[2]。

(六)科学发展的动态模式

新范式战胜旧范式后,科学革命时期就结束了,科学发展又进入了新的常态科学时期。在新的常态科学时期,新的范式成了该学科新组成的科学共同体的共同信念,科学研究则又在新范式下继续以累积的方式发展。但随着发展,新范式的科学研究又会出现新的反常。随着反常的增加,又造成新的科学危机,从而再次引起新的科学革命,再次实现从新范式到更新范式的转变,使科学发展进入更新的常态科学时期。库恩认为,科学发展就是通过常态时期与革命时期的不断交替的循环往复而无限地前进的。

从以上的分析中可以看出,库恩坚持的是这样一种科学发展的动态模式,即把科学发展描绘成"积累"与"变革"、"渐进"与"突变"的交替发生的过程。库恩认为,我们再也不能把科学的发展看作单纯的增加了,再也不能把科学史描绘成"一个由个别科学贡献复合而成的积累过程",而是去找出"另外一条往往并非渐进性的科学发展路线"[3]。这条路线就是我们前面所看到的库恩有关前范式研究到范式研究过渡以及范式研究与科学革命交替的科学发展路线。因此,他说:"一种范式经过革命向另一范式逐步过渡,正是成熟科学的通常发展模式。"[4] 库恩认为,这是一种近几个世纪来我们所习见的科学迅猛发展的模式。"在这种模式中,发展总是从一种一致意见转向另一种。"[5]

---

[1] 库恩:《必要的张力》,1977年英文版,第227页。
[2] 库恩:《必要的张力》,1977年英文版第227页。
[3] 库恩:《科学革命的结构》1962年英文版,第2页。
[4] 库恩:《科学革命的结构》1962年英文版,第12页。
[5] 库恩:《必要的张力》,1977年英文版第232页。

库恩的科学发展的动态模式，可简化为以下图式：

前科学时期→常态科学时期→反常与危机时期→科学革命时期→新的常态科学时期→……

库恩还从他的科学发展的动态模式，即积累与革命相交替、相辅相成的动态模式出发，批判了逻辑实证主义的科学发展积累模式以及卡尔·坡普的单纯否定模式。

首先，他对逻辑实证主义的科学积累模式提出了批判。库恩认为，逻辑实证主义坚持一种错误的科学发展观，这种错误的观点把科学看作一些表达事实的理论陈述的集合体；科学的发展就是对这种集合体的点滴的增加；科学的发展就成了一点一滴的进步，表现为一个连续的累积过程。

库恩指出，如果逻辑实证主义的这种科学发展的累积观是正确的话，我们就完全能够把科学的事实、定律和理论与错误、迷信完全区分开来，后者也不可能进入科学知识的累积发展过程中了。亚里士多德的力学理论、托勒密的地心说，还有燃素说、热质说等就只能是一些错误和迷信。库恩反问道，如果说它们都只是些错误，那么又有谁能保证我们今天的科学不会成为明天的错误？而且被我们今天放弃的历史上的理论就一定是错误的和非科学的吗？库恩指出，实际上，科学活动与科学发展史都证明，科学与错误、科学与虚构并不能截然区分，科学知识的发展并不是一点一滴的累积，科学发展的累积观不符合科学发展的历史和现实的科学实践活动。

某次，他对波普的单纯否定模式提出了批判。库恩指出，波普对逻辑实证主义的科学发展的累积观的批判是正确的，但他在证伪主义理论基础上提出的科学发展的"四段式"和科学知识发展的"不断革命"观，也与科学的实践活动与科学发展的历史不一致，同样是不正确的。因为反例的出现，并不总会给科学理论造成危机，成为否定理论的因素。相反，在许多情况下，却是发展理论的因素。一旦发现理论的反例，就表明理论的被否证，就要抛弃理论，这种轻率的态度与科学发展的历史事实不符。而且，另外，由于科学家的科学活动以及科学理论的形成，都离不开科学家的一定信念，离不开科学家或科学共同体的世界观或自然观；这样，理论反例的出现，不仅不会使理论马上被否证，相反会促使科学家或科学共同体从他们自己的信念出发，同化和吸收理论的反例，即与信念不一致的事实,从而避免理论的被否证。所以,库恩强调说,科学的发展、科学知识的增长也不是一个"不断革命"的单纯否定的过程。

四 科学发现的问题

如前所述,图尔敏把"发现"分为两类:"自然史的发现"和"理论科学的发现",并分析了这两类发现各自不同的特点。库恩也谈"发现",不过他所说的"发现"只具有图尔敏的第二类发现的意义,就是指理论科学的发现。

(一) 两类不同的发现——发现Ⅰ与发现Ⅱ

库恩还进一步对理论科学的发现做了分类。他认为科学发现可分为不同的两类,即他所说的发现Ⅰ与发现Ⅱ。什么是"发现Ⅱ"呢?库恩认为,这是一种常态科学的发现,是常态科学时期的范式、理论所预见的发现。科学史上这种发现的事例很多,如周期表中的新元素的发现、中子的发现以及无线电波的发现等。这种发现有两个明显的特点:(1) 是一种知识的积累,不会引起科学界的震动。(2) 是一种预期的发现。因为"人们在发现这些客体之前,从理论上已经预知了它们的存在"。库恩所说的"发现Ⅰ"是指发现反常,调整范式或理论,消化反常这样一类发现。这类发现科学史上也很多,像氧的发现、电流的发现,等等。这类发现也有两个明显的特点:(1) 它们常常与科学革命有关,常常会直接或间接引起科学革命。(2) 它们是意外的发现,是"既有的理论不能预见的发现",它们常常会引起同行的惊异,以至于整个科学界的震动,并且带来意想不到的成果。这种"意外的发现不单纯是输入了一些事实","绝不单单是为了在科学家世界的总词汇中增加个项目",而是"要学术界重新评价传统的实验方法,取代它久已熟悉的实体观念,并在这个过程中改变科学家们把握世界的理论框架"[1]。库恩认为,他所关心和重视的是"发现Ⅰ",而不是"发现Ⅱ"。因此,下面论述的主要是他的"发现Ⅰ"的理论。

库恩在区分了两类科学发现并论述了它们各自不同特点之后,进而论

---

[1] 库恩:《科学革命的结构》,1962年英文版,第7页。

述了"发现Ⅰ"的具体含义。库恩认为,"发现开始于反常,也即发觉自然界不知怎么违反了由范式引起并支配着常规科学的预期。"同时,科学发现(发现Ⅰ)还是一个调整范式以消化反常、吸收反常的过程。他说:"为了吸收这一类新的事实(反常)要求更多地调整理论,直到把它调整好。"① 他问道:我们可以说在吸收新事实的过程中包含着范式的变化吗?他回答道:"答案应当是肯定的。"而且,库恩指出,反常违反范式的预见的程度愈大,其发现的意义也就愈大。他这样说:"一种新发现所具有的价值,将随我们估计现象违反范式预见程度的大小而改变。"② 如伦琴的 X 射线的发现就是这样。

(二) 科学发现的内在结构及其实质

库恩反复强调,科学发现并不是某一个人在某一时间、地点,"看到""摸到"或"经验到"某一新事物这样一类单一事件,而是一个发现反常,研究反常,调整范式以消化、吸收反常这样一类复杂的过程,因此它是有内在结构的,研究这种结构具有重要的意义。

那么什么是科学发现的内在结构呢?库恩认为,它是由以下三个部分(或过程)构成的:(1)发现反常;(2)探索与研究反常;(3)调整范式(专业知识结构)以消化反常。库恩对这三个部分分别做了详尽的分析与考察。首先是发现反常部分。库恩认为,发现反常是科学发现的开始。他说:"感觉到不对头,是发现的预兆。"③ 又说:"科学发现总是从把科学实验和观察中的反常现象(也就是完全和而见不一致的自然现象)分离出来开始的。"④

同时,库恩还强调指出,虽然科学发现开始于反常,但对这种反常的把握与认识,即真正使科学发现的过程得以开始,还要有两个必要的条件,那就是:(1)科学家个人的熟练技巧、智慧、才华,或能够认识到某些现象出了差错的才能;(2)仪器手段、思维概念的充分发展足以把握、认识到与预期背离的现象。所以库恩说:"一个意料之外的发现,只是开

---

① 库恩:《科学革命的结构》,1962 年英文版,第 52、56 页。
② 库恩:《科学革命的结构》,1962 年英文版,第 52、56 页。
③ 库恩:《科学革命的结构》,1962 年英文版,第 57 页。
④ 库恩:《必要的张力》,1977 年英文版,第 173 页。

始于异常现象出现之时。这也就是说，意料之外的发现，只有在科学家充分了解他们的仪器和自然界应如何表现之时才开始。"① 其次是探索和研究反常的部分。库恩认为，在认识和把握了反常现象后，"接着的是对这个反常的区域进行扩大性的探索"②。又说"反常的发现是一项科学发现的开始，但也仅仅表现为开始。如果确实有什么有待发现的话，紧接着的必然是一个或多或少的扩展的时期。在这个期间，发现反常的这个人和他的集体的许多成员为使这反常现象变成合乎规律的现象而奋斗"③。这种研究与探索，在库恩看来，实质上也是观测上与概念上的逐步扩大，以力求对反常加以把握与认识。最后是调整理论与仪器操作以便消化吸收反常的部分。库恩认为，为了吸收和消化反常，科学家们会做出种种努力。但细分起来，这种处理反常的努力不外乎两种。其一是改进科学家的"仪器规格"；其二是修正他们所信奉的最基础的理论或范式。他说："与一种流行的印象正好相反，科学中的大多数新发现和新理论并不仅仅是对现有科学知识货堆的补充。为吸收这些发现和理论，科学家必须经常调整他们以前所信的范式。"④

在分析了科学发现的内容与结构后，库恩进一步论述了科学发现的实质问题。那么什么是库恩所说的科学发现的实质呢？库恩是这样归纳的：（1）科学发现是观察的理论化。他说："观察与概念化、事实和事实被理论同化，在科学新事物的发现过程中是不可分地联系着的。"⑤（2）科学发现是调整旧理论（范式），同化（消化）新事实。他说："吸收一类新事实要求更多地调整理论，直到调整好——科学家学会以另一种方式看待自然界——新的事实才会成为科学事实。"⑥ 又说："发现是包含着一段时间上延续（虽然不一定很长）和观念上吸收的过程。"⑦（3）科学发现是调整智力装置与操作装置。库恩说，在科学发现过程中，"科学家必须经常

---

① 库恩：《必要的张力》，1977 年英文版，第 174 页。
② 库恩：《科学革命的结构》，1962 年英文版，第 52 页。
③ 库恩：《必要的张力》，1977 年英文版，第 174、226—227 页。
④ 库恩：《必要的张力》，1977 年英文版，第 174、226—227 页。
⑤ 库恩：《必要的张力》，1977 年英文版，第 171 页。
⑥ 库恩：《科学革命的结构》，1962 年英文版，第 53 页。
⑦ 库恩：《科学革命的结构》，1962 年英文版，第 56 页。

调整他们以前所信赖的智力装置和操作装置，抛弃他以前信念和实践的某些因素，找出许多其他信念和实践中的新意义以及它们之间的新关系"①。(4) 科学发现是破坏旧范式，建设新范式。他说："发现的变化是建设性的，同样也是破坏性的。科学家吸收了这些发现后，能说明更大范围的新现象，或更精确地说明某些以前发生的现象，但要达到这一点，只有放弃以前的某些标准、信念，同时还要用新的来代替旧的部分范式。"(5) 科学发现是革命的。库恩这样说："接受新的就必须重新估价、重新组织旧的，因而科学发现和发明在本质上通常都是革命的。"② "我确信，在那些最有关系的科学发现中的每一个这类发现，都要求一系列的调整。当这些调整越来越明显的时候，我们可以把它看作科学革命。"③ (6) 科学发现促进了科学家世界观的转变。他说："意外的发现不单是输入了一些事实，由于这些崭新的事实和理论，科学家的世界既有量的丰富，也自了质的变化。"④ 科学发现会"教导科学家从新的角度去观察老的情况"。事实也正是这样，科学的每一重大发现之后，科学家们"常常以不同的眼光看待周围世界和他自己的工作"⑤。

库恩还回顾了科学发展史，从科学史上的具体实例出发，着重分析了历史上几个有关科学发现问题的争论。库恩的分析是从他把科学发现区分为发现Ⅰ与发现Ⅱ的观点出发的。如前所述，库恩、不仅区分了发现Ⅰ与发现Ⅱ，而且论述了它们各自不同的特点。发现Ⅰ是范式或理论的发现。这种发现需要一个较长的历史过程，而且有真复杂的结构；发现Ⅱ则不同，它们本质上是常规科学状态中的发现，是一种量的知识累积过程。不仅如此，从科学史角度考察，两者还有以下这种明显的差别：发现Ⅰ往往不能预见，往往不能确定何时何地何人完成了这一发现，"它是意料之外的，要归之于某一时、某一人是不可能的"⑥。"许多人都为它耗费精力和

---

① 库恩：《必要的张力》，1977 年英文版，第 226—227 页。
② 库恩：《必要的张力》，1977 年英文版，第 227 页。
③ 库恩：《必要的张力》，1977 年英文版，第 176—177 页。
④ 库恩：《科学革命的结构》，1962 年英文版，第 7 页。
⑤ 库恩：《必要的张力》，1977 年英文版，第 175 页。
⑥ 库恩：《必要的张力》，1977 年英文版，第 171 页。

聪明才智。"[①] 发现Ⅱ则不同，它们是些可预见的发现，发现者从一开始就明白他们所要完成的是什么，所要达到的目的是什么。它们是一些能确定时间、地点、人物的发现。"对于这一类发现，就很少关于优先权的争论。"[②] 然而，库恩指出，由于人们（包括那些科学史家和历史学家）不懂得"发现Ⅰ"与"发现Ⅱ"的区别，企图把科学发现Ⅰ的功劳归之于一人、一时；提出一些"谁是发现者""何时发现了它"这样一些本不该提出的问题，从而发生了无法解决的争论，如氧的发现的争论，X射线发现的争论等。库恩进一步分析了这类争论：

库恩分析了关于氧的发现的争论。库恩认为，氧的发现就不能问"是谁发现"或"什么时候发现"等一类问题，因为"这样的问题不恰当"。从科学发展史上看，至少有三位科学家，即舍勒、普里斯特利和拉瓦锡对这一发现却拥有合法的发明权。有人还提到了贝银也有这样的权利。库恩说，现在差不多可以肯定，舍勒的研究在普里斯特利和拉瓦锡之前，但舍勒没有公布他的工作。我们就拿贝银来说吧。贝银早在1774年3月以前就发现加热水银的红色沉淀物（HgO）可产生一种气体。贝银把它看作固定空气（CO_2），而其时多数气体化学家都已熟悉这种气体，并知道有多种其他物质可产生这种气体。到了1774年8月初，普里斯特利重复了这一实验，发现这种气体有助于燃烧。这就改变了以前的看法，认为这种气体是一氧化二氮（N_2O）。后来普里斯特利去巴黎旅行，把这一反应告诉了拉瓦锡。拉瓦锡又重复做了两次实验。由于实验做得更精细，又一次改变了以前的看法，认为这气体既不是固定的空气，也不是一氧化二氮，而是"更纯净的空气"。在1775年3月，普里斯特利也得出了是"普通空气"的结论。到1775年3月普里斯特利再一次实验，发现它比普通空气"好"，所以又对它重新鉴，并称之为"脱燃素气体"，就是普通的空气去了真正常燃素的成分。1776年2月间，拉瓦锡得出结论说，这种气体是大气层空气的一种可以分离的组成物，认识到它是一种不能还原的物质。我们可以说氧气已经发现了。但是库恩说，"虽然'氧气被发现了'这句话无疑是正确的"，但

---

① 库恩：《必要的张力》，1977年英文版，第166页。
② 库恩：《必要的张力》，1977年英文版，第167页。

"归之于某一个时间是不可能的,归之于某一个人也同样不可能"。① 因为"发现过程不可避免地要有一个较长的时间,并且常常涉及许多人"。

库恩认为,X 射线发现的情况也是这样。1895 年,物理学家伦琴发现屏蔽着的仪器的氰亚铂酸钡屏幕发出了光,经过七个星期检查,发现这光线以直线穿过阴极射线管而不能为磁场所偏转,也不是阴极射线本身,最后确定是一种与光相似的新的辐射。那么能说伦琴是在 1895 年的那一天发现了 X 射线吗? 库恩回答说,也不能,因为那一天伦琴见到的只是一个发光的屏幕。而且据知至少另外还有一位研究者也曾见到过这种闪光,但什么也没发现,以至于他后悔不已。所以库恩说:"由于许多人为发现耗费精力与聪明才智,……人们无法成功地确定某一项具体的科学发现究竟是在什么时间、什么地点'完成'的。"②

最后,库恩阐述了科学发现与偶然性、必然性之间的关系。库恩认为,科学发现既有偶然性,又有必然性,是偶然性与必然性相互作用的产物。首先,库恩认为,科学发现离不开偶然性和灵感。库恩反对以前有些科学哲学家把科学发现的方法归结为归纳法与演绎法的错误观点,但库恩赞同假设主义者的观点,认为科学发现依靠的是神秘的直觉或灵感。他说:"新的范式,或者一个充分的线索,有时是在午夜,在深深地处于危机中的一个人的思想里突然出现的。"又说:"那最后阶段的性质是什么?个人是怎样发明一种新方法的? 它给予那时聚集起来的全部资料以秩序,这一切在这里仍然是不可思议的,也许永远是这样。"③ 而这种灵感,在库恩看来,是偶然的,也是瞬间即逝的。其次,库恩认为,科学发现又有它的必然性。从科学史上看,有许多新的科学理论往往是几个人几乎同时明确提出来的,这就表明科学发现并不全是由偶然性支配,并不纯粹是"灵感"的产物,还有它产生的必然性。库恩认为这种科学发现的必然性也就是科学发现的社会历史条件性。那么是哪些社会历史条件在制约和影响着科学发现呢? 库恩认为其中最重要的当推世界观或哲学思想对当时科学研究尤其是科学家的影响。就拿能量守恒定律的发现来说,对柯尔丁、赫尔姆霍兹、李比

---

① 库恩:《必要的张力》,1977 年英文版,第 171 页。
② 库恩:《必要的张力》,1977 年英文版,第 166 页。
③ 库恩:《科学革命的结构》,1962 年英文版,第 90 页。

希、迈尔、摩尔这些人来说,好像是先有一个能量守恒的观念,然后再设法去寻找根据。这种守恒观念又从什么地方来呢?库恩认为是来自"一种预见的影响",即"事先就认为有一种不可毁灭的力量深藏在一切自然现象的根底",而"这是一种从18世纪关于活力守恒的争论中产生的形而上学的残余"。① 所以,库恩认为,柯尔丁等人之所以就得了成功,原因在于他们几个人领会了"自然哲学"的要旨。而"自然哲学"又为发现能量守恒定律提供了适宜的哲学环境。事实证明,那几位先驱者在年轻时都受过很好的哲学训练,尤其深受"自然哲学"的形而上学思想的影响。

除哲学外,库恩认为,科学发现还受其他方面的社会历史条件的影响。这些条件包括:(1)一定的知识准备和一定的技术仪器手段的准备。库恩这样说:"每一项科学发现过程的开始,都有两种正常的必要因素存在:首先是个人的熟练的技巧、智慧或才华使人能认识到某些现象出了差错,……其次是仪器手段和思维概念两个方面已充分发展到足以使它们有把握出现与预期相反的反常。"② (2)社会方面的客观条件,就以能量守恒定律的发现来说,除了哲学的形而上学观念的影响外,另一个重要的影响就是来自对蒸汽机的重视与关注。蒸汽机的工程实践的重要概念"功"被借用来与活力概念相联系时,原本与能量及其转化无关的"功"的概念便具有了新的意义与影响。直到这时,能量守恒的先驱者才准确地定量,把力与距离的乘积称作功。正是在这个意义上讲,"蒸汽机传统中的这个源泉,是探索能量守恒的先驱者所需要的"③。这就成了他们成功发现的一个条件。

五　科学知识的真理性问题

库恩否定科学知识的客观真理性,这是与他的否定感性经验客观性的观点相联系的。

(一) 否定感性经验的客观性

在现实与理论的关系问题上,库恩深受汉森的影响,接受了后者的观

---

① 库恩:《科学革命的结构》,1962年英文版,第96页。
② 库恩:《科学革命的结构》,1962年英文版,第173—174页。
③ 库恩:《科学革命的结构》,1962年英文版,第84页。

察负载理论的思想，并对逻辑实证主义的中性观察论进行了批判。库恩认为逻辑实证主义的中性观察论有两个最后的根据，那就是：（1）刺激—感觉对应论；（2）"语言中立论"或"中性观察语言"论。他分别对这两种理论做了批判。

首先，库恩批判了刺激—感觉对应论。他指出，这种理论来自笛卡尔，在西方的认识论中已统治近三个世纪。笛卡尔曾断言刺激与感觉之间是一一对应的。这种看法隐含着一种观点：刺激是客观的，刺激的客观性保证了人们对事物的感觉的正确性。逻辑实证主义的中性观察论就是这种观点的继续。但是它是不正确的。这是因为"当我们对材料进行有意识的加工时，不管是分辨一个客体，发现一条定律，还是发明一种理论，都必须作感觉的复合"①。比如对同样一张"鸭—兔图"的刺激，有些人认为是鸭，而另一些人却认为是兔。因此，同一刺激对于不同的人会引起不同的感觉。之所以这样，原因就在于"从我们接受一个刺激到成为我们对感觉材料的感官反应，这中间要经过大量的神经加工"②。而这个加工过程的本身就是一个受理论污染的过程。由于感性经验受理论或范式的污染，它们总是不可避免地具有个人的自主性或主观性。

其次，库恩批判了逻辑实证主义的"中性观察语言"的观点。他指出：语言是理论的，语言中的每一词（概念），无不负载着理论，接受了理论的污染。因而根本不存在不受理论污染的纯粹客观的"中性观察语言"。他写道："没有一种语言局限于报告一个预先完全已知的世界，并只产生客观的中性的观察报告。""在我看来引进中性观察语言的企图是没有希望的。"因为"观察中充满理论"，"一个科学家只有预先有了关于摆的知识或观念时才有能力观察到一个摆，否则就观察不到它"。③

（二）否定实验操作的客观性

库恩进而认为，不仅科学的观察及其语言，由于受理论的污染，不具有客观性、中立性，就是科学的实验，包括它的操作测量，由于受理论污

---

① 库恩：《必要的张力》，1977年英文版，第358页。
② 库恩：《必要的张力》，1977年英文版，第308页。
③ 库恩：《科学革命的结构》，1962年英文版，第129页。

染，也不具有客观性和中立性。他写道："在一次科学革命以后，许多陈旧的量度和操作就成为过时，并为其他的量度与操作取而代之。"① 当然，人们常常会遇到这样的情况，科学革命之后，科学家们还仍然会使用与革命前相同的量度、操作、仪器、语词，那么这是否意味着科学研究中存在着某些量度、操作是客观的，不随范式的改变而变化呢？库恩对此持完全否定的态度。他认为，即使"同一种操作，当它通过不同的范式跟自然界相联系时，就能成为自然界的规律性的完全不同方面的标志"。"老操作的新作用会产生不同的具体结果。"② 总之，它们都与一定的范式不可分，其意义与作用都随范式的改变而变化，因而它们是不具有客观性和中立性的。

（三）否定科学对象的客观性

但能因此而否认科学对象的客观性吗？难道科学对象也像观察、操作一样是非客观的吗？库恩认为，确实是这样。它们不过是科学家们的构成物。库恩指出，"科学家们把氧和摆（也许还有原子和电子）当作他们直接经验中的基本成分的看法，是值得怀疑和不正确的"③，又说："行星和摆，电容器相矿石化合物，以及……除此而外的其他类似物都是科学家们精心制作的构成物。当科学家为了他们特殊的研究目的而精心安排这个或那个时，经验便与这些构成物直接相通。"库恩还进一步从科学研究中的模型与科学对象间的关系来说明科学对象是科学家的构成物。库恩认为，科学对象，如氧、原子、电子之类，是模型的派生物，而模型本质上是范式的一种表现形式，因而它们也是非客观的。

库恩还否认科学事实的客观性与中立性。他认为，不仅科学对象由于受理论、范式的污染而不具有客观性、中立性，就是由诸多科学对象及其关系而构成的整个科学事实也同样由于受理论、范式的污染而不具有客观性、中主性。他说，由于新理论的同化作用要求重新构思原来的理论，重新评价原来的事实因而科学的事实也是随理论、范式的变化而变化的。例如日心说

---

① 库恩：《科学革命的结构》，1962年英文版，第129页。
② 库恩：《科学革命的结构》，1962年英文版，第129页。
③ 库恩：《科学革命的结构》，1962年英文版，第128页。

以地球的运动为科学事实,而地心说则以地球的静止为科学事实,等等。

(四) 否定客观真理

库恩坚持科学真理的自主性与相对性,否定客观真理。他认为:科学的真理是自主的,它并不取决于客观事实,而是取决于共同体的共同信念——范式。任何真理与错误都是相对于一定的范式而言的。不同的范式有不同的真理与错误。在常态科学时期,由于范式的不改变,真理与错误的区分也不改变,符合于该范式的是真理,反之就是错误。然而到了革命时期,由于范式改变了,真理与错误的区分也相应地改变了。原来的真理可变成错误,原来的错误则也不改变,符合于该范式的是真理,反之就是错误。然而到了革命时期,由于范式改变了,真理与错误的区分也相应地改变了。原来的真理可变成错误,原来的错误则可变成真理。例如,在托勒密时期,地心说是真理,日心说是错误;到了哥白尼时期,日心说是真理,地心说变成了错误,如此等等。因此他说:"科学家并没有发现自然界的真理,他们也没有愈来愈接近真理。"[1] 他批判波普的客观的真理观说:"波普的真理与错误的那种区分,在常态科学时期还有一定的合理性,到了革命时期就不行了。"又说:"波普一直在寻求绝对可靠的理论评价程序……我只怕他是在追逐一种从常态科学与非常态科学的混淆中冒出来的鬼火。"[2]

库恩不仅认为真理与错误的区分是相对的,而且认为科学与迷信的区分也是相对的,因为它们都是信念。他以占星术为例说:我们不能把占星术排斥于科学之外,因为它的预言也是以科学的形式出现的。就是连"占星术为自己的失败所作的辩护,也没有什么不科学之处"[3]。唯一的区别只是占星术没有解决疑难的传统而已。

六 论科学理论的不可通约性

库恩讨论了科学理论的不可通约性及其进化的问题。

---

[1] 库恩:《必要的张力》,1977 年英文版,第 288—289 页。
[2] 库恩:《必要的张力》,1977 年英文版,第 280 页。
[3] 库恩:《必要的张力》,1977 年英文版,第 275 页。

（一）科学理论的不可通约性

由于把范式（理论）的转变说成是格式塔的转变、世界观的根本转变，等等，库恩否认新旧范式（理论）之间的相容性，而认为它们之间是不可通约的（incommensurable）。那么，"不可通约的"是什么意思呢？从字义上说，它就是"不可公度的""无共同尺度的"或"无比较的共同基础"。因此说两个范式或理论之间是不可通约的，就是说它们之间是无共同尺度或无共同基础可以比较的。库恩主要从以下几个方面论述了新旧理论之间的不可通约性。

（1）新旧范式或理论都有互不相容的自己的问题及其解决问题的标准，因而它们是不可通约的。他写道："不同范式的支持者都有自己的互不相容的问题的清单。例如，在亚里士多德力学中物质粒子之间的吸引力的原因是个问题，而在牛顿力学中这个问题就被排除了。又如19世纪拉瓦锡的化学理论禁止化学家们问'金属为什么是这个样子'的问题，而在20世纪的化学中，化学物质的性质问题及其对它们的解答，又重新进入了科学。"①

（2）新旧理论各自使用的概念、术语是互不相容的，因而它们是不可通约的。库恩指出，不同范式使用不同的术语、概念。"尽管由于新范式是从旧范式那里产生的，他们通常混含着以前旧范式使用过的一些概念和操作语词，但是他们很少仍完全以传统方式运用这些借来的因素。在新范式的范围内，老的术语、概念和实验及其他东西开始了新的关系。"② 他举例道：以牛顿理论与爱因斯坦理论为例，两者都使用了"空间""时间""质量"等概念，但它们的理论意义是完全不同，甚至完全相反的，如牛顿理论的"空间"是"平直、均匀、各向同性、不受物质存在的影响的"；而相对论的"空间"则相反，是"弯曲、不均匀、各向异性、并受物质存在的影响的。"因此从牛顿世界过渡到爱因斯坦世界，整个概念的网络必须根本转变并重新落实于整个自然界。③ 又说：托勒密天文学的"地球""运动"

---

① 库恩：《科学革命的结构》，1962年英文版，第148—149页。
② 库恩：《科学革命的结构》，1962年英文版，第149页。
③ 库恩：《科学革命的结构》，1962年英文版，第149页。

等概念的意义与哥白尼天文学的"地球""运动"等概念的意义是根本不同的,前者的"地球"是静止的;而后者的"地球"是运动的,等等。

(3) 新旧理论的世界观是不同的,互不相容的,因而它们是不可通约的。库恩指出:不同范式具有不同的世界观。"坚信不同范式的科学家在不同的世界里从事他们的事业。"在亚里士多德理论的支持者看来是"慢慢降落的受约束的物体",在伽利略理论的支持者看来却是"一次又一次重复运动者的摆";"道尔顿以前的科学家把含金看作化合物,而在道尔顿以后的科学家们却把它们看作混合物";① 在牛顿理论支持者看来是"平直空间里的事物",在爱因斯坦理论支持者看来却是"弯曲空间里的东西";等等。总之,"两者都在看这个世界,而且所看的东西并没有改变,可是他们却看到了不同的东西"。②

(4) 新旧理论在逻辑上是不相容的,因而两者是不可通约的。这是因为新理论总是通过解决旧理论的反常而产生的。因而反常与旧理论在逻辑上不一致,而与新理论在逻辑上却是相容的。他写道:"如果新理论要解决既有理论的与自然界关系中的反常现象,那么这个成功的新理论必须容许有某些与旧理论的预见不同的地方。如果两者在逻辑上是相容的,那就不可能发生这种不同。……如果在关于自然界的信念中没有这些破坏性的变化,那就很难理解新理论是怎样兴起的。容许新旧理论之间包含逻辑在内的连续性的观点,从历史上看来是难以置信的。"③

(5) 新旧理论的语言是不可通约的。库恩在《科学革命的结构》一书中从语言学的角度考察新旧理论的不可通约性问题并不多。但是后来,它却逐渐成了他论述这个问题的重点。库恩同意奎因的"译不准原则",认为不同理论或范式的拥护者之间,各自有着不同的科学语言,而这些语言之间则是不相通的。他说:"现在主要是通过奎因的著作,我已相信不可通约性和局部交流问题可采取另一处理方式。不同理论(或不同范式,按这个词的广义而言)的支持者各自说着不同的语言,即表达不同的认识规定的语言,适应于不同的世界。"④ 他又说:"为此我求助于我在别处曾提

---

① 库恩:《对批评的答复》,载于《批判与知识的增长》,1970 年英文版,第 362 页。
② 库恩:《科学革命的结构》,1962 年英文版,第 150 页。
③ 库恩:《科学革命的结构》,1962 年英文版,第 98 页。
④ 库恩:《必要的张力》,1977 年英文版,第 xxii—xxiii 页。

出过的类比。我曾声称,不同理论支持者正像操不同土话的人,他们之间只能通过翻译进行交流。但这总是不完全的。因为两种理论的词汇可能相同,大多数词的用法也一样,但有些基本词汇中的词正像两种理论(范式)的理论词汇中的词(如'星球'和'行星''混合物'和'化合物'或'力'和'物质'等)一样,作用并不相同。"①

为了坚持不同理论语言的不可通约性或不可译性,库恩批判了逻辑实证主义关于中性观察语言的思想。逻辑实证主义者们(如卡尔纳普)认为:理论是经验的逻辑构造,不同的理论是相同的中性的经验材料的不同的逻辑构造,因而它们是相通的、可译的。波普也有类似的观点,认为语言的基本词汇是完全依附于自然界的单词组成的,它们的组成方式也是确定的,因而不同的语言是相通的、可译的。库恩反对这些观点。他认为,由于经验受理论的污染,中性经验以及建立在中性经验之上的中性语言是不存在的。他写道:"要逐点地比较两种相继的理论,就需要一种语言,使得两种理论至少是经验结果能够不变样地都'翻译'成这种语言。当时哲学家们认为纯粹感性的报告是中性的,并企图以此把所有语言表述为同一语言来显示这些语言。但是这种观点已经被汉森的'观察负载理论'的观点所否定了。因为"在从一种理论到下一个理论的转换过程中,单词以难以捉摸的方式改变了自己的含义或应用条件。虽然革命前后使用的大多数符号仍然沿用着,如力、质量、元素、化合物、细胞等,但其中有些符号依附于自然界的方式已有了变化。因而我们说相继的理论是不可通约的。"②

在较早时期,库恩在论述理论语言的不可通约性或不可译性时,明确坚持它们的不可变流性,因而有时他使用了'交流的中断"这样的说法。它遭到了来自各方面的批判。有人指出:库恩一方面坚持语言的不可交流性;另一方面又写了大量的文章与其他科学哲学家进行了广泛的论战和交流,这不是自相矛盾吗?因此,后来他改变了主张。认为语言具有不可通约性和不可译性,但却是可以"部分交流"或"不完全交流"的,他写道:"我后来承认了部分的交流或不完全的交流。这就是说观点截然对立

---

① 库恩:《必要的张力》,1977 年英文版,第 332 页。
② 库恩:《对批评的答复》,载于《批判与知识的增长》,1970 年英文版,第 257—258 页。

的派别通过彼此交流,其观点是可以在一定程度上进行比较的。"① 他还认为,人们可以学习两种语言,但无法精确无误地把一种语言翻译成另一种语言,因为它们的语词的意义是不相同的。但是近似的翻译、部分的不完全的交流还是可能的。这就要求翻译家"必须在不相容的对象之间找到最为合适的、妥协的词汇"②。

(二) 否定科学的客观进步性

库恩从上述否认科学理论的客观性、真理性与不可通约性的观点出发,进而否定科学的进步性,否认科学事业是进步的事业。库恩认为,前后相继的科学理论,由于信念(范式)的不同,本质上是不可通约的,因而也就不能说后继理论是对旧理论的发展或进步。那么科学知识就没有任何进步可言了吗?科学知识的发展真的就像波普所说的那样是不断用新的理论去否定旧的理论,是一种纯粹的破坏吗?库恩对此持否定态度。库恩认为,他所说的科学知识无进步,主要是指科学知识不存在目标的进步,即像波普所说的那种新理论否定旧理论、新理论取代旧理论而不断逼近客观真理的进步。但他并不否定在常态科学时期,科学知识有积累式的进步。库恩认为,在常态科学时期,由于有统一的范式的指导,科学团体在解题上不断取得一个又一个的胜利,从这个意义上看,科学知识在增长,范式的作用在扩大。但库恩强调,这种积累或进步只表现在常态科学时期,它不能代表整个科学知识的性质。换言之,这种积累性进步并不是整个科学知识的发展的性质。就整个科学知识来说,它无进步可言,按他的说法是科学不存在"目标的进步"。

为什么说科学不存在目标的进步呢?库恩认为,这首先是因为科学理论本身并不是对客观实在的反映或表述,并无客观内容,因而不能说科学的进步是其知识的增长和错误的减少。他说:"为了更加精确,我们也许必须放弃这种明确的或含蓄的观念:范式的改变使科学家和向他们学习的那些人越来越接近真理。"③ 库恩指出,人们总是把科学说成进步的事业,

---

① 库恩:《对批评的答复》,载于《批判与知识的增长》,1970年英文版,第312页。
② 库恩:《对批评的答复》,载于《批判与知识的增长》,1970年英文版,第359页。
③ 库恩:《科学革命的结构》,1962年英文版,第170页。

总是把"科学"与"进步"联系起来，并固执地坚持"一个领域是进步的，因为它是科学的"或"一个领域是科学的，因为它是进步的"。库恩对这种看法很不以为然，认为"'科学进步'，甚至'科学的客观性'这类空话看来在某种程度上是多余的"①。其次是因为科学知识与艺术、政治理论一样，都是一种"意识形态"，都无进步性可言。他这样说："为什么上面概述的这种事业（指科学）应当稳定地向前进步，而艺术、政治理论或哲学就不是这样呢？为什么进步几乎是专门留给我们叫作科学这种活动的一种特权呢？"②库恩的看法是，由于范式本身就是一种信念，当范式危机时，当一个领域的基本原则再次成为问题时，那么拥护相反范式的人，对科学继续进步的可能性就会提出各种疑问。而实际上，科学理论的变化，就如同艺术或政治理论的变化一样，无进步性可言。

在此基础上，库恩着重批判了肯定科学进步的观点，认为：（1）肯定科学进步是新范式拥护者的一种偏见。他说："革命是以两个对立阵营之一的完全胜利而告终的。这个胜利团体会说，它的胜利的结果不是进步吗？那倒不如说他承认自己错了，而他们的对手是对的。因此，对他们来说，至少革命的结果必须是进步的，而且他们处于一种优势的地位。"③（2）肯定科学进步是坚信一切是由上帝安排好的目的论的变种。他说："我们全都深深地习惯于把科学看成一种不断地接近于自然界预先安排的某些目的的事业。"④库恩责问道：人类需要这样一种神学进化观吗？需要这样一种目的论吗？（3）肯定科学进步是达尔文主义以前的错误理论的影响的结果。他说："达尔文主义以前的所有著名的进化论者——拉马克、钱伯斯、斯宾塞和德国的自然哲学——已经认为进化是一个有目的的过程，……进化或发展的每一个新阶段是一开始就已经有了的一种计划的比较完善的实现。"

库恩清楚地知道，坚决否定科学的进步性，必须会遭到人们的批判和反对。因此，他在否认科学有目标的进化的同时，承认科学的无目标的进化：一种随环境改变的无目标的变化，他称之为达尔文式的进化。他写

---

① 库恩：《科学革命的结构》，1962年英文版，第162页。
② 库恩：《科学革命的结构》，1962年英文版，第160页。
③ 库恩：《科学革命的结构》，1962年英文版，第166页。
④ 库恩：《科学革命的结构》，1962年英文版，第171页。

道:"可以把科学的发展比喻为进化之树,就像生物的进化一样。这是一个单向的、不可逆的过程。因为后期的理论在应付环境变化或解决难题时总是比早期的理论为好。"① 他还说:"随着时间的流逝,科学理论作为一个整体说来,总是愈来愈同自然界相匹配。"②

库恩为什么一方面坚决否定科学逼近客观真理的进步,把它说成追求幻想中的"鬼火",而另一方面又肯定科学的无目标的"进步"呢? 原来他所说的无目标的"进步"并不是"科学认识深化"的进步,而只是工具性的"进步",理论作为系统地解释经验的工具的进步,或理论与"自然(经验)相匹配"的进步。他写道:"作为一种解决难题的工具,牛顿力学无疑改进了亚里士多德力学,爱因斯坦理论无疑又改进了牛顿理论。但是,我始终看不出它们前后相继中具有什么本体论意义上的发展。"③ 那么,这种非本体论意义的"进步"具体表现在哪里? 对此他并没有作过专门的论述。但是如果把他的零散在各处的言论综合起来,那么大致有以下几个方面: 1. 解决的问题愈来愈多; 2. 解决的问题愈来愈精确或愈来愈好; 3. 专业的分工愈来愈多,愈分愈细; 4. 科学的疆域愈来愈扩大; 等等。他写道:"科学成就的单位是解决的问题愈来愈多,愈来愈精确。" 又说:"随着时间流逝……专业激增不已,科学领域日益扩大。"④ 等等。然而库恩明确地意识到,他的这种说法是自相矛盾的,是与上述他的关于理论选择标准的论点明显不一致的。他曾明确地表示:由于拥有不同范式的科学家各有不同的解决问题的标准以及其他评价理论的标准,因而要客观地评价科学理论的优劣是不可能的。既然客观地评价理论的优劣是不可能的,那么,怎么又能客观地评价科学的进步与退步呢? 那只能是一种因人而异的主观性标准。然而,如果说评价科学进步与否的标准是主观的,因人而异的,那么还有什么真正的科学进步可言呢? 所以他说:"如果要向科学是怎样进步的,令人吃惊的回答是我们一无所知。"⑤ 又说:"我已经

---

① 库恩:《科学革命的结构》,1962 年英文版,第 205—206 页。
② 库恩:《必要的张力》,1962 年英文版,第 285 页。
③ 库恩:《科学革命的结构》,1962 年英文版,第 206 页。
④ 库恩:《科学革命的结构》,1962 年英文版,第 169 页。
⑤ 库恩:《科学革命的结构》,1962 年英文版,第 62 页。

意识到科学进步这个问题,部分是语言学的。"① "科学事业的一个典型的成果就是落空。"②

由于否认科学的客观进步性,许多科学哲学家批评他是一个相对主义者,他的回答是:"按照(相对主义)这个术语的一种意思,我可能是一个相对主义者。但按其更本质的含义说来,我又不是。……我的科学发展观本质上是进步的,……我肯定科学进化,有如生物的进化,是单向的,不可逆的。科学研究在向前发展。从这个意义上说我不是一个相对主义者。那么为什么会被有些人称为相对主义者的呢?这是由于我对'真理'这个标签敬而远之的缘故。……许多科学哲学家把理论称作自然界的陈述,'真实的外在'的陈述,肯定后一个理论比前一个理论更好地趋向真理。我绝不相信这一些。"总之,他认为,人们虽说他是一个相对主义者。"但我扪心自问,自己并不是一个相对主义者。"③

七 后达尔文式康德主义

库恩自 1962 年出版《科学革命的结构》一书以后,经过 30 年的思考,于 90 年代初提出了一种关于后达尔文主义式康德主义的理论以补充《科学革命的结构》(以下简称《结构》)一书的不足。

根据库恩自述,关于他的后达尔文式康德主义的思想,将在正在写作中的一本新书中做出全面的论述(此书至今未见出版)。但是他在 1990 年《科学哲学学会会刊》的第 2 期上发表了一篇题为《〈科学革命的结构〉之后的路》的论文中透露了他的这方面思想的梗概。他写道:"我正在写一本书,在这里所要做的是给出该书的一个梗概。十年以来,我所做的工作一直就是要回到《科学革命的结构》所遗漏的哲学问题上。"④

(一)再论不可通约性

根据库恩自己介绍,关于后达尔文式康德主义的核心思想,是关于不

---

① 库恩:《科学革命的结构》,1962 年英文版,第 160 页。
② 库恩:《科学革命的结构》,1962 年英文版,第 52 页。
③ 库恩:《对批评的回答》,载于《批判与知识的增长》,1970 年英文版第 264 页。
④ 库恩:《〈结构〉之后的路》,《哲学译丛》1993 年第 6 期,第 1 页。

可通约性问题。他从这个问题出发论述了真理问题、实在论问题及科学知识的进化问题。他写道:"我打算从我现在认为不可通约性是什么开始说起,然后力图提纲挈领地说一说它与相对主义、真理和实在论的关系。在书中同时还要谈及合理性问题,但在此,篇幅所限不容我概略说明它所起的作用了。"①

首先,库恩论述了不可通约性问题。他写道:"占主要地位的是不可通约性问题。自《结构》写成之后 30 年来,还没有任何一个别的问题像不可通约性那样深深萦绕着我。这些年我更加强烈地感觉到,不可通约性必须是所有历史、发展或演化科学知识观的一个必要的成分。"② 他认为科学理论的不可通约性问题在《结构》中强调的是范式的不可通约性问题,而现在他更多的是关注于从语言意义的方面来考察这个问题的。他写道:"在某种程度上我最关心的是语言和意义问题,即一类被限定的名词的意义问题。"③ 他认为科学共同体由于具有不同的语词系统,因而他们的理论具有不可通约性;而不同的类名词是构成它们的不可通约性的重要原因。他指出,一般说来,不同的类名词其内容是不能有交叠性的。如猫的类名词与狗的类名词其内容就是不能交叠的,不存在既是猫又是狗这类东西。这就是非交叠原则,否则就会造成语义的混乱。他写道:"非交叠原则是指没有两种类名词或以类为标志的名词会在它们的所指中交叠,除非它们具有像从种到属那样的关系,不存在也是猫的狗、也是银环的金环,等等。"④

他指出由于不同的科学共同体各自有不同的语词关系,用一种科学共同体的语词去补充、理解或构成其他共同体的语词系统,就会违背"非交叠原则",造成语意的混乱,从而导致理解的混乱,或对话、交流的中断。换句话说,一个语词系统不能翻译成另一种语词系统,这就是语词的不可翻译性。他写道:"不可通约性因此而变成一种不可翻译性,集中出现在两种不同的语词系统的分类存在差异的地方。产生这种不可翻译性的差异不是任何旧的差异,而是一种既违背了无交叠条件、类标志条件,又违背

---

① 库恩:《〈结构〉之后的路》,《哲学译丛》1993 年第 6 期,第 12 页。
② 库恩:《〈结构〉之后的路》,《哲学译丛》1993 年第 6 期,第 1 页。
③ 库恩:《〈结构〉之后的路》,《哲学译丛》1993 年第 6 期,第 2 页。
④ 库恩:《〈结构〉之后的路》,《哲学译丛》1993 年第 6 期,第 2 页。

了我不能细述的等级关系的限制的差异。"① 他举例说，如英语中的"The cat is on the mat"就无法翻译成法语，这是因为在法语中没有相应于英语中"mat"的词。同样，不能把哥白尼陈述中的"行星"这个词翻译成托勒密的"行星"这个词，因为它们各自有不同的内容，否则就会违背"非交叠原则"，构成语义混乱，导致对话或交流的中断。

库恩认为，人们不能离开语词系统或概念图式来经验和表述我们的世界。因此，我们的认识总受我们的语词系统或概念图式这种框架的局限。不同的科学共同体由于用不同的语词系统或概念图式去观察世界和表述世界，因此他们处于各自不同的世界中。彼此的思想、语言是不可交流的，不可互相理解的。他说："就世界结构能被经验到并且经验能交流的这个范围来说，它受到生活在其中的共同体的语词系统结构的限制。"② 当然，一个人可能由于能说两种语言，而理解两种不同的语言，然而他却不能把一种语言翻译成另一种语言。

那么这些概念或语言的框架是哪里来的？他与康德不同，认为它们不完全是先天的，而是后天的。具体地说，部分是生物学决定的，部分是后天的教育与社会化过程决定的。他写道："毫无疑问，这个语词系统结构的某些方面是由生物学所决定的，是一种共有种系发生史的产物。但是，至少在高级生物中（和不仅仅是有语言天赋的生物），某些重要方面也由教育和社会化过程决定的。也就是说，是把新成员带入他们的父母和同辈们所处的共同体中的产物。具有同样生物天赋的生物可以通过不同结构的语词系统去经验世界；在那些具有不同点的领域中，由于语词系统的分隔，他们不可能交流他们所具有的全部经验。虽然个体可能属于某些相互联系的共同体（因而是通晓多种语言的人），但当他们从一个共同体转向另一个共同体时，他们感受到的世界的诸多方面是各不相间的。"③

库恩认为，他的这种理论与康德理论有相似之处，那就是承认"自在之物"。他认为科学共同体的语词系统在不断改变中，但在所有这种变化

---

① 库恩：《〈结构〉之后的路》，《哲学译丛》1993年第6期，第2页。
② 库恩：《〈结构〉之后的路》，《哲学译丛》1993年第6期，第7页。
③ 库恩：《〈结构〉之后的路》，《哲学译丛》1993年第6期，第7页。

过程的内在基础中，总是有某种永恒的、巩固的、稳定的东西。这种东西像康德的"自在之物"那样是不可言说、不能阐述、不可讨论的。他写道："这些论述表明，世界是以某种方式依赖于思想的，或许是居住在其间的生物的一种发明或建构。这种观点近年来已得到了广泛发展。但是发明、建构和思想依赖这样的比喻在两个方面是有误解的。首先，世界不是发明的或建构的。事实上，被当作发明了世界的生物所发现的世界是早已在那里存在了。在它们眼里，当生物初生时，世界也处在自己的萌芽阶段。在它们完成教育和社会化期间，世界则日益充分地实现自己。社会化正是世界所起的根本作用的方式。此外，世界是已经在经验上给定的，其中一部分直接地给予新居民，另一部分间接地通过遗传把体现在他们祖先身上的经验给予他们。所以世界本身是完全坚实的，完全不依从旁观者的希望和意志，而且很有能力提出明确的论据来反驳世界是被创造的假设，因为这种假设不可能与世界所表现出来的东西相符合。生物生长在这个世界上，必须像他们看到世界的那样来对待它。当然，他们可以与世界相互作用，在相互作用的过程中改变它，同时也改变自身。而这个因此改变了的世界，在他们的后代看来又是一个已经存在的世界。"① 又说："随着时间和共同体相应改变的世界是否可以在一般的意义上被称作'实在世界'呢？我找不出否定这一点的理由。世界为所有个体和社会的生活提供了环境和舞台。但在这种生活中，世界都规定了严格的制约因素；要继续生存下去取决于对这些制约因素的适应；而在现代世界中，科学活动已成为用于适应世界的基本工具。那么对于实在世界还有什么更多合理的东西需要提问吗？"②

（二）再论真理

其次，库恩还讨论了真理问题。库恩像在《结构》一书中一样，认为必须反对真理符合论。因为他虽承认经验之外的"自在之物"，但认为它是不可经验、不可言说、不可描述、不可讨论的，因此它与人们的认知或知识无关，也与真理无关。但他也反对后现代主义否弃真理，否弃知识的

---

① 库恩：《〈结构〉之后的路》，《哲学译丛》1993年第6期，第7页。
② 库恩：《〈结构〉之后的路》，《哲学译丛》1993年第6期，第8页。

观点。他写道:"我们必须学会在完全抛弃真理符合论的情况下推进真理理论。"① "确切地理解不可通约性(这里有某种绝非我总能驾驭的东西)远不像通常所认为的那样,是对真理主张做合理的评价的威胁。相反地,它正是要在发展的前景中,重新唤起人们注意认知评价的整体概念中某些棘手的东西时所需要的。这就是说,我们需要去捍卫像真理和知识这样的要被后现代主义运动者当成强迫性纲领而抛弃掉的概念。"② 他认为,应肯定科学知识的真理性。但真理问题不是一个知识的不变的客观本性问题,而是一个对知识的评价或选择问题。他写道:"按照我所愿意采纳的那种观点,真理概念的基本作用,是要在面临所有共有证据时,对接受或拒绝一个理论陈述做出选择。"③ 说一个理论是真的或假的,是评价它们对主体(共同体)是有问题的还是无问题的,因此不同的科学共同体有不同的语词系统,因而也有不同的有关真理的评价标准。

库恩把科学知识的有关真理的评价标准比作一种游戏规则。他认为游戏规则是可变的,不同的游戏有不同的游戏规则,从而产生不同的输和赢的评价标准,而科学的真理的评价标准也是这样。不同的科学共同体由于有不同的语词系统,因而也有不同评价标准。在这个共同体认为是真的,对另一个共同体说来却可能是假的。"参与对话的团体使用的语词系统不同,给定的串词在每个团体中有时会得出不同的陈述:一个陈述在一套语词系统中可能可以替代真或假的评价,在其他系统中就没有这种功能。"④

(三) 再论科学的进化

最后,库恩还讨论了科学的进化问题。

库恩认为在《结构》一书中,他就提出了科学进化与生物进步的类似性。但是在那里只是简略地提及,而在未来的书中他将作充分的说明。他写道:"我将转回到我在《结构》一节最后几页介绍的进化类比上,力求澄清并进一步推进它。从我第一次提出进化运动,这30年来关于物种进化和知识进化的理论当然都已经发生了变化,但变化的方式却是我刚刚才发

---

① 库恩:《〈结构〉之后的路》,《哲学译丛》1993年第6期,第6页。
② 库恩:《〈结构〉之后的路》,《哲学译丛》1993年第6期,第1页。
③ 库恩:《〈结构〉之后的路》,《哲学译丛》1993年第6期,第6页。
④ 库恩:《〈结构〉之后的路》,《哲学译丛》1993年第6期,第7页。

现的。我仍然有许多东西需要去学习，但是到目前为止，我的理论似乎还很成功。"①

他认为，科学进化与生物进化的相似之处，首先是它们都不是有目的的进化，而是无目的的进化。用他的话说，不是前达尔文的进化，而是后达尔文的进化，即它们是一个继承以前的变化并随环境改变，而无确定目的的变化过程。他写道："对于这一点，我一直试图确立并扩展在《结构》第一版结尾处提出的科学发展与生物发展相类似的观点：科学发展必须被看作从后面推动的一个过程，而不是一个在前面拉动的过程——就像生物进化是从过去物种而来的进化，而不是向已知的物种而去的进化。"②

另外，科学进化与生物进化一样是一个不断分化的过程。生物通过进化而分化出更多的新物种，科学则通过进化而分化出许多新学科、新分支。在科学的进化中也有综合，但愈来愈分化出更多的新学科、新分支却是它的重要方面。他写道："在这第二种变化中，还有一些别的含义，但我在《结构》中只是一带而过。在一次革命之后，通常产生出比以前更多的认知学科或知识领域。每个领域的分支都是从母体中分裂出来的，就像科学的专门研究在过去多次地从哲学和从医学中分裂出来一样。或者还有一类新专业在两门过去存在的专业明显交叉的领域中诞生出来，就像物理化学和分子生物学的情况那样。在这第二种分裂发生的时期，它往往也突如其来地带来了一种科学的重新统一，这正是前面刚提到过的历史插曲中的情况。然而随着时间流逝，人们注意到，新芽很少或从来没有被其旧枝同化掉。事实上，新芽成为一种更独立的专业，渐渐发展出自己的专门杂志，成立了新的专业学会，并且通常还取得了大学中的新交椅，成立了实验室，甚至专门的科系。在一整段时间内，科学领域、专业和子专业的发展演化图看上去非常像一张外行人眼里的生物进化图。"③ 又说："我把它们看作类似于种变过程的新学科产生的重要标志，每一个新产生的学科都有自己的语词系统，每一个新学科都有自己的知识领域。我认为，正是因

---

① 库恩：《〈结构〉之后的路》，《哲学译丛》1993年第6期，第3页。
② 库恩：《〈结构〉之后的路》，《哲学译丛》1993年第6期，第4页。
③ 库恩：《〈结构〉之后的路》，《哲学译丛》1993年第6期，第5页。

为这些分化，才使得知识得以增长。而这就需要保持对话，保持断言性陈述进行下去，以促成知识的这些分化和分裂。"①

最后，科学的进化与生物物种的进化一样是种变，而不是突变。他所说的突变是突如其来的变化，而种变则是一个非发生于一旦的过程，即新理论出现像新物种的出现一样，是一个不能确定为那一点的过程。至于这种"种变"是否就是他在《结构》一书中所说的"科学革命"，它与后者有什么关系等，他并没有详细地阐明。

总之，库恩认为，科学的进步不是认识的深化，而是分化出更多的新分支或新工具。

从以上可以看出，库恩在新理论中肯定了一个与认知无关的、不可经验的、不可言说、不可描述、不可议论的"自在之物"，这不能不说是他的理论的一个重大的变化。但是，在其他方面，改变似乎不大。当然，到底如何，还要待他的新著作发表后才能确定。

---

① 库恩：《〈结构〉之后的路》，《哲学译丛》1993年第6期，第7页。

第五章　拉卡托斯的科学研究纲领方法论

伊姆雷·拉卡托斯（Imre Lakatos）是英籍匈牙利数学哲学家、科学哲学家。他1922年生于匈牙利，原姓利普斯夜（Lipschity），1911年毕业于德布勒森大学。在纳粹法西斯统治匈牙利期间，改姓为拉卡托斯，是反纳粹抵抗运动成员，曾是卢卡奇的研究生。后加入共产党，曾去苏联学习。后任匈牙利人民教育部高级官员，在清党运动中被捕。后逃出匈牙利，经维也纳转至英国，并加入英国籍，1961年在剑桥皇家学院开始学术生涯。后在伦敦经济学院任教，受波普影响，成为后者的信徒。20世纪70年代初接替波普任该校的哲学、逻辑、科学方法系主任，并担任《不列颠科学哲学杂志》主编。1974年2月突然病逝。主要哲学著作有《证明与反驳：数学发现的逻辑》（1976）、《科学研究纲领方法论》（1978）、《数学、科学与认识论》（1978）以及与马斯格雷夫合编的《批判与知识的增长》（1970）等。

一　从波普证伪主义到精致证伪主义

拉卡托斯早年信奉马克思主义，受黑格尔哲学影响较深。1960年后，世界观发生根本变化，成为波普证伪主义的忠实信奉者，鼓吹波普的证伪主义哲学。他说："波普的思想体现了20世纪哲学的最高发展，体现了休谟、康德或惠威尔传统的一切成就，可与他们相提并论。"是"最当代最进步的哲学"。他认为从波普的哲学中获得了极大的教益。他说："我从他那里获得的教益是无法计算的，他比任何人都更大地改变了我的生活……他的哲学使我终于放弃了我坚持了近20年的黑格尔世界观……"[①]

[①] 拉卡托斯：《研究纲领方法论》，1978年英文版，第139页。

（一）早期的证伪主义数学哲学

拉卡托斯不仅坚持波普的观点，并且发展了波普的观点。他把波普的证伪主义推广贯彻到数学领域，建立了证伪主义的数学哲学。波普虽在科学哲学领域创立了证伪主义，并把它贯彻应用社会历史领域，建立起一个庞大的哲学体系，但并没有把它推广应用于数学或数学哲学领域。拉卡托斯则继波普之后极力把波普的证伪主义贯彻、应用于数学，建立一种证伪主义的数学哲学，从而使波普的证伪主义成为一种更为普遍、更为广泛的哲学体系，得到了波普的青睐。他在《证明与反驳》一书中，用对话的形式，以讨论笛卡尔—欧拉的多面体理论为中心题材，全面地阐发了这种证伪主义的数学哲学。他的有关这方面的论文还有《无穷回归与数学基础》（1962）、《经验主义在近期数学哲学中的复兴》（1967）等。

现代西方数学哲学分三大流派：逻辑主义、形式主义和直觉主义。它们都把数学奉为"可靠性与真理性的典范"。认为数学知识是"先验的"或"形式的"，自然科学知识是经验的、可变的。弗雷格—罗素的逻辑主义认为数学就是逻辑，全部数学均可化归为逻辑。逻辑主义企图从"无可怀疑"的"逻辑公理"出发，演绎出全部数学真理。而希尔伯特的形式主义则认为，无论是数学的公理系统或逻辑的公理系统，其中的基本概念都是没有意义的。其公理只是一行行的符号，无所谓真假。只要能够证明该公理系统是相容的，即互相不矛盾，该公理系统便可得到承认。直觉主义则认为数学的基础是"纯粹的直觉"或"原始的数学直觉"，它是建立在原始数学直觉的基础上的心智的构造。但是逻辑主义、形式主义和直觉主义都因真理论最终被证明不能成立而失败了。因而拉卡托斯依据波普的证伪主义理论提出了一种证伪主义的准经验数学哲学理论。他认为数学是一种演绎系统，任何演绎系统的真值的传递方式只可能有两种：一是它的"真"由顶部（公理的有穷并）经有效论证的保真的渠道扩展到整个系统；二是它的"假"由底部（特殊的基本命题）经演绎的渠道上传至顶部。他称前一种为"欧几里得系统"，后一种为"准经验系统"。他认为：不论逻辑主义、形式主义和直觉主义，由于它们的实质都在于把全部数学重建为欧几里得系统，因而都属于欧几里得系统的数学理论，而它们的失败，正好证明了欧几里得规则的不可能性；从而表明数学不是一种超时空、不受经验制约的先验的、纯抽象的东西，而是经验的或正确地说是准经验的。①

拉卡托斯指出，不同的数学哲学观决定不同的数学方法论。欧几里得系统的数学方法论是寻求自明公理，而准经验系统的数学方法论则是一种"猜想—证明—反驳"的证伪主义方法。他写道："准经验理论的发展始于问题及大胆的解决，然后是严格的检验和反驳。进步的媒介是大胆的思索、批评、对立理论之间的争论和问题转换。它的口号是增长和永远的革命，而不是基础和永恒真理的积累。"② 又说："数启示法与科学启示法十分相似——两者都不是归纳的，而是以猜想、证明与反驳为特征的。"③ 他这里所说的"启示法"（heuristic，或译为助发现法）是一种探索性的有助于新发现的方法。他认为在数学中它就是"证明与反驳"法或"证明分析法"。其具体步骤是：原始猜想——证明（不严格的思想实验或论证）——反例（原始猜想的反驳或证伪）——检验证明（化全局性反驳为局部性反驳）——改进、发展新猜想。他并以历史上笛卡尔—欧拉的猜想促进了多面体理论的发展为案例，分析论证了这个问题。

正如有些人所指出，拉卡托斯的上述准经验数学的理论是有缺陷的，拉卡托斯本人也看到这一点。④ 但是它不仅在数学哲学中为数学的基础理论开辟了一个新方向，并且为他后来的科学研究纲领方法论的科学哲学理论提供了必要的准备。

（二）从波普证伪主义到精致证伪主义

1962年库恩的《科学革命的结构》一书问世，波普的证伪主义遭到了严厉的批判。拉卡托斯从库恩的批判中看到了波普证伪主义的理论缺陷；同时，又对库恩理论的非理性主义与相对主义感到不满。他写道："库恩在认识到证明主义与证伪主义二者在为科学发展提供理性的描述都遭失败后，自己却又似乎走到非理性主义的一端。"⑤ 又说，"库恩认为科学革命

---

① 拉卡托斯在《无穷回归与数学基础》一文中，称数学是"经验的"，后来在《经验主义在现代数学哲学中的复兴》一文中改为"准经验的"。
② 拉卡托斯：《数学、科学与认识论》，1978年英文版，第29—30页。
③ 拉卡托斯：《证明与反驳》，1976年英文版，第4页。
④ 拉卡托斯：《数学、科学与认识论》，1978年英文版，第22页。
⑤ 拉卡托斯：《批判与抖学知识的增长》，1970年英文版，第93页。

是突发的、非理性的视觉变化,这是错误的。科学史驳斥了波普,也驳斥了库恩"①。于是,他接受了库恩批判中的某些属于历史主义方面的合理观点,批判地修改了波普的朴素的证伪主义,建立起一种精致的证伪主义理论:科学研究纲领方法论。这是一种历史主义的证伪主义科学哲学理论。他写道:"我试图发展波普的纲领使其再向前迈一步,我以为这步的发展可以避开库恩的苛责。"② 又说:"我之所以不断批评波普哲学的各个方面,是因为我坚信它代表了当代最进步的哲学,坚信哲学的进步只能建立在(即使是'辩证地'建立在)它的成就基础上。"③ 他在这个时期的代表作是 1978 年出版的《科学研究纲领方法论》一书。

由于拉卡托斯以历史主义的观点"修正"了波普的证伪主义,因此,他把波普的证伪主义称作为"朴素的证伪主义",而把自己的历史主义的证伪主义称为"科学研究纲领方法论"或"精致的证伪主义"。

1. 证明主义(justificationism)与可错主义(fallibilism)

拉卡托斯认为,他的科学研究纲领的科学哲学理论总结了科学哲学发展史中的一切合理成果,是科学哲学史上的最高成就。为了证明这一点,他在其主要著作《科学研究纲领方法论》一书的一开头就论述了这个问题。

拉卡托斯认为,近代的科学哲学史是一部从证明主义到可错主义的历史。它的发展经历了一个从证明主义(或译为辩护主义)到可错主义的历史转变过程。那么什么是证明主义呢?拉卡托斯认为,历史上有各种各样的证明主义,一般说来,证明主义就是一种坚持科学知识是已被证明为正确的知识的理论。④

拉卡托斯认为早期的科学哲学家都是证明主义者,而且是一种传统的或绝对的证明主义者,即认为一切科学知识,都必定是可被证明或已被证明为绝对正确的理论,由于坚持科学知识的绝对正确或绝对无误性,他们又被称为不可错主义者。

拉卡托斯认为,近代的早期归纳主义和演绎主义都是正统的或绝对的证明主义或不可错主义。早期的归纳主义(古典的经验主义)断言,一切

---

① 拉卡托斯:《科学研究纲领方法论》,1978 年英文版,第 6 页。
② 拉卡托斯:《批判与科学知识的增长》,1970 年英文版,第 179 页。
③ 拉卡托斯:《科学研究纲领方法论》,1978 年英文版,第 139 页注②。
④ 拉卡托斯:《科学研究纲领方法论》,1978 年英文版,第 94、103 页。

科学知识都来自经验的归纳，它们都是可被经验证实和已经被经验证实的知识，因而都是一些绝对、永远正确的理论，他们的根据是近代的力学。他们断言近代的力学理论就是这样一类绝对的、永恒正确的科学理论。与早期归纳主义相对立的科学哲学流派是演绎主义（古典的唯理主义）。演绎主义在科学知识的来源问题上虽与早期的归纳主义相反，断言一切科学知识不是来自经验的归纳，而是来自理性所固有的先验公理的演绎。但是，在科学知识的可靠性问题上却是与前者一致的。他们断言，由于理性所固有的先验公理是绝对正确的，因而从它们那里演绎出来的科学理论也是可以被逻辑证明的、绝对正确的理论。他们的根据是以欧氏几何学，他们认为欧氏几何学的理论就是这样一种由理性的先验公理演绎出来的永恒正确、绝对无误的理论。

但是，不论是早期的归纳主义还是演绎主义，它们的上述理论都存在无法解决的困难。那就是归纳主义的归纳问题与演绎主义的同义反复问题康德的"先天综合判断"的理论，就是为了解决早期归纳主义与演绎主义在理论上的这种困难而提出来的。康德也是一位证明主义者，他和早期的证明主义者（早期归纳主义者和演绎主义者）一样，认为一切科学知识都是能被证明和已被证明的绝对正确、永无错误的知识。但是，他认为这种科学知识既不是归纳主义所认为的归纳知识（后天综合判断），因为这种知识不具有绝对正确性，也不是演绎主义者所认为的演绎知识（先天分析判断），因为这种知识并没有新的经验内容，而是一种先天的综合知识（先天综合判断），这种知识既具有新的经验内容，又具有绝对的正确性。这种正确性是理性的先天的时空、因果、必然等观念所赋予的。几何知识、数学知识、力学知识就是这类科学知识。

康德的先天综合判断的理论在科学哲学史上曾影响一时，但是好景不长。19世纪30年代非欧氏几何的产生，以及20世纪初爱因斯坦相对论的出现，否定了欧氏几何知识和牛顿力学知识的正确性，从而也就否定了康德的先天综合判断理论的正确性，动摇了传统的证明主义的理论基础，促使传统证明主义的衰落与可错主义的兴起。

那么，什么是可错主义呢？拉卡托斯认为，可错主义是一种与证明主义相反的理论。它认为科学知识并不是可被证明和已被证明的绝对正确、永无错误的知识，而是一种可错的知识。

应该说，类似可错主义的理论在古希腊罗马时期就已经有了，那就是古代的怀疑主义。古代的皮浪主义认为，任何命题都是无法证明的。古代的学院派怀疑主义者则认为，除了一个命题之外，其他所有的命题都是不可能证明的，这个命题就是"我们什么都不知道"。不过，严格地说来，古代怀疑主义并不是一种可错主义。因为它们所否定的不仅是正确无误的知识，而且是一切的知识。他们坚持认为：不存在任何知识，"知识"不过是"动物的信仰"。

怀疑论在近代也是存在的，如休谟的怀疑论。但是由于欧氏几何学与牛顿力学的流行，抑制了怀疑论的发展，也抑制了可错主义的发展。但是到了 19 世纪末 20 世纪初，非欧氏几何与爱因斯坦相对论兴起，导致了正统的证明主义即不可错主义的衰落与可错主义的流行。[1]

19 世纪中叶以后兴起和流行的赫歇尔、惠威尔、彭加勒、米尔豪德和勒鲁瓦等人的假设主义，就具有可错主义的性质。他们认为科学知识并不来自归纳或演绎，而来自非理性的灵感或直觉的猜测或假设。它们并不是绝对正确的，而是可错误的。假设主义的可错主义在理论上的两个特征是：(1) 坚持科学知识的可错性。(2) 坚持科学知识的提出的非理性，它的兴起与流行"破坏"了科学的传统的尊严，导致了非理性主义的抬头。

但是，可错主义的兴起，只是导致了证明主义的衰退，而并没有导致理性主义的绝迹。流行于 20 世纪 30 年代到 50 年代的逻辑实证主义就是为了坚持科学知识的正确性与合理性，并害怕否定科学知识的可证明性会导致科学堕落为诡辩和幻想，而建立起来的一种现代证明主义。不过，它是一种与可错主义相妥协的证明主义——概率主义的证明主义。[2] 拉卡托斯称之为"新的正统的证明主义"[3]。这种理论认为，科学知识或理论是可以证明为正确的，但不是绝对的正确，而只是概率性的正确，即部分正确；而部分是可错的。这种与可错主义妥协的新的证明主义一开始就遭到了波普的批判；其理由是：由于科学理论具有普遍、无限性，任何次数的"证明"（经验证实），真概率只能是零。[4]

----

[1] 拉卡托斯：《科学研究纲领方法论》，1978 年英文版，第 94、103 页。
[2] 拉卡托斯：《科学研究纲领方法论》，1978 年英文版，第 95 页。
[3] 拉卡托斯：《科学研究纲领方法论》，1978 年英文版，第 24 页。
[4] 拉卡托斯：《科学研究纲领方法论》，1978 年英文版，第 11 页。

拉卡托斯认为，波普坚持了可错主义，认为一切科学知识都是可错的猜测或假设，但又坚持了理性主义，他认为科学理论虽不能被检验证实，却能被经验证伪。一切科学知识都是在不断为理性（演绎逻辑与经验观察）所证伪的过程中，去伪存真，逼近真理的。拉卡托斯写道："对于理论思想来说，证伪主义在某种意义上是一种新的、相当大的退却，但因为是脱离乌托邦标准的退却，它消除了大量的虚构和混乱的思想，因此实际上体现了一种进步。"①

拉卡托斯认为，波普的证伪主义的可错主义基本上是正确的、合理的，但存在缺陷。这些缺陷为库恩所指出并遭到了应有的批判。但是库恩的批判过分了。库恩所坚持的是一种相对主义的可错主义，即不仅承认科学是可错的，并进而否定科学知识的任何正确性，从而把它归结为一种信仰，等同于宗教，陷入了彻底的相对主义与非理性主义，导致了科学的危机。

拉卡托斯认为，他的科学研究纲领方法论的科学哲学接受了波普证伪主义的合理成分和库恩批判中的合理成分，以及科学哲学史上的合理成分，抛弃了它们的错误，明确否弃证明主义，坚持可错主义，同时又否弃相对主义与非理性主义。这是一种当前最合理的科学哲学——科学研究纲领方法论的科学哲学。

2. 教条证伪主义与方法论证伪主义

拉卡托斯论述了他的科学研究纲领方法论（精致的证伪主义）与波普的朴素的证伪主义的主要区别。

他认为，在历史上有两种证伪主义：一种是教条的证伪主义；另一种是方法论的证伪主义。波普的证伪主义，属于后者，而不是前者，即是一种方法论的证伪主义，而不是教条证伪主义。

（1）教条证伪主义

那么什么是教条证伪主义呢？拉卡托斯说，教条证伪主义，也是自然主义的证伪主义。它是一种地地道道的经验主义。它认为，一切理论都是可错的，但是经验或经验观察却是不可错的；理论不能被经验或经验观察所证实，但是却可以被经验观察所证伪。科学理论（科学的假设）就是在

---

① 拉卡托斯：《科学研究纲领方法论》，1978 年英文版，第 12 页。

不断地被经验证伪中逼近真理而前进的。他写道:"教条证伪主义的标记就是……存在着可以用以证伪理论的,具有绝对可靠的经验基础的事实。"① 又说:"教条证伪主义的标志是:一切理论是猜测,不能证实,只能证伪。""根据教条证伪主义的逻辑,科学是借助一些过硬的事实去不断地推翻一些理论而发展的。"因此,拉卡托斯认为,教条证伪主义既是一种可错主义,同时又包含着证明主义的因素,是一种可错主义与证明主义的混合,也可以说"是一派最微弱的证明主义"。他写道:"教条证伪主义承认所有科学理论都无条件是可错的。但它保留了一种确实可靠的经验基础,这是一种严格意义上的经验主义。但却不是归纳主义。他否定经验基础的那种确实性能被传递到理论中去,因而教条证伪主义是证明主义中最弱的一派。"②

拉卡托斯认为,上述教条证伪主义理论是建立在两个错误的假设或教条基础上的,这就是:一、自然主义的观察或假设;二、观察证明的教条或假说。

那么什么是自然主义观察或假设(教条)呢?他写道:"第一个假定是:以理论的与推测的命题为一方,以事实的与观察的(或基本的)命题为另一方,两者之间存在着一条自然的、心理的分界线。"③ 这个教条具有下面几个方面的内容:(1)这是一种把"理论命题与事实命题"绝对分开的教条。一边是理论命题,另一边是事实命题或经验命题,二者泾渭分明,中间具有不可逾越的鸿沟。(2)这条理论与观察的分界线是自然存在的,它在人们的心理中也是清楚明白的,故称它为"自然的、心理的"分界线。

拉卡托斯指出,教条证伪主义的这个命题是错误的,他用汉森的"观察负载理论"的观点批判这种错误,他写道:"只要看一下几个有代表性的例子,便会削弱第一一个假设。伽利略声称他可以'观察到'月亮上的山和太阳上的黑点,这些'观察'反驳了关于天体是完美无瑕的明澈球体这一历史悠久的理论。但他的'观察'并不是在不借助外来帮助的感官观察的意义上讲的。这些观察的可靠性依赖于伽利略的望远镜的可靠性以及

---

① 拉卡托斯:《科学研究纲领方法论》,1978 年英文版,第 96 页。
② 拉卡托斯:《科学研究纲领方法论》,1978 年英文版,第 12—13 页。
③ 拉卡托斯:《科学研究纲领方法论》,1978 年英文版,第 14 页。

关于望远镜的光学理论的可靠性……并不是伽利略的纯粹的非理论性的观察与亚里士多德的理论相对立,而是伽利略根据他的光学理论的'观察'同亚里士多德论者根据他们的太空理论作的'观察'相对立。"①

什么是观察证明的假设(教条)呢?拉卡托斯指出,所谓观察证明的假设(教条)就是一种认为理论可以为观察所证明(证伪)的假设(教条)。他写道:"第二个假设是:如果一个命题满足了它是事实或观察的(或基本的)命题这一心理学标准,那么它就是正确的,或者可以说它是由事实得到证明的。(我将称之为观察或实验证明的学说)。"② 在教条证伪主义者们看来,科学的理论是可错的,经验或经验事实的观察是不可错的,可错的理论必须用不可错的经验来检验或证伪。

拉卡托斯认为,教条证伪主义的这个假设(教条)也是错误的。首先,不符合逻辑。"逻辑反对这种教条",因为科学理论是命题的集合。命题是命题,经验事实是经验事实。命题只能从命题推出,不能从经验事实推出,即它只能出它所推出的别的命题来证伪,而不能以经验事实证伪。他写道:"因为'观察'命题的真值是无法明确决定的。任何事实命题都不能由实验得到证明。命题只能由其他的命题导出,而不能由事实导出。不能由经验来证明陈述,就像不能用敲桌子来证明陈述一样。这是初级逻辑学的基本要点之……"又说:"如果事实命题是无法证明的,那它们便是可错的。如果它们是可错的,那么理论同事实命题之间的冲突就不是证伪,而只是不符。"③

其次,任何一个科学命题或理论都是与它的背景知识或背景理论结合在一起的。一个科学命题或科学理论与观察事实不一致,并不能证伪这种理论。人们能修改背景知识来保护它。

拉卡托斯认为,波普并不是一个上述的教条证伪主义者,但是库恩错误地把波普当作一个教条证伪主义者批判了。因此,他对教条证伪主义的批判虽有许多合理的因素,但是却弄错了对象。

拉卡托斯认为,"早在20世纪20年代之初,波普原是一个教条证伪主

---

① 拉卡托斯:《科学研究纲领方法论》,1978年英文版,第15页。
② 拉卡托斯:《科学研究纲领方法论》,1978年英文版,第14页。
③ 拉卡托斯:《科学研究纲领方法论》,1978年英文版,第15—16页。

义者"，但是，当时他并没有著作；后来，在 30 年代初，波普在其处女作《研究的逻辑》一书中就已经抛弃了教条证伪主义，而坚持方法论的证伪主义了。①

(2) 被动知识论及能动知识论

拉卡托斯认为，波普的方法论证伪主义是一种能动知识论的证伪主义。因此，在说明波普的方法论证伪主义以前，有必要说明被动的知识论与能动的知识论的区别。

被动的知识论可译为消极的知识论。这种理论认为，作为知识主体的人是消极的、被动的，这是获得真正知识的前提。而任何主体性或主体的能动性都只能妨碍真正知识的获得。他写道："'被动论者'坚持认为，真正的知识是自然在完全被动的心灵中留下的印记。心灵的能动性只能带夹偏见与曲解。最有影响的被动主义派别是古典经验主义。"②

能动的知识论，可译为积极的知识论，与前一种理论相反，这种理论认为，人要获得知识，就不能持消极被动的态度，而必须发挥主体性或主体的能动性。他写道："'能动论者'则认为，我们阅读自然这本书不能不牵及心的能动性，不能不根据我们的期望或理论对它做出解释。"③

拉卡托斯认为，在科学哲学史上，能动的知识论又可分为两类：一类是保守的能动知识论，另一类是革命的能动知识论。拉卡托斯指出，康德是保守的能动知识论的代表。康德承认人要获得知识就必须发挥主体的能动性，但是他把这种能动性僵化地固定在先天的直观形式或先天的范畴这样一些不变的框架之内。拉卡托斯写道："我们在我们的'概念框框'的监牢里生活、死去，这一观点起初是由康德提出的。悲观主义的康德论者认为，由于这一监牢，真实世界是永远不可知的。""'保守的能动论者'认为，我们天生带有我们的基本期望，我们以这些期望把世界变成'我们的世界'，不过这样我们就必须永远住在我们的世界这个监牢里。"④ 拉卡托斯认为，惠威尔、彭加勒、米尔豪德、勒鲁瓦等人是从保守的能动知识论转向革命的能动知识论的科学哲学家。他写道："革命的能动知识论者

---

① 拉卡托斯：《科学研究纲领方法论》，1978 年英文版，第 128 页。
② 拉卡托斯：《科学研究纲领方法论》，1978 年英文版，第 20 页。
③ 拉卡托斯：《科学研究纲领方法论》，1978 年英文版，第 20 页。
④ 拉卡托斯：《科学研究纲领方法论》，1978 年英文版，第 20 页。

相信，概念框框是可以发展的，并可由新的、更好的概念框框来取代；创造我们的'监牢'的是我们自己，我们也可以批判地摧毁这些监牢。"① 拉卡托斯指出，革命的能动知识论与康德的保守的能动知识论相反，它认为作为知识主体的人所建构的知识的框架，并不是像康德所认为的那样是先验的固定不变的，而是可以自由创造的。他写道："概念的框框是可以发展的，并可以由新的、更的概念框框来取代。"②

拉卡托斯指出，彭加勒、米尔豪德、勒鲁瓦等人的约定主义就是一种革命的能动知识论。这种理论认为，科学理论是知识主体根据经验材料而任意建构的假设。人们可以根据相同的经验材料任意建构出多种不同的假设，而选择接受哪一种假设则是约定的。他写道："约定主义强迫事实进入任何概念框架。""在约定主义看来，理论是根据约定而接受的。"③

不过，拉卡托斯认为，彭加勒、米尔豪德、勒鲁瓦等人只是一些相对保守的约定主义者，因为在他们的约定主义理论中还是有保守的成分，那就是在他们看来，科学理论的接受虽然是人为的、约定的；但是当一个理论普遍地为科学家们接受而成为一个成熟的理论时，科学家们就必须长期接受这个理论，而不能再抛弃它了。或者说，它们再不能被实验"证伪"。一旦发现它们与实验不一致，科学家们就只能修改背景知识来尽力保护它们了。他写道："彭加勒、米尔豪德和勒鲁瓦不喜欢用进步直觉来证明的观点，他们愿意用科学家们采取的方法论的决定来说明牛顿力学在历史上的连续胜利：即经过一段相当长时期的初始经验的胜利之后，科学家们可能决定不让该理论受反驳。一经做出这一决定，便以辅助假说或其他'约定主义的策略'来解决（或取消）那些明显的反常。然而一旦最初的试错法时期结束并做出了上述重大决定之后，这种保守的约定主义却有着使我们无法冲破我们自造的监牢的缺点。它无法解决根除那些长期来一直是胜利的理论的问题。根据保守的约定主义，实验可以有充分的力量反驳年轻的理论，但不能反驳老的、业经确定的理论：经验证据的力量随着科学的成长而减小。"④

---

① 拉卡托斯：《科学研究纲领方法论》，1978年英文版，第20页。
② 拉卡托斯：《科学研究纲领方法论》，1978年英文版，第128页。
③ 拉卡托斯：《科学研究纲领方法论》，1978年英文版，第173页。
④ 拉卡托斯：《科学研究纲领方法论》，1978年英文版，第21页。

拉卡托斯认为杜恒和波普的约定主义则是革命的约定主义，他们都抛弃上述约定主义的保守成分，坚持任何科学理论的证伪性。杜恒认为，任何科学理论都将被比它更简单的理论所证伪（替代）。他写道："杜恒接受的约定主义者关于任何物理学理论都不会仅仅由于'反驳'的压力而崩溃的观点。但他声称，当'虫蛀的柱子'不能再支撑摇摇欲坠的建筑物时，物理学理论还是可能在'不断的整修和许多纵横交错的撑条'的压力下崩攒；这时该理论失去它原来的简单性，必须以新的更简单的理论来取代。"波普则认为，任何科学理论都将被实验所驳倒或证伪。它们都逃脱不了被实验所驳倒戒证伪的厄运。

不过，拉卡托斯指出，波普的约定主义与惠威尔、彭加勒、杜恒的约定主义是有重大区别的。后者认为理论的选择是约定的，而波普的约定主义则认为约定的不是理论，而是"证伪"理论的那些"经验事实"或"经验问题。"拉卡托斯写道："波普的方法论是另一种革命的约定主义。其基本区别在于它允许约定接受的是事实的、时—空上单称的'基本陈述'，而不是时—空上普遍的理论。按照证伪主义者承认的规则，只有当可以使一个理论同一个基本陈述相冲突时，该理论才是科学的；如果理论同一个已经接受的基本陈述相冲突，就必须淘汰该理论。波普还指出了一个理论具备科学资格所必须满足的另一个条件：必须预测新事实……。因此，如果是不能证伪的理论或'特设'假设，就违反了波普所承诺的规则。"[①] 这就是说，在波普的方法论证伪主义那里，理论的"证为"已经不再是证明主义的证伪，而是一种方法论的"证伪"了。这样他就完全抛弃了证明主义，而坚持一种彻底的可错主义。

拉卡托斯指出，库恩的范式理论与费耶阿本德的无政府主义方法论也彻底抛弃了证明主义，坚持彻底的可错主义。但是他们却走上了否定科学的合理性，否定科学进步的非理性主义与相对主义的错误道路。尤其是提倡"怎么都行"的费耶阿本德的无政府主义方法论，完全陷入了否弃一切知识的"怀疑主义的可错主义"的绝望陷阱。他写道："其中一个选择是怀疑论的可错主义，及其'怎么都行'的态度，对一切知识标准的绝望的抛弃。一切皆无法确立，无法拒斥，甚至无法交流；科学的增长是混乱的

---

① 拉卡托斯：《科学研究纲领方法论》，1978年英文版，第108页。

增长，是名副其实的意见混乱。"① 而波普的方法论证伪主义却是一种"理性主义的可错主义"与"肯定科学进步"的"可错主义"。从这一方面讲波普的方法论证伪主义比库恩与费耶阿本德的理论要合理。当然，它也有缺点和错误，因而必须修正。而拉卡托斯的新的方法论证伪主义——科学研究纲领方法论——就是修正波普的方法论证伪主义的产物。有关这个方面，下面将有详细论述。

（3）方法论证伪主义

那么，什么是方法论证伪主义，方法论证伪主义与教条证伪主义有什么最根本的区别呢？拉卡托斯认为，两者最根本的差别在于：教条证伪主义认为，一切理论都是可错的，一切经验都是不可错的，因此，不可错的经验或经验观察能证伪一切科学理论；方法论证伪主义则不同，它认为切理论都是可错的，一切经验或经验命题也同样是可错的，故可错的经验命题不能证伪可错的理论命题，而只能用某种"约定"的办法来"证伪"理论命题。因此方法论证伪主义的"证伪"不是教条证伪主义的那种自然主义的证伪，而是约定主义的那种方法论意义的"证伪"。正由于此，它被称为方法论证伪主义。

拉卡托斯认为，以上一点是方法论证伪主义与教条证伪主义的最根本的区别，如进一步具体分析，则还有以下几方面的区别：

（1）在观察与理论是否绝对可分的问题上的区别

如前所述，教条证伪主义认为：观察命题与理论命题必须严格区分，不能混淆。方法论证伪主义则认为，两者是无法绝对区别的，一个命题究竟是理论命题还是观察命题（经验命题），常常是由我们的方法论决定的。拉卡托斯写道："一个命题在检验过程中是'事实'还是'理论'取决于我们的方法论。"② 他举例说，我们从望远镜中观察到的天文事实，就包含着建造这种望远镜的理论，就是直接的观察，即"眼睛的报告被说成是观察，也只是表明我们依赖于关于人的视觉的某种含混的生理学理论"③。

---

① 拉卡托斯：《科学研究纲领方法论》，1978年英文版，第28页。
② 拉卡托斯：《科学研究纲领方法论》，1978年英文版，第44页。
③ 拉卡托斯：《科学研究纲领方法论》，1978年英文版，第23页。

(2) 在观察是否可错的问题上的区别

前面说过，教条证伪主义认为理论是可错的，观察是不可错的。不可错的观察是判定可错的理论是否有错误的最终判决者。方法论证伪主义则相反，它认为理论是可错的，观察、经验、实验也同样是可错的。拉卡托斯写道："这种方法论证伪主义者意识到在科学家的这种实验技巧里就涉及可错的理论。"[1] 因此，"方法论证伪主义者不是证明主义者。他对'实验证明'不抱幻想。他完全知道他的决断是可错的，而且清楚他所冒的风险"[2]。

(3) 在观察的自然性与观察的约定性问题上的区别

教条证伪主义者把观察命题与理论命题之间的区别看成自然的（在人们的心理中清楚明白、无可怀疑的），方法论证伪主义则把两者的区别看成约定的。拉卡托斯写道："一个命题在检验过程中是'事实'还是'理论'，取决于我们方法论的决定。"[3] 又说："这些基本陈述不是通常意义上的'观察的'，而只是'观察的'。它们描述了既不能为肉眼所观察的，又不能用光学仪器观察的行星，它们的真值是由一种'实验技术'所确定的。这一'实验技术'以应用一个经充分确证的射电光学理论为基础。……称这些陈述为'观察的'不过是一种说话方式，以说明方法论证伪主义者不加批判地把射电光学当作'背景知识'来使用。这种方法论证伪主义的一个典型特征就是需要决定如何将受检验的理论同不成问题的背景知识区分开来。"[4]

(4) 在理论的证伪问题上的区别

教条证伪主义认为，理论是可被证伪的。方法论证伪主义相反，认为理论是不能证伪的，而只能是"证伪"的，即"证伪"一个理论，并不是证明这个理论必定是假的。他说："方法论的'证伪'同独断的证伪是大不相同的。假如一个理论被证伪了，它就被证明是错误的了，而假如一个理论被'证伪'了，那么它仍然可能是正确的。"[5]

---

[1] 拉卡托斯：《科学研究纲领方法论》，1978年英文版，第23页。
[2] 拉卡托斯：《科学研究纲领方法论》，1978年英文版，第22页。
[3] 拉卡托斯：《科学研究纲领方法论》，1978年英文版，第44页。
[4] 拉卡托斯：《科学研究纲领方法论》，1978年英文版，第23页。
[5] 拉卡托斯：《科学研究纲领方法论》，1978年英文版，第108页。

3. 朴素的方法论证伪主义与精致的方法论证伪主义

拉卡托斯认为，波普的证伪主义与他的证伪主义都属于方法论证伪主义，它们都具有上述与教条证伪主义相区别的共同特征。但后者又是前者的修正，两者之间存在着重大的区别。

拉卡托斯指出，两者之间最根本的区别是：波普的朴素方法论证伪主义是原子主义的，认为科学理论的单位是一个个各自独立的命题，而拉卡托斯的精致的方法论证伪主义则是整体主义的。它认为科学理论的单位不是一个个各自孤立的命题，而是由许多命题相互联系的整体，即"研究纲领"。他写道："评价的基本单位不是孤立的理论或理论的舍取，而是一个'研究纲领'。"① 拉卡托斯指出，诚然，波普有时也曾意识到理论的整体性，但是这并没有引起他应有的重视，在本质上，他仍然是一个原子主义者。

拉卡托斯指出，从以上根本的区别中还可导出以下两个重大的区别，那就是：分界标准（或接受规则）的区别和证伪规则（或淘汰规则）的区别。

（1）分界标准（接受规则）的区别

在拉卡托斯看来，"接受规则"与"分界标准"是同一的。所谓"分界标准"就是区分科学理论与非科学理论的标准。而"接受规则"就是如何区分科学理论与非科学理论，从而接受科学理论、拒斥非科学理论的规则。

拉卡托斯强调分界标准的重要性。他认为"科学与非科学、伪科学的分界问题，不是一个书斋哲学家们的人为的问题，它是有重大的理论意义与政治意义"。他举例说："天主教教会借口说哥白尼理论是伪科学而开除了日心论者的教籍，苏联共产党借口说孟德尔学说是伪科学而迫害了孟德尔论者。"②

拉卡托斯追溯了科学哲学史上分界标准的演变过程。他指出，早期的证明主义（归纳主义与演绎主义）的分界标准是知识的确定性。他们认为，只有被理智或感官经验证明为确实无误的知识才是科学的知识，否则

---

① 拉卡托斯：《科学研究纲领方法论》，1978 年英文版，第 111 页。
② 拉卡托斯：《科学研究纲领方法论》，1978 年英文版，第 1 页。

是非科学的或伪科学的。他写道："许多世纪以来，知识指的是已被证明的知识，即由理智的力量或感官的证据证明的知识。"① 又说："科学必须达到神学未达到的那种确实性。一个名副其实的科学家是不容许猜测的，他必须由事实来证明他所说的每一句话。这就是科学诚实性的标准。未经事实证明的理论在科学界被认为是罪孽深重的伪科学和异端。"② 早在2000年前，怀疑论者就对这种分界标准提出了责难，因为不论是人的感觉或理智，都是可错的。但牛顿力学的成就支持了这种标准，而后来的爱因斯坦相对论又动摇了这个标准。人们开始把这个标准看成是"乌托邦"，以至于导致区分科学与无知、科学与伪科学的困难。新证明主义——逻辑证实主义为了坚持科学与伪科学的区分而提出了一种新的分界标准——概率的分界标准。"如果一个理论的数学概率很高，它就有科学的资格，如果低，甚至是零，则是非科学的。""它把科学是'已被证明的真理'的观念弱化为'或然的真理'的概念。"但是遭到了波普的"任何理论的概率是零"的致命的批判。

波普的朴素的方法论证伪主义的分界标准是"可证伪性"标准，即一切知识命题，只有能被经验证伪的，才是科学的，否则就是非科学的。但是这个标准是错误的，它忽视了理论的坚韧性，遭到了库恩的应有反驳。拉卡托斯写道："波普的标准忽视了科学理论的明显的坚韧性。科学家的脸皮很厚，不会只因为事实与理论相矛盾就放弃理论。他们通常会发明某种挽救性假说，以说明他们当时称为反常的东西。如果不能说明这一反常，他们便不理会它，而将注意力转向其他的问题。""科学绝不是试错法、一系列的猜测与反驳。'所有的天鹅都是白的'可以由于发现一只黑天鹅而被证伪。但这种不足道的试错法称不上是科学。"③

库恩（还有披兰尼）开始把科学与非科学的分界标准，从客观方面移到主观方面。他否弃"确实性"标准、"概率"标准与"可证伪"标准，而提倡一种"公议"的标准，认为区分科学与非科学的标准是"公议的"，即由科学共同体的"公议"，亦即科学共同体的共同信念决定的。拉卡托

---

① 拉卡托斯：《科学研究纲领方法论》，1978年英文版，第8页。
② 拉卡托斯：《科学研究纲领方法论》，1978年英文版，第2页。
③ 拉卡托斯：《科学研究纲领方法论》，1978年英文版，第3—4页。

斯写道:"像某些知识社会学者那样将已被证明的真理的观念弱化为'随公议变化的真理'。""当代支持'会议决定真理'观念的主要代表是波兰尼和库恩。"① 库恩的这种分界标准抹杀了科学与非科学的分界的客观性,把它归结为一种集体信念,实质上抹杀了科学与非科学(伪科学、宗教迷信)的区分。他写道:"如果库恩是正确的,那么科学与伪科学之间就没有明确的分界,科学进步与知识退化就没有区别,就没有客观的诚实性的标准了。"②

拉卡托斯指出,他的精致的方法论证伪主义提出了一种与波普的朴素方法论证伪主义的分界标准根本不同的分界标准:"超经验内容的分界标准。"它的内容是:任何一个理论只要被确证其经验内容超过其他竞争者的经验内容(也即导致发现更多的新事实)时,它便是科学的,否则就是非科学的。因此,一个理论要成为科学的理论,就必须具有下面几个方面的可接受的内容:①"可接受性1":"具有超量的经验内容";②"可接受性2":"这种超量的经验内容中有一些已被证实。"③ 后来他还提出了"可接受性3",即它应是与其他理论避免矛盾的。④

这就是说证伪一个理论的不是经验、观察或实验,而是一个比它们具有更多的经验内容或具有更多的可预见性的理论。拉卡托斯不是孤立地去考察一个理论是科学还是非科学的,而是用系列理论的互相比较来考察理论是科学的还是非科学的。他写道:"精致的方法论证伪主义用理论系列的术语重新制定其接受标准和拒斥标准。"又说:"不是一个孤立的理论,而是理论的系列才能说明理论是科学的还是非科学的。把'科学的'这个词用到单个理论上是犯了范畴错误。""评价任何科学理论都必须同它的辅助假说、初始条件等一起评价,尤其是必须同它的先行理论一起评价……。我们的评价当然是一系列的理论,而不是一个个孤立的理论。"⑤

拉卡托斯认为,他的分界标准既避免了波普的理论错误,又避免了库恩的混淆科学与非科学的主观主义与相对主义。

---

① 拉卡托斯:《科学研究纲领方法论》,1978年英文版,第8页。
② 拉卡托斯:《科学研究纲领方法论》,1978年英文版,第4页。
③ 拉卡托斯:《科学研究纲领方法论》,1978年英文版,第32页。
④ 拉卡托斯:《数学、科学与认识论》,1978年英文版,第182—184页。
⑤ 拉卡托斯:《科学研究纲领方法论》,1978年英文版,第33—34页。

(2) 证伪规则（淘汰规则）的区别

拉卡托斯强调：他的精致的方法论证伪主义与波普的朴素方法论证伪主义虽同属方法论的证伪主义，但是他们的证伪规则是完全不同的。波普的朴素方法论证伪主义坚持传统的看法，虽然是从约定主义的立场坚持这种看法，认为一个理论如果与观察、经验和实验不一致，它就被"证伪"了。而拉卡托斯的方法论证伪主义却认为，旧理论不是被观察、经验和实验证伪的，而是被另一个具有超量经验内容的新理论证伪的。其理由是，观察、经验或实验不能推翻理论，任何理论可调整其背景知识来消化反常以保护自己。他写道："任何实验结果都不能淘汰一个理论。通过一些辅助假说或适当地对该理论的术语重新加以解释，都可以从反例中挽救该理论。"[①] "自然界或许会喊不，但人类的智慧可能永远都能喊得更响。有了足够的智慧和某种运气，任何理论，即使是错误的理论，都可以在很长的一段时间内受到'进步的'辩护。"[②] 因此，他所说的"证伪"，不是传统的认识论意义上的证伪，而是在竞争中被"淘汰"，被"取代"；他所说的"证伪"也不是像波普所认为的那样是"破坏性的"，而是"建设性的"，即不是单纯地抛弃一个理论，而是用一个较好的理论来代替一个较差的理论。他写道："这样一来，朴素证伪主义特有的否定性便消失了。批评变得更加困难了，而且也更加肯定、更富有建设性了。"[③]

二　论科学研究纲领理论

拉卡托斯称他自己的科学哲学理论为精致的方法论证伪主义，以区别于传统的证明主义、证伪主义和朴素的方法论证伪主义。实际上，拉卡托斯所说的精致的方法论证伪主义就是他的科学研究纲领方法论的理论；而整体主义思想则又是这种科学研究纲领方法论的基础和根本。如前所述，早在拉卡托斯之前，图尔敏、汉森和库恩等人就曾明确地反对逻辑实证主义把科学理论看作一个个各自孤立、互不相关的理论和命题的错误看法，

---

① 拉卡托斯：《科学研究纲领方法论》，1978 年英文版，第 32 页。
② 拉卡托斯：《科学研究纲领方法论》，1978 年英文版，第 11 页。
③ 拉卡托斯：《科学研究纲领方法论》，1978 年英文版，第 35 页。

并强调科学理论的整体主义思想。杜恒与奎因则更以提出他们著名的坚持科学理论的整体性的"杜恒奎因原则"闻名于哲学界。拉卡托斯继承并发展了图尔敏、汉森、库恩和奎因等人的整体主义思想,并具体运用于他的科学研究纲领的理论中,成为这一理论的基础。

拉卡托斯从整体主义思想出发,认为任何一门成熟的科学,都不是单个各自孤立的理论或命题,也不是这样一些命题或理论的机械的拼凑和集合,相反,它是一个相互联系的整体,这个整体他称之为"科学研究的纲领"。他说:"成熟科学的单位是研究纲领。"① 又说:"我主张典型的描述重大科学成就的单位不是孤立的假说,而是一个研究纲领。"②

拉卡托斯认为,"研究纲领"既不是逻辑实证主义所宣称的静态的单个命题,也不是朴素证伪主义者被普所坚持的动态的单个理论或命题,而是一个动态的理论整体或动态的命题整体。"研究纲领"的转换,是一个整体性的转换。正是在这个意义上,拉卡托斯又把他的"研究纲领"称为"一种特殊的问题转换"③。

在谈到他的"研究纲领"思想的来源时,拉卡托斯承认他的这一思想直接受了库恩"范式"理论的启发。他认为,他的研究纲领与库恩的"范式"有许多类似之处。从根本上讲,他们都是一种"概念框架"。他写道:"如果你愿意,也可把'研究纲领'称为'概念框架'。"又说:如果把'研究纲领'叫作'范式'也未尝不可。"④ 不过,拉卡托斯坚持认为,他的"研究纲领"并不是库恩"范式"的简单的模仿和重复,两者之间是有本质的区别的。这种区别不仅在于他的"研究纲领"不像库恩的"范式"那样包括仪器设备、教科书等在内的乱七八糟的大杂烩,而且更重要的是在于他的"研究纲领"是"理性的",而不是"社会—心理学"的东西。

拉卡托斯指出,他的"研究纲领"不仅在性质上与库恩的"范式"有本质的不同,在具体的内容上也有根本的差别。具体说来,他的"研究纲领"已不像库恩的"范式"那样内容庞杂混乱,而是具有内在结构的。它由

---

① 拉卡托斯:《科学研究纲领方法论》,1978年英文版,第179页。
② 拉卡托斯:《科学研究纲领方法论》,1978年英文版,第4页。
③ 拉卡托斯:《科学研究纲领方法论》,1978年英文版,第179页。
④ 拉卡托斯:《科学研究纲领方法论》,1978年英文版,第69页。

以下几个部分构成：(1) 作为"研究纲领"的核心部分的"硬核"；(2) 保护"硬核"的"保护带"； (3) 为"硬核"服务的两条方法论规则——"积极启示法"和"消极启示法"。他写道："研究纲领是一种特殊的'问题转换'，它包括一系列发展着的理论，且这一系列发展着的理论有其结构。它有一个……坚韧的硬核，它还有一个启示法。启示法包括一套解题的方法……最后研究纲领有一个广阔的辅助假说的保护带，我们根据这些辅助假说确立初始条件。"①

拉卡托斯还对"研究纲领"的组成部分做了详细的分析与研究。

（一）硬核

首先是"硬核"部分。什么是"硬核"呢？拉卡托斯认为，所谓"硬核"就是某个"研究纲领"的最基本的理论部分，它是其他理论或命题的基础与核心。在既定的研究纲领里，它是不可被反驳、不可被否定的。一般说来，一旦"研究纲领"的"硬核"部分遭到了反驳与否定，那么，整个研究纲领也就遭到了反驳与否定。

例如，在牛顿的动力学理论中，它的力学三定律及引力定律就是"硬核"部分，它们是整个牛顿力学体系的基础，是不可被反驳、不可被否定的。如果它们被否定了，那么整个牛顿力学的理论结果也就被否定了。

拉卡托斯认为，在作为"研究纲领"的理论核心的"硬核"中，还包含着一些重要的形而上学观点或哲学理论。如"物体永恒运动"的观点就是牛顿的理论核心中的不可缺少的观点。他写道："在波普、沃特金斯和阿加西看来是外部的有影响的形而上学的东西，在我这里都成了纲领的内部'硬核'。"② 又说："波普承认形而上学对科学的影响，我却把形而上学看作科学的一个组成部分。"③ 可见，拉卡托斯不仅与波普、沃特金斯和库恩等人一样，肯定形而上学对科学的作用，而且比他们走得更远，肯定形而上学是科学的一个组成部分。

---

① 拉卡托斯：《科学研究纲领方法论》，1978 年英文版，第 179 页。
② 拉卡托斯：《科学研究纲领方法论》，1978 年英文版，第 111 页。
③ 拉卡托斯：《科学研究纲领方法论》，1978 年英文版，第 148 页。

（二）保护带

其次是"保护带"部分。什么是拉卡托斯所说的"保护带"呢？那就是保护"硬核"，不使"硬核"受到反驳的一些辅助性理论或假说。因此，他有时又称"保护带"为"辅助假设的保护带"。他写道："研究纲领有一个广阔的辅助假说的保护带，我们根据这些辅助假说确定初始条件……。我把它称为保护带是因为它保护硬核免受反驳。我们并不认为反常反驳了硬核，而是认为反驳了保护带中的某个假说。硬核保持不变，而保护带却不断修正、增加并复杂化。"①"我们必须运用自己的智慧去表述，或去发明一些'辅助假设'，在这个硬核周围形成一个保护带，以致矛头只得转而指向这些假设。正是这些辅助假设构成的保护带必定首当其冲受到检验，进行调整、再调整或全部更换，才使得那些因而成为坚硬的核得到保护。"② 他仍以牛顿力学理论为例指出：例如，几何光学理论与大气折射理论等，就是牛顿纲领的保护带。如果一颗行星的运行出现了反常，牛顿派的科学家并不会直接去否定牛顿纲领中的"硬核"——三大定律和引力定律；相反会想方设法去检查牛顿关于大气折射的猜测、关于光线在磁场中传播的猜测以及其他许多猜测，以保护三大定律与引力定律。

拉卡托斯的上述硬核与保护带关系的理论直接来源于杜恒—奎因原则。奎因曾明确指出，面对"经验法庭"的不是孤立的单个理论而是整个理论体系。因为理论当受到经验反驳的威胁时，可以调整与其相互联系的周围的辅助性假设和初始条件以保护自己。

（三）启示法

由于保护带是可以反驳并经常需要修改的部分，因而拉卡托斯有时又称保护带为"可反驳的保护带"和"较为灵活的保护带"③ 不过，拉卡托斯强调，保护带的可以反驳与经常修改，并不意味着保护带可以任意修改与随意更换。换言之，保护带的修改与更换是有条件的。他认为，这些条

---

① 拉卡托斯：《科学研究纲领方法论》，1978年英文版，第179页。
② 拉卡托斯：《科学研究纲领方法论》，1978年英文版，第179页。
③ 拉卡托斯：《科学研究纲领方法论》，1978年英文版，第5页。

件总括起来有两个方面：（1）在时间上，只有当理论受到了经验的反驳时；（2）在方法上，必须根据启示法的需要而修改。他说："保护带不断修正、增加并复杂化，这在一定程度上是由于经验反驳的压力。"① 又说："辅助假说的保护带主要应根据研究纲领的启示法的规定而变更。"②

那么什么是启示法呢？前面说过，这是一种有助于科学发现的启示性方法。早在拉卡托斯建立证伪主义准经验数学理论时期，在《证明与反驳》以及其他有关方面的论文中，他就较详细地论述了这种方法。当时他认为，这是一种"证明与反驳"的方法，它普遍应用于数学，其具体程序是：原始猜想（假设）—证明—反驳—新的猜想（假设）；并指出，"数学的启示法与科学的启示法十分相似"。后来，他把这种方法明确地推广、应用于科学，认为科学发现的方法也是启示法。

拉卡托斯的启示法来源于波普的试错法，两者基本上是一致的，但也有重要的区别。那就是：（1）波普坚持科学发现的非理性，认为科学家对科学的猜想或假设的提出是突然的、神秘的、直觉的、心理的、不可分析的或非理性的；而拉卡托斯认为，科学发现是理性的、可分析的，科学家们总是为了消化反常而提出假设或理论的。他写道："这些启示法是理性的，而不是心理的。"③ （2）波普坚持为赫歇尔所提出，并为逻辑实证主义者所坚持的"发现的范围"与"证明（检验）的范围"分开的观点，认为由于科学发现是非理性的，理论的证明（检验）是理性（假设—演绎法）的，因而两者是截然分开的。拉卡托斯不同意这种观点，认为启示法是使二者联系起来的环节。他写道："我认为很可能在中间地带存在着'真正的'启示法。"

拉卡托斯认为，启示法具有两个规则或原则：消极的原则——消极启示法，积极的原则——积极启示法。下面分别论述这两个原则。

1. 消极启示法

拉卡托斯认为，"消极启示法"就是一种"消极的解决问题的手段"，或者说是一种为了保护硬核不受反驳而规定的消极的禁令：禁止把反驳的

---

① 拉卡托斯：《科学研究纲领方法论》，1978 年英文版，第 179 页。
② 拉卡托斯：《科学研究纲领方法论》，1978 年英文版，第 140 页。
③ 拉卡托斯：《科学研究纲领方法论》，1978 年英文版，第 140 页。

矛头指向硬核。他写道:"消极启示法具体地规定了纲领的硬核,是'不可反驳的'。"① 为此,他有时称消极启示法为"保卫纲领的启示法"、"保卫核心的启示法"或"禁止把矛头指向核心的方法"②,等等。他举例说:牛顿纲领的消极启示法就是禁止科学家们把经验反驳的矛头指向牛顿动力学三定律及引力定律。

2. 积极启示法

拉卡托斯认为,积极启示法是一种"积极的"鼓励性的方法论规定。它规定和鼓励科学家通过增加、精简、修改和完善辅助性假设来发展科学研究纲领。他写道:"科学研究纲领除了有它的消极启示法外,还有它的积极启示法。"③ 具体说来,"积极启示法"在科学研究纲领中的作用主要有以下几个方面:(1)"限定研究的问题";(2)草拟辅助性假说保护带的建构;(3)"预见反常并成功地消化反常,化反例为正例",以发展研究纲领。④

拉卡托斯还进一步分析了"积极启示法"的组成成分。他认为,"积极启示法是由一组提示或暗示组成的。它提示或暗示如何改进和发展科学研究纲领的'可反驳'的部分,即如何修改和精练'可反驳'的保护带以发展整个科学研究纲领"⑤。

那么积极启示法又是如何发挥作用以实现上述三方面的任务的呢?拉卡托斯认为,积极启示法是通过以硬核为根据,提出一系列模拟实在的模型作为方案来发展整个研究纲领的。例如,牛顿理论在其初创时期,就曾提出过一个"具有固定的点状太阳和几个点状行星的行星系"模型,构成一个研究方案来发展整个牛顿研究纲领。

拉卡托斯写道:"积极启示法提出一个纲要(或方案),此纲要开出一系列模拟实在的越来越复杂的模型:科学家遵循他的纲领的正面部分规定的指令把注意力集中在建立他的模型方面。他不理睬实际存在的反倒可以得到的论掘。"又说:"没有比这个事实更清楚地表明研究纲领中存在着积

---

① 拉卡托斯:《科学研究纲领方法论》,1978年英文版,第50页。
② 拉卡托斯:《科学研究纲领方法论》,1978年英文版,第49页。
③ 拉卡托斯:《科学研究纲领方法论》,1978年英文版,第49页。
④ 拉卡托斯:《科学研究纲领方法论》,1978年英文版,第110—111页。
⑤ 拉卡托斯:《科学研究纲领方法论》,1978年英文版,第50页。

着积极启示法,这就是为什么人们看到研究纲领中的'模型'的缘故。""一个模型就是一组初始条件(可能还有一些规则理论)"①,不过拉卡托斯也指出,模拟实在的模型往往是形而上学的内容,它本身并不需要证明。他说:"人们可以把一个研究纲领的积极启示法作为'形而上学'原则阐述。例如人们可以把牛顿的纲领表述如下:'行星本质上是受引力作用的大致呈球形的陀螺',这种想法从未得到严格的支持,行星不仅受到引力作用,而且它们也有可影响它们自身的电磁特性。"②

拉卡托斯还进一步阐述了"积极启示法"与理论科学的相对自主性之间的关系。拉卡托斯认为,积极启示法及其所提出的模型对科学家们思考问题与研究方向有积极的指导作用和启发意义。换句话说,科学家思考问题和发现问题,并不是一种零乱的和偶然性的活动,而总是在积极启示法及其模型的指导下进行的一种积极的活动。因而科学研究的发展具有内在的自主性,即客观的逻辑性与规律性。他写道:"以这种方法,研究纲领方法论便能够说明理论科学的高度自主性。"③拉卡托斯还把他的这种科学发展与研究的自主性思想与波普的第二世界思想联系起来。他写道:"我的'研究纲领'概念,可以视为是对库恩的社会——心理学的范式概念的一个客观的'第三世界'的重构。因而不去掉波普的眼镜就能进行库恩式的'格式塔转换'。"④又说:"……但科学心理学不是自主的,因为被理性重构的科学增长在思想世界里,在柏拉图和波普的'第三世界'里,在独立于认识主体的清晰展现的知识世界里是被本质地体现的。波普的研究纲领的目的就在于揭示这种客观的科学增长,而库恩的研究纲领看来是旨在揭示('常态')科学思想(或个体的、集体的)中的变革。"⑤

毫无疑问,拉卡托斯强调科学发展的自主性有一定的合理性,因为科学发展有其自身的内在逻辑性与规律性。但把科学自主发展的思想与波普的第三世界联系起来,就给这一思想蒙上了神秘的色彩,使它的合理性受到了削弱,存在着一定程度上的缺陷。

---

① 拉卡托斯:《科学研究纲领方法论》,1978年英文版,第50—51页。
② 拉卡托斯:《科学研究纲领方法论》,1978年英文版,第51页。
③ 拉卡托斯:《科学研究纲领方法论》,1978年英文版,第111页。
④ 拉卡托斯:《科学研究纲领方法论》,1978年英文版,第91页注②。
⑤ 拉卡托斯:《科学研究纲领方法论》,1978年英文版,第92页。

三 论科学发展的动态模式

在上面所论述的研究纲领理论的基础上，拉卡托斯提出了一个既不同于波普，也不同于库恩的具有自己独特性的科学发展的动态模式。简单地说，拉卡托斯的这种动态模式就是退化的研究纲领与进化的研究纲领交替转换的模式，也是进步的问题转换与退步的问题转换交替出现的模式。

（一）进步的研究纲领

如前所述，拉卡托斯把成熟的科学理论看作一系列理论与命题的有机联系与统一的整体，这个整体也就是"研究纲领"。而科学的进步与发展就体现在进步的研究纲领替换退化的研究纲领。那么什么是进步的研究纲领呢？

拉卡托斯认为，一个研究纲领如果比旧的研究纲领具有更多的新事实，那么我们就可以说这个研究纲领是进步的。具体地说，一个进步的研究纲领，不仅能解释旧研究纲领的所有的成功，而且还能不断地做出新的预见。这些新的预见也能得到经验上的确证。总之，在拉卡托斯看来，研究纲领的进步可分为理论上的进步与经验上或事实上的进步。所谓理论上的进步就是研究纲领能做出更多的预言；而所谓事实上的进步则是研究纲领的预言得到了事实的确证。他写道："只要一个研究纲领的理论增长预见了它的经验增长，也就是说，只要他继续不断地相当成功地预测新事实（进步的问题转换），就可以说它是进步的。"[①] 又说："所有令人钦佩的研究纲领都有一个共同的特点，它们都预测了新事实，这些是先前的或竞争的纲领所梦想不到或与之相矛盾的。"[②] 他举例说，牛顿理论之所以比当时的另一些理论优越，就在于它预测了哈雷彗星在72年之后返回等事实。同样，爱因斯坦理论比牛顿理论更好，也在于它不仅解释了牛顿理论已成功解释的一切，还在一定程度上解释了一些已知的反常（如水星近日点），并做出了许多新的预见。

[①] 拉卡托斯：《科学研究纲领方法论》，1978年英文版，第112页。
[②] 拉卡托斯：《科学研究纲领方法论》，1978年英文版，第5页。

在这里，拉卡托斯实际上继承了波普的有关思想。波普认为，理论的可证伪度愈高，经验内容就愈丰富，它也就愈进步。拉卡托斯则认为，研究纲领的预见度愈高，经验内容就愈丰富，它也就越进步。他们都把经验内容的增加作为科学理论进步的标志。正由于他强调经验内容的增加对研究纲领进步的意义，他称自己的理论是经验主义的，并把他的精致的方法论证伪主义称为"精致的方法论经验主义"①。

由于拉卡托斯坚持认为，理论总是存在问题的，我们绝不可能解决所要解决的一切问题。因此，他又把研究纲领称为"问题转换"。同样他也把"进步的研究纲领"称为"进步的问题转换"。同时他还把"预见性"与"进步性"联系起来，认为一个研究纲领的"进步性"就表现在它的"预见性"和"经验性"上。

研究纲领的预见性愈大，经验性愈多，它就愈进步。

拉卡托斯认为：一个研究纲领的进步性不仅表现在它的预见性不断增技和发展，而且还表现在预见性增长的一贯性与有计划性。这是因为研究纲领的预见是在积极试探法的指导下做出的。他写道："事实上，一个研究纲领即使预见了新事实，如果是一种拼凑的发展方式而不是依靠一个连贯的、预先计划的积极试探法做出预见，我也把该纲领定义为退化的。"②

正因为如此，他又把科学研究纲领的预见能力称为"启示法的能力"。他说："我这里用'启示法的能力'是作为表征研究纲领在理论上能预期自己发展中的新事实的能力的一个专用术语。当然，我也能用'解释能力'。"③ 在这里，拉卡托斯实际上是提出了一种十分重要的思想。那就是：科学发现是有其内在规律的，从而在一定程度上批判了库恩等人把科学发现单纯归结为个别科学家的偶然的灵感的错误。

拉卡托斯把预见性的增加与扩大看作研究纲领的进步的标志，看作任何进步的科学理论的标志。因此，在他看来，科学家的重要任务是提出具有新的预见能力的进步理论，因为不具任何新的预见性的理论，就根本不是真正意义上的科学理论。不过，拉卡托斯也承认，这种缺乏任何新的预

---

① 拉卡托斯：《科学研究纲领方法论》，1978 年英文版，第 38 页。
② 拉卡托斯：《科学研究纲领方法论》，1978 年英文版，第 112 页。
③ 拉卡托斯：《科学研究纲领方法论》，1978 年英文版，第 155 页。

见能力的理论或假设，不仅科学史上存在过，而且在日常的科学活动中也屡见不鲜。他把这种不具有新的预见能力的理论或假设称为特设性辅助假设，并把它们分为三种"特设1""特设2""特设3"。

（1）"特设1"：与旧假设相比没有新经验内容（或不是超量经验内容的假设或理论）的假设。他写道："我称那些与其先行理论（或竞争理论）相比不具有超余内容，即没有预测任何新事实的理论为特设1的理论。"①

（2）"特设2"：超量经验内容无法确证或没有被确证的假设。他说："我称那些预测了新事实但完全落空了的理论，即其超余内容都未得到确证的理论为特设2的理论。"② 例如，科学史上的洛仑兹—菲茨杰拉德的收缩假说就是这样一种特设2。

（3）"特设3"：未能构成积极启示法的组成部分的假设。拉卡托斯这样说："我们可以称这种既不是特设1，又不是特设2，但在本文所规定的意义上仍不能令人满意的假说为特设3的假说。"③ 如普朗克对卢然——普林希姆公式所作的第一次修正就是这种特设3。

拉卡托斯明确反对上述三种辅助性特设，因为这些假设不能成为科学研究纲领的组成部分，不能推进研究纲领的进步。他说："人们用一连串拼凑的、任意的、互不联系的理论也可能取得这种'进步'。但好的科学家不会认为这种临时拼凑的进步是令人满意的；他们甚至会认为这不是真正科学的而予以拒斥。他们会称这种辅助假说不过是'形式的''武断的''经验的''半经验的'，甚至是'特设的'。"④

拉卡托斯还讨论了进步的研究纲领与反常的关系。他认为，当科学研究纲领处于进步阶段时，它并不害怕反常。因为这个时期所出现的反常，最多只是给理论提出了问题，并不表明理论的失败，也不表明理论已轻而易举地被反常所否定。他认为，科学史上有关这方面的例子很多。如水星近日点异常的发现，并没有否定牛顿理论。而且，拉卡托斯指出，在多数情况下，进步的研究纲领还会通过吸收与消化反常的种种努力，化不利于自身的反例为有利于自身的正例，从而发展自己。他认为有关这方面的例

---

① 拉卡托斯：《科学研究纲领方法论》，1978年英文版，第122页。
② 拉卡托斯：《科学研究纲领方法论》，1978年英文版，第122页。
③ 拉卡托斯：《科学研究纲领方法论》，1978年英文版，第122页。
④ 拉卡托斯：《科学研究纲领方法论》，1978年英文版，第88页。

子也很多，其中典型的例子便是牛顿理论。他写道："牛顿的引力理论是一个很典型的例子。它可能是有史以来最成功的研究纲领。在刚诞生时，它被淹没在'反常'（或反例）的汪洋大海中，并受到支持这些反常的另一些观测理论的反对。但是牛顿派科学家们用他们卓越的聪明才智和坚韧精神，把这些反例——转为正例，从而推翻了支持这类反例的那些观测理论，并在自己的发展过程中提出了许多新的反例而——予以解决，终于把几乎所有的困难都转变成自己的胜利。"[1] 另一个典型的例子便是普劳特的理论。普劳特在1815年提出了所有化学元素的原子量都是整数的理论。当时存在有许多与这个理论不相符合的反例。但他毫不介意，把产生反例的原因归之于化学物质的不纯。后来经过他的理论的支持者们的长期努力，把一个个原本是理论的反例转化为理论的正例，最终使他的理论取得了胜利。所以，拉卡托斯认为，波普有关理论一旦遭遇反常（反驳）就被否弃的观点与科学发展史不相符，是不正确的；而与此相反的库恩的观点则是正确的。

不过，拉卡托斯也认为，就像任何事物都有从成长到衰亡的过程一样，科学研究纲领也不会是永远进步的。在科学研究纲领由进步转向退步的过程中，原先在科学研究纲领的进步时期被认为不足道的反常，逐渐变得重要起来，越来越使科学家们疲于奔命。到了科学研究纲领的退化时期，反常成了科学理论的致命的东西。这时的科学家不仅不再蔑视反常，相反集中精力研究反常。这正是库恩所说的"危机"时期。

（二）退化的研究纲领

与进化的研究纲领相对应的是退化的研究纲领。什么是退化的研究纲领呢？

拉卡托斯这样说："如果它（指研究纲领——引注）的理论增长落后于经验的增长，即它只能对偶然的发现或竞争的纲领所预见和发现的事实进行事后的说明（退化的问题转换），这个纲领就是停滞的。"[2] 拉卡托斯还对研究纲领的退化做了细致的研究，认为研究纲领的退化主要表现

---

[1] 拉卡托斯：《科学研究纲领方法论》，1978年英文版，第52页。
[2] 拉卡托斯：《科学研究纲领方法论》，1978年英文版，第112页。

在以下这三个方面：(1) 理论的增长落后于经验的增长。换言之，理论虽然有增加但不及经验的增加，对大量的新经验无法作理论上的解释。他写道："一旦理论落后于事实，我们所说的纲领就可悲地退化了。"①
(2) 只有偶然的发现，没有预见的发现。也就是说，研究纲领已失去了预见能力。他这样说："如果科学家的这些假说只能说明他们打算要说明的那些既定事实，而不能预测某个新的事实。那么，这种做法就是特设的，而这个纲领也就在退化。"② (3) 对发现只能作事后的说明，即理论的提出只是用作解释和说明，而无法用来预见新的事实和新的辅助性理论。他说："相反，在退化的研究纲领中，理论只是为了适应已发生的字实才构造出来的。"③ 总之，在他看来，理论落后于事实才是研究纲领退化的最根本的标志。

综上可知，在拉卡托斯那里，研究纲领的进步与退化的评价是在一系列研究纲领的比较中得出的。他写道："我已经用抖学理论系列中进步与退步的问题转换论述了客观评价科学成长的问题。"④ 他认为：一个退化的研究纲领只有在比它更进步、更有预见力的新的研究纲领能取代它时，才被淘汰。他说："什么时候拒斥一特定的理论或整个研究纲领，我主张只有在有了一个更好的研究纲领去取代它时，才是恰当的。"又说："我们拒斥一个合理性理论只能是因为有 T 了一个更好的合理性理论。"⑤

研究纲领的取代常常要经历一个长期反复的过程。如果把研究纲领的取代说成是科学革命，那么这种科学革命就会是长期的、反复的。它往往不能在短暂的时间内简单地一次性实现。为什么呢？拉卡托斯指出，这是因为一个退化的研究纲领可以经过一番革新后获得生命力，重新转化为进步的研究纲领。他认为，这种革新的范围很广，但主要表现为研究纲领的积极启示法的革新和积极启示法根据硬核所提出的模型的调整或更新。这种调整或更新往往会重新提高研究纲领的预见能力。例如，索迪（S. J. Soddy）对普劳特研究纲领的贡献和泡利对玻尔的旧量子论的研究纲领的贡献就是这

---

① 拉卡托斯：《科学研究纲领方法论》，1978 年英文版，第 6 页。
② 拉卡托斯：《科学研究纲领方法论》，1978 年英文版，第 179 页。
③ 拉卡托斯：《科学研究纲领方法论》，1978 年英文版，第 5 页。
④ 拉卡托斯：《科学研究纲领方法论》，1978 年英文版，第 47 页。
⑤ 拉卡托斯：《科学研究纲领方法论》，1978 年英文版，第 151 页。

类创造性转换的典型例子。他说:"当一个研究纲领进入退化阶段时,它的积极启示法里的一次小小革命或创造性转换可以又一次推动它前进。"①历史上这种退化研究纲领重新转化为进步研究纲领的证例是不少的。拉卡托斯举了热动学的例子。他写道:"热功说似乎比热的现象论的成果落后了几十年,一直到1905年,关于布朗运动的爱因斯坦—斯莫罗科夫斯基的理论才最后超过了现象论。此后,先前看来似乎是对旧事实(关于热的旧事实等)的推测性的重新解释变成了新事实(关于原子的事实)的发现。"② 因此,拉卡托斯告诫我们:"即使被打败的纲领是个老的而且是'疲惫的'纲领,已接近'自然饱和点',它也可能以巧妙的增加内容的革新而继续进行长时间的抵抗。"又说:"必须明白,一个对手,即使大大地落后,也有可能卷土重来。"③

拉卡托斯认为,坚持落后的研究纲领,并力图把它转化为进步的研究纲领,这不是一件不合理的或不道德的行为。相反它有利于科学研究纲领间的竞争,也有利于科学事业的进步。他说:"以为人们必须等待一个研究纲领耗尽其全部试探力,以为要等每一个人对可能于何时何地达到退化点都取得一致意见才引入一个竞争纲领,这种看法是错的。"又说:"任何研究纲领都有胜利的可能,固执、谦虚在一定范围内总是合理的。"④

因此,拉卡托斯认为,对退化理论的淘汰不是根本否定,不是扼杀,不是把它置于死地而不让他后生,而是把它"暂时地搁置起来",观察它一个时期后再说,看看它是否还有生命力。所以拉卡托斯说:"把淘汰的对手'暂时搁置'起来也行。"⑤

总之,拉卡托斯认为,对于退化的研究纲领应采取宽容和等待的态度。他说:"对一个纲领的批评是一个很长的,并经常使人沮丧的过程,必须宽厚地对待年轻的纲领。"⑥

---

① 拉卡托斯:《科学研究纲领方法论》,1978年英文版,第51页。
② 拉卡托斯:《科学研究纲领方法论》,1978年英文版,第70页。
③ 拉卡托斯:《科学研究纲领方法论》,1978年英文版,第113页。
④ 拉卡托斯:《科学研究纲领方法论》,1978年英文版,第113页。
⑤ 拉卡托斯:《科学研究纲领方法论》,1978年英文版,第112页。
⑥ 拉卡托斯:《科学研究纲领方法论》,1978年英文版,第92页。

(三) 进步的研究纲领与退化的研究纲领的交替

与逻辑实证主义、波普证伪主义以及库恩的"范式"理论不同，拉卡托斯把研究纲领的竞争看作多元的。拉卡托斯认为，科学史就是一部两种或两种以上的多种理论（研究纲领）相互竞争的历史。库恩曾把某一理论（或范式）清一色地专政的时期称为常态科学时期。拉卡托斯反对这种观点，认为这种清一色的专政在科学史上以及在现实的科学实践活动中并不存在。他写道："库恩所倡导的'常态科学'不过就是一种居于垄断地位的研究纲领。但事实上，完全获得垄断地位的研究纲领，只是极少数，而且不管笛卡尔派、牛顿派和玻尔派的信奉者多么努力，其垄断也只能维持较短的时间。"① 又说："科学史一直是、也应当是研究纲领（称作'范式'也未尝不可）相互竞争的历史，而不是也不应当变成一连串的常态科学的历史。竞争开始得越早，进步就越快。'理论多元论'要优于'理论一元论'，在这一点上，波普与费耶阿本德是正确的，而库恩则是错误的。"②

在多种理论（研究纲领）或一系列理论（研究纲领）的相互竞争中，必有一种进步的理论（研究纲领）取代一种或多种退化的理论（研究纲领），这种取代就是拉卡托斯所说的科学革命。他写道："科学革命在于一个研究纲领取代（在进步中超过）另一个研究纲领。"③

因此，科学革命的问题也就成了科学家们对研究纲领的选取与抛弃的问题。一旦科学家们选取一种新的预见能力高的研究纲领，抛弃一种旧的预见能力低的研究纲领，科学革命的时期就来临了。拉卡托斯这样说："科学革命是怎样到来的呢？假设我们有两个竞争的研究纲领，一个是进步的，而另一个是退化的，科学家们倾向于参加进步的纲领，这就是科学革命的基本原理。"④

从以上观点出发，拉卡托斯批判了波普的一次否定论。波普从自己的理论出发，强调一次性否定的重要意义，认为任何理论一旦与实验不一

---

① 拉卡托斯：《科学研究纲领方法论》，1978 年英文版，第 68—69 页。
② 拉卡托斯：《科学研究纲领方法论》，1978 年英文版，第 69 页。
③ 拉卡托斯：《科学研究纲领方法论》，1978 年英文版，第 110 页。
④ 拉卡托斯：《科学研究纲领方法论》，1978 年英文版，第 6 页。

致，理论就应该立即抛弃。他还把这种立即"证伪"与"否定"的实验称为"判决性实验"。

拉卡托斯坚决反对波普的这种观点，否认有这样一种一次性的"判决性实验"，认为这是一种"即时性理论"，是一种"神话"。这种观点不但不能促进科学的进步，反而会扼杀科学理论的发展。

拉卡托斯声称，理论与实验的不一致，并不就是对理论的否定，而很可能只是一个反常。而反常的存在对任何理论或研究纲领来说，都是不可避免的。如果理论的反常就意味着理论的否定或抛弃，那么任何理论都将不可能存在。"因为理论总是成问题的，它们绝不可能解决所要解决的一切问题。"① 在众多反常中，要确定哪些是"判决性的反证据"，即"判决性实验"，实际上是不可能的。波普意义上的"判决性实验"其实根本就不存在。即使一个波普意义上被否定、被"证伪"、被取代的理论，还仍有可能卷土重来。他列举了科学史上的许多事例来证明他的这种观点。例如，科学史上通常把开普勒的椭圆作为牛顿理论的判决性证据，但他告诫说："这只是在牛顿断言之后的大约100年才出现的事情。"托马斯·扬宣称他于1802年做的双缝实验是光学的粒子纲领和波动纲领之间的一次判决性实验，但他的断言只是在很晚以后才被承认。② 类似的还有迈克尔逊—莫雷实验、卢梅尔—普林希姆实验和衰变、守恒定律等。

因此，拉卡托斯坚决否认"判决性实验"的存在，认为即使退一步说，有这种"判决性实验"的存在，那也只是很久以后才能确定的事情，只能是一种"事后之明鉴"。

他写道："'判决性实验'是一尊称，授于某些反常当然是可以的。但这只能在事后很久，只能是在一个纲领被另一纲领击退之后。"又说："无论是逻辑学家证明有矛盾，还是实验科学家对反常的机遇，都不能一举打败一个研究纲领。人只能是事后'聪明'。只有根据某个优越理论，以事后之明鉴，才能在众多的反常中确定哪些是'判决性的反证据'或'判决性实验'。"③ 拉卡托斯的这种理论受到了阿伽西、库恩和费耶阿本德等许

---

① 拉卡托斯：《科学研究纲领方法论》，1978年英文版，第34页。
② 拉卡托斯：《科学研究纲领方法论》，1978年英文版，第72页。
③ 拉卡托斯：《科学研究纲领方法论》，1978年英文版，第36页。

多人的强烈反对与批判。库恩就曾指责它是一种"空话";费耶阿本德则讥讽它是"辞藻华丽的废话"。① 是一种"伪装的无政府主义",因为事实上他已经站在"怎么都行"的立场上了。

拉卡托斯还把进步的研究纲领取代退化的研究纲领称作进步的研究纲领对退化的研究纲领的"证伪"。不过,他认为,这种"证伪"与波普的朴素的证伪主义的证伪根本不同。首先,波普所说的证伪主义是经验事实或经验命题、实验对理论的证伪,而他所说的"证伪"是进步的研究纲领对退化的研究纲领的"证伪"。他认为,波普的证伪理论是错误的。任何理论都不能被一个或几个经验命题证伪。为什么这样说呢?因为科学理论或科学研究纲领是相互联系着的整体。任何一个理论都与它周围的其他理论(背景知识或背景理论)相互联系。一个理论与实验的不一致,并不表明是理论错了,只能表明理论的整体中存在问题。究竟是这个理论错了,还是它周围的其他理论有缺陷,简直无法确定。科学家们可以任意修改其他理论来逃避这个既定理论的被证伪。他写道:"在一个理论被修改之前,我们永远元法知道该理论在哪一方面遭到了'反驳'。"② 又说:"我们必须记住约定主义的方法论的发现——没有任何一个实验结果永远能打倒一个理论:理论总是能或者靠某些辅助假说,或者通过对其术语的合适的重新解释,免于因有反例而被证伪。"③ 所以,在拉卡托斯看来:"证伪"体现的绝不是理论与经验或实验间的关系;相反,它体现的是竞争着的理论之间的关系,是进步理论对退化理论的取代。他这样写道:"证伪就不仅是一种理论与经验基础之间的关系,而是竞争理论、原来的'经验基础'与新的竞争的那种经验增长之间的一种多元关系。"④ 又说:"在理论与实验之间的任何一场所谓战斗的背后,都隐藏着一场两个研究纲领之间的持久战。"⑤ 其次,波普所说的"证伪"与拉卡托斯所说的证伪的含义是不同的。波普的"证伪"是证明理论为错,而拉卡托斯的证伪主义是证明理论(研究纲领)的退化。拉卡托斯反对波普的上述"证伪"观点。因为在波

---

① 拉卡托斯:《批评与知识的增长》,1970年英文版,第215页。
② 拉卡托斯:《科学研究纲领方法论》,1978年英文版,第113页。
③ 拉卡托斯:《科学研究纲领方法论》,1978年英文版,第116页。
④ 拉卡托斯:《科学研究纲领方法论》,1978年英文版,第120页。
⑤ 拉卡托斯:《科学研究纲领方法论》,1978年英文版,第114页。

普看来，一个被证伪的理论，将永远被证明为错。而在他看来，今天被证伪的理论（研究纲领），明天就不一定被证伪，甚至还有可能被证实。证伪一个理论或研究纲领，只是表明这个理论或研究纲领的预见力或经验内容不如导它相竞争的别的进步理论，从而应当为别的进步理论所取代。但它并不表明被证的理论或研究纲领是错的，更不可能是永远错的。

拉卡托斯还从上述观点出发，批判了波普把"证伪"与反常等同起来的错误做法。我们知道，在波普看来，证伪与反常是一致的，理论一出现反常，一与实验不一致，理论就被证伪了。拉卡托斯认为，这种看法是错误的，与科学发展的历史事实也不相符合。

拉卡托斯认为，任何理论都不可能完全排除反常。理论只能解决某一领域中的大部分问题，但不可能毫无遗留地解决所有的问题。一个进步的研究纲领取代一个退化的研究纲领，仅仅是由于前者比后者进步，而绝不是因为它能解决或已解决了所有的问题。任何一个新的研究纲领，从它的建构时期起就始终有一些反常存在。按照波普的证伪理论，这些新的研究纲领就永远不可能建立起来。事实上，科学家对反常总是抱着不屑一顾的态度，"科学家列举出反常，但只要他的研究纲领久盛不衰，他就不理睬它们"[1]。例如，在科学史上有名的水星近日点偏离的反常就是这样。多数物理学家不把这一反常看作对牛顿行星系理论的证伪；并不把它看作拒斥牛顿理论的理由，而是把它看成一个可疑的证据"搁置起来"。拉卡托斯认为，相对说来，科学家们的注意力更多的是集中在完善和发展理论方面。他们总是想方设法在理论的发展中消化反常，化反例为正例。拉卡托斯写道："科学家列举反常，但只要他的研究纲领势头不减，他总不理会反常。决定他的问题选择的主要是纲领的积极启示法，而不是反常。"[2] 又说："研究者通常不理睬反常，而是遵循纲领的积极启示法。一般说来，他把注意力集中于积极启示法，而不让反常分散他的精力。他希望随着纲领的进步，'顽抗的证据'会变成确证的证据。"[3] 拉卡托斯认为，科学史上普劳特的"所有纯化学元素的原子量都是整数"的理论就是一个在反常

---

[1] 拉卡托斯：《科学研究纲领方法论》，1978年英文版，第111页。
[2] 拉卡托斯：《科学研究纲领方法论》，1978年英文版，第111页。
[3] 拉卡托斯：《科学研究纲领方法论》，1978年英文版，第126页。

的海洋中前进的科学研究纲领。这方面的另一个最好例子便是牛顿理论。牛顿理论可称得上是科学史上最成功的研究纲领，但在它的产生之初，却完全淹没在"反常"或"反倒"的包围中，并遭到支持这些反常的观察理论的反驳。"但牛顿派首先是推翻那些为'反面证据'奠基的原先的观测理论，从而以坚韧不拔的精神和聪明才智把一个又一个反例转变为正例。他们自己又造成了些新的反例，自己又给以解决。他们'把每一个新的困难转变为他们纲领的一个新的胜利'。"

那么到什么时候"反常"才会引起科学家们的重视，才会导致对旧的研究纲领的怀疑和证伪呢？他认为，只有在研究纲领的势头明显减弱、反常大量增加、预见力明显下降时，科学家们才会注意和理会反常。但拉卡托斯告诫人们说，就是在这时，大量的反常也不能证伪某个研究纲领，证伪旧研究纲领的只能是别的比他进步的新的研究纲领。他这样说："不论你有成百上千的已知的反常，除非我们具有了一个更好的理论，才能把原来那个理论看作被证伪了（被淘汰了）。"[1]

拉卡托斯进一步论述了他在科学进步、真理和归纳法这些问题上所坚持的观点。众所周知，波普肯定客观真理，肯定科学事业是进步的事业。但他坚持认为，人只能猜测真理而不能认识真理。科学的进步是通过理论猜测的不断证伪，以提高理论逼真度的途径实现的。拉卡托斯基本上肯定并继承了波普的这种思想。他也承认客观真理，承认科学进步是理论（猜测、假设）在竞争中不断"证伪"以提高其逼真度而实现的。所不同的是，波普认为理论的逼真度是从理论的可证伪度中表现出来的；而拉卡托斯则认为理论根本不能被经验事实证伪，理论的逼真度就在于理论预见力的程度。一个理论的预见能力越高，它所能预见的经验事实的量越大，则它的逼真度就越高。

跟波普一样，拉卡托斯否定人对客观真理的认识，认为客观真理可以认识的观点是错误的，不过，拉卡托斯用预见能力的程度来取代波普的可证伪度作为衡量科学理论进步、科学理论的真理性程度的标准，无疑有更多的合理性因素。

在归纳问题上，波普明确反对归纳法，认为建立在归纳原则基础上的

---

[1] 拉卡托斯：《科学研究纲领方法论》，1978年英文版，第36页。

归纳法是错误的，不符合逻辑的。理由是个别不能证明一般，过去的多次重复不能保证今后的必然重复。

波普的整个证伪主义理论是建立在归纳原则基础上的，尽管波普本人没有承认或没有意识这一点。众所周知，波普批判逻辑实证主义的概率主义是归纳主义理论。逻辑实证主义者们认为，归纳法虽不能证明科学的普遍命题的必然为真，却有可能证明它们的可能为真；任何一个科学理论，被证实的次数越多，它的可能为真的概率就越大。波普反对这种看法，认为有限与无限相比的概率只能为零。换句话说，对于一个无限性（普遍性）的科学命题和理论，它的证明的成功率是不能综合的。然而波普自己的"逼真度""可证伪度"等重要概念却是建立在综合的归纳原则基础上的。如果否定定综合性的归纳原则，那么也就没有科学理它的"逼真性""可证伪性"的增加或减少，也即就没有"逼真度""可证伪性"可言了。

拉卡托斯肯定波普反对归纳主义的历史功绩，并声称一切科学理论都来自经验事实的归纳的归纳主义理论是错误的。不过拉卡托斯也认为，波普因而根本否认归纳原则是不恰当的。因为这反过来也否定了证伪主义理论本身。拉卡托斯认为，归纳原则虽然不是能用逻辑证明的方法论原则，它却是科学家们经常应用的、不可缺少的形而上学假设或形而上学原则。有时他又称归纳原则为"猜测的形而上学的假定"或不可缺少的"超方法论原则"[①]。拉卡托斯建议波普做些必要的让步。"要求有一点儿归纳主义"，否则波普自己的"科学不断走向客观真理"的乐观主义的科学哲学理论就要跟着垮台，科学研究也不再是寻求真理的神圣活动，而变成一种怀疑主义的无谓的纯粹游戏了。他这样写道："如波普所说的逼真性是在增加，这就构成了进步，但这还不够。我们必须认识进步，这可通过一种归纳原则很容易地做到。这种归纳原则把实在论的形而上学与方法论的评价，把逼真性与确证联系起来，并把'科学游戏'的规则重新解释为关于知识增长的标志的猜测性的理论。"[②] 又说："要把实用的接受和拒斥这种科学游戏同逼真性联系起来（即使是微弱地联系起来），需要加上某种超方法论的归纳原则。只有这样一种归纳原则才能将科学由一场纯游戏变为

[①] 拉卡托斯：《科学研究纲领方法论》，1978年英文版，第113页。
[②] 拉卡托斯：《科学研究纲领方法论》，1978年英文版，第156页。

认识论上的合理的运动。由一些为寻求知识趣味而采取的轻松的怀疑论的魔法变为一种较严肃的可错主义者接近宇宙真理的冒险。"①

四 论历史主义科学哲学方法论

从科学哲学的方法论方面来说，拉卡托斯的理论与波普的理论是对立的，因为后者是逻辑主义者，而拉卡托斯与汉森、库恩等的理论是一致的，因为他们都属历史主义。拉卡托斯在历史主义的科学方法论方面提出比较精辟的见解，有较多的建树和影响。

(一) 科学哲学与科学史相结合

与图尔敏、汉森和库恩等人一样，拉卡托斯坚持科学哲学与科学史相结合的主张。早在拉卡托斯之前，图尔敏、汉森和库恩等人就坚持科学哲学与科学史的结合，坚持通过科学史的事实来分析、说明与检验他们的科学哲学思想。拉卡托斯继承并发展了这一思想，认为科学哲学与科学史的结合具体表现为：

（1）科学哲学为科学史提供方法论。他认为，历史是由历史学家编纂出来的，他们总是依据一定的方法进行编纂。否则，历史便只能是一些零乱史料的堆积，就不再是历史。他写道："我肯定，那些认为科学进步即客观知识进步的科学史家，无论愿意与否，都运用了某种合理重建。"② 他指出：科学哲学为科学史提供了方法论，"科学哲学是科学史家的向导""科学哲学决定科学史的说明"，没有科学哲学的方法论指导，科学史家们就编纂不出合理的科学发展史，科学史家就会无所适从。因此，他说："没有科学哲学，科学史是盲目的。"③ 又说："一切科学史永远都是编造实例的哲学。"④

（2）科学史为科学哲学家提供必要的依据。拉卡托斯认为，科学哲学是制定合理的科学史的方法论，因此科学哲学家制定科学史方法论就必须

---

① 拉卡托斯：《科学研究纲领方法论》，1978年英文版，第113—114页。
② 拉卡托斯：《科学研究纲领方法论》，1978年英文版，第192页。
③ 拉卡托斯：《科学研究纲领方法论》，1978年英文版，第192页。
④ 拉卡托斯：《科学研究纲领方法论》，1978年英文版，第192页。

从科学史出发,以科学史的事实为依据,并根据它来检验自己的科学哲学理论能不能合理地解释和说明科学史的事实。而科学哲学中的争论,也必须以科学史来裁决。所以他说:"没有科学史,科学哲学是空洞的。"他提倡"科学编年史与科学哲学的相互学习"①。

从上述这种科学哲学与科学史相结合的观点出发,拉卡托斯批判了忽视科学史、不从科学史的具体事实出发研究科学哲学的错误和库恩否定"理性重编"的错误。

众所周知,逻辑实证主义重视科学哲学的研究,重视对科学命题的逻辑分析。但他们把科学哲学的任务仅仅归结为语言的逻辑分析,归结为为有意义的科学理论提供合理的逻辑结构。科学哲学成了逻辑,科学哲学问题成了逻辑问题。根本否认科学史与科学哲学的联系,忽视了科学发展史对科学哲学理论的影响。拉卡托斯坚决反对这种只注重内在逻辑分析的静态的科学观和科学哲学思想。他说:"有些哲学家过分专注于自己的认识论问题与逻辑问题,以至于从来都没有能对实际历史发生兴趣。如果实际历史不符合他们的标准,他们甚至会轻率地主张我们整个的科学事业应重新开始。"② 他还认为,波普的批判理性主义基本上与逻辑实证主义一样,也是逻辑主义的,也过分地重视科学理论的逻辑分析,忽视科学史对科学哲学理论的作用,从而与逻辑实证主义的科学哲学理论一样,使他的科学哲学思想成为一种与实际的科学发展历史与科学发展现实毫无关系的抽象的科学哲学学说。

拉卡托斯也对库恩的否定"理性重编"论进行了批判。如上所述,库恩强调科学哲学与科学史的结合,重视科学史的具体研究对科学哲学思想的影响和作用。但库恩反对拉卡托斯的"理性重编"论,认为这种"理性重编"已"根本不是历史,而是编造实例的哲学"。拉卡托斯则用"一切科学史永远都是编造实例的哲学"的观点予以反驳,指出"没有任何理论'偏见'的历史是不可能的"。他还反驳说,库恩本人也不能例外,其实他"给我们提供了一种也许是最丰富、最复杂的编造实例的哲学"。③

---

① 拉卡托斯:《科学研究纲领方法论》,1978年英文版,第102页。
② 拉卡托斯:《科学研究纲领方法论》,1978年英文版,第104页。
③ 拉卡托斯:《科学研究纲领方法论》,1978年英文版,第129页。

（二）内部史与外部史的结合

拉卡托斯在强调科学史与科学哲学相结合的基础上，进一步把科学史区分为内部史与外部史，并分别阐述了它们的各自特点及其相互之间的关系。

那么什么是内部史？内部史的特点是什么呢？拉卡托斯认为，科学的内部史是科学的知识史，是科学知识自身发展的历史。他说："科学增长的合理方面，要完全由科学发现的逻辑来说明。"又说："不论科学史家想要解决什么问题，他首先必须重建客观科学知识增长的有关部分，即'内部史'的有关部分。"① 而且拉卡托斯认为，科学的内部史有一个明显的特点，它是强立自主的，它的发展由其内在的因素决定。这种发展又有其自身的内在逻辑与规律性，它与非理性的外部因素无关。他这样写道："关于知识增长的大多数理论都是关于独立的知识增长理论：一个实验是不是判决性的……这都丝毫不依赖于科学家的信念、个性和权威，对于任何内部史来说，这些主观因素都毫无意义。"② 又说："在构造内部史时，历史学家是高度有选择性的，他要删去一切按他的合理性理论看来是非理性的东西。"③ 因此，拉卡托斯认为，内部史是一部独立的科学史。拉卡托斯还讨论了科学内部史与波普的第三世界的关系。众所周知，波普曾提出他的著名的"三个世界"的理论。他把物质世界称为"第一世界"，把感觉，信念、意识的世界称为"第二世界"把能明确表达在命题中的客观知识的世界称为"第二世界"。"第三世界"是独立自主的世界，是客观的自主发展的知识世界。拉卡托斯赞扬波普的"第三世界"理论，尤其赞成波普把"第三世界"看成独立的客观知识世界的观点。他认为，波普的"第三世界"理论为区分内部史与外部史开辟了可能，为深入研究科学的内部史奠定了基础。他说："证伪主义者波普比他的任何前人都更精细地改正了（他的'第三世界'中的）客观知识与其在个人心中歪曲了的反映之间的分离，这样，他就为我区分内部史与外部史开辟了道路。"④

---

① 拉卡托斯：《科学研究纲领方法论》，1978 年英文版，第 118 页。
② 拉卡托斯：《科学研究纲领方法论》，1978 年英文版，第 118 页。
③ 拉卡托斯：《科学研究纲领方法论》，1978 年英文版，第 119 页。
④ 拉卡托斯：《科学研究纲领方法论》，1978 年英文版，第 110、102、117、118、135 页。

那么，什么是他所说的外部史？外部史有什么特点呢？拉卡托斯认为，科学的外部史是外部因素对科学自身发展的影响的历史。它表述的是"经验的—外部的东西"。正是在这个意义上，拉卡托斯又称科学的外部史是一部科学的"社会史"① 拉卡托斯认为：科学的外部因素的影响是一些诸如心理条件、社会条件等因素的影响，是非理性的影响。因而科学的外部史有一个明显不同于科学内部史的特点，它构成科学史中非自主的偶然的部分，能解释与说明科学史的许多偶然性。拉卡托斯这样写道："外部史说明为什么有些人对科学进步抱有错误的信念，以及这些信念可能怎样影响他们的科学活动。"②

在分别阐述了内部史与外部史及各自不同的特点后，拉卡托斯强调科学史是内部史与外部史的结合，强调实际的科学史是内部的科学自主发展部分与外部的非理性因素对科学发展影响的部分的密切结合，所以他认为实际的科学史要比单纯的科学内部史丰富得多。拉卡托斯认为，在内部史与外部史中，内部史是主要的，它是构成科学史的主要部分；外部史是次要的，但也不应否认，否则科学史的许多偶然因素就无法解释。所以拉卡托斯说，尽管科学的内部史十分重要，但内部史应以外部史作为补充，科学史家除了学习科学哲学与科学史实外，还应学习社会学与心理学。

拉卡托斯还把科学哲学的各种动态模式理论看作"第三世界"的客观内部史的合理表述或合理重建。拉卡托斯认为，科学哲学的动态模式是内部史的合理重建，而科学史家则以科学哲学的动态模式的理论（包括方法论）重建内部史。不同的科学哲学提出不同的规范方法论，不同的动态模式以此重建不同的内部史。他说："什么构成他的内部史，这取决于他的哲学，无论他是否认识到这一事实。"③ 正因如此，拉卡托斯认为，不同的科学哲学对内部史、外部史有不同的分界。他写道："某些外部主义者看到权力斗争、个人私利之争的地方，理性主义的历史学家常会在那里发现合理的争论。"④

拉卡托斯还从内部史与外部史相结合的观点出发，批判了割裂内部史

---

① 拉卡托斯：《科学研究纲领方法论》，1978年英文版，第110、102、117、118、135页。
② 拉卡托斯：《科学研究纲领方法论》，1978年英文版，第110、102、117、118、135页。
③ 拉卡托斯：《科学研究纲领方法论》，1978年英文版，第110、102、117、118、135页。
④ 拉卡托斯：《科学研究纲领方法论》，1978年英文版，第110、102、117、118、135页。

与外部史相结合的内部主义与外部主义的错误。

那么什么是他所反对的内部主义呢？拉卡托斯认为，科学史中的内部主义是指那些只强调和肯定内部史而忽视和否定外部史的科学史观和科学史的编纂方法。拉卡托斯认为，这种错误的科学史观和科学史方法论在科学哲学的理论中是屡见不鲜的。在他之前的归纳主义、约定主义和朴素的证伪主义都持这种割裂内部史与外部史的错误观点。

那么什么是他所反对的外部主义呢？拉卡托斯认为，外部主义是一种与内部主义相反的科学史观和科学史方法论。它过分强调外部因素对科学史的影响和作用，忽视甚至否定科学的内部史，否定科学的自主性发展，否定科学发展的内在的逻辑性和规律性。拉卡托斯认为，这种错误的外部主义科学史观和科学哲学理论尽管在科学哲学中影响不大，但在科学史的研究中却有一定的市场。

拉卡托斯强调，无论是内部主义还是外部主义，都是错误的科学史观和科学史方法论，都是错误的哲学理论，必须坚决批判并予以根除。他认为他的精致的方法论证伪主义就是在反对上述两种错误理论基础上建立起来的，承认内部史与外部史相结合的正确的科学史观、科学方法论和一种新的科学哲学理论。它本身既来源于科学史实和科学的实际活动，同时又将反过来影响和指导科学史与科学家的研究活动。

（三）科学哲学方法论的评价标准

拉卡托斯认为，他之前的许多人都坚持实证主义态度，把历史科学看作纯粹的经验科学，历史科学方法论看成纯粹的经验方法论，否认对它们有客观的评价标准。拉卡托斯反对这种看法。他指出，每一种科学哲学理论都是一种科学史编纂的方法论。每一种科学哲学理论都认为自己正确，别人的理论不正确或错误。但这并不意味对不同的科学哲学理论或不同的科学史编纂方法论的评价就不存在客观标准。这种客观标准是存在的。它就是"历史评价竞争的方法论"[1]。有时，他又称它为"评价竞争的方法论的'历史的方法'"[2]。

前面已经说过，在拉卡托斯看来，科学史是内部史与外部史的结合。

---

[1] 拉卡托斯：《科学研究纲领方法论》，1978 年英文版，第 102、138 页。

内部史是客观的自主的，是科学史的主要组成部分；外部史则是主观的偶然的，是科学史的次要组成部分，是内部史的补充。科学哲学理论是科学编纂史的方法论，是科学内部史的理论性重建。因此，拉卡托斯认为，用科学史作为客观标准，评价各种竞争的科学哲学理论，看哪种理论更符合科学发展史，自然也就是合理的了。

拉卡托斯本人就用这种"历史的"评价标准，评价了历史上的归纳主义、约定主义和证伪主义等各种科学哲学理论。

从以上的观点出发，拉卡托斯认为科学编纂史方法论也像科学理论一样，是一个具有内在结构的统一整体，它们也是研究纲领，拉卡托斯称之为"科学编纂史方法论的研究纲领"[①]。这种研究纲领也像科学研究纲领一样，由硬核、辅助假说、保护带以及消极启示法和积极启示法这几部分组成。

拉卡托斯指出，科学编纂史方法论的研究纲领的硬核是上面曾提到过的两条规则：接受规则（分界标准）和拒斥规则（证伪标准）；它的保护带是心理学假说等一些初始条件；它的积极启示法与消极启示法则与科学研究纲领的积极启示法和消极启示法相同。

拉卡托斯认为，至于科学哲学的研究纲领，即科学编纂史方法论研究纲领的评价，则主要是对它们的"硬核"的评价，是对有关的两条规则，即"接受规则"与"拒斥规则"的评价。

从评价科学哲学研究纲领的"硬核"，即评价它们有关的"接受规则"与"拒斥规则"出发，拉卡托斯对他之前的各种科学编纂史方法论和他自己的科学研究纲领的科学史方法论分别做了比较性评价。

1. 对归纳主义的评价

拉卡托斯认为，"归纳主义"研究纲领的"硬核"即它们的"接受规则"与"拒斥规则"是一切确凿无误的经验知识（事实命题）以及从这些确凿无误的经验知识中归纳出来的一般知识（理论命题）是科学的，否则是非科学或伪科学的。他写道："归纳主义者接受一个科学命题时，是把它当作已经证明的真命题而接受的。若不是已被证明的，他们就拒斥。他们的科学严密性是严谨的，命题要么必须由事实证明，要么必须由其他已经证明的命题演绎地或归纳地导出。"[①] 归纳主义所吹嘘的成功范例是开

[①] 拉卡托斯：《科学研究纲领方法论》，1978 年英文版，第 141 页。

普勒对第谷天文观测的归纳，牛顿对开普勒行星运动的归纳，安培对电流的观察材料的归纳，等等。拉卡托斯对"归纳主义"的研究纲领进行了评价和批判。他认为，实际上"归纳主义"的"接受规则"与"拒斥规则"是成问题的，是不能接受的。为什么呢？这是由于：（1）命题只能从命题推出，不能从事实推出，从事实推出理论命题的假定是错误的。（2）归纳推理（从个别推出一般）本身是未证明的，当作已被证明是错误的。（3）科学史表明历史上没有一个真正的科学理论是单纯从归纳法中得来的。上述开普勒、牛顿、安培的成功都不是单纯通过归纳获得的。他写道："杜恒分析了归纳主义编纂史学的最有名的'胜利'。据说，牛顿的万有引力定律和安培的电磁理论等，这一切都是归纳法的最成功的应用。然而杜恒（及以后的波普、阿加西）证明并非如此。他们的分析具体说明了，如果归纳主义者想证明实际科学的增长是合理的，他就必然要把实际历史篡改得面目全非。"① 归纳主义是科学史的内部主义。它们无法说明科学家们为什么、在什么时候从这些事实中归纳出这些一般性理论，而不是从另一些事实中归纳出别的一般性的理论。拉卡托斯写道："归纳主义史学家提不出一种合理的'内部'说明以解释为什么人们在最初的实例中选择了某些事实而不选择另外一些事实。"又说："它指责一切外部影响，不论是知识的、心理的还是社会的，都造成不能容忍的偏见。他们允许空虚的心灵的（任意）选择。激进的归纳主义反过来又是一种特殊的激进的内部主义。后者认为，一旦发现对一个科学理论（或事实命题）的认可受到某种外部影响，就必须撤销它的认可。证明了有外部影响，就意味着认可是无效的。但是由于外部影响总是存在的，因而激进内部主义是乌托邦，而且作为一种合理性的理论，激进的内部主义自己摧毁了自己。"②

2. 对约定主义（简单主义约定主义）的评价

约定主义把科学理论看作把分散的经验材料系统化起来的约定性假设，用拉卡托斯的话说，就是"把事实组织起来成为某种连贯整体的鸽子笼体系"。约定主义认为，由于科学理论是一些约定性的假设，它们没有

---

① 拉卡托斯：《科学研究纲领方法论》，1978年英文版，第129页。
② 拉卡托斯：《科学研究纲领方法论》，1978年英文版，第105页。

真假可言,"只是约定为真"。有的约定主义者则走得更远,认为科学理论"既非真又非假","不过是一些预测的'工具'"。①

拉卡托斯认为,简单主义约定主义的接受规则与拒斥规则是简单性原则,即接受简单的假设,拒斥复杂的假设。因为在约定主义者看来,"理论的'进步'只在于方便(简单性),而不是内容的真理性。"② 他们认为,"如果一理论比其对手更为'简单'、更为'连贯'、更为'经济',那么此理论优于与其竞争的其他理论。"③ 简单主义约定主义的成功范例是哥白尼的简单的日心说取代复杂的地心说,拉瓦锡的简单的氧化论取代复杂的燃素论,爱因斯坦以简单的相对论取代复杂的牛顿理论。拉卡托斯对简单主义约定主义也提出了评价和批判。他认为,简单主义约定主义也与归纳主义理论一样是错误的,是不符合科学发展史的。这是因为:(1)简单性的比较是主观的、直觉的。这个人认为是"简单"的东西,在另一个人看来是复杂的。他说:"批判杜恒的依据是,对直觉简单性进行比较只能是一件主观趣味的事,而且这种比较过于含糊,以至无法以此为根据做出任何严格的批评。"④ 拉卡托斯还以科学史上的实例说明这个问题,他说:"日心说用比地心说更简单的方式解决了某些问题。但这种简单性的代价却是给解决其他问题造成了意想不到的复杂性。日心说优越的简单性同它的优越的准确性一样,不过是神话而已。"⑤ 简单主义约定主义像归纳主义一样,也是一种内部主义,他们无法解释:在两个假设体系的相对优劣尚不明确的阶段,人们为什么约定了这个假设体系而不约定或选用另外的假设体系。拉卡托斯写道:"约定主义的编史学不能合理地说明为什么人们在最初的实例中选择了某些事实,或为什么说各个鸽子笼体系的相对优劣尚不明确的阶段,人们便使用了某种特定的鸽子笼体系而不是其他的鸽子笼体系。因此,约定主义同归纳主义一样,与各种补充性的经验的'外部主义'的纲领是一致的。"⑥

---

① 拉卡托斯:《科学研究纲领方法论》,1978 年英文版,第 106 页。
② 拉卡托斯:《科学研究纲领方法论》,1978 年英文版,第 106 页。
③ 拉卡托斯:《科学研究纲领方法论》,1978 年英文版,第 173 页。
④ 拉卡托斯:《科学研究纲领方法论》,1978 年英文版,第 108 页。
⑤ 拉卡托斯:《科学研究纲领方法论》,1978 年英文版,第 173 页。
⑥ 拉卡托斯:《科学研究纲领方法论》,1978 年英文版,第 107 页。

3. 对波普的朴素的证伪主义的评价

众所周知，波普曾给予归纳主义和简单主义约定主义以沉重的打击，并在此基础上提出了他的朴素证伪主义理论。拉卡托斯认为，朴素证伪主义的"接受规则"与"拒斥规则"是这样的：科学接受可证伪的理论，拒斥已被证伪的理论或与已接受的基本陈述相冲突的理论。任何理论一旦被证伪就应被抛弃。他说："按照证伪主义者的上述法典，只有当可以使一个理论同一个基本陈述不相冲突时，该理论才是科学的；如果一个理论同一个已经接受的基本陈述相冲突，就必须淘汰。"① 朴素证伪主义在科学史上的成功范例是迈克尔逊—莫雷实验对牛顿理论的证伪等。

拉卡托斯对波普的朴素证伪主义研究纲领提出了评价和批判。他认为，尽管波普对归纳主义与简单主义约定主义的批判有巨大的历史功绩，但他用以取代的朴素证伪主义理论也是错误的，本身存在着难以克服的困难与缺陷。这种困难与缺陷主要表现在两个方面：（1）波普反对归纳法，然而他自己的证伪主义却又是建立在归纳原则的基础上的。拉卡托斯写道："在波普的'约定主义'的证伪主义中，它需要某种（超方法论的）'归纳原则'以给它按'基本陈述'的决定提供认识论的力量，并把它的科学游戏规则同逼真性大致联系起来。"② （2）科学史证明，科学理论具有坚韧性，它们并不是一次就能证伪的。不存在一次性的判决性实验。他举例说："多数物理学家并不把水星反常看成拒斥牛顿理论的理由，而是把它看成是一个可疑证据而搁置起来。……如果按波普的规则簿来作科学游戏，玻尔1913年的论文就永远不会发表，因为它是被矛盾地嫁接到麦克斯韦的理论上去的。狄拉克的函数也只有到了施瓦茨以后才能翻身，所有这些在矛盾的基础上进行研究的例子都构成了对证伪主义方法论的进一步的'证伪'。"③

4. 对科学研究纲领方法论的评价

在批判和评价了上述几种有代表性的科学史编纂方法论之后，拉卡托斯对自己的科学研究纲领方法论的科学史编纂方法也做了分析和评价。拉

---

① 拉卡托斯：《科学研究纲领方法论》，1978年英文版，第108页。
② 拉卡托斯：《科学研究纲领方法论》，1978年英文版，第150页。
③ 拉卡托斯：《科学研究纲领方法论》，1978年英文版，第126页。

卡托斯认为，他自己的科学研究纲领方法论是在批判了约定主义、证伪主义等方法论并吸收了它们中的合理成分的基础上提出来的，是迄今为止最符合科学史发展的、最合理的科学史观和科学史方法论，是最优越的科学哲学理论。那么什么是拉卡托斯的科学研究纲领方法论的"硬核"呢？他指出，他的理论的"硬核"即"接受规则"与"拒斥规则"，具体来说包括以下几个方面：

（1）评价的单位不是孤立的理论，而是由硬核、保护带及一对启示法所组成的整体性理论系统。

（2）不是孤立地评价理论，而是在一系列竞争的研究纲领中评价理论。接受超经验内容（超预见能力）的进步纲领，拒斥退化的研究纲领。

（3）证伪退化的研究纲领的不是经验命题。不是实验与它的不一致，而是进步研究纲领比它具有更多的经验内容或更高的预见能力。

（4）退化研究纲领的证伪不是证明其假，而是被取代，被"搁置起来"。

为了说明"科学研究纲领"方法论的优越性，拉卡托斯还在"科学研究纲领"方法论和约定主义方法论、朴素证伪主义方法论之间进行了比较。分析和阐述了它们之间的继承和发展的关系。他认为：与约定主义理论相比，"科学研究纲领方法论"吸收了约定主义理论的约定性观点，不仅把理论（研究纲领）看作约定的，而且认为"事实陈述"也是约定的。但拉卡托斯认为：杜恒等人的约定主义是简单主义约定主义，而他的"科学研究纲领方法论"是证伪主义的约定主义。它以超量经验内容或超量预见力的客观原则否定了前者的主观的简单性原则，是对前者的发展。而与朴素的证伪主义理论相比较，"科学研究纲领方法论"则吸收了它的理论通过不断证伪，增加经验内容，提高逼真度的合理的观点。但拉卡托斯认为，"科学研究纲领方法论"又在以下方面发展和超过了波普的朴素证伪主义的方法论。它们是：（1）以整体主义的研究纲领代替朴素的证伪主义的孤立理论；（2）以进步研究纲领对退化研究纲领的证伪代替朴素证伪主义的经验命题或实验对理论的证伪装；（3）从而以淘汰和取代为内容的证伪代替了朴素证伪主义的否定性证伪；（4）指导科学家研究方向的是纲领的积极启示法，而不是朴素证伪主义所说的反常，从而说明了科学的高度自主性。他说："决定科学家们的问题选择主要是纲领的积极启示法，而不是反常，……以这种方法——研究纲领方法论——便能够说明理论科学的高度自主。"①（5）否定了朴素证伪主义的"即时理性论"的"判决性实验"，从而说明了科学理论的坚韧性，防止了对一时受挫的理论的立即扼杀。他写道：这样，"任何理论，即使是错误的理论，都可能在很长一段时间内受到'进步的'辩护"②。

所以拉卡托斯认为，归纳主义、约定主义和朴素证伪主义的方法论都被证伪了。不过他承认，库恩、费耶阿本德等人也批判过上述理论，但他们却因而走上了怀疑主义、相对主义与非理性主义的错误道路，未能提出更合理、更可取的科学史方法论。因此，拉卡托斯得出结论说，只有他的方法论才克服了以上方法论上的两种错误极端，才是最符合科学发展史的，是迄今为止最合理的科学史观和科学史方法论。他写道："因而，借助于我提出的这种编史学批评、归纳主义、证伪主义和约定主义作为历史的合理重编，都可以被证伪。"③

不过，拉卡托斯也承认他的方法论在理论上存在着困难。费耶阿本德和库恩就曾举出，"宇宙守恒原理"的证伪就是一次性的，而不是有长期的复杂过程，等等，他们用这样一些历史事实来反驳和批判他的方法论。他说："我不得不承认，我的方法论（而且不论何种方法论）也是可以被'证伪'的。原因很简单，人的一系列的判断不可能是完全合理的。因而，任何合理重编不可能与实际历史恰好重合。"④ 但是拉卡托斯辩解说：正如前面所分析的，科学史是内部史与外部史的结合，任何方法论的历史重编都不可能完全符合实际的科学史，因为它总是有偶然的因素而需要外部史来作补充。他这样写道："任何编史学研究纲领都不能或不应将全部科学史都解释成合理的，即使最伟大的科学家也会走错步子，也会判断错误。由于这一原因，合理重建要永远被淹没在反常的海洋中。这些反常最终只能由某个更好的合理重建或某个'外部的'经验理论做出说明。"⑤ 所以，他认为，对科学史编纂方法论（也即科学哲学理论）的评价标准（元标准）是看谁较多地符合于实际科学史，而不是完全符合科学史。某种方法

---

① 拉卡托斯：《科学研究纲领方法论》，1978年英文版，第111页。
② 拉卡托斯：《科学研究纲领方法论》，1978年英文版，第111页。
③ 拉卡托斯：《科学研究纲领方法论》，1978年英文版，第129页。
④ 拉卡托斯：《科学研究纲领方法论》，1978年英文版，第131页。
⑤ 拉卡托斯：《科学研究纲领方法论》，1978年英文版，第134页。

论比别的方法论更多地符合实际的科学史,它就比后者优越或进步。因此他说:"如果一种重建比另一种重建说明了更多的实际科学史,那么,这一重建就优于另一重建。"① 同时,拉卡托斯还认为,以进步的方法论取代退化的方法论,是科学编纂史方法论进步的途径;并说,以这个元标准来衡量上面说过的各种方法论,那么无疑,他的科学研究纲领方法论要比其他的方法论优越或进步。

不过,正如前面所说,拉卡托斯并不认为他的方法论是完美无缺的。它仍有待进一步的改进。拉卡托斯曾宽容地说,如果以后出现了比他的方法论更符合于实际科学史的方法论,则他愿意放弃自己的方法论,接受更好、更合理的方法论。他写道:"当另一个根据我的元标准来看更好的分界标准提出来时,我将放弃我的分界标准。"②

---

① 拉卡托斯:《科学研究纲领方法论》,1978 年英文版,第 192 页。
② 拉卡托斯:《科学研究纲领方法论》,1978 年英文版,第 111 页。

第六章　费耶阿本德的无政府主义知识论

费耶阿本德（Paul K. Feyerabend），美国科学哲学家，1924年生于奥地利的维也纳。第二次世界大战期间曾被纳粹德国征兵，当过军官。战后在东德魏玛学院学习戏剧，对达达主义感兴趣。1947年进入维也纳大学，组织过哲学俱乐部（由逻辑实证主义者克拉夫特主持），深受实证主义影响，曾自称是一个"狂热的实证主义者"，后接受了实在论思想，但反对唯物主义实在论。1951年获博士学位。后去英国，本准备向维特根斯坦学习，但因其去世而转在波普门下，后波普邀请他做助手，他谢绝了。20世纪50年代中期，因能言善辩而受聘于英国的布里斯托尔大学，后又受聘于奥地利维也纳的科学和艺术学院，讲授科学哲学。1958年后去美国伯克利加州大学和耶鲁大学任教，并曾在西德的柏林自由大学任教。主要著作有《反对方法：无政府主义知识论》（1975）。此书原拟与拉卡托斯合著，互以书信形式展开争论。因后者早逝，改由他独著出版。其他著作有：《自由社会中的科学》（1978）；《哲学论文集》两卷：第一卷是《实在论、理性主义和科学方法》（1981），第二卷是《经验主义问题》（1981）；还有《告别理性》（1990）等。

如前所述，费耶阿本德早年曾受实证主义影响，后接受了实在论，而"成为一个实在论者"。但不是唯物主义实在论者，而是"方法论实在论"或"预设的实在论"者[①]他把科学实在论定义为"假定世界强立于我们的知识探求活动之外；而科学是探索世界的最好办法，它不仅产生预言，并是涉及事物本质的一种形而上学和工程学的理论。"[②] 他认为，"科学实在

[①] 费耶阿本德：《自由社会中的科学》，1982年英文版，第112页。
[②] 费耶阿本德：《哲学论文集》第一卷，1981年英文版，第3页。

论对科学的发展产生了巨大的影响"。如它推动了哥白尼的新天文学与动力学的发展，以及 19 世纪后的原子理论的发展，等等。① 在心—脑问题上，他主张"消灭形式的心—脑同一论"。他认为，"平常的心理概念与科学变现的情况不相容。从来就没有思想、感情、感觉、意象等意识现象。相信它们就像相信女巫一样是错误的"，"人们叫作感觉的东西是与某些脑的活动过程相同的"。②

后来费耶阿本德受库恩思想、影响，提倡一种无政府主义的知识论或方法论，把前者的非理性主义、相对主义思想做了进一步的发展。

一　无政府主义知识论——"怎么都行"

（一）规则方法论与无政府主义方法论

费耶阿本德认为科学哲学中有两种互相对立的方法论：一是"法则与规则的方法论"，简称"规则的方法论"；二是无政府主义的方法论。历来的科学哲学都坚持规则的方法论，但它是错误的。他反对这种方法论，而坚持一种与之对应的方法论，即无政府主义的方法论。

什么是规则的方法论呢？费耶阿本德认为，这是一种坚持承认存在普遍的方法论规则或原则，人们在科学研究的实践活动中必须固守、坚持这些规则或原则，以这些规则或原则为指导进行科学研究实践活动的理论。他写道："这种观念认为，科学方法具有一些固定不变、必须绝对遵守的原则，它们指导科学事业的前进。"③

那么什么是无政府主义方法论呢？费耶阿本德认为这种方法论与上一种方法论相反，认为不存在普遍的方法论规则或原则，人们在科学研究实践活动中，必须反对以这种普遍原则或规则指导科学实践活动的理论。他写道："我们发现，任何一条规则，不管看来多么有理或在认识论上多么有充分根据，但是终有一日要被否定的。"④ "我的意图是在表明：一切方

---

① 费耶阿本德：《哲学论文集》第一卷，1981 年英文版，第 3—4 页。
② 费耶阿本德：《哲学论文集》第一卷，1981 年英文版，第 161—175 页。
③ 费耶阿本德：《反对方法论》，1982 年英文版，第 23 页。
④ 费耶阿本德：《反对方法论》，1982 年英文版，第 23 页。

法论，甚至最明白不过的方法论都有其局限性。"①

费耶阿本德认为，规则方法论与无政府主义方法论争论的理论核心问题是理性（规则）与实践（科学研究）的关系问题。他写道："在科学和社会中，基本的理论问题都是理性与实践之间的关系问题。"② 前者认为先有理性，后有实践；而后者相反，认为先有实践，后有理性（规则）。

费耶阿本德认为，规则方法论是一种理性主义的理论。他们认为规则不是产生于科学实践之中，而是产生于科学实践之外，即它们先验地存在于人们的理性中；科学是理性的事业，一切理性的科学实践活动，必须以这些先验的理性原则为指导，否则科学活动就失去理性，就成为一种盲目的、非理性的、毫无成果的活动了。

费耶阿本德批评道，由于规则的方法论是一种先验的理性主义的理论，因而归根到底是一种唯心主义的理论他写道："理性指导实践……理性按自己的要求塑造实践，这是有关这种关系（理性与实践的关系）的唯心主义观点。"③ 在他们看来，"理性高于实践""理性先于实践""理性产生实践""理性支配实践""理性是实践的主宰""实践不过是任凭理性塑造的原始材料"。④

费耶阿本德认为，这种唯心主义或唯心主义的理性主义有两类：一类是简单的唯心主义，另一类是精致的唯心主义。简单唯心主义认为，理性的原则、规则是永恒的、固定不变的，它不随环境、语境、心境的变化而变化。他写道："简单的唯心主义认为，合理性（正义、神的法律）是普遍的，它的普遍的规则与标准是不依赖于语境、心境和历史环境的。"精致的唯心主义比前者要灵活些，认为理性的原则是可变的，可随环境、语境、心境的变化而变化，他写道："合理性（定律等）不再被说成普遍的了，但存在着断定在什么语境中什么是合理的、普遍有效的条件陈述，并且存在着相对立的条件规则。"⑤ 尽管如此，它毕竟仍是一种理性主义或唯心主义。

---

① 费耶阿本德：《反对方法论》，1982年英文版，第32页。
② 费耶阿本德：《自由社会中的科学》，1982年英文版，第7、24页。
③ 费耶阿本德：《自由社会中的科学》，1982年英文版，第7、24页。
④ 费耶阿本德：《自由社会中的科学》，1982年英文版，第32—33页。
⑤ 费耶阿本德：《自由社会中的科学》，1982年英文版，第32页。

在费耶阿本德看来，在科学哲学的发展史中，早期的唯心主义的理性主义是简单的唯心主义的理性主义；它认为理性的规则或原则是永恒不变的，如归纳主义、演绎主义、杜恒的假设主义、逻辑实证主义、波普的证伪主义，等等。后期的唯心主义的理性主义中有的是精致的唯心主义，如夏佩尔等的"科学哲学"。

费耶阿本德认为："不论简单的唯心主义或精致的唯心主义，都是教条主义，都是原始宗教的残余。理性主义捍卫'客观'规则，无异于原始人捍卫上帝的法则。"他写道："一个原始部落的成员们捍卫自己的法律，因为这些法律（法则）是他们的上帝或祖先的法律，他们以部落的名义传播这些法律，在他们和诉诸'客观'标准的理性主义者之间几乎没有任何不同。"① 又说："唯心主义认为做某些特定的事情在任何情况下都是合理的（正当的，符合神的感应的——或任何其他用来迷惑人的褒义词）。杀死信仰的敌人，避免特设性假设，鄙视肉体的欲望，消除矛盾，支持进步的研究纲领，等等，都是合理的、正当的，等等。"②

（二）无政府主义方法论与自然主义

费耶阿本德认为无政府主义方法论具有自然主义的成分。自然主义原是一种断言宇宙间一切存在和活动，不论其内在性质如何，都是自然的，可以科学研究的理论。它常常与唯物主义相联系，如 W. 塞拉斯的进化的自然主义。但有的自然主义与唯心主义相联系，如桑塔亚那承认超自然的事物存在，并认为它们也是可以科学地检验的。

但是费耶阿本德此处所称的自然主义还有另一种含义，即指与理性主义在理性（理由、规则）与实践关系问题上相互对立的理论。如前所述，他认为，理性主义坚持先有理性（规则），后有实践（研究），理性产生实践；自然主义则相反，认为先有实践（研究），后有理性、理由（规则），实践（研究）产生理性、理由（规则），实践（研究）决定理性、理由（规则）。他写道："理性来自实践，理性从实践那里获得内容和权威，……这种观点被称作自然主义。"又说："自然主义认为规则和标准来自对传统的

---

① 费耶阿本德：《自由社会中的科学》，1982 年英文版，第 82 页。
② 费耶阿本德：《自由社会中的科学》，1982 年英文版，第 32 页。

第六章 费耶阿本德的无政府主义知识论

分析。""自然主义认为理性完全是由研究决定的。"①

费耶阿本德认为他不是一个理性主义者，而是一个非理性主义者。他坚持自然主义的某些成分而反对理性主义。他认为，不存在先验的、普遍的理性规则；规则不是产生在研究之前，而是产生于研究之中。他写道："存在着各种标准，但它们来自研究过程本身，而不是来自抽象的合理性观点。"② 不过他又不是一个一般的或完全的自然主义者。一般的自然主义者只承认实践对理性（规则）的决定作用，不承认理性（规则）对实践的反作用。而他承认这种反作用，认为规则一旦从实践中产生后，就能反过来对后者起影响或改变作用因而规则与实践的关系是一种相互作用的关系。他写道："我的见解采纳了自然主义的某些成分，但抛弃了自然主义哲学。现在我们可以比较自然主义和唯心主义的缺陷，获得一种更为满意的观点。自然主义认为理性是完全由研究决定的。关于这一点我们保留了研究可以改变理性的观点，唯心主义认为，理性完全支配研究。关于这一点，我们保留了理性可以改变研究的观点。我们把两个成分结合起来了。"③ 又说：唯心主义和自然主义的缺点是相互联系的。但是把自然主义和唯心主义结合起来，并假定理性和实践的相互作用，就可以消除这些缺点。"④

费耶阿本德认为，由于不是理性规则决定研究，而是研究决定理性（理由）规则，研究是可变的，因而理性、规则也是可变的。不同的研究产生不同的理性规则。例如，"最初，哥白尼的观点是不合理的，正如地球不动理论的观点在 1700 年必定是不合理的一样"⑤。科学研究在改变、在进步，科学的标准、规则、程序也在改变。他写道："当科学家向前进，进入新的研究领域时，他们修改自己的标准、程序和合理性准则。正如当他们前进到新的研究领域中时，会修改甚或以新的完全取代自己的理论和仪器一样。"⑥

---

① 费耶阿本德：《自由社会中的科学》，1982 年英文版，第 33 页。
② 费耶阿本德：《自由社会中的科学》，1982 年英文版，第 99 页。
③ 费耶阿本德：《自由社会中的科学》，1982 年英文版，第 33 页。
④ 费耶阿本德：《自由社会中的科学》，1982 年英文版，第 8 页。
⑤ 费耶阿本德：《自由社会中的科学》，1982 年英文版，第 65 页。
⑥ 费耶阿本德：《自由社会中的科学》，1982 年英文版，第 98 页。

因此费耶阿本德认为，科学研究中往往具有多种传统、多种规则与标准、方法，这些规则和标准不仅往往是不同的，而且往往是互不相容的；如日心说的规则与地心说的规则，燃素说的规则与氧化说的规则，等等，都是互不相容的。他写道："科学不是一种传统，而是许多传统，所以它产生了许多局部互不相容的标准。"① 它们在历史上都起了重要的作用。

（三）无政府主义方法论与多元主义方法论

费耶阿本德从自然主义的立场出发，坚持多元主义的方法论。多元主义方法论与一元主义方法论相对立。前者认为科学研究可以采用多种规则、多种方法；而后者则坚持只能采用一种规则或方法——普通的规则或方法。历史上的科学哲学多数是一元主义者，如归纳主义、演绎主义、假设主义、逻辑实证主义、证伪主义等。但也有一些流派，特别是后来新历史主义学派中的一些人物，主张多元主义的方法论。但是费耶阿本德的多元主义有自身的特点，这是一种"怎么都行"的多元主义或无政府主义的多元主义。这种无政府主义的多元主义主要坚持以下几点：

（1）不是理性的规则、方法、标准产生研究（科学实践），而是研究产生规则、方法和标准、科学研究按环境、条件的变化而变化，故科学的方法、规则、标准也按传统环境、条件的变化而变化。他写道："科学中有许多令人感兴趣的研究导致标准的意料之外的修改……对这种研究只能说，怎么都行。"②

（2）科学的方法、标准、规则与科学家的时界观、宇宙观相联系，无法对科学的方法论做出绝对客观的评价和选择。如具有唯物主义世界观的人认为科学的规则、方法必须符合客观实际；经验主义者认为必须与经验相一致；演绎主义者认为矛顿与理论中自明的公理相一致；等等。他写道："一定的规则只能在一定结构的世界中才有用。"③ 又说："我们不是生活在一个矛盾的世界中的思想导致这样的标准：我们的知识必须前后一致……一旦我们发现对有些事实的恰当描述是矛盾的，并且矛盾的理论可以有

---

① 费耶阿本德：《自由社会中的科学》，1982年英文版，第33页。
② 费耶阿本德：《自由社会中的科学》，1982年英文版，第39页。
③ 费耶阿本德：《自由社会中的科学》，1982年英文版，第34页。

效、易行，而一致性要求是无用的怪物时，许多哲学家就毫不犹豫地接受这个基本标准，而一致性要求就会像天主教徒曾经接受过的圣母马利亚的纯洁圣脸的教义那样失去权威。"①

（3）每一种方法、规则和标准的制定都有其自身的历史理由，都各有其自身的特点、优势，也都各有其局限性。他写道："没有任何单一的程序或单一的一组规则能构成一切研究的基础，并保证它是'科学的'、可靠的。任何方案、理论和程序都必须按照其自己的优劣，根据适应于它所应付的那些过程的标准予以判定。认为存在着一种像不变的测量仪器可以测量任何量值而不管环境如何的思想是不现实的。"② "我的意图是使读者相信，一切方法论，即使是不言自明的方法论，也有着它们的局限性。"③

（4）人们对整个世界知道得甚少，对各种规则、方法应保持开放。他写道："其一是我们要探索的世界绝大部分仍是一个未知的实体。因此必须使我们的选择保持开放性，并不使我们自己事先就受到限制。"④

（5）反对任何普遍的规则和方法，同等地对待任何规则、方法。他写道："对于一切规则、方法都应容忍，都应同等的开放——包括最陈腐、最不能令人满意的规则或方法"，"不论它是'荒谬'的或'不道德的'"⑤，甚至宗教的方法、迷信的方法、巫术的方法，等等。

（四）无政府主义方法论与非理性主义

从以上观点出发，费耶阿本德提倡非理性主义。他认为，规则方法论是理性主义的，而它的无政府主义方法论则是非理性主义的。他提出下列观点：

（1）理性只是一种传统或传统的一个方面，非理性则是另一种传统或传统的另一方面。前者并不高于后者。他写道："理性不是传统的仲裁人，它本身就是一种传统，或传统的个方面，因此，它谈不上好坏，仅仅是一种传统。"⑥

---

① 费耶阿本德：《自由社会中的科学》，1982年英文版，第36页。
② 费耶阿本德：《自由社会中的科学》，1982年英文版，第86页。
③ 费耶阿本德：《反对方法》，1979年英文版，第32页。
④ 费耶阿本德：《反对方法》，1979年英文版，第20页。
⑤ 费耶阿本德：《反对方法》，1979年英文版，第186页。
⑥ 费耶阿本德：《自由社会中的科学》，1982年英文版，第27页。

（2）非理性因素与理性因素在科学中同等地起作用。科学不单纯是理性的事业，它也是非理性的事业。科学不能排除非理性。信仰、激情、偏爱、自负等非理性因素在科学中也起重要的作用。他写道："对于科学说来，理性并不是普通的（绝对的），非理性不能被排除。"①"在知识和科学的增长中，兴趣、权力、宣传和洗脑筋的技巧所起的作用之大远远超过人们通常的估计。"他以伽利略论证哥白尼日心说为例，说："伽利略的论述表面上看起来是论证，实际上是运用了宣传。除了给出知识性的理由外，还运用了心理手法。他运用这些手法非常成功，从而赢得了胜利。"②并从此得出结论说："新思想的胜利不得不依赖于非理性的手段。"③

（3）理性并不高于非理性，理性不能统治科学，理性应在科学中受压制。他写道："我们只能断定即使在科学中，理性不能也不应允许统率一切，它应当常常受到压制或取消，以支持其他因素。"④

（4）抬高理性，不仅不能促进科学的进步，反而阻碍科学的成长，导致科学的消灭。他写道："我已表明，理性，至少在逻辑学家、科学哲学家和某些科学家为它辩护的那种形式中，并不符合科学，不能对科学的成长做出贡献。"⑤"理性主义是不正确的，这是因为科学比方法论的图像更为'无条理'和'非理性'，力图使科学更为'理性'化、精确化，必将消灭科学。"⑥

（5）提倡"混乱""机遇""背离""谬误"等非理性因素有可能促进科学的成长。他写道："'混乱''无条理''投机取巧'，在今天被认为是科学知识的基本成分的理论中却起着极其重要的作用。'背离''谬误'则是科学进步的必要条件。……因此没有'混乱'，就没有知识，不时时否弃理性，就不会有进步，正是偏见、奇想、激情等反理性因素构成了科学的真正基础。"⑦

---

① 费耶阿本德：《反对方法》，1979年英文版，第171页。
② 费耶阿本德：《反对方法》，1979年英文版，第81页。
③ 费耶阿本德：《反对方法》，1979年英文版，第153页。
④ 费耶阿本德：《反对方法》，1979年英文版，第179页。
⑤ 费耶阿本德：《自由社会中的科学》，1982年英文版，第16页。
⑥ 费耶阿本德：《反对方法》，1979年英文版，第179页。
⑦ 费耶阿本德：《反对方法》，1979年英文版，第179页。

(6)消灭恐吓人类的怪物——理性。他写道:"最终,理性连同所有其他的抽象的怪物,如责任、义务、道德、真理以及它们的更为具体的先驱——神,这些恫吓人并限制人的自由、幸福的发展的东西,终将灭亡。"① 他还把理性主义者比喻为畜生。他写道:"一头驯良的畜生不管处境如何糟糕,也不管多么需要采用新的行为模式,它总是逆从主子,逆从他求学的论证准则。"②

后来费耶阿本德批判、否定理性或理性主义的言论日趋激烈。在1990年,他出版《告别理性》一书,对理性和理性主义做了进一步的批判,并提出了"告别理性"的口号。其理由如下:

首先,"理性"历来是一个含混的概念,其具体内容随历史的变化而变化。在古希腊的巴门尼德时期,人们把单调的逻辑思维说成是理性的,而把丰富多样的感觉说成是非理性的;在中世纪,统治者、传教士和经院主义者把对教义、教条和《圣经》的忠诚说成理性的,反之是非理性的;哥白尼和伽利略以后,把科学说成是理性的,非科学说成是非理性的,从而逐渐实现了国家与科学的统一,以代替中世纪的国家与教会的统一,以科学沙文主义代替了宗教沙文主义。

其次,理性的具体内容虽有变化,但其实质却具有共同性,那就是"独断和程序""单调和齐一"。它们都提倡"永恒原理""普遍规则",以专断取代民主,以齐一否定多性。这源于一种信念,这种信念曾驱使十字军东征和穆斯林对世界的征服,等等。它们要求否弃人民的制造性和多样性,以服从"永恒的原则"与"普遍的秩序"。它们曾孕育了历史的奴隶主义,又孕育着现代的奴隶主义。他写道:"它可以利用最乏味的口号、最空洞的原理来推销或兜售一种有条理、有意义的世界观,但是它却不能激发起人类的自由,而只能是孕育奴隶制度,尽管是以极响亮的自由意志论的空话装饰起来的奴隶制度。"③ 因此他大声疾呼:"理性与单调、齐一分离,理性与它们告别。"④

费耶阿本德有时把他的非理性主义称作"辩证思维"。他写道:"不合

---

① 费耶阿本德:《反对方法》,1979年英文版,第108页。
② 费耶阿本德:《反对方法》,1979年英文版,第25页。
③ 费耶阿本德:《告别理性》,1979年英文版,第12页。
④ 费耶阿本德:《告别理性》,1979年英文版,第13页。

理和混乱是清晰性和成功的不可避免的先决条件。……辩证思维正是作为这样一种思维形式而出现的,它'把知性的详细规定化为乌有'。"①

费耶阿本德的上述非理性主义观点,遭到了许多人的反驳。有人责问,费耶阿本德反对理性、逻辑,提倡非理性、混乱,但是他在论述自己的这种非理性主义观点时,却认真地运用了逻辑,避免了混乱。如果他的论述真的是毫无逻辑、一片混乱,人们怎么能看得懂他的文章呢?费耶阿本德无可奈何地回答说,因为他假定他的读者是理性主义者,而他这样做是为了说服"理性主义者""混乱"理性主义者。他写道:"他所感受的娱乐是,以发明非理性的教条的令人不可不信的理由来混乱理性主义者。"②"我假定我的读者是理性主义者,否则就无必要读此书了。"③

(五) 无政府主义方法论与相对主义

费耶阿本德指出,他的无政府主义方法论的另一个特征是相对主义。那么什么是相对主义呢? 他回答道:"哲学相对主义是这样一种学说:所有传统理论、观点都是同样真的或同样假的;或用一种更激进的说法,对于任何真值分配都是可接受的。"④ 因此,在他的哲学相对主义看来:一切理论、观点、学说、传统,都是没有真假之分的,其理由是:

(1) 真理和谬误与客观实在无关,因为实在对人们说来是一个无知的领域。他写道:"人们希望用真理、合理性和实在的概念来铲除相对主义,但是正是在这些概念的周围有一个浩瀚的无知领域。"⑤

(2) 不同的传统、理论和学说各有其自己的主观的评价标准。这个理论、传统、学说认为是真的,在那个理论、传统、学说看来可能是假的。他写道:"把传统分成真的或假的,意味着用一种传统的观点来看待其他传统。传统谈不上好坏——它们仅仅是传统,只有对于一个参加了另一传统,并以该传统的价值来看待世界的人,这些传统才获得了合意的或不合

---

① 费耶阿本德:《反对方法》,1979 年英文版,第 27 页。
② 费耶阿本德:《反对方法》,1979 年英文版,第 189 页。
③ 费耶阿本德:《自由社会中的科学》,1982 年英文版,第 14 页。
④ 费耶阿本德:《自由社会中的科学》,1982 年英文版,第 83 页。
⑤ 费耶阿本德:《自由社会中的科学》,1982 年英文版,第 81—82 页。

意的性质。这些看法看来是'客观的',实际上却是主观的"①。又说:"本书没有断定亚里士多德与爱因斯坦同样好。本书断定并论证说:'亚里士多德是真的'是一个预设了某种传统的判定,是一种关系判定。……也许存在着一种传统,在它看来,亚里士多德与爱因斯坦是同样真的;但也存在着其他一些传统,在它们看来,观察爱因斯坦太无聊了。"②

因此费耶阿本德把反对相对主义坚持客观真理的人说成是"愚昧无知"。他写道:"当今科学发现了长度依顿于参考系,物理学家不得不修改关于长度的最简单陈述的内容的时候,那些以反对相对主义而自豪的人,不是愚蠢顽固,就是孤陋寡闻,或者是二者兼而有之。"③

费耶阿本德认为,相对主义不仅古已有之,而且世界有之,古代的近东和中国很早就有了相对主义。在西方,古希腊的塞诺芬尼是最早的著名的相对主义者。他宣称,感觉是认识的基础;感觉是多变不定、欺骗人的,因而认识是不可靠的。"一切都只是意见。"后来的怀疑主义发展了塞诺芬尼的这种思想而成了不可知主义。到了近代和现代,相对主义又有了很大的发展。他的无政府主义方法论就是一种相对主义的理论。

他认为相对主义是正确的。那么它为什么会遭到历来的理性主义者们的攻击呢?那是因为历来的统治者及其知识分子害怕相对主义,害怕相对主义会破坏他们的规则、秩序和制度,危及他们的统治。他写道:"相对主义经常受到攻击,并不是因为人们发现了它的错误,而是因为人们害怕它。知识分子害怕相对主义,因为它威胁着他们在社会中的作用。正如启蒙运动曾威胁过神学家和传教士的存在一样。"④ 又说:"在理性主义者眼里,相对主义缺乏理性,不尊重他们所属的社会法律,不遵守诺言,不承认商业合同,不尊重其他人的生命,就像野兽一样,构成对文明生活的威胁。"⑤

费耶阿本德指出,他的无政府主义方法论所主张的相对主义,不仅是哲学(认识)的相对主义,而且是政治(实践)的相对主义。那么什么是

---

① 费耶阿本德:《自由社会中的科学》,1982年英文版,第81页。
② 费耶阿本德:《自由社会中的科学》,1982年英文版,第83页。
③ 费耶阿本德:《自由社会中的科学》,1982年英文版,第81页。
④ 费耶阿本德:《自由社会中的科学》,1982年英文版,第83页。
⑤ 费耶阿本德:《自由社会中的科学》,1982年英文版,第84页。

政治的相对主义，它与哲学的相对主义有什么区别呢？费耶阿本德认为，哲学相对主义是知识或认识领域中的相对主义，它涉及的是关于知识的信念问题。如是否真假的问题。政治相对主义是社会政治领域中的相对主义，它涉及的是权利问题，如是否拥有平等权利等。他写道："政治相对主义的主张是关于权利，而不是关于信念、态度等。"① 费耶阿本德说他之所以主张政治相对主义，是因为一切传统（或意识形态），不论是科学的、宗教的、道德的，等等，都应是平等的。他写道："政治的相对主义断定所有的传统都有平等的权利。"②

（六）两种无政府主义方法论

费耶阿本德认为，有两种方法论无政府主义。一种是朴素的方法论无政府主义，它反对一切方法，放弃一切规则，提倡"什么都不要"。他写道："朴素的无政府主义认识到所有的规则和标准都有局限性。朴素无政府主义者认为：（a）一切规则，不论是绝对的规则还是依赖于语境的规则，都有局限性（b）一切规则都是无价值的，都应予放弃。"③

另一种是精致的方法论无政府主义，它反对并拒绝一切普遍的规则和方法，但并不反对、拒绝任何规则与方法。恰恰相反，而是提倡并容忍任何方法，包括最陈腐的方法，甚至是互相排斥、相互对立的方法。它的口号是"怎么都行"。

费耶阿本德认为，前一种方法论的无政府主义与怀疑主义相类似。它怀疑一切，否定一切。后一种方法论的无政府主义也可称认识论的无政府主义，它不同于怀疑主义。它容忍一切，以至于容忍被人看成是最陈腐、最不能令人容忍的方法。他写道："认识论的无政府主义不同于怀疑主义，怀疑主义认为所有现实都是同等好的，或同等坏的，或是停止判断；认识论的无政府主义毫不后悔地捍卫最陈腐或最不令人容忍的陈述。"④

费耶阿本德认为他的方法论无政府主义是后一种而不是前一种，就是精致的方法论无政府主义，而不是朴素的方法论无政府主义。许多批判者

---

① 费耶阿本德：《自由社会中的科学》，1982年英文版，第83页。
② 费耶阿本德：《自由社会中的科学》，1982年英文版，第83页。
③ 费耶阿本德：《自由社会中的科学》，1982年英文版，第32页。
④ 费耶阿本德：《反对方法》，1979年英文版，第189页。

把他当作朴素的方法论无政府主义者批判是错误的。他写道:"多数评论者认为我是这种意义上的无政府主义者,而忽视了我在许多段落中表明某些程序如何帮助了科学家的研究。……我不仅试图证明一些为人所熟悉的标准的失败,我还试图表明一些不太为人熟悉的程序实际上的确成功过,我赞成(a)但不赞成(b)。"①

费耶阿本德多次强调他的方法论无政府主义不同于"政治上的无政府主义"或"实践的无政府主义""专业的无政府主义"。他所说的"政治上的无政府主义"或"实践的无政府主义""专业的无政府主义",就是普鲁东、巴枯宁、克鲁泡特金等人所主张的否定一切权威、否定一切私有财产、否定一切政府的政治理论。费耶阿本德说他并不同意这种理论并且讨厌这种理论,这是因为:(1)"它只关心某些特殊集团的利益",而他的方法论无政府主义关心全人类利益。(2)它反对一切秩序、一切制度以及一切支持这些秩序、制度的意识形态,而他的方法论无政府主义则既无永恒的忠诚也无永恒的反对,提倡"怎么都行"。

出于同样的原因,费耶阿本德有时称他的方法论无政府主义为达达派或达达主义。达达主义是20世纪初在苏黎世、纽约、巴黎等城市兴起的一种虚无主义艺术运动,它反对一切审美创造,追求偶然性的创作技巧。对后来的超现实主义和抽象表现主义有重大影响。费耶阿本德认为,他的方法论无政府主义与上述政治的无政府主义不同,而与这种艺术的虚无主义思潮相类似。他说:"我现在更倾向于使用'达达派'这个名称……一个达达主义者根本不会被任何事业所感动。我希望人们在读此书后,把我当作一个轻率的达达主义者,而不是一个严肃的政治的无政府主义者。"②

(七)无政府主义方法论的优越性

费耶阿本德认为,他的无政府主义方法论与规则方法论相比有以下优点:

(1)规则方法论违反科学史,无政府主义方法论符合科学史。

科学史表明,科学家们实际上遵从的从来都是多元的规则方法论,而

---

① 费耶阿本德:《自由社会中的科学》,1982年英文版,第47页。
② 费耶阿本德:《反对方法》,1979年英文版,第23页。

不是一元的规则方法论。科学史肯定了多元的无政府主义方法论，而否定了一元的规则方法论。他以哥白尼革命的历史事实为例说，归纳主义、逻辑实证主义、证伪主义等的规则方法论都认为是新的天文观测证伪了托勒密的地心说，证实了哥白尼的日心说；但是实际上并非如此，因为哥白尼的星表并不优于托勒密的星表，前者的误差并不比后者小。约定主义则认为哥白尼日心说的胜利是由于它比托勒密的理论简单、方便；但是，实际上，现在大家都承认"哥白尼的体系（按照本轮的数目）很难说比托勒密体系简单"①。他还认为，科学史表明，科学史上的每一个重大成就无不是因为不受传统规则的约束，敢于违反传统规则而获得的。他写道："的确，在科学史与科学哲学中近来的讨论最引人注目的特点之一是：认识到如古代原子论的发现、哥白尼革命、现代原子论的兴起（动力学理论、扩散理论和量子理论）、光的波动说的逐渐出现和发展，恰恰是因为一些思想家决定不受某些'显而易见'的方法论规则约束，或出于不自觉地打破这些规则所致。"又说："因此我们发现没有一条规则不是在这个时代或那个时代遭到违背或破坏……。我们认为这正是进步所必需的。"②

（2）规则方法论阻碍科学的发展，无政府主义方法论促进科学的发展。

规则方法论片面地抬高一种方法，排斥多种方法，把一种方法提升为普遍的方法，实际是压制其他有效的方法。它只能阻碍科学的发展。无政府主义方法容许并提倡所有的方法，而反对抑制任何方法，从而让各种方法都能充分地发挥它们的作用。这必然促进科学的发展。他写道："无政府主义者的方法比任何限定一种标准、规则、指示要有更大的成功机会。"③

（3）规则方法论违背人道主义，无政府主义方法论符合人道主义。

规则方法论以普遍性规则压制人的创造性，强调规则，压制人的作用。无政府主义方法论强调人的创造作用，提倡充分发挥人性的作用。前者是反人道主义的，后者是人道主义的。他写道："理论的无政府主义比

---

① 费耶阿本德：《自由社会中的科学》，1982年英文版，第47页。
② 费耶阿本德：《反对方法》，1979年英文版，第23页。
③ 费耶阿本德：《反对方法》，1979年英文版，第195页。

起它的替代物——法则与规则——更具有人道主义,并更能鼓励进步。"①
"意见的多样性对于客观知识是必需的,并且鼓励多样性的方法还是与人道主义观点相符合的唯一方法。"②

(4) 规则方法论提倡专制主义,无政府主义方法论提倡民主主义和自由主义。

规则方法论把一种方法抬高到唯我独尊的地位,压制、禁止其他方法的使用,是一种限制科学家自由使用各种方法的专制主义。而无政府主义方法论恰恰相反,提倡自由地使用各种方法,符合知识分子的民主、自由的精神。他写道:"无政府主义者的知识分子是自由自在地活动的。""倘若要增进自由,过上丰富多彩和有价值的生活,以及相应地试图去发现自然与人的奥秘,就必须弃绝一切普遍的规则与一切僵化的传统。"③

二 无政府主义知识论的原则

费耶阿本德一再宣称他的无政府主义知识论并不承认普遍永恒的规则,并且反对一切普遍的规则。然而有人指出"怎么都行"就是他的一个普遍原则或规则。

他辩解道:"'怎么都行'不是我推荐的一种新方法论的唯一'原则',它是对那些坚定地信奉普遍标准,以为把握普遍准则就能理解历史的人的唯一可用的方式。"④ 这就是说,"怎么都行"不是一个"普遍原则"而只是一种"唯一可用的方式"。但是他在《反对方法》一书中,却白纸黑字地写道:"只有一种在人类发展的一切阶段和一切条件中都能捍卫的原则,这个原则就是'怎么都行'"⑤ "所有的方法论都有局限,唯一幸存的'规则'是'怎么都行'"⑥ 在这里他承认"怎么都行"是一个"普遍的原则"或"规则",不过他有时把"规则"这个字打上了引号,

---

① 费耶阿本德:《反对方法》,1979年英文版,第17页。
② 费耶阿本德:《反对方法》,1979年英文版,第46页。
③ 费耶阿本德:《反对方法》,1979年英文版,第20页。
④ 费耶阿本德:《自由社会中的科学》,1982年英文版,第39—40页。
⑤ 费耶阿本德:《反对方法》,1979年英文版,第28页。
⑥ 费耶阿本德:《反对方法》,1979年英文版,第296页。

有时并不打引号。到底"原则"（principle）、"规则"（rule）与他所说的"方式"（way）有什么根本性不同？他并没有做出任何明确的说明。其实，费耶阿本德不仅提出了"怎么都行"这个"普遍性原则"，而且还提出了"反归纳""增生原则""韧性原则"等几个新的普遍性原则，这些原则，特别是反归纳原则（有时他自称是"反规则"）是他的整个无政府主义方法论的理论基石。

（一）反归纳原则

费耶阿本德曾明确地指出，他提倡"怎么都行"这条"原则"是追寻"反归纳"所导致的结果。那么什么是"反归纳"呢？费耶阿本德认为，传统的经验主义者从归纳主义的立场出发，在理论的选择问题上都坚持一个方法论规则，那就是归纳规则。这个规则分两个部分，即由两个一致性规则构成：（1）新理论必须与已被确证的公认理论在逻辑上相一致；（2）新理论必须与观察、实验或事实相一致。反之，新理论如果不符合上述规则的任何一个方面，即如果与公认的理论在逻辑上不一致，或与事实不一致，那就必须拒斥之。费耶阿本德反对这种归纳规则，认为这是传统经验主义的教条。从而，他针锋相对地提出了"反归纳"的反规则。反归纳这个反规则也包含两个方面或者说由两个反规则组成。第一个反规则是反理论一致性规则，即反对新理论必须与公认理论在逻辑上相一致，支持与公认理论逻辑上不一致的新理论或新假设；第二个反规则是反事实的一致性规则，即支持与事实不相一致的新理论或新假设。他写道："科学事业中存在着某些常见的规则，那就是理论的成功是由'经验''事实'或'实验的'结果来权衡的。一个理论如果与'经验材料'相一致，它就得到支持，反之，就陷入危机，以至被抛弃。这是经验主义的本质。我所提出的'反规则'则与之相反，它要求我们制定和引用与公认理论不相一致以及与确凿的事实不相一致的假说。它要求我们反归纳地行事。"[①] 下面分别论述他的这个反归纳的两个反规则。

1. 反规则Ⅰ：反对新理论必须与公认理论相一致

首先，费耶阿本德反对理论一致性规则。他指出，新理论（假说）必

[①] 费耶阿本德：《反对方法》，1979年英文版，第29页。

须与公认理论相一致是历来被许多经验主义者坚持的规则,有时被称为"一致性条件";"它可追溯到亚里士多德,在牛顿哲学中起重要的作用(尽管牛顿一再违反它),在20世纪则被大多数科学家理所当然地接受"。① 他们的理由是引进一个与先前理论互相矛盾而实际上并不优秀的理论会给科学事业带来麻烦。诸如"必须学会新的形式系统,用新的方式计算熟悉的问题,重写教科书,调整大学课程,重新解释实验结果",等等。② 但是,这是一个不仅错误,而且是有害的规则,必须反其道而行之,提倡、制定和接受与公认理论不一致的新理论这个反规则。这个反规则用抽象的语言来表述是:"一个理论 T′,它成功地描述在域 D′内的情境。T 同有限多的观察(令它们的类为 F)相一致,且在误差限 M 之内同这些观察相一致。任何在 F 之外和 M 之内同 T′相矛盾的另一个可供选择的理论受到完全相同的观察的支持,则如果 T′是可接受的,那么这个可供选择的理论也是可接受的。"③费耶阿本德提倡这个反规则的理由是:

(1) 理论一致性规则是一个错误的规则。要驳倒一个公认理论反驳的论据只能由一个与之不相容的新理论提供,不提倡新理论就不能驳倒已有的理论。因此,要在公认理论被驳倒后才容许提出新理论是错误的。他写道:"可能反驳一个理论的证据往往只能借助一个与之不相容的可选择理论来揭示,所以劝导人们仅当反对意见已使正统理论丧失信任时才启用新理论,这是本末倒置。"④

(2) 理论一致性规则是保守的规则,它维护较早出现的理论而压制新理论。他写道:"要求新的假设与公认理论一致的一致性条件是不合理的。因为它维护的是一个较早出现的理论,而不是一个较好的理论。"⑤

(3) 一致性规则是反批判的原则,它反对对已有理论的批判,缺乏科学的批判精神。他写道:"一致性削弱科学的批判力量。"⑥

(4) 一致性规则是反多样性的规则。它提倡科学的专制,反对民主,

---

① 费耶阿本德:《反对方法》,1979年英文版,第35页。
② 费耶阿本德:《反对方法》,1979年英文版,第37页。
③ 费耶阿本德:《反对方法》,1979年英文版,第36页。
④ 费耶阿本德:《反对方法》,1979年英文版,第30页。
⑤ 费耶阿本德:《反对方法》,1979年英文版,第35页。
⑥ 费耶阿本德:《反对方法》,1979年英文版,第35页。

违反人道主义。他写道:"意见的一致对于一个教徒团体,对于某种(古代和现代的)神话的胆怯的受害者或对于某个暴君的软弱而驯服的臣民来说是合适的,而意见多样性则是客观知识所必需的。它是一种鼓励多样性和唯一符合人道主义的方法。"①

(5) 一致性规则是反个性自由的规则,它束缚个性的发展。他写道:"一致性危害个性的自由发展。"②

(6) 反一致规则符合科学发展的历史,它促进科学的发展。他举例道:"众所周知,牛顿理论与伽利略的自由落体定律不一致,与开普勒定律也不一致;统计热力学第二定律与现象主义热力学的第二定律不一致;波动光学与几何光学不一致;如此等等。正是这些不一致促使科学的进步。"③

2. 反规则Ⅱ:反对理论必须与事实相一致

费耶阿本德指出,任何理论必须用"经验""事实"或"实验结果"来衡量。任何理论如果与它们相一致,就得到支持,否则,就被人们抛弃。这历来是经验主义的永恒规则。因为在经验主义者们看来,如果不承认这个规则,那么理论就谈不上"证实"或"证伪"了。他的反归纳的第二个规则就是要反对这个传统的经验主义规则。

费耶阿本德指出,理论与事实不一致有两类:一类是"理论与事实的量的不一致"。它们是由于仪器的不精密等原因所造成的"误差允许范围之外的不一致","是可以通过修改数值,而无须作定性的调整而解决的"。④另一类是"理论与事实的质的不一致"即"理论对事实的定性的失败",因而它们不是同隐藏着的事实不一致,而是"同人人熟知的、显而易见的情况的不一致。它们必须通过定性的调整才能解决"。⑤他认为,前一类不一致在科学史上是俯拾皆是的,后一类不一致虽不常见,但也是存在的。他不厌其烦地列举了许多科学史上这闻类不一致的例子。他列举的第一类不一致的例子有:(1)伽利略时代的哥白尼观点同事实的量的不一致;

---

① 费耶阿本德:《反对方法》,1979年英文版,第46页。
② 费耶阿本德:《反对方法》,1979年英文版,第35页。
③ 费耶阿本德:《反对方法》,1979年英文版,第35页。
④ 费耶阿本德:《反对方法》,1979年英文版,第55—56页。
⑤ 费耶阿本德:《反对方法》,1979年英文版,第58页。

(2)牛顿万有引力理论,在初期与大量事实的量的不一致;(3)玻尔的原子模型在提出时与一些数据的不一致;(4)狭义相对论与考夫曼的1906年的实验的不一致;(5)广义相对论与金星、火星的交点运动的数据的不一致;等等。他列举的第二类不一致的例子有:(1)牛顿的颜色理论在定性方面的不一致;(2)麦克斯韦和洛伦兹的经典动力学在自由粒子运动的自加速问题上的定性方面的不一致;(3)伽利略时代日心说在定性问题上的不一致;等等。他的结论是:"没有一个理论不在这个或那个方面存在困扰。"①"没有一个理论在其领域内与所有的事实相符。"② 因此,"要求理论必须与公认的事实相一致,我们将不会有任何理论"③。

那么,经验主义者们怎么会如此无视科学史的事实而坚持理论必须与事实相一致这个方法论规则呢?他认为这是由于他们的错误理论造成的。这就是"理论—观察"二分法和"中性观察"的理论以及建立在这种理论基础上的"事实自主性原则"。这个原则认为事实与理论无关,它不会因理论的改变而改变。费耶阿本德对这种理论进行了以下的批判:

(1)理论污染观察。正如汉森所指出,观察必须依赖于思想、理论并受它们的污染,不存在经验与理论的严格分离,不存在不受理论污染的"纯粹"或"中性"的经验观察。他写道:"不是从观察上升到理论,经验同理论总是共存的,不是经验在理论之先。一个没有理论的经验,正如一个没有经验的理论一样是不存在的","观察(观察术语)不仅是负载理论的,而且是彻底理论性的"。④ 又说:"经过仔细分析我们就能发现,科学根本不知道'赤裸裸的事实'而只知道进入我们知识的'事实',这已经按某种方式看待了,因此这些'事实'本质上是思想的东西。"⑤

(2)观察事实的陈述受意识形态的支配,意识形态改变了,观察陈述也随着改变了。他写道:"一切科学革命已导致某些科学研究领域中的陈述的改变。倘若我们改变了统括一切的意识形态时,其所有的陈述也将全

---

① 费耶阿本德:《反对方法》,1979年英文版,第65页。
② 费耶阿本德:《反对方法》,1979年英文版,第55页。
③ 费耶阿本德:《反对方法》,1979年英文版,第65页。
④ 费耶阿本德:《哲学文集》,1981年英文版,第x页。
⑤ 费耶阿本德:《反对方法》,1979年英文版,第18页。

部改变，这种改革不仅影响理论而且还影响观察陈述与自然解释。"① 义说："事实包含意识形态的成分，包含有早已不见或从未阐明过的古老现象，这些成分和观点是高度可疑的。"②

（3）观察事实的陈述并不仅是感受的记录并且受语言的影响，而语言是具有理论成分的。他写道："一个观察陈述的产生，由两个非常不同的心理事件所组成：①一个清楚的、明确的感觉；②一个在这个感觉与一种语言的成分之间的清楚的、明确的联系。"③ 因此，他把观察陈述比作腹内隐藏理论的特洛伊木马。他写道："我们又一次认识到，观察术语是必须仔细加以检查的特洛伊木马。"④

（4）观察陈述的意义随理论而改变。费耶阿本德指出，现象主义的意义理论认为，"观察陈述"的意义是现象决定的，实用主义的意义理论认为观察陈述的意义由用法决定，而他从1951年起就认为观察陈述的意义随理论的改变而改变。同一个观察陈述在不同理论的解释下可以有不同的意义。他写道："我们根据对观察到的现象做出说明的那些理论来解释观察语言，这种解释随理论的变化而变化。"⑤

（5）观察事实的结果，观察陈述的意义还密切依赖于世界观。因为事实是根据世界观、本体论构造出来的。他写道："我们先有一个观点（理论、框架、宇宙观、表述模式），概念、'事实'等成分则是根据这个观点以一定的构造原则建造出来的。"⑥ 因此，对同一个观察结果，在不同世界观指导下，可以解释成为不同的事实，如地心说以地球静止为事实而日心说以地球运转为事实，等等。他写道："一个全面的理论应当包含一种本体论，它决定何者存在，从而划定可能的事实与可能的问题的界限。"⑦

（6）与事实密切相关的科学证据也是受理论及其背景知识的污染，并随它们的改变而改变的。同一个事实，在一种理论和背景知识的指导下是

---

① 费耶阿本德：《反对方法》，1979年英文版，第278页。
② 费耶阿本德：《反对方法》，1979年英文版，第77页。
③ 费耶阿本德：《反对方法》，1979年英文版，第74页。
④ 费耶阿本德：《反对方法》，1979年英文版，第75页。
⑤ 费耶阿本德：《自由社会中的科学》，1982年英文版，第68页。
⑥ 费耶阿本德：《自由社会中的科学》，1982年英文版，第269页。
⑦ 费耶阿本德：《反对方法》，1979年英文版，第177页。

证据，在另一种理论和背景知识下却成了反证。并且，证据不仅受当时的背景理论的影响，具有历史的特征；而且还受人的生理影响，具有生理的特征。因而它所受的污染是多方面的。它具有主观的、神话的成分，而不是纯粹客观、完全中性的。总之，他说："考虑到观察术语、感觉基础、辅助科学、背景推测等情况。一个理论与证据不一致，不是因为理论不正确，而是因为证据受到多方面的污染，或是由于证据包含未加分析的、只是部分符合外界过程的感觉；或是因为证据是依据于老观点而提出来的，或是因为证据借助于落后的辅助学科而加以评价的，哥白尼理论的困境就是由于这些理由而造成的。"①

费耶阿本德认为，理论与事实一致性规则，不仅在理论上是错误的，而且在实践上是有害的。因为它扼杀了许多看来与公认事实不一致，而实际上却具有革命性和进步性的新理论（如哥白尼的日心说天文学），因此必须以反归纳的规则替代这个经验主义的既错误又有害的一致性规则，以鼓励、保护、促进具有进步性和革命性的新理论的诞生。他写道："事实与理论之间的冲突，可能是进步的证明。""是找出隐藏于熟悉的观察的观念中的原理的第一步。"②"当一个新的有趣的理论与一类确定的事实发生矛盾时，最好的办法不是放弃该理论，而是及时地用它来发现引起这种矛盾的隐藏的原理，反归纳就是这种发现过程的必要部分。"③

（二）韧性原则与增生原则

从上述反归纳的观点出发，费耶阿本德还提出了另外两个方法论"原则"：韧性原则（或理论韧性原则）与增生原则（或理论增生原则）。为了与他的上述反对任何普遍性原则的观点不相矛盾，他声明：他之所以称它们为"原则"只是为了"记忆的方便"④ 他指出这两个原则是相互作用的。它们的相互作用体现了科学发展的本质。他写道："韧性与增生这两个原则之间的相互作用是科学在实际发展中的一个本质特征。"⑤

---

① 费耶阿本德：《反对方法》，1979年英文版，第31页。
② 费耶阿本德：《反对方法》，1979年英文版，第55页。
③ 费耶阿本德：《反对方法》，1979年英文版，第77页。
④ 费耶阿本德：《对专家的安慰》，1970年英文版，第205页。
⑤ 费耶阿本德：《对专家的安慰》，1970年英文版，第209页。

1. 韧性原则

那么，什么是韧性原则呢？他解释道："从一些理论中选择一个有指望导致最大成果的理论，并坚持之，即使它遇到极大的困难。这就是韧性原则。"①

费耶阿本德提出应坚持韧性原则的理由主要是：

（1）理论有发展自己的能力，它们能容纳起先无法解释的问题而发展自己。他写道："韧性原则是合乎情理的，因为理论有能力发展，它能够改进，它们最终能容纳原先完全不能解释的困难。"②

（2）事实、证据、观察结果是受理论污染的。理论受到了事实的反驳时，并不一定要放弃该理论，可以修改它的背景理论（辅助性理论）以保护发展该理论。他写道："我们获得反驳的事例并不意味一门新理论就注定失败了，而只是表示它目前还没有同科学的其他方面取得一致。这就是说科学家必须发展方法，容许他们在反对那些清晰、明确的反驳事实时仍保存自己的理论，即使可检验的解释还马上提不出来。韧性原则，就是构造这样一些方法的第一步。"③

费耶阿本德承认，拉卡托斯也坚持韧性原则，不过，他认为两者是不完全相同的。后者的韧性原则只适用于硬核，而它的韧性原则适用于一切理论。④

2. 增生原则

增生原则是一个提倡理论越多越好的多元主义"原则"，他自称是一个繁荣理论的原则，是他的多元主义"理论模型"的必然结果。⑤ 它的主要内容是：

（1）及时创立、提倡并发展与公认理论不相一致的新理论。不要在公认理论遭到反驳后才容许提出并启用新理论，他写道："增生原则创造并详细阐述与公认观点不相一致的理论，即使后者已获得高度证实并普遍承认。"⑥

---

① 费耶阿本德：《对专家的安慰》，1970年英文版，第203页。
② 费耶阿本德：《对专家的安慰》，1970年英文版，第204页。
③ 费耶阿本德：《对专家的安慰》，1970年英文版，第205页。
④ 费耶阿本德：《对专家的安慰》，1970年英文版，第203页。
⑤ 费耶阿本德：《对专家的安慰》，1970年英文版，第223页。
⑥ 费耶阿本德：《哲学文集》第一卷，1981年英文版，第105页。

（2）不要轻易放弃而是大力改善已遭事实反驳的理论。他写道："增生原则不仅提倡新理论，而且防止排除已被反驳的旧理论。""因为它们有贡献于获胜的竞争对手的内容。"如"经典力学的失败，为相对论提供了进一步证实的证据"。①

（3）"给予任何古老和荒谬的思想以机会，而不要在它们充分显示其价值前就抛弃之。因为它们有可能改善我们的知识。"② 他辩解说，这不是提倡"倒退"，而是为了"进步"，因为"进步往往是通过批判过去而获得的"。如早已被扔进历史垃圾堆的"古老、荒诞、可笑至极的毕达哥拉斯的地球运动的观念，由于哥白尼的努力，它重新复活而被铸成利剑，战胜了曾打败过它的对手"③。

3. 理论多元主义

费耶阿本德认为，增生原则与韧性原则是两个理论多元主义的原则，它们提倡理论越多越好，从而在多种理论的相互竞争中促进理论和知识的繁荣。他认为理论多元主义除能促进理论和知识的繁荣外还有下列优点：

（1）民主主义：保护任何理论的平等的生存与发展的机会。他认为，任何理论都有优点与缺点，应保护它们能平等的生存与发展。他写道："一个观念，不论其多么古老和荒谬，都有可能改进我们的认识。"④ 又说："如果我们想理解、认识自然，如果我们想控制我们的自然环境，那么我们必须运用一切思想、一切方法，而不是它们中的一部分。"⑤

（2）自由主义：提倡充分发挥创造的自由。他写道："增生原则不仅能防止对新生理论的扼杀，并且能保证艺术创造的自由，并充分使用这种自由。"⑥

（3）人道主义：他写道："理论的多元论与形而上学的观点不仅对于方法是必要的，而且还是人道主义观点的基本成分。"⑦

---

① 费耶阿本德：《哲学文集》第一卷，1981年英文版，第107页。
② 费耶阿本德：《反对方法》，1979年英文版，第47页。
③ 费耶阿本德：《反对方法》，1979年英文版，第48—49页。
④ 费耶阿本德：《反对方法》，1979年英文版，第47页。
⑤ 费耶阿本德：《反对方法》，1979年英文版，第306页。
⑥ 费耶阿本德：《反对方法》，1979年英文版，第52页。
⑦ 费耶阿本德：《反对方法》，1979年英文版，第52页。

4. 意识形态多元主义

费耶阿本德的增生原则不仅提倡理论的多元主义，而且与此相联系，还提倡意识形态的多元主义。他认为，"科学只是意识形态中的一种"①。意识形态的各种形式不论它是科学的或非科学的，如宗教、神话、巫术等都应同等的存在与发展。他写道："构造一个世界观的方式有神话，有神学教义，有形而上学，还有许多别的方式。显然，科学和这些'非科学'世界观之间应该并存，进行有成果的交流。"②

为什么科学与非科学应同等地存在与发展呢？他提出以下的理由：

（1）没有绝对的评价标准，科学与非科学各有自己的评价标准。在科学家看来是知识，在神秘主义者看来都是"可笑的无知"，反过来也是如此。他写道："客观地说，科学这种特殊的传说与所有其他传统是一样的。对于某些传统说来是极好的结果，对于其他传统说来却是可憎恶的，而对于又一些传统说来几乎是毫无意思的。到干燥、无氧、连石头都发烫的月球表面上去作几次粗野的飞行需要花数十亿美元，进行多年的艰苦准备；而神秘主义者却仅仅运用自己的心灵便能飞越天球，看到上帝的全部光辉。只是由于知识分子的无知及其惊人地缺乏想象力，才使他们拒绝这种比较。"③

（2）科学与非科学（如神话、迷信、形而上学等）是交叠的。科学中有非科学的因素，非科学中也有科学的因素。如托勒密天文学中有明显的宗教、神学的因素，炼金术中有明显的科学因素。他写道："科学与神话在许多方面是交叠的，我们所感到的差异只是局部的现象，它们在别处可以转变成相似的。"④

（3）科学与非科学的区分并不是固定不变的，它们可以互相转化。他写道："哥白尼、原子论、伏都教和中国医学的例子都表明：即使是最先进、貌似最可靠的理论都不是保险的，它们可能在已扔进历史垃圾堆中的无知的奇怪的观点的帮助下，得到修改，甚至完全被推翻，这就是为什么今天的知识在明天或许会变成神话；而今天最可笑的神话在明天也许会变

---

① 费耶阿本德：《自由社会中的科学》，1982年英文版，第31页。
② 费耶阿本德：《反对方法》，1979年英文版，第180页。
③ 费耶阿本德：《自由社会中的科学》，1982年英文版，第31页。
④ 费耶阿本德：《反对方法》，1979年英文版，第296页。

成科学的最可靠的成分。"①

（4）科学与非科学各有其优点。非科学可以优越于科学，反之亦然。他举例说："天文学从毕达哥拉斯主义和柏拉图对圆周的酷爱中得益匪浅，而医学从巫士、接生婆、机灵鬼和江湖郎中的心理学、形而上学、生理学得到好处。科学到处利用非科学发展自己，而被看作科学的必要组成部分的程序却被抛弃。"② 他特别分析了中国传统医学的例子。他写道："科学的确能从非科学的成分的混合中得益，如中国传统医学的复兴，在50年代强迫医学界和医院教授接受《黄帝内经》中的观点和方法，用来看病。许多西方专家（其中如艾克尔斯、波普分子）被吓呆了，曾预言中国医学会衰落，但发生的事实却相反，针灸和把脉导致了许多新的发现。"③

费耶阿本德还根据以上理由而否定科学与非科学的划界。他说："科学与非科学的划界不仅是伪的，而且对知识进步是有害的。如果我们要理解自然，并支配我们的物质环境，那么就必须使用一切思想和一切方法，而不只是其中的一部分。关于科学之外无知识的论断只是童话而已。"④ 人们称他的这种否定科学与非科学划界的主张为科学与非科学的"消界论"。

总之，费耶阿本德认为不仅应提倡科学理论的多元主义，同等地看待一切科学理论，而且应提倡意识形态的多元主义，同等地对待一切科学与非科学。为此他把人类知识比喻为一个科学与非科学等意识形态汇合的海洋。他说："知识不是由一些自我一致的，向一个理想观点收敛的理论构成的系列；它不是向真理逐渐逼近。它毋宁是一个日益增长的互相不可比（甚至不可通约）的各种可供选择理论的集合的海洋。构成这个集合的每个理论、童话、神话都迫使骂他理论、童话和神话加入而形成更大的集合。它们全都通过这个竞争过程而对我们的意识的发展做出贡献。"⑤ 并从这种观点出发，他反对种种"片面"地"提倡科学、压制非科学"的种种理性主义的观点。他写道："重新考察我们对于神话、宗教、魔术、巫术

---

① 费耶阿本德：《反对方法》，1979年英文版，第52页。
② 费耶阿本德：《反对方法》，1979年英文版，第105页。
③ 费耶阿本德：《反对方法》，1979年英文版，第305页。
④ 费耶阿本德：《反对方法》，1979年英文版，第306页。
⑤ 费耶阿本德：《反对方法》，1979年英文版，第30页。

的态度，重新考察对于所有那些理性主义者希望永远从地球上清除掉的观念，是很有必要的。"①

三 不可通约性与不可比性

费耶阿本德同库恩一样，坚持不可通约性的理论。

（一）不可通约性

据费耶阿本德自述，他与库恩早年都接受了维特根斯坦后期思想的影响，并与库恩同时提出了不可通约性的理论。他写道："我不知道我们之中谁首先在这里所讨论的意义上使用'不可通约'这个术语的。它出现在库恩的《科学革命的结构》和我的论文《解释、还原和经验主义》中，二者均发表于1962年。"② 不过两人使用了不同的概念。库恩使用的是"范式"的概念，认为"不同的范式具有：（A）不同的概念；（B）不同的看待事物的方式或知觉；（C）不同的研究方法。因而不同范式的内容之间具有A、B、C这三个方面的不可通约性。"③ 而他当时使用的是"语言游戏""生活方式"的概念，认为"由于不同的语言游戏具有不同的规则，而产生：（A）不同的概念；（B）不同的陈述、评价方式；（C）不同的知觉。因而它们是不可通约的"④。

费耶阿本德指出，后来他改变了看法，不再使用"语言游戏""生活方式"的概念，而使用了"理论"这个概念，并认为理论的不同只带来概念的不同，并不带来看待问题方式或知觉的不同，因而理论只具有概念的不可通约性，而不具有看待问题方式或知识的不可通约性。他写道："我曾经相信概念的不同总是伴随着知觉的不同，但在《对批评的回答》中我放弃了此观点，理由是这种观点不符合心理学家的研究成果。"⑤ 因此，费耶阿本德曾多次解释说，他所主张的理论的不可通约性仅是指概念的不可

---

① 费耶阿本德：《反对方法》，1979年英文版，第208页。
② 费耶阿本德：《对批判的回答》，1965年英文版，第219页。
③ 费耶阿本德：《自由社会中的科学》，1982年英文版，第67页。
④ 费耶阿本德：《自由社会中的科学》，1982年英文版，第67页。
⑤ 费耶阿本德：《自由社会中的科学》，1982年英文版，第57页。

通约性，即概念的演绎不相交性。所谓"演绎的不相交性"是说它们之间不存在形式逻辑的包含、相交、排斥等演绎关系，彼此之间不能进行形式逻辑的推理。这是因为它们是不同质的概念，否则就违反了形式逻辑的同一律。他写道："我的观点，即费耶阿本德的不可通约性，只是演绎的不相交性，仅此而已。"①

费耶阿本德还使用上述反规则的观点论证了他的理论的不可通约性。他指出，经验主义者由于坚持一致性规则，他们把科学的进步看作一种 T、T′、T″、T‴……的累积过程，认为先后理论具有逻辑一致性，因而是可通约的。但是如他在前面所指出，科学的发展是反规则的，前后理论是逻辑不一致的，它们的内容之间不具有包含、排斥、相变的逻辑关系，因而是不可通约的。他写道："如果我们坚持要求包含、解释、还原必须由逻辑推导出来，那么，(1) T′不可能包含 T (T′是 T 的后继者)；(2) 不能根据 T′来解释 T；(3) T 不能被还原（归结）为 T′。"②

费耶阿本德还经常以经典力学（CM）与狭义相对论（SR）为例说明这个问题。他说：狭义相对论虽然也使用了经典力学中所使用的"质量""长度""持续时间"等概念，但它们是不同质的概念。例如，"SR 中所使用的长度概念与 CM 中的长度概念是不同的概念。相对论的长度涉及经典概念中不存在并予以排斥的要素。它涉及某一坐标系中客体的相对速度……因此它们是不可通约的"③。他还由此而推导出不同语言的不可翻译性。他写道："我们不能将事实 A 中的 A 陈述应用到 B 中，也不能将语言 A 翻译成语言 B，这不意味着我们不能讨论这两种观点，而是说，这种讨论不能以任何 A 的成分与 B 的成分之间的（形式的）逻辑关系进行，它必须是'非理性的'。"④

（二）不可比性

费耶阿本德在《反对方法》一书中多次强调，由于不同理论的概念之间是不可通约的，因而它们是不可比的，特别是那些成对的理论，如经典

---

① 费耶阿本德：《自由社会中的科学》，1982 年英文版，第 68 页。
② 费耶阿本德：《对批判的回答》，1965 年英文版，第 228 页。
③ 费耶阿本德：《对批判的回答》，1965 年英文版，第 221—222 页。
④ 费耶阿本德：《反对方法》，1979 年英文版，第 270 页。

力学与量子力学等。他写道:"某些理论的内容之间是不可比的,这意思是说通常的逻辑关系(包含、排斥、相交)在它们之间是不具有的。当比较神学与科学时,情况也是如此。"①

为什么不可通约的理论就不能互相比较呢?费耶阿本德还用他的语言学的见解解释了这个问题。他认为不同语言的语词具有不同的指称,它们指谓的不是同一个世界,而是不同的世界,因而是不可比的。他写道:"我们当然不能假定两个不可通约的理论涉及的是同一客观情况。……因此,除非我们想假定它们根本不涉及任何事物,否则,我们必须承认它们涉及的是不同的世界。"②

他还认为语言的语词、概念是受世界观、宇宙观支配的。世界观、宇宙观改变了,语言的语词、概念的意义改变了,它们的指称也就改变了,就不可比较了。他写道:"从(宇宙观)A 到(宇宙观)B 的转变,产生了新的实体和实体之间的关系,这也改变了人们的概念与自我体验。"③

从这种观点出发,他批判了理论的可比论。他把理论的可比论比喻为洞眼理论。这种理论认为宇宙像是一个很大的洞眼,前后理论相继填补洞眼中的空白,而不改变任何事情的性质,因而前后理论是相互可比的。其实费耶阿本德认为,理论改变了,事实也随着改变了。它们是不可比的。他写道:"认为(宇宙观)A 到(宇宙观)B 的转变有一个可比的基础的观点是一种'洞眼理论'。这种理论认为每一种宇宙观(语言、感觉模式)都存在着可以填充的火星洞眼的空白,在填充这些空白时,所有其他的事情可以都不改变。……其实在宇宙观 B 中并不包含宇宙观 A 中的任何成分,不论是常识词汇、哲学理论、绘画、雕塑、艺术观念、宗教神话思想,都已不同于前者了。"④

不过费耶阿本德多次声明,他所说的"不可通约性"的"不可比"是"逻辑的不可比"或"理性的不可比",即"演绎不相交的不可比"。因而,他并不否定其他方式的,即"非逻辑的"或"非理性的"比较或交

---

① 费耶阿本德:《反对方法》,1979 年英文版,第 223 页。
② 费耶阿本德:《自由社会中的科学》,1982 年英文版,第 70 页。
③ 费耶阿本德:《反对方法》,1979 年英文版,第 265 页。
④ 费耶阿本德:《反对方法》,1979 年英文版,第 265—266 页。

流。他写道:"我从来没有因理论的不可通约性而推出它们的不可比性。"①"而是说,这种讨论不能以任何 A 的成分与 B 的成分之间的逻辑关系进行,它们必须是'非理性的'。"② 他这里所说的"非理性"的比较与交流,"是指'非逻辑'的比较与交流,一种不涉及'客观内容'或'逼真度'的'主观的',即一种复杂的包含着相互冲突的偏爱和宣传"的比较与交流。③

费耶阿本德从上述不可通约性理论中得出了否定独立于认识之外(或不受人的认识影响)的客观世界的结论。他认为既然不同理论的内容之间是不可通约的,不同"理论"指称的是不同的世界,那么,独立于认识之外、不受认识任何影响的客观世界是不存在的。他写道:"基本理论的变化经常带来世界的变化,因而我们不能假定两个不可通约的理论所涉及的是同一个客观情况。……因此,除非假定它们根本不涉及任何事物,否则就必须承认它们涉及的是不同的世界……因此,我们便不再假定一个不受我们认识活动影响的客观世界了。"④

四 科学与自由社会

但是,费耶阿本德认为在现在的西方社会中存在着一种不平等的观察,那就是把科学这一种意识形态抬高到其他各种意识形态之上,把它看成凌驾于宗教、哲学、道德等其他意识形态之上并统治其他一切意识形态的主宰或仲裁者。他认为这是一种政治理性主义或科学专制主义的看法与做法,是错误的。他写道:"科学确实不只是意识形态了,而是所有意识形态的客观标准了。"⑤ "但科学并不是神圣不可侵犯的,它并不足以成为衡量优越性的尺度。"⑥

费耶阿本德认为,科学专制主义之所以在现在西方社会流行,不是人民拥护它、选择它的结果,而是由于知识分子的歪曲。他们为了抬高自

---

① 费耶阿本德:《自由社会中的科学》,1982 年英文版,第 68 页。
② 费耶阿本德:《反对方法》,1979 年英文版,第 270—271 页。
③ 费耶阿本德:《自由社会中的科学》,1982 年英文版,第 68—69 页。
④ 费耶阿本德:《自由社会中的科学》,1982 年英文版,第 70 页。
⑤ 费耶阿本德:《反对方法》,1979 年英文版,第 302 页。
⑥ 费耶阿本德:《自由社会中的科学》,1982 年英文版,第 15 页。

己,贬低人民,而信奉理性主义,抬高科学的地位。他写道:"从西方理性主义一产生,知识分子便把自己看成老师,把世界看成学校,把'人民'看成顺从的学生。"① "进一步详细分析科学游戏表明,存在着相当多的自由区域,要求思想的多样性,并允许民主程序(投票表决)的运用。但这实际被高压政治和宣传所封闭了。"② 首先他们抬高科学,把科学歪曲成为统治一切其他意识形态的主宰。其次他们宣扬理性主义,宣扬"永恒"的科学规则,并把它们歪曲成为神圣的教条。他写道:"科学能按国家永恒规则进行的思想是不现实的,且是有害的。它之所以是不现实的,是因为它对人的才能以及鼓励发展才能的环境的看法太简单了;它之所以是有害的,是因为推行规则以增加我们的职业能力是以牺牲人性为代价的。而且,这种思想会终结科学,因为它忽视了影响科学变化的自然与历史条件,使科学更缺少适应性,而具有更多的教条性。"再次他们歪曲科学的社会作用,把它们说成现代社会的进步力量,这是一种"神话"。最后如上所述,科学只是各种传统中的一种传统,它不具有任何特殊的优越性。如果有,也只是知识分子的歪曲,这就像中世纪的教会把宗教的教义歪曲为真理一样。

费耶阿本德认为,知识分子支持科学,在 17、18、19 世纪是有一定意义的,当时科学受宗教的压制,没有同等的社会权利,这样做对于反对宗教统治和解放人民的思想很有好处。但是到了 20 世纪情况就不同了。现在,科学代替了中世纪的宗教的地位,成为一切意识形态的统治者,它成了人人必须学习、必须服从的东西。而其他意识形态,如宗教、迷信、巫术却受到了不应有的压制。而大量新的科学机构的兴起以及科学权威的建立,更加重了新的危害性,以至于人人必须严格地按照科学的内容的规定来说话和行事,否则就被嘲笑为无知,责斥为胡说。"从此人们不是说:有些人相信地球绕太阳转,而其他人认为地球是一个包含太阳、行星、恒星的空球;而是说:地球绕太阳运转,其他一切都是胡说。"③ 从而使科学不再是启蒙的工具,而成了恫吓人民、压制人民、统治人民、使人民沦为

---

① 费耶阿本德:《自由社会中的科学》,1982 年英文版,第 121 页。
② 费耶阿本德:《反对方法》,1979 年英文版,第 30 页。
③ 费耶阿本德:《自由社会中的科学》,1982 年英文版,第 74 页。

第六章 费耶阿本德的无政府主义知识论

奴隶的精神大棒。他写道:"意识形态可能退化成为独断的宗教。它们成功之时便是退化的开始。一旦反对派被打垮,它们便成了教条;它们的胜利就是它们的失败。19世纪和20世纪,尤其是第二次世界大战之后,科学的发展便是一个好例;这种曾给人思想和力量以摆脱专制宗教的恐惧和偏见的事业,现在把人变成了它的利益的奴隶。某些宣传科学的人花言巧语地鼓吹自由,卖弄宽容,并伪称这是为了我们的利益,我们切莫上他们的当。"[1]

当今的科学不仅已成为统治人民的工具,而且成了侵略落后民族的手段。他写道:"科学是最现代的、最富有侵略性的。"[2]"现代科学的兴起恰好与西方入侵者对非西方部落的压迫同时,这些部落不仅在自然状况中受到压迫,而且还失去了思想理智的独立性,并被迫接受兄弟般之爱的嗜血的宗教——基督教。"[3] 因此他认为现在"科学太强大、太过分、太危险了"[4],它已代替了中世纪宗教的地位成为一种科学的沙文主义了。

费耶阿本德认为科学沙文主义是当代一切智力污染中最危险的东西,是自由社会的大敌,必须坚决反对。他写道:"最后我重申,科学沙文主义智力污染更成问题,目前科学家已逾越了他们的职业界限,而试图把他们所认为的方法论规则普遍化为整个社会的一部分。他们任意地使用一切手段,如辩论、宣传、高压战术、恫吓、游说等以达到他们的目的。"[5] 然而,费耶阿本德认为,令人吃惊的是当今最富有造反精神的革命者如无政府主义者,他们反对一切专制统治,但却匍匐在科学的偶像之前,听命于科学。他写道:"甚至是大胆的革命思想家也屈从于科学的裁决。克鲁泡特金想打碎所有现存的机构,但并不触及科学;易卜生在揭露当代人性的状况时走得更远,但仍把科学作为真理的衡量标准。"[6]"甚至连马克思也相信,科学将帮助工人寻求思想解放和社会解放。"[7]

费耶阿本德分析了当代科学沙文主义流行的原因。他认为这是由于当

---

[1] 费耶阿本德:《自由社会中的科学》,1982年英文版,第75页。
[2] 费耶阿本德:《反对方法》,1979年英文版,第295页。
[3] 费耶阿本德:《反对方法》,1979年英文版,第298页。
[4] 费耶阿本德:《反对方法》,1979年英文版,第217页。
[5] 费耶阿本德:《反对方法》,1979年英文版,第220页。
[6] 费耶阿本德:《反对方法》,1979年英文版,第302页。
[7] 费耶阿本德:《自由社会中的科学》,1982年英文版,第75页。

今的政治制度造成的。他写道:"科学今天的优势并不是因为它的相对优点,而是因为情况被操纵得有利于它。""科学获得了至上的统治权是因为它过去的一些成功导致了一些防止对于东山再起的制度上的措施(教育、专家的作用,权力集团如美国医学协会的作用)。"① 他认为,专家统治则是其中的另一个重要因素。当今专家掌握着解决社会问题的大权,而人民丝毫没有权力。他写道:"一般社会问题的解决总是请专家(知识分子)制订方案、计划,然后由权力集团及知识分子(专家)讨论、修改、决定,而很少考虑直接有关的人,认为这不是他们的事情。"② "而专家的意见常常带有偏见。"这就使科学沙文主义得以流行。

那么,应该怎样来铲除科学沙文主义,以发展自由社会的民主呢?

费耶阿本德认为,首先,应削弱科学家的权力,以结束专家统治。他写道:"现在是大大地削弱他们(科学家)并在社会中给予他们以节制的地位的时候了。"③ 而提倡无政府主义方法论的最终目的也在于此。他写道:"本书的目的只是一个:清除知识分和专家对于各种不同于他们自己的传统所制造的障碍,并准备把专家(科学家)本人从社会生活的中心地位清除出去。"④

其次,应改善当今的教育制度。他认为当今的教育制度严重地体现了科学沙文主义。学校的课程有严格的规定。"学生只准学习物理、天文、历史等学科而不能以魔术、占星术和其他传统来代替。"他把它比喻为"中国的缠脚布",认为它束缚人的个性,压制人民的自由。他写道:"科学教育……不可能与人道主义相调和,它是与高度发展的人类个性的文明相冲突的。……它像中国妇女的小脚,由于压挤其天生突出的部分而致残。"⑤

最后,是实行政权与科学的分离。他认为,当宗教统治一切意识形态时,社会革新者要求宗教与政权分离,现在则应要求实行政权与科学的分离。因为当今科学大权完全掌握在国家政权手里,政权成了推行科学沙文主义的手段,而科学则成了国家政权统治的工具。他写道:"科学是最新、

---

① 费耶阿本德:《自由社会中的科学》,1982年英文版,第101—102页。
② 费耶阿本德:《自由社会中的科学》,1982年英文版,第11—12页。
③ 费耶阿本德:《反对方法》,1979年英文版,第75页。
④ 费耶阿本德:《自由社会中的科学》,1982年英文版,第7页。
⑤ 费耶阿本德:《反对方法》,1979年英文版,第20页。

最富有侵略性、最教条的宗教机构,它与政权的分离可能是使我们达到人本精神的唯一机会。"① "在已习惯于政教分离的今天,再进而实行政权与科学分离已为时过晚。"② 又说:"这种科学与国家的分离或许是我们克服我们这个科学技术时代的闹哄哄的野蛮状态的唯一机会了。也是唯一能获得我们所能达到、迄今仍未达到的人道主义的唯一机会了。"③

费耶阿本德认为实行政权与科学的分离是一个自由社会的必需,只有这样才能使人民的思想在科学的压制下解救出来,获得社会的自由。他写道:"自由社会应坚持科学与社会分开。"④"科学没有权力限制一个自由社会的成员的生活、思想;在这个社会里,任何人都应有做出自己决定并生活在他发现的最合适的社会信条的权利。因此国家与教会之间的分离,还必须由国家与科学的分离来补充。"⑤ 因此国家政权与科学分离是实行自由社会的必要条件,也是实行人道主义的必要条件。

那么什么是费耶阿本德所追求的理想的自由社会呢?在他看来,自由社会就是一个反规则主义、反理性主义的社会,它没有任何普遍的规则或原则为信条。他写道:"自由社会不能以任何特殊的信条为基础,例如,它不能以理性主义为基础或以人道主义的考虑为基础。"⑥ 自由社会也是一个多元主义的社会,在那里,各种传统,不论是科学的、道德的,还是宗教的、迷信的,都有同等的地位与权力。他写道:"自由社会的基本结构是保护性结构,而不是一种意识形态,它像铁栏杆那样起作用,而不像信念那样起作用。"⑦

总之,自由社会是一个体现费耶阿本德的无政府主义知识论的思想和精神的社会,因此他的无政府主义知识论不仅是一种科学哲学的理论,同时也是一种符合于自由社会的思想、精神的理论。在这里他把英美的科学主义与欧洲大陆的人本主义这两大分裂已久的思潮汇合在一起了。

---

① 费耶阿本德:《反对方法》,1979年英文版,第295页。
② 费耶阿本德:《反对方法》,1979年英文版,第216页。
③ 费耶阿本德:《反对方法》,1979年英文版,第300页。
④ 费耶阿本德:《自由社会中的科学》,1982年英文版,第31页。
⑤ 费耶阿本德:《反对方法》,1979年英文版,第299页。
⑥ 费耶阿本德:《自由社会中的科学》,1982年英文版,第30页。
⑦ 费耶阿本德:《自由社会中的科学》,1982年英文版,第30页。

第七章 夏佩尔的科学域理论

达德利·夏佩尔（Dudley Shapere）是美国科学哲学家。他于 1928 年出生，早年就读于哈佛大学，先后获哲学学士、硕士、博士学位。后在俄亥俄大学、芝加哥大学任教；1972—1975 年任伊利诺斯大学哲学教授，并曾任该校科学史与科学哲学委员会主任 1985 年至今任威克特·福雷斯特大学哲学教授；1966—1975 年间曾担任美国科学基金会主持的"科学史与科学哲学规划"特别顾问；他还是《科学哲学》《科学史与科学哲学月刊》等杂志的编委。主要著作有《自然科学的哲学问题》（1965）、《伽利略哲学研究》（1974）、《理由与求知》（1984）等。

一 反对绝对主义与相对主义

夏佩尔是新历史主义学派的代表人物。他肯定库恩坚持历史主义，批判逻辑实证主义的正确性；同时又批判库恩、费耶阿本德的主观主义、相对主义和非理性主义，力求建立一种历史主义、客观主义与理性主义的新历史主义科学哲学。

（一）批判逻辑实证主义

夏佩尔指出，20 世纪 20 年代到 50 年代是逻辑实证主义运动的形成和发展时期。它是这个时期的科学哲学的主流。他认为尽管逻辑实证主义是一个运动而不是观点完全统一的学派或流派，其内部存在分歧，但在一些基本观点上则是完全一致的。

首先，逻辑实证主义运动的基本动机是共同的，坚持科学的客观性，以期最终排除宗教、迷信和形而上学思想对科学的"不良影响"。他写道:"解释科学何以能成为'客观的',这是它的一个很重要的动机和基础。"①

其次,逻辑实证主义运动在理论上有以下三个基本的共同点:(1)认为科学哲学的任务是"力求理解科学","而理解科学的本性,就是理解元科学术语"。(2)强调形式逻辑在科学哲学分析中的重要作用,认为对元科学概念的分析必须依据逻辑的分析与阐述。(3)观察与理论是截然分开的。存在着客观的中性的不依赖于理论的观察。

夏佩尔认为,从这三个基本的共同论点出发,逻辑实证主义得出了三个重要的理论结论:(1)科学哲学等同于"科学的逻辑"。科学哲学只研究科学陈述的形式、科学知识的逻辑结构,不涉及科学的具体内容和科学发展的具体过程。(2)科学与元科学截然分开。科学哲学只研究"元科学术语或概念"的意义。元科学术语的含义是永恒不变的,具体科学的术语则随科学知识的发展而发展变化。元科学与科学的关系就像元数学与数学,元逻辑和逻辑的关系一样。(3)"观察术语"与"理论术语"必须严格区分。"观察强立于理论,理论又依赖于观察。""可观察性"既是"科学与非科学的标准",又是"理论的可接受性的标准"。②

夏佩尔对逻辑实证主义的上述理论观点和结论进行了彻底批判。

首先,夏佩尔同意老历史主义有关科学哲学的主要任务在于动态地、社会历史地研究科学知识发展的规律性;而反对逻辑实证主义把科学哲学的任务归结为对科学知识进行静态的逻辑结构分析的主张。夏佩尔指出,与科学的具体内容无关的纯形式的研究才能理解科学的本质的观点,是20世纪逻辑学与语言学的产物。弗雷格、罗素等人就认为,通过科学理论的纯形式分析,能理解和说明所有科学的解释、定律和理论。逻辑实证主义继承了这种看法,把科学知识的形式看作永恒不变的,一切科学所共有的东西。夏佩尔认为,这种观点是错误的。逻辑实证主义试图给出一切科学知识所共有的永恒不变的形式特征的企图,也是注定不会成功的。他写道:"罗素的数理逻辑和希尔伯特的数学与元数学纲领对哲学产生了非常有害的影响。它们使哲学家们相信,有了逻辑和'元科学'就有了详细阐

---

① 夏佩尔:《理由与求知》,1984年英文版,第156页。
② 夏佩尔:《理由与求知》,1984年英文版,第156—157页。

述人类知识和求知事业中本质的和不可改变的东西的秘诀。""这是一个大不幸","是行不通的"。① 因为,夏佩尔认为:(1)只有科学知识的形式探究而没有科学知识的内容的研究,无法把握科学的解释和理论的本质。要理解科学、理解我们关于世界的看法,就要了解科学知识获得的经过和科学知识发生变化的过程;而且,随着科学内容的历史变化,科学的形式特征也是历史地变化的,并不存在永恒不变的、脱离具体科学内容的抽象的科学形式。(2)仅有形式的研究,还不能给科学发展提供普遍的方向。科学知识形式的固定化与僵硬化,只会造成科学知识的简单化和绝对化;只能阻碍科学的发展。开放的、历史的变化的内容与形式才能促进科学的动态发展。因此他说:"逻辑实证主义的形式主义研究使科学哲学丧失了与科学内容的密切联系,成了与具体科学完全无关的东西。"②

其次,夏佩尔反对逻辑实证主义关于严格区分"元科学术语"与"科学术语"的主张。逻辑实证主义认为,具体科学的术语要随科学知识的发展而变化。不同的学科又有不同的科学术语,而科学哲学所研究的是科学知识的普遍和不变的逻辑形式,是诸如"观察""实验""理论""解释"之类的"元科学术语"。这些"元科学术语"的含义是不变的。夏佩尔坚决反对这种主张,提出"逻辑经验主义关于'科学'术语(在科学'内部'出现的术语)和'元科学'术语(用来'谈论'科学的术语)的区别,以及实证主义所坚持的关于科学哲学主要从事于分析'元科学'术语的观点,在我看来是很成问题的"③。因为夏佩尔认为,科学哲学的术语(逻辑实证主义所谓"元科学术语")与具体科学的术语一样,是随科学知识内容的变化而变化的。如"观察"概念,在不同的历史时期,有不同的含义。在早期,它指的是肉眼观察;在近代,它包括了借助望远镜、显然镜等光学仪器的观察;在现代则更包括了通过现代化仪器的干扰而使微观客体变化的间接观察。同时,在夏佩尔看来,不仅仅是科学哲学的术语,就是它们的研究目标、研究方法、科学的推理规则等,也都是

---

① 夏佩尔:《理由与求知》,1984 年英文版,第 225 页。
② 夏佩尔:《理由与求知》,1984 年英文版,第 61 页。
③ 夏佩尔:《理由与求知》,1984 年英文版,第 xiv 页。

随科学知识的发展而变化的。根本不存在逻辑实证主义所主张的"永恒不变"的"元科学"。他写道:"在探求的过程中,探求的目标是可以改变的;而且,改变的理由与探求过程中的发现有着十分重要的关系。"①又说:"概括地说,我们对研究对象(或过程等)和探究课题的命名和描述,可以按照我们所了解的关于这些对象如何被理解、如何相互联系的方式而改变。"②

最后,夏佩尔反对逻辑实证主义关于严格区分"理论术语"与"观察术语"的主张。夏佩尔指出逻辑实证主义继承传统经验主义的观点,主张所有的有关自然的观念、信念都必须建立在自然的"可观察"的基础上;认为观察是理论的解释、评价和比较的基础;观察本身又是客观的,中立于任何理论的;"观察术语"是经验事实的直接记录,其意义清楚明白,无须改变,也不能改变;而"理论术语"只有还原为"经验术语"才能获得意义。他指出,这些观点都遭到了汉森、库恩和费耶阿本德等老历史主义者的驳斥,他们以大量心理学和科学史的事实证明中性观察的不存在和理论对观察的污染;认为被我们看作观察事实的东西,其实也取决于某种预设前提。不同背景知识和理论观点将使人们看到不同的观察事实,甚至会创造出不同形式的观察。

夏佩尔赞同老历史主义学派对逻辑实证主义的这种批判,认为人们实际上无法严格做出"理论术语"与"观察术语"的区分。逻辑实证主义的这种二分法是错误的。在此基础上,夏佩尔还进一步指出了逻辑实证主义理论纲领中的悖论和根本困难。夏佩尔指出,逻辑实证主义为了坚持观察的中立和客观性,就得坚持观察与理论相分离的二分法。但为了检验、解释与评价理论,又必须坚持观察与理论的联系。这样就产生了客观性条件与可检验性条件之间的冲突,成为逻辑实证主义理论的根本困难。他写道:"越是要求观察语言不受理论制约、对理论保持中立,观察语言就越是变得与科学不相关。……一方面,一个理论根据观察资料的可检验性条件(或者换言之,观察资料对于所检验理论的相关性条件)又似乎要求观察必须和理论相关;另一方面,客观性条件又似乎要求观察摆脱理论,不

---

① 夏佩尔:《理由与求知》,1984年英文版,第361页。
② 夏佩尔:《理由与求知》,1984年英文版,第362页。

受理论制约。"① 不过，夏佩尔也并不完全同意老历史主义学派的观点，特别是他们的相对主义观点。

（二）批判老历史主义

夏佩尔指出，如果说20世纪20年代至50年代的科学哲学主流是逻辑实证主义的话，那么从50年代开始的哲学运动是"对逻辑实证主义的反动"②。以汉森的"观察负载理论"和图尔敏的反对形式化的历史主义科学哲学研究为开端。50年代至60年代成了对逻辑实证主义的"批判时期"，也成了"许多哲学家觉得需要一个全新的方法来解决科学哲学问题"的时期。历史主义学派的兴起，除了逻辑实证主义理论纲领自身的困难外，还深受维特根斯坦后期哲学思想的影响。后期的维特根斯坦就反对用逻辑的"理想语言"处理一切可能的案例，指出"仅把语言看作一种运算，就往往会忽略语言的许多其他功能"③。历史主义学派兴起的又一个原因是20世纪初杜恒开创历史研究以来科学史研究所发生的变化。它改变了过去顽固的实证主义者和一些自然科学家对科学历史的细节无所知的局面。科学史已不再是几个"伟人摆脱黑暗传统的束缚，而走向近代文明的奋进的记录"④。科学理论也不再被认为只是以实验为基础的产物。人们开始认识到"实验的作用要比人们所想象的小得多"。某种不属于传统意义上的经验范围的"预设前提"，比经验起的作用还要大。从而打破了伽利略理论与牛顿理论只是以实验为基础的"伽利略神话"与"牛顿神话"⑤。

历史主义对逻辑实证主义的理论错误做了有力的批判。但是在批判的过程中，却走向了另一个极端。他们认为，"科学史上最有普遍性变化的特征是由放弃一组预设前提，而代之以另一组预设前提决定的"⑥。历史主义学派的哲学家们都提出了各自不同的"预设前提"，如图尔敏的"自然秩序的理想"、库恩的"范式"和费耶阿本德的"高层背景理论"。以此

---

① 夏佩尔：《理由与求知》，1984年英文版，第160页。
② 夏佩尔：《理由与求知》，1984年英文版，第62页。
③ 夏佩尔：《理由与求知》，1984年英文版，第62页。
④ 夏佩尔：《理由与求知》，1984年英文版，第62页。
⑤ 夏佩尔：《理由与求知》，1984年英文版，第63页。
⑥ 夏佩尔：《理由与求知》，1984年英文版，第64页。

为基础，他们走向了非理性主义和相对主义。夏佩尔就是从分析历史主义学派的"预设前提"出发，开展对老历史主义学派的批判的。大致说来，这一批判主要有以下几点：

首先，夏佩尔批判了老历史主义有关"预设前提"的一些主张。夏佩尔认为，老历史主义反对逻辑实证主义把科学理论看成许多孤立命题的简单集合，坚持理论与理论、理论与经验的相互联系的整体主义观点是正确的。他们肯定"预设前提"对科学理论、科学事实的重要作用，反对把科学知识仅仅看作以实验为基础的产物，也是正确的。但因此而主张"低层次理论"与"高层次理论"（如"范式""研究纲领""高层次背景理论"等）的严格区分和主张"预设前提"的任意性、不可通约性，则是错误的。夏佩尔指出，虽然在科学史上，某一历史时期的某一种科学领域内，科学家拥有某种程度上的相近的指导原则，但它并不构成库恩等人所说的那种僵化的"范式"或"研究纲领"。因为所谓"低层次理论"与"高层次理论"间的区分并不是绝对的，而是相对的、可变的。他说："这个范式与另一个范式的不同表述之间的区别，科学革命与常态科学之间的区别，充其量不过是一个程度问题。"[①] 而且，夏佩尔认为，老历史主义学派在"预设前提"上又走向了逻辑实证主义的反面。他认为，老历史主义学派有三种"预设前提"理论："关于意义的预设理论，关于问题的预设理论以及关于事实与理论的相关性的预设理论"。这些理论肯定"事实""问题""问题解决"对预设前提的依赖，但是他们"在反对实证主义或经验主义的道路上走得太远了，似乎观察成了完全为理论所决定的了"[②]。夏佩尔指出，如果说实证主义为了客观性而否弃了相关性（理论与观察的联系），那么老历史主义则为了相关性而否弃了客观性。他写道："这种相对主义是对逻辑经验主义观点的过分草率和极端的反应。"[③] 对"预设前提"的这种极端看法导致了理论不可通约的相对主义结论，也引出了夏佩尔对理论不可通约性的批判。

其次，夏佩尔批判了库恩、费耶阿本德等老历史主义者有关"理论

[①] 夏佩尔：《科学革命的结构》，美国《哲学评论》1964年4月，第388页。
[②] 夏佩尔：《理由与求知》，1984年英文版，第161页。
[③] 夏佩尔：《理由与求知》，1984年英文版，第185页。

（或范式）不可通约性"的观点。夏佩尔认为，库恩和费耶阿本德都是以"预设前提"观点出发，得出理论间不可通约结论的。库恩就认为，理论的基本成分是范式。范式在一定的背景信念影响下起作用。因此，"范式"体现的是人们的信念。范式的转变也成了信念的转变。因而新旧范式不存在任何理论上的联系，它们完全是不可通约的。费耶阿本德也认为，经验观察的意义由理论背景决定。不同的理论或"预设前提"决定了有不同的经验。经验事实不只为理论所揭示，而且为理论所包含。某种理论下的经验事实，对另一种理论来说也许根本就不存在。两个不同的理论，即使用同一种语言或符号表达，其意义也可能根本不一样。因此不同的理论之间原则上是不能翻译、不可通约的。夏佩尔认为，库恩与费耶阿本德的"理论间不可通约"的观点可归结为三个方面：（1）不存在作为理论间比较的共同基础的观察词汇；（2）科学家的理论语言中不存在为一切理论或为一个以上理论所共有的可分离的成分；（3）观察术语及其意义都依赖于理论，而不是相反。

夏佩尔坚决反对库恩和费耶阿本德的以上主张，认为他们的错误根源在于主张经验观察不能支持理论，不能给予理论以意义；相反，理论倒能给予经验观察以意义。这样就与逻辑实证主义的观察—理论观来了一个完全的颠倒。夏佩尔反语道：如果不同理论之间是不可通约、不可翻译的，那么它们之间怎么可能进行互相评论、互相反驳和互相竞争呢？他写道："如果两个理论毫无共同之处，那么，怎么可能按照一个理论所揭示出来的事实来批判另一个理论呢？"又说："既然费耶阿本德认为两个根本不同的高层理论之间似乎原则上是不能翻译的，哪怕是不精确的翻译，那么支持或反对一种理论的证据何以能由另一种甚至不采用同一语言（而且这种不同比英语与法语的差别还大）的理论提出呢？"[①] 而科学史上却充满着这种相互间的评论、反驳和竞争。夏佩尔指出，由于不同理论所表述和指称的是同一个世界，因而经验到的就可以是相同的对象；不同理论之间也可以有某种程度的相似性，因此，理论是可以比较的；无视甚至否定这种相似性和可比性，就必然会否定科学的进步性与合理性，势必陷入相对主义与非理性主义；而库恩和费耶阿本德的这种相对主义和非理性主义就与逻

---

① 夏佩尔：《理由与求知》，1984年英文版，第73—74页。

辑实证主义样,是无视其具体的科学历史的分析而单纯是理论的逻辑的分析的结果。因此他说"这种相对主义和最终导致这种相对主义的学说与其说是研究实际科学及其历史的结果,毋宁说是从关于'意义'是什么的狭隘的先入之见而得出的逻辑结论"①。

(三) 反对绝对主义与相对主义

夏佩尔把以上对逻辑实证主义与历史主义的批判归结为对绝对主义与相对主义的批判。夏佩尔认为,在哲学史上,曾长期存在着两种彼此对立的错误哲学倾向。这就是绝对主义与相对主义及其相互间的斗争。夏佩尔对这两种错误的哲学倾向分别做了历史性的考察和有力的批判。

首先,是对绝对主义历史发展的考察和对绝对主义观点的系统性批判。夏佩尔认为"绝对主义"是一种"预设主义"(presuppositionism),是一种"不可违背性论点"(the inviolability thesis)。那么什么是他所说的预设主义和"不可违背性论点"呢?夏佩尔认为,预设主义是这样一种哲学立场:它为科学(认识)预先设定某种永恒不变的先决条件,认为人的认识或科学知识可以不断发展和变化,但这些先决条件却是永不改变的。由于坚持这些先决条件的不可改变性,因而他有时又称它为"不可违背性观点"②。夏佩尔指出,西方早期的预设主义的代表是柏拉图。柏拉图设定了一个一般且形式无限的"理念",认为这不生不灭的理念既规定了一切事物的存在,又规定了人的认识活动。近代预设主义的最著名的代表是康德,他为人的认识预设了先验的直观形式和知性范畴,认为人的认识就是人们通过先验的知性范畴对感性经验的杂多的统一而完成的。先验的直观形式与知性范畴规定着人们的科学认识,其自身却不随科学知识的发展而改变。现代哲学理论中的逻辑经验主义和早期维特根斯坦,也是这种绝对主义或预设主义的代表。他们也都有共同的不变假设或原则,它们既是获得知识的先决条件,又不会受新知识或信念的影响而被修改或被摒弃。他写道:"以柏拉图、康德、早期维特根斯坦和逻辑经验主义者等各种思想家为代表的研究求知事业的主要传统有这样一个共同的假设:有一种东西

---

① 夏佩尔:《理由与求知》,1984年英文版,第84页。
② 夏佩尔:《理由与求知》,1984年英文版,第410页。

既是获取知识的先决条件,又不会因所获得的新知识或信念的影响而被修正或摒弃。这是错误的。"①

夏佩尔还详细列举了哲学史上的四种绝对主义或预设主义的表现形式。第一种是本体论的预设主义。它为科学研究预设了某些永恒不变的本体论世界存在方式原则。如自然的齐一性原则、自然的简单性原则、自然的统一性原则等。这些原则本身是永不改变的,尽管在它们指导下的科学知识在不断地发展变化。夏佩尔说,本体论的预设主义"认为存在着某些在可能进行任何理论探索之前所必须接受的关于世界存在方式的论断,这些论断作为在得知识过程的预设前提,不可能因这个过程的任何结果而修改或摒弃"②。第二种是方法论的预设主义。它为科学研究预先设定某些方法论原则,科学知识在这些方法论原则的指导下发展变化,但这些方法论原则本身却永远不变。他写道:方法论的预设主义"认为存在着科学的方法,应用这种方法就能获得关于世界的知识或理由充足的信念,但这种方法一经发现(无论用什么手段),原则上就不会因这种方法获得的任何信念而改变"。第三种是逻辑上的预设主义。它为科学知识预先设定某些永恒不变的推理规则(如演绎规则或归纳规则),认为科学认识必须遵循这些规则,而它们本身却不随科学认识的任何变化而变化。夏佩尔这样说,逻辑上的预设主义"认为存在一些推理规则(如演绎逻辑或归纳逻辑的规则),这些规则应用于科学推理,但永远不会因任何科学成果而变化"③。第四种是概念的预设主义,它为科学知识规定一些永恒不变的概念,并认为这些概念不会因科学知识的发展而改变。他写道,这种预设主义"认为科学所使用的或谈论科学所使用的某些概念,不能根据新的知识或新的信念而被放弃、修改或替代"④。夏佩尔指出,逻辑实证主义就属于概念的预设主义。他们把"观察""理论""解释"等概念的预设看作不变的"元科学术语",从而陷入了绝对主义。

夏佩尔认为,对这种绝对主义或预设主义,前人早有批判这种批判主要来自三个方面:(1)来自哲学内部,主要来自美国的实用主义传统。美

---

① 夏佩尔:《理由与求知》,1984 年英文版,第 206 页。
② 夏佩尔:《理由与求知》,1984 年英文版,第 205—206 页。
③ 夏佩尔:《理由与求知》,1984 年英文版,第 206 页。
④ 夏佩尔:《理由与求知》,1984 年英文版,第 206 页。

国的实用主义哲学家们批判必然真理论和本质主义，坚持科学的不断变化的特点。皮尔士、杜威和稍后的奎因就是这种观点的代表，后期维特根斯坦也持这种看法，认为"除了'语言游戏'与'生活形式'外，不存在必然的或本质的真理"[①]。（2）来自科学内部的批判。夏佩尔认为，随着科学的发展，特别是量子力学的产生和发展，以前被认为不能推翻或抛弃的必然真的信念，现在却一个接一个被推翻。经典力学、欧氏几何学都曾被看作"不可违背的论点"和必然真的信念。但现在已明白，它们并不是必然的真。这就使人们相信："任何被认为是必然的和不可违背的东西都必定是可怀疑的。科学思维并不受它们的限制。"[②]（3）来自科学史研究领域的批判。夏佩尔指出，经过科学史家们对某一时期的科学家们加以思考的问题、可能的选择、研究的方法等的背景知识的研究，强有力地表明科学变革一直是整个科学史的基本特征。这种变革既有发现新事实、改变原有的信念，又有改变科学方法论、科学合理性的标准，等等。所以，夏佩尔这样说："在科学中不存在任何神圣的、原则上免受修改或摈弃的东西。所谓事实是如此，理论、概念、问题、方法、思维方式，甚至包括在一些所谓免疫的'元科学'概念群中的'科学'定义也是如此。"[③]

其次，夏佩尔回顾了相对主义的历史发展，并对相对主义的科学哲学观提出了批判。他认为，哲学理论中的相对主义是一种与绝对主义针锋相对而走向另一极端的哲学观。它否认科学知识中有任何相对稳定的东西，否认理论之间的质的区别和相互间的可比较性。西方早期的相对主义代表是皮浪主义和普罗泰戈拉的"人是万物的尺度"的思想。近代相对主义的著名代表则是休谟等人的怀疑主义。从历史渊源看，它与历史上的相对主义是同宗的。相对主义与怀疑主义一样，都否认科学认识的可能性和可靠性。

夏佩尔指出，科学的发展是与绝对主义的观点不相容的。科学的事实一次又一次地打破了绝对主义的预设。然而，起来反对绝对主义的都是相对主义另一种不符合科学发展事实的理论。相对主义揭示了人们认识的局

---

① 夏佩尔：《理由与求知》，1984年英文版，第410页。
② 夏佩尔：《理由与求知》，1984年英文版，第411页。
③ 夏佩尔：《理由与求知》，1984年英文版，第411页。

限性,这是它的合理之处。但因而否认科学的客观性与进步性,却又是错误的。他写道:"相对主义和怀疑主义的论证,通常也像他们的对于绝对主义者的论证一样,是混乱不堪、难以令人信服的。并且像他们的对于们一样,毫不考虑明显的科学成就。"①

夏佩尔指出,正确的态度应该是既反对绝对主义,又不陷入相对主义。所以他说:"我最为关注的问题是,迄今为止在出现绝对主义和相对主义一怀疑主义的全部论证失败的情况下,在对知识的探求做出说明时,能否做到既不依靠任何形式的不可违背性论点,又不陷入相对主义或怀疑主义。"② 夏佩尔认为,他的整个科学哲学理论,包括作为他理论基础的科学"域"的理论,就是建立在这个既反对绝对主义又避免陷入相对主义的原则基础上的。这是真正的科学哲学所应坚持和必须坚持的原则。

二 论科学域

夏佩尔在批判逻辑实证主义的绝对主义和老历史主义学派的相对主义的基础上,提出了他自己的既避免绝对主义又避免相对主义的理性主义的科学哲学观。他自诩他的哲学是迄今为止第一个真正毫不妥协的经验主义哲学;其目的是想"表明在没有先验的绝对、必然或其对立物的情况下,知识是如何可能的"③。夏佩尔认为,为了能避免绝对主义的不可违背性观点和相对主义的任意性,他的新科学哲学理论必须满足下面的两个条件:

(1)"科学的一切方面——如包括所有那些迄今被分为观察素材、事实、理论、方法、标准、定义性概念('元科学'概念)等——原则上都是可以修改的,尽管它们有时实际上并不需要修改。"④

(2)"这些修改可以依靠种种理由来进行,这些理由是以我们在从事科学事业过程中获得的知识为基础的。"⑤

夏佩尔认为,满足了条件(1),就可避免绝对主义的"不可违背性观

---

① 夏佩尔:《理由与求知》,1984年英文版,第 xx 页。
② 夏佩尔:《理由与求知》,1984年英文版,第 xxi 页。
③ 夏佩尔:《理由与求知》,1984年英文版,第 xiv 页。
④ 夏佩尔:《理由与求知》,1984年英文版,第 414 页。
⑤ 夏佩尔:《理由与求知》,1984年英文版,第 415 页。

点";满足了条件（2），就可防止相对主义与怀疑主义。传统的科学只满足了条件（1）或条件（2），而他的科学哲学则能同时满足这两个条件。

（一）域及其基本特征与变化

夏佩尔的新的科学哲学的理论核心是关于"域"或"信息域"的理论。这是一种整体主义的理论。

如前所述，夏佩尔反对逻辑实证主义的理论——观察二分法和老历史主义有关高层次理论与低层次理论的二分法，坚持理论与经验、理论与理论的相互联系的整体主义科学观。夏佩尔认为，科学的一切都是可变的。科学的这些变化又是合理的。这种合理性依赖于科学研究的域的形成和与此相关的背景信息的形成。他把观察与理论、低层次理论与高层次理论统一于他的"域"范畴中，把科学发展中的不断革命与常态发展统一于他的"域"的重组和进步中。

那么什么是他所说的"域"或"科学域""信息域"呢？夏佩尔说："某一特定时代的科学可以看成是对各个领域或域的研究。就现在的目的来说，'域'可以粗略地被定义为是在某些方面存在问题的信息群。"[1] 从这里可以看出，夏佩尔所说的"域"很像我们平常所说的"学科研究领域"，但它比后者更灵活。它可以指一般的学科研究领域，如电学、光学等；也可指比学科研究领域更为广大的研究领域，像由电学、光学、高能物理、化学、天文学等学科知识的结合而构成的原子结构的研究领域，它还可以指小于学科领域的某些较小的研究领域，如固体物理理论的研究领域、稀土化学的研究领域、板块构造的研究领域、类星体射电源的研究领域、DNA 的研究领域，等等；甚至像某个科学家个人独特的研究领域这样一些更小的研究域，也可称作"域"。

夏佩尔认为"域"是与一定的问题有关的。从内容上看，科学划分的域就是研究的课题。什么是"课题"呢？夏佩尔说："课题是一些探索的内容，是研究的对象或一组对象。"[2] 这种研究课题并不由直接经验决定，而是通过艰苦的努力和研究后才形成的。如法拉第的"电的域"或"电的

---

[1] 夏佩尔：《理由与求知》，1984 年英文版，第 263 页。
[2] 夏佩尔：《理由与求知》，1984 年英文版，第 320 页。

课题"，是在法拉第仔细分析、实验和论证之后，才最后确定为一个统一的研究课题，而不是几个不同的课题；后来人们经过长期的努力，是终确立起电的领域与磁的领域的统一，形成更大范围的研究课题或域，也是这样。

夏佩尔认为，"域是一个具有明确问题的信息群"[①]。他说："域，就这里的意义而言，它不只是一个相关的信息群，而且是一个存在问题的相关信息群，这个问题是在特殊考虑的基础上被规定和提出来的。"[②] 而且，与其他问题相比，域中的问题有三个明显的不同特征或条件。那就是："（1）它们的被提出是有充分理由的；（2）它们是重要的；（3）它们是值得努力去解决的，并在现阶段是能够解决的。夏佩尔认为，问题的存在和研究是域的完善和进化的内在动力。随着问题的发现和提出，人们就自然而然形成了研究的重点和研究的思路，尽量提出解决问题的各种预想，并提出各种理由来支持问题的答案。"

同时，夏佩尔指出，从内容上看，域不仅指从观察中得来的经验事实，也包括某一学科中的理论、观点、方法、原则和信念等，这些都是学科所关心的"项"。因此他说："组成域的那些特定的事物叫作这个域的项。"他认为，项是相互联系、相互渗透的，它们共同构成科学研究对象的有机整体的域。他写道："项结合成域。"[③] 夏佩尔还对项做了详细的论述，认为"科学研究的对象"并不是逻辑实证主义所说的"孤立的原子事实"，而是相互联系的项，科学研究的目的就是力图"把握和系统描述域的诸项间的各种相互关系"。

并说："对项间的相互关系的高度明确表达，是高度发达的科学的标志。"[④] 而且夏佩尔认为，项与问题也是密切联系的。"项的相互联系产生了科学的问题。孤立的项是不会形成科学所要解决的问题的。"[⑤] 科学家在科学理论中经常运用的"理论实体"或"假想实体"，也是域中的项。这种项"纯粹是从理论上确定的，因为实际上并没有找到这种项"。如20世

---

① 夏佩尔：《理由与求知》，1984年英文版，第280页。
② 夏佩尔：《理由与求知》，1984年英文版，第276页。
③ 夏佩尔：《理由与求知》，1984年英文版，第320页。
④ 夏佩尔：《理由与求知》，1984年英文版，第263页。
⑤ 夏佩尔：《理由与求知》，1984年英文版，第283页。

纪 30 年代的中微子，60 年代末的中子星、超子、超巨星和中间玻色子等都是这样一些项。他指出："正是由于域的项可能是理论或理论实体，所以才用'项'而不用'事实'这个传统的术语。"①

在以上论述的基础上，夏佩尔提出了构成一个域所必须具备的条件。他认为，作为科学研究对象的域，一般应具备四个特征或条件，它们分别是：（1）构成域的各项是相互联系的，这种联系并不是主观的臆想，而是有充分的科学根据的；（2）构成域的各项之间存在着某些不一致的问题，人们对这些问题的理解还不够充分；（3）这些问题是重要的，它值得人们去努力解决；（4）解决这些问题的时机已经成熟，当前的科学技术或研究方法已具备解决这些问题的条件。

夏佩尔认为，作为一个域，上面的条件（1）与（2）是必不可少的；条件（3）和条件（4）如果不能完全具备，只具备其中的一条，那么也可勉强构成一个域。②

夏佩尔接着分析了作为科学研究对象的域的特点。他指出，域本身不仅可宽而且还是可变的。它随科学技术的发展和科学知识的增长而不断变化，随信息项的增加而不断发生重组和进化。他写道："以经验划分为研究课题（域）不是一旦以简单的方式（如朴素的感觉经验）划定就永不改变，而是原则上可以演化和改变的。"③ 他认为，域的变化主要表现在以下几个方面：

（1）"可以重新设想域的某个中心问题或域的各种中心问题（寻求的目标）。"④ 夏佩尔指出，有些域本身没有变，但它所寻求的目标或中心问题却改变了。如在炼金术时期化学学科的物质转变为黄金的问题。到 18 世纪新化学产生之后，它的中心问题就改变了，变成了对物质构成问题的研究。换言之，有关物质实体问题由真构成性代替了它的完善性。又如对电现象的认识，早先人们认为电是摩擦带电体而挥放出来的某种物质性东西，后来人们又把电看作种液体。然而到了 19 世纪，通过大量的相关的信息，法拉第最终解释了电的现象，解决了电的问题。后来，吉尔伯特又注

---

① 夏佩尔：《理由与求知》，1984 年英文版，第 283 页。
② 夏佩尔：《理由与求知》，1984 年英文版，第 279—280 页。
③ 夏佩尔：《理由与求知》，1984 年英文版，第 334 页。
④ 夏佩尔：《理由与求知》，1984 年英文版，第 334 页。

意到了融与电之间的某种联系。麦克斯韦则综合统一了这两种不同的理论，形成了新的中心问题。19世纪，人们开始越来越多地把电现象和化学现象联系起来，于是电和物质相统一的问题便成了人们研究的中心问题。

（2）"先前统一的项可以区分开，先前有区别的项可以得到统一。"① 夏佩尔认为，随着科学或学科的发展，项与项之间的联系会变得复杂起来。原来被认为是项与项之间的重要差别，现在被认为是表面的，不重要的；过去未被注意或认为是表面的联系，现在却变为重要的根本性的了。先前没有联系的项或已有某种联系的项，开始重新组合，用极不寻常的方式重新描述。如科学史上电与磁的研究就是如此。原来分属两个不同的域，经富兰克林、法拉第和麦克斯韦研究后，却合成为一个新的域。另外在某些古老学科中也会分化出新的学科，形成许多相互独立的域。

（3）"可以把新的项给予域，也可以取消以前包含在域中的项。"② 这就是说，随着一个研究领域的发展，它的项可以不断地增加。在特殊情况下，它的信息项也可以减少，有些项甚至可以被剔除。例如，在拉瓦锡的化学中就没有气和水，而在他之前的许多重要的化学家都承认它们在化合中的作用以及它们对于研究这种化合作用的相关性。另外，拉瓦锡却把光和一种新的无重量的"热素"引进到化学中，后来人们又把它们从化学研究中排除出去了。又如18世纪化学家们把混合物与化合物明显区分开后，一大批曾被看作物质实体的混合物，便不再是化学家关注的对象了。

（4）"被认为是与域的项相关的物质可能发生修改。"③ 夏佩尔以科学史上的具体事例说明了这种改变。在较早时期，颜色和其他可感属性是炼金术所关心的相关特性，重量则常常被认为是不相关的。甚至到了18世纪，"化学家们"也还是这样认为。重量后来成了拉瓦锡及其后继者们主要关心和考虑的问题，尽管拉瓦锡本人仍承认无重量物体的存在，但是"热和光是运动方式"的理论的胜利，把无重量的信息项排除出了化学领域，从此以后，所有的实体都被认为是有重量的或是具有质量特征的。可是到了现代，人们又发现了光子、中微子和现代基本粒子的无重量性，从

---

① 夏佩尔：《理由与求知》，1984年英文版，第334页。
② 夏佩尔：《理由与求知》，1984年英文版，第334页。
③ 夏佩尔：《理由与求知》，1984年英文版，第335页。

而又重新把无重量与物质实体联系起来。域的性质又发生了新的变化。

夏佩尔还认为,域的修改有时采用的是重新命名或重新描述域中的项的方式。例如,在18世纪的化学变革中,按照可感特性命名的方式被按照构成或分解的命名方式所代替;又如斯托尼的"电子"用法转变成汤姆逊的用法,都是这样的域的修改方式。[①]

从以上的论述中可以看出,夏佩尔实际上提出了一个既不同于逻辑实证主义,又不同于老历史主义的科学发展的新模式。他认为,科学的发展过程就是一个域的中心问题不断改变,域中的项不断变化、扩展以及域不断合并、分化和进化的过程。夏佩尔指出,早在古希腊罗马时期和后来的中世纪时期,各门学科是作为一个整体被包容在自然哲学中的。自16世纪以来,各域随着科学技术的发展,先后从自然哲学中分化、独立出来,并随域的合并、分化和重组而不断进化。他认为,科学发展的总趋势就是域愈分愈细,以及域的重组和综合从而出现了许多被称为"新兴科学""边缘科学"等新的科学研究领域,表现出现代科学的新的发展与繁荣。他还认为,科学在分化与综合的过程中,综合是主要的。他写道:"科学史最显著的特征之一就是,尽管在前进道路上会遇到许多挫折,但总的说来存在着一种趋势,那就是各种科学领域日益向综合统一的方向发展。"[②]

夏佩尔的科学发展模式与库恩的科学发展模式相比有明显的优越性。它不再坚持"高层次理论"与"低层次理论"的严格区分,而把两者统一于"域"中;它也不再坚持"常态科学"与"科学革命"的不同,而把两者统一于"域"的重组和进化中。更为重要的是,夏佩尔坚持客观主义、理性主义和进步主义,在反对绝对主义的同时也避免了相对主义。

(二) 背景信息

如前所述,夏佩尔强调科学的域随科学技术的发展而变化,强调信息项的不断重组、分化和扩大。同时,夏佩尔也强调域或项的描述语言和术语在不断地被重新命名和重新描述,其意义的不断明确和丰富,强调先前信念对信息域和信息项的形成、发展的重要作用。他写道:"随着科学领

---

① 夏佩尔:《理由与求知》,1984年英文版,第335页。
② 夏佩尔:《理由与求知》,1984年英文版,第167页。

域的进一步发展，域的形成愈来愈以先前的知识或有充分根据的信念为根据。"

这种先前的知识或有充分根据的信念，就是他自己所说的"背景信息"。我们知道，库恩、费耶阿本德等老历史主义者曾以"观察负载着理论"为由，否认观察的客观性，把理论或"背景信息"看作对观察、经验和实验结果的歪曲，是获取客观性观察的障碍。夏佩尔坚决反对这种观点，认为先前的理论或信念，即他所说的"背景信息"绝不是获取自然知识相客观性观察的障碍，相反，"它们是进一步获得信念、新的信息，扩大域与项之间相互联系的必要手段"①。他说："观察都'负载着'背景信息，这一事实并不意味观察'负载着'那些任意的、相对的、甚至是不确定的论点。"②"虽然科学中的背景信息确实不是确定的（可能包含错误）但并不因此就是不确定的（非常不可靠或任意的）。因为科学的背景信息是最可靠的信息……这种信息过去已证明是非常成功的，无任何可具体怀疑理由的信息。"③

那么先前的知识或有充分根据的信念（"背景信息"）在域的形成和发展中，起着什么样的作用呢？

夏佩尔认为，背景信息在域中的作用主要有以下这一些：

（1）域的形成及其描述依赖于背景信息。就拿18世纪的化学变革来说，当时出现的许多项及项与项之间的新的联系，如元素概念、物质的重量概念、拉瓦锡的酸、金属、金属灰和氧化论等，都与当时的"背景信息"，即分析物质的构成要素，从理解物质的结构理解物质的知识或信念有关。

（2）观察和观察语言也以背景信息，即大量先前的有充分根据的信念为基础。例如，20世纪60年代中期以来，天体物理学家们普遍认为，现在有可能直接观察太阳的中心的观点，就涉及包括中微子行踪、中微子发射过程、中微子进行弱相互作用的知识，以及截获中微子的多种接收器的知识，等等。夏佩尔认为，正是这些知识，才规定了我们可以把什么看作

---

① 夏佩尔：《理由与求知》，1984年英文版，第349页。
② 夏佩尔：《理由与求知》，1984年英文版，第349页。
③ 夏佩尔：《理由与求知》，1984年英文版，第348页。

"适当的接收器",把什么看作信息传递和接收的方式、干扰的特征以及干扰出现的环境频率,甚至存在的信息类型,等等。他写道:"域或课题的形成及其描述,以及我们在述对域的假说所作的观察性检验时所用的语言,都高度依赖于'背景信息',依赖于影响这种形成和描述的累积起来的知识或假定的知识。"[1]

夏佩尔认为,在早期的背景中,形而上学、神学和政治等因素也起着作用。但是,随着科学的发展,它们逐渐为成功的信念所取代。这在后面将有进一步论述。

三 论科学的合理性

"科学是不是理性的事业",这是当前西方科学哲学争论的一个热点。早在19世纪下半期前,西方大多数哲学家,无论是归纳主义者还是演绎主义者,都毫不动摇地坚信科学是理性的事业,科学活动是理性的活动。他们把理性和逻辑等同起来,把科学发现和证归等同起来,认为包括科学理论的发现和理论的证明在内的整个科学认识过程都是一个合逻辑的过程,因而也就是理性的过程。但是,自19世纪下半期开始,科学认识开始深入微观世界。微观客体的结构及其变化规律的知识既不可能从"先天公理"的演绎中得出,也不可能从经验材料的重复性中得出,而只能通过假设——演绎——实验的过程去实现。这样,就造成了归纳主义和演绎主义的衰落,假设主义相继兴起。假设主义把科学理论的发现和科学理论的证明、辩护区分开来,认为理论的发现,即假设的提出是灵感或自觉猜测的结果,它是非逻辑的,因而也是非理性的;而理论(或假设)的证明或辩护则是逻辑的,因而是理性的。

假设主义的早期代表是惠威尔,而当代著名的代表则是波普。波普在理论的发现问题上是一个非理性主义者。20世纪60年代以后,老历史主义者库恩继求并发展了波普的上述观点,把整个科学认识过程进一步非理性主义化,认为不仅科学理论的发现是非理性的,而且科学理论的证明或辩护也是非理性的。因为科学家选择和接受哪种理论或范式不是依据逻辑

---

[1] 夏佩尔:《理由与求知》,1984年英文版,第265页。

推理或理性，而是依据心理的信念，即非理性。费耶阿本德又进一步发展了库恩的非理性主义观点，断然否认整个科学活动的合理性，从而造成了非理性主义在西方科学哲学中的泛滥，以及以反对非理性主义为己任的新历史主义学派的诞生。新历史主义反对老历史主义的非理性主义，肯定并论证了科学的合理性。但是，他们对于"理性"一词的理解是各不相同的。有的把理性看作类似逻辑的东西，认为理性思维的过程就是逻辑思维的过程；有的否认理性就是逻辑；有的认为理性思维既包括严格的逻辑推理过程，更包括复杂的创造性思维过程，劳丹则对理论思维做了实用主义的解释，认为一切凡能解决问题的认识活动都是理性的活动。夏佩尔反对劳丹的这种主张，他把"理性"一词做了自己的解释。那么什么是他所理解的"理性"呢？

（一）理性与理由

夏佩尔认为，他所说的"理性"活动，就是根据"理由"而进行的"推理"认识活动，"理性"（rationality）、"理由"（reason）和推理（reasoning）这三个概念是密切相关的。因此要理解他的"理性"的含义，就得先理解他的"理由"的含义。

夏佩尔指出，在科学活动中，如果我们的判断、决定和行动有一定的理由，那么它们就可以被看作合理的。科学家的推理活动实际上也以这种理由为依据，因为把前后相继理论连接起来的正是"理由"而且也只有"理由"才能起到这种作用。他写道："凡是科学中出现连续性的地方，连续性总是通过我们称之为'推理链联系'的东西取得的。"[1] 这种"推理链联系"便是他所称的"理由"。

夏佩尔认为，"理由"是由信念构成和通过信念表现的。"信念是构成理由的依据。"[2] "信念不是行为的'习性'和'习惯'，而是包括方法、规则相标准等在内的诊断。"[3] 它们是在科学的认识取得成就的基础上，通过科学思维的概括和总结而形成的，同时，它们又是"进一步求知的基

---

[1] 夏佩尔：《理由与求知》，1984年英文版，第404页。
[2] 夏佩尔：《理由与求知》，1984年英文版，第227页。
[3] 夏佩尔：《理由与求知》，1984年英文版，第243页。

础"①。它们可以是一些实验结果和理论定律,也可以是一些有关世界存在方式和基本假设(如爱因斯坦相对论中的自然界任何速度不能超过光速的假设,自然界是和谐统一的假设等),还可以是涉及某个局部领域的事物的性质和关系。但他强调,并非所有的信念都能成为"理由",一个论断要成为一个主题的理由,必须具备和满足三个条件,即"相关性、成功性和无怀疑性。"

(1)相关性(恰当性)。就是说,成为"理由"的论断必须与主题相关(有联系),而且这种相关必须是恰当的。他说:"下述观点提供了有价值的启发;要成为赞成或反对某种信念或活动的理由,这个所谓的理由必须与该信念或活动相关,'那不是理由,那不相关',这是任何论证的必需步骤。或许,在科学史上,在理解什么与什么相关的过程中,我们可找到理解科学中的'理由'是什么。"②夏佩尔指出,一个与主题没有任何联系、毫不相干的论断,不能成为该主题的恰当的理由。科学的发展过程,实质上就是一个不断抛弃某些与研究主题或中心问题无关的信念,接受或增加另一些与研究主题更加相关的信念,从而更清楚地揭示事物间的相互联系的过程。例如,在早期的科学研究中,神学的因素被认为与科学研究相关,神学与科学不加区分地混杂在一起。甚至到了17世纪和18世纪初,这种区分也不清楚。牛顿的绝对时空的论证就带有浓厚的神学色彩。到了18世纪中叶以后,由于动量和能量问题的成功解决,拉普拉斯开始把神学从天体物理学中排除出去,因此,夏佩尔写道:"科学的发展在于逐渐识别其研究对象,识别哪些是与研究对象直接相关,哪些是无关的。抛弃某种被看作不相干的信念,采用某种我们认为是更加相关的新信念,完善我们想象和描述周围世界的方式,以更清楚、更严格的方式揭示事物之间的相互联系。"③又说:"科学的发展在于逐渐识别其研究对象,识别哪些是与研究对象直接相关的,哪些是无关的,也即把科学与非科学逐渐区分开来。……科学的目标就是尽可能自主自足地组织、描述和处理其课题——描述它的研究领域和与此相关的背景信息,系统地提出问题。"④他并把这种

---

① 夏佩尔:《理由与求知》,1984年英文版,第226页。
② 夏佩尔:《理由与求知》,1984年英文版,第415—416页。
③ 夏佩尔:《理由与求知》,1984年英文版,第416页。
④ 夏佩尔:《理由与求知》,1984年英文版,第xxii页。

过程称作"相关考虑的内在化的过程"或"科学推理的内在化的过程"。①

(2) 成功性。一个论断要成为一个主题的理由，除了它必须与主题相关外，还必须在解释和说明主题方面有可靠的说服力。这种可靠的说服力就是它的成功性。成功性是证明一个信息与一个课题有相关性的依据。他说"总的来说，随着科学的发展，成功的信念会对于什么是与科学相关的东西做了限制"②。

夏佩尔同时指出，一个论断的"成功性"是可以变化的。"我们无须假设一个超验的、不变的成功标准。"③ 某一成功标准可能并不会令人满意或只是勉强凑合，而另一成功则很可能在开始时不被注意，后来却随第一个标准的抛弃而成为主要的标准。例如，在科学发展的早期，科学的认识活动常常依赖的是我们现在早就可以抛弃的理由和信念。形而上学、神学、政治的思考反而对科学的发展起着重要的作用。后来，随着我们对世界认识的深入，我们的成功性受到了怀疑，新的信念的成功性受到了重视。又如在炼金术时期对一个"成功"的论断，在近代化学中却变得"不成功"了原因也在于"成功性"标准的变化。

夏佩尔还认为，随着科学认识与实践的发展，成功的信念会不断内在化，会作为进一步研究的指导性观念，会成为新的"理由"。他写道："把成功看作一种研究方法，而这种成功反过来又把这种认识提高到作为科学研究的指导原则的地位。"④ 此外，夏佩尔还一再声称，由于他把"成功性"作为理由的标准，以及成功性标准本身的可变性，从而避免了恶性循环，也最终放弃了绝对主义把"预设前提"当作解释科学发展的最后理由与最后的"成功性"标准，理由的发展成了完全自主的发展。

(3) 无怀疑性。夏佩尔认为：一个论断能成为一个主题的理由，不仅在于它与主题有关。它在解释主题时是成功的，还在于它是无可怀疑的。为什么这样说呢？夏佩尔认为："因为有可能的是，一个信念虽然成功，但仍然有具体理由来假定它不可能是真的，或不可能如此。"⑤ 而一个无说

---

① 夏佩尔：《理由与求知》，1984年英文版，第340页。
② 夏佩尔：《理由与求知》，1984年英文版，第266页。
③ 夏佩尔：《理由与求知》，1984年英文版，第270页。
④ 夏佩尔：《理由与求知》，1984年英文版，第268页。
⑤ 夏佩尔：《理由与求知》，1984年英文版，第269页。

服力且令人怀疑的理由,不能成为一个科学的理由。夏佩尔这样写道,一个理由是"已被证明为成功的,还没有遭到具体的怀疑,至少没有遇到还没有被排除的具体怀疑,或者只是遇到还不足以令人担忧的具体怀疑"①。

夏佩尔对历史上的怀疑做了分析,认为怀疑可分为两类:一类是科学的怀疑,即具有科学根据的怀疑;另一类是哲学的怀疑,笛卡尔式怀疑主义的、没有任何具体科学根据的普遍性的哲学怀疑。夏佩尔认为,这种"普遍性的哲学怀疑",如把握自己当前是否正在做梦等,"在科学中没有意义,不起任何作用"。② 同时,夏佩尔也认为,他所说的无可怀疑性标准也是相对的、可变的。他这样说:"怀疑和错误的可能性永远存在。"③ 当然,这种相对性、可变性与相对主义有根本的区别。他这样写道:"仅仅是怀疑的可能性,正如我们在科学中所认识到的,并不是否认依赖已证明为成功和无具体怀疑的信念之理由。关于这些存在的怀疑,或者我们精确估计到的这种错误的范围非常小,至少在某些情况下,仍可进行有用的研究;或者根据我们的认识,判断它们是不重要的,不能令人信服的。"④ 只有具体的怀疑才能抛弃一个理由,否则理由便仍然是有用的和值得珍惜的。这也许正是夏佩尔与相对主义者之间在对待"背景信息"或理论上的最大区别。

夏佩尔有时又把具备以上三个特征的理由称为科学的"理想的理由"。夏佩尔认为,除理想的科学理由外,还存在有非理想的理由,即还未被证明为成功和还未最后摆脱具体怀疑的信念。他强调说,成为一个主题理由的当然是理想的理由,但非理想的理由在科学研究中也起着重要的作用。他说:"实际上,我们通常必须依赖那些还未被证明是确实成功的或确实摆脱怀疑的信念。"⑤

总之,夏佩尔认为,"相关性""成功性"和"无怀疑性"是一个论断成为一个主题的"理由"的三个必要条件。他写道:"科学中的一个'理由'由这样的信念组成:(1)结果表明它是成功的;(2)对于它是无

---

① 夏佩尔:《理由与求知》,1984年英文版,第270页。
② 夏佩尔:《理由与求知》,1984年英文版,第269页。
③ 夏佩尔:《理由与求知》,1984年英文版,第417页。
④ 夏佩尔:《理由与求知》,1984年英文版,第348—349、269页。
⑤ 夏佩尔:《理由与求知》,1984年英文版,第348—349、269页。

可怀疑的;(3)结果表明它与那个作为其'理由'的特殊领域是相关的。"① 而"理性",在他看来,就是一种依据一定的"理由"而进行的"推理"的认识活动。

(二) 科学观察与背景知识

夏佩尔认为,正因为科学哲学研究的中心问题是理论,所以科学变化得到了说明。科学观察也因此而得到了不同于老历史主义与逻辑实证主义的说明。

逻辑实证主义者认为,观察是独立于理论的,是中性的。老历史主义者们运用科学史批判了观察独立于理论的观点,认为所有的科学观察都负载理论,每一理论都规定了自己的观察事实,每一理论都有自己的经验。夏佩尔同意老历史主义者关于观察负载理论的观点,但却反对他们的相对主义。

首先,夏佩尔对观察负载理论做了分析。他认为在观察过程中,所有被使用的理论,都是那些作为科学理由的信念,是成功的无怀疑性的相关的论断。他指出:"在科学中凡称作'观察的'都'负载'背景信息,这一事实并不意味着观察负载了那些任意的、相对的,甚至在任何有用的意义上说是'不确定'的论点。"② 这些背景信息就是"理由"。"科学上可靠的信息是通过运用——正如确立这种可靠性的背景信息一样——先前那些成功的信念来确立的,我们对这些信念无具体的、令人信服的怀疑理由。"③ 这就是说,任何观察都使用了先前最相关的、成功的、无怀疑的背景理论知识,而绝不是任意的、主观的观念。

以观察来自太阳中心的中微子为例。"中微子的截获和计算是由电子仪器设备进行并由计算机记录的。人类感知者可数年不亲临现场。然而这仍然算作是观察的证据。"④ 这里看到了有关制造电子仪器设备的"背景理论"所起的重要作用。夏佩尔写道:"正是通过这些作用,科学建立于它所知的东西之上,甚至它的观察能力也与此相关。科学学习如何观察自

---

① 夏佩尔:《理由与求知》,1984 年英文版,第 348—349、269 页。
② 夏佩尔:《理由与求知》,1984 年英文版,第 349 页。
③ 夏佩尔:《理由与求知》,1984 年英文版,第 347 页。
④ 夏佩尔:《理由与求知》,1984 年英文版,第 346 页。

然，而且它的观察能力随着知识的增长而增长。"① 他进一步认为，"凡在可能得到的新信息的地方，被科学用作背景信息的，就是它可利用的最可靠的信息。这种信息在过去已被证明是成功的，不存在任何具体的和令人信服的怀疑理由"②。

夏佩尔对观察做了信息论的说明。他认为观察是由信息来源、信息的传递和接收器组成的。信息的传递和接收器理论都受基本理论及其他一般的和具体的知识相结合的影响。他认为对观察的规定是随知识的变化而变化的。例如，上述对太阳中微子实验的例子表明，确切地规定什么是观察乃是当前物理学知识状态的一种要求。它规定了什么是"适当的接收器"，什么是"信息"，信息的种类、各类信息的传递和接收的方式，以及干扰的特点和类型、干扰出现的环境和干扰出现的频率等。

其次，夏佩尔把观察分为两大类（或两个方面）：一类是知觉的观察，即人人具有的感知性的观察；另一类是认识（或科学）的观察，即作为认识的证据的观察。传统的看法是两者是统一的。但随着科学的发展，这两类观察最终被分开了。并且这种分离是具有充分理由的。他说："科学毕竟关心的是作为证据的观察作用，而感知则众人皆知的，是不可靠的。……科学愈益尽可能地排除感知在获取观察证据方面发挥的作用，就表明科学越来越依赖于其他适当的、可靠的接收器。"②这样，就严重地削弱或割断了观察的知觉方面和认识方面的联系，日益地注重观察的认识方面。那么，把知觉排除在外的"观察"是否还是观察呢？夏佩尔认为，完全有根据称它是观察。第一，知觉与认识的分离是有理由的分离，科学经常在我们的信念中造成这种分离的特征。第二，这种分离并没有抹杀认识方面与知觉方面的联系，而仅仅是观察概念在某种程度上的推广而已。第三，它所完成的任务就是经验主义传统所指派给观察的认识任务，即作为检验信念的基础和获得有关自然的新知识的基础。

正因为观察概念不断扩展和推广，我们可以看到"理由"作为背景知识在求知过程中的作用。最终使我们认识到科学如何建立在已知的基础上，这个过程不仅使我们增加知识，而且使我们增强认识自然的能力，从

---

① 夏佩尔：《理由与求知》，1984 年英文版，第 347—348 页。
② 夏佩尔：《理由与求知》，1984 年英文版，第 348 页。

而使我们看到我们的全部知识是如何建立在观察基础上的方法。

(三) 科学发现的合理性

夏佩尔认为,科学的认识活动是依据一定的"理由"而进行的"推理"活动,科学是理性的事业。科学的发展也是合乎理性的。

我们知道,库恩、费耶阿本德等老历史主义者在反对逻辑实证主义的"本质主义"或"绝对主义"的观点时,走向了否认科学的进步性,否认前后理论的可比性的相对主义。夏佩尔指出,库恩的观点对整个科学来说是非本质主义的,但对每一范式来说却又是本质主义的。夏佩尔承认,他的理论中也包含有预设主义的思想;他与库恩不同的是,库恩坚持的是"整体的预设主义",而他所坚持的则是"部分的预设主义";这种"部分的预设主义"既肯定了科学形式与科学内容的不断变化,又肯定了科学发展与变化的合理性。

如上所述,夏佩尔坚持的科学发展过程是这样的:随着人们对世界认识的深入,科学的域不断扩大,中心问题不断转变、不断分化和合并。夏佩尔认为,这个过程不是非理性,而是理性的。尽管我们预先没有衡量相关性和衡量理由的不变的标准。但这并不能成为科学发展非理性的理由和借口。因为在科学的认识活动中,一旦获得了新观念,这些新观念便会纳入我们的研究工作中。我们也会根据成功性与摆脱具体的怀疑性去评价。因此,在任何一个特定的时期,总存在着那个时期的合理性。人们完全可以相信和接受自己所做的一切,即使后来获得的新信息会证明从前的论断的错误;但根据当时最有充分根据的信念做出的科学认识,应该说是完全合理的。

夏佩尔在肯定科学是理性的事业的基础上,也不否认科学中夹杂着非理性因素以及非理性因素对科学发展的作用。夏佩尔认为,心理的、宗教的、神秘主义的等外在的非理性因素,常常与科学知识混杂在一起,影响着科学的知识。在科学发展的早期,情况尤其是这样。随着科学的发展和人们对世界认识的深化,内在于科学的理性因素会不断战胜并排除非理性因素,以至最终彻底清除非理性因素。夏佩尔曾举早期科学知识与宗教神话常常混杂出现,以及后来科学知识逐渐战胜和清除宗教思想的例子来说明这个问题。

科学发展是合理性的。但合理性标准本身又是可变的、发展的。因为合理性标准是科学活动本身的一个部分，是科学发现与理解过程的一个部分。夏佩尔认为，合理性标准的元标准是不存在的。理解科学合理性标准变化的途径，就在于根据科学本身的发展去寻找把各个不同时期的合理性标准联系起来的"理由"。夏佩尔认为，他的科学发展观既避免了预设主义的不可违背性观点，也避免了老历史主义的相对主义和怀疑论，从而既肯定了科学的诸方面，在原则上都是可变的，包括方法、标准、元科学概念等；又肯定了这些变化是有理由的，这些理由是我们从实际的科学事业中获得的。

夏佩尔不仅把科学的发展看作合乎理性，而且把科学的发现也看作合乎理性的，是根据"理由"进行的推理活动。

19世纪中叶以后，新出现的假设主义把科学理论的发现与它的证明分离开来，认为科学理论的证明是逻辑的，因而是理性的；而科学理论的发现则是灵感的、直觉的，即非逻辑的、因而是非理性的。这就否定了科学发现的合理性。以后，不论是逻辑实证主义、波普的证伪主义，还是老历史主义，都坚持了科学发现的非理性观，认为科学发现的问题仅仅是一个心理学问题，而非哲学研究的对象，从而试图把科学发现逐出科学哲学的门庭之外，不屑讨论。

夏佩尔认为，老历史主义、逻辑实证主义否认存在"发现的逻辑"的观点是有一定理由的，因为科学理论的发现是一个复杂的创造性思维过程，而不是一个逻辑的机械推理过程。但因此而否认科学的发现的合理性则是错误的，因为理性思维虽包含了逻辑思维，它仅是理性思维的一个组成部分。理性思维是极为复杂的推理活动，它还包含除逻辑思维外的其他形式的认识活动。夏佩尔指出，尽管目前我们对科学发现的推理活动缺乏研究，但有一点可以肯定，它是一种依据定"理由"而进行的"推理活动"。它所揭示的科学域、科学研究的中心问题以及对问题的解决，都无须过多地涉足心理学或社会学的因素，它是一种理性的活动。

1. 科学发现的基础及其推理模式

夏佩尔对科学发现的理性思维活动进行了开创性的研究。他研究了科学发现的基础问题。我们知道，传统的经验主义和逻辑实证主义都把科学发现的基础归结为从观察中得来的经验事实。但是从单纯的经验事实，从一个个孤立的原子命题出发，永远不能"跳跃式"地得出普遍性的科学理论，除非求助于神秘的灵感和直觉。夏佩尔反对这种观点，认为科学发现的基础是域。这是因为只有把观察到的经验结果纳入域中，构成域的一个部分时，才能发现它与其他背景知识，即其他经验和理论的不一致，从而形成问题和解决该问题的研究路线，以促使科学家去进行创造性思维，发现新的理论。他以脉冲量的发现为例做了说明，1963年人们发现狐狸座的某处有一个以非常规则和短促周期重复发射着的无线电信号源，单凭这一事实当然不能发现脉冲量，天文学家们于是将这一事实纳入当时的天文学的域中，即纳入当时的宇宙背景知识中，结果立即感到这是一个令人费解的重要情况，从而通过深入研究分析，发现这是一种脉冲量。

科学发现之所以要以域为基础，还在于许多科学发现是从域中提出来的。是以域为理论基础的推理结果。例如，根据广义相对论的引力理论和天体演化理论的推测，如果星体的质量超过一定限度，它在衰老后，就会形成一种由中子组成的高密度星体——中子星。后来，通过天文观察果然发现了这类星体。

科学发现所以要以域为基础，也在于有许多科学发现是通过域内的各种项之间的类比而得到的。例如，人们发现光子在电磁相互作用中的作用，π介子在强相互作用中的作用，以及通过类比的假设而发现玻色子在弱相互作用中的作用等。

夏佩尔还提出了几种科学发现的推理模式，来进一步论证科学发现不是非理性的直觉性猜测，而是合理性的推理活动。

夏佩尔认为，由于科学发现是创造性思维活动，它的推理形式是多种多样的。不能把它们归结为一种或几种规范性的推理形式，否则就有把科学发现的思维活动简单化之嫌。他认为不存在"发现的逻辑"，不存在任何保证问题必然解决的研究路线。然而，他认为，并不能因此而走向费耶阿本德所提倡的"怎么都行"的相对主义道路，得出"无政府主义认识论"的结论。只能根据历史的事实，根据认识的合理性发展，揭示理解科学本性的基本方式。由此，他提出了以下几种重要的有关科学发现的推理模式。

（1）构成性的推理模式

这是一种发现事物内部结构的思维模式，即要求用组成域的个体部分和支配这些组成部分的活动方式的定律来进行思维的模式。它可以划分周期性的结构推理模式和非周期性的结构推理模式两类。

(A) 周期性的构成性推理模式

这是一种因域内的某些信息项的周期性变化，而引起人们对事物结构的发现的推理模式。夏佩尔以化学元素周期表为例说明了这类模式。化学元素周期表是一类"有序域"。"在有序域中，项被分门别类。各类别按某种规则或秩序排列成某种模式，如序列。这个序列可以是、也可以不是周期性的。"[①] 有序域提供的周期性研究路线，使人们根据周期律来预言物质的构成。

早在19世纪后叶，人们就提出了好几种化学元素序列，看到了如果把各种元素按原子量的大小顺序排列，并为那些尚未发现的元素留下空位，即按周期律把某些元素当作存在的，那么就会发现各元素的性质是呈周期性变化的。门捷列夫据此而排列出了一个化学元素周期表，这就是说构成了一个域。许多研究者不相信这个域可以产生任何进一步的问题。对他们来说，"元素"是真正基本的，不是由更基本的东西构成的。物理学家的"原子"从来就无用途，甚至只是一种思辨。然而，既反映秩序又反映周期性的元素之间的大量关系表明，"元素"不是最终不可再分的单位，而是具有更基本的单位。这种关系非常广泛、详尽和精确，甚至连例外情况的存在都不能动摇这一基本构成的信念。因此，人们更加相信，一定能对周期表做出更深刻的解释。后来，化学以外的一些领域，也提供了与此有关的信息，如光谱分析、统计力学等，特别是当原子量通过不连续的跳跃而不是通过连续梯级增加的情形被揭示之后，更深层次的解释就可望根据不连续的具体成分来进行。随着化学家们在原子结构理论方面的探讨，用构成性理论来说明周期表成为一个现实的理由。

通过对元素周期表的讨论，夏佩尔概括出了周期性的构成性推理的几条原则。他说："就一个域 D 满足下列条件或这些条件的子集而言，期望（或要求）寻找对于 D 的构成理论是合理的：(i) D 是有序的；(ii) 这种序列是周期性的；(iii) 这种序列是非连续的，各项所具有的值是基本数值的整数倍；(iv) 序列和周期是广泛的、详尽的、精确的；(v) 其他域

[①] 夏佩尔：《理由与求知》，1984年英文版，第287页。

也可望导致构成性解释的理论；（vi）在其他域中，构成性理论一直是成功的或有希望的；（vii）有理由假设所研究的域和其他域相关联，成为更大域的一部分。"① 夏佩尔将这些概括称为"构成性推理原则"。

（B）非周期性的构成性推理模式

夏佩尔认为，如果一个域中的构成因素具有某种有序的但却是非周期性的联系，这种有序性可呈现出递增、递减、运动状态等式样的排列，那么对于这样的域可用非周期性的构成推理来做出发现。

夏佩尔以光谱分析为例做了说明。19世纪的光谱学家已经注意到了不同的化学元素有不同的稳定的光谱线；同一元素可以有几条光谱线，多条谱线有稳定的联系。这些现象形成了一个域，提出了一些彼此有联系的问题，启迪人们从原子结构内部去寻找答案。夏佩尔指出："在这个课题的整个发展史中，人们总是设想在化学元素的特有谱线和化学物质的最终构成成分的特性之间找到密切联系。"② 到1885年，巴耳末才在所有光谱线之间发现了第一种清晰而明白的有序关系。于是"与周期表情况相反，为光谱域找到构成性理论的信念不是基于有序的关系，而是先于这些关系的发现而存在"③。于是，光谱学家们就运用"溯因推理"，即把光谱作为结论去猜测是什么前提导致这种结论的方法，结果把光谱看成元素的某种特殊结构的外部效应。

但是，也存在另一种情形，即"类比法"。类比法所借鉴的东西不一定是关于原来域的理论，而是它的类比。例如，科学家们把光谱与声学现象相类比。把光谱线看作振动的波长记录。在当时，声学已经取得重大的研究成果，初步弄清了声音的不同性质和规律。物质在空气中以不同的振动方式产生不同的声音，而且是一种声音由于谐振而引起几种类似而又不完全相同的谐振披。谐振波和主振波的结合而发生复合声。科学家们由此得到启示，猜测各种元素的原子也有不同的振动，因而产生不同的外部效应——光谱。又由于同一元素可以有几种不同的谐振。因而同一元素可以有几条不同的谱线。这种猜测后来都得到了证实。

---

① 夏佩尔：《理由与求知》，1984年英文版，第289—290页。
② 夏佩尔：《理由与求知》，1984年英文版，第291页。
③ 夏佩尔：《理由与求知》，1984年英文版，第291页。

夏佩尔指出，尽管科学中有这种或那种推理形式，但常常存在导致不同结论的可供择用的推理路线。至于哪一条路线具备有利于自己的最强有力的论证。这总是不清楚的。在任何地方，科学家们所主张的东西都具有假说的性质，都具有争议的余地。

(2) 演化性的推理模式

演化性的推理模式是一种启发人们从时间（纵断面）上去研究物诸构成要素的前后关系，即启发人们去寻求和发现该事物的演化过程的推理形式。夏佩尔以恒星的演化为例说明了这一推理模式。

在周期表的例子中，人们几乎是立即产生了结构性理论的期望，然而却很少有人对元素的进化问题产生兴趣。但是，由于恒星光谱的分类成为众所周知以后，就有人期望建立一个解释恒星光谱分类的演化理论了。提出这种期望的首先是那些给恒星光谱进行分类的先驱者。到了19世纪中期，哈金斯等人在光谱分析的基础上已经确定，恒星是由与在地球上发现的同样的元素构成的；大致与此同时，塞齐和沃格尔等人基于光谱特征开始对恒星进行分类，他们把光谱相近的恒星归为一类，把光色相近的归为一类。他们通过与地球上正在冷却的物质的变化进行类比，认为不同的颜色是演化顺序的标志。最热的恒星应是蓝色的或白色的，而红色的恒星则处于演化的老年阶段（也有的认为是较年轻阶段）。而另外一些科学家则注意到白色恒星的光谱有很强的氢光谱线，于是就把元素构成的假说与这个理论联系起来。基于元素构成理论和恒星演化理论的结合，他们进而提出了化学元素的演化理论：像恒星的年龄一样，高层次的元素是由重元素组成的，因此较老的恒星是由更多的重元素构成的。与此相仿，高层次元素的谱线量随着按照颜色由白到红的顺序排列的光谱分类而不断增加。

光色分析表明，物质在活力最强时往往呈白色、蓝色，当活力减弱时，一旦冷却便呈红色、暗红色，物质光色的有序变化体现了物质本身活力的衰变过程，这是一个说明演化顺序的时间系列。那么这种演化的时间系列能否"空间化"呢？即假定从白到暗红共有七种光色，于是就把同一金属分为七份，每份处于不同的热度，呈现不同的光色。这样，金属在冷却过程中在时间上先后出现的多种光色就以"空间化"形式同时呈现在我们的眼前了。金属冷却过程的光色变化与恒星的衰变过程之间的类比，使科学家想到了天体演化的秩序。

在这个例子中，引进物质冷却过程颜色变化的背景知识，对于揭示演化过程有重要意义。首先是通过表明以光谱线为根据的域的连续序列能和冷却过程的时间序列相关，来表明存在着一个演化的顺序；其次它揭示了一个演化的方向；最后是构成了一个解释关于域的演化问题的理论。

从上述例子的分析中，夏佩尔总结出了两条演化性推理的原则：(i) 如果一个信息域是有序的，而且这种顺序可以看成某个构成因素的递增或递减，那么就有理由推测这个顺序是演化的结果，并有理由寻找它的答案。(ii) 如能找到一种类比的方法，把这种连续的顺序看成一个时间顺序，有着时间上的方向，那么，这种推测就更有理由。

根据这样的原则，把光谱序列解释为时间序列后，就可以用恒星演化理论把原子量不断增加的序列同样解释为时间序列，解释为以时间为方向的序列。

2. 科学发现的推理程序

夏佩尔还研究了科学发现的推理程序问题。他认为对于不同的信息域可以采取不同的推理模式，但这些不同的推理模式在一般情况下都要经过共同的推理程序。这种推理程序可以分为六个步骤：

（1）形成域

域是人们在日常生活、科学实验和生产过程中逐渐形成和发展的。夏佩尔以电为例做了说明，人们曾先后看到电的各种似乎很不相同的表现形式。如雷电、摩擦生电、触电致死等。后来，又偶然发现电流会使磁针转动，可见它与磁有关；还偶然发现电极插入化学溶液能引起化学反应，所以又与化学有关；还发现磁场对光的偏振面有影响，从而推想电与光有联系；等等。所有这些属于热学、光学、化学、磁学、力学等不同的领域的事实，尽管从表面上看去很不相同，但是却从不同的侧面提出了共同的问题，从而形成了"电"的域。它促使许多人共同研究这个尚未被称为"电"的神秘的东西。

（2）明确中心问题

明确中心问题，就是把那些现象与人们的经验或理解不一致的情况作为科学研究所要解决的重点。人们往往把许多问题整理、归并为一个或几个中心问题，集中精力地研究和解决它们。上述"电"的域开始也提出了许多形形色色的问题，后来经过人们的分析和综合，逐渐归并为几个较大的问题。最后得出一个中心问题：是否有某种高速度、高能量的不可见的带电粒子穿行于各种物体之中，从而造成了上述各种现象。

（3）推测答案

中心问题找到之后，人们往往不自觉地运用"溯因推理"去推测答案。科学家把这些高速度、高能量的微粒作为"结论"，而探究到底是什么"前提"（原因）才必然导致这种结论（结果）。他们反复推测，认为前提（原因）不可能在原子外部而必然在于原子的内部结构，于是形成了关于原子内部结构的种种假设。有人假设某些微粒在原子内围绕着核高速运转，当它飞出原子时便流行于各物体之间。这种假设以解释许多现象，后来得到实验的证实，于是形成了负电荷的"电子"概念。

（4）选定研究路线

人们相信答案在原子内部的结构，于是就选择现有条件下可能达到的最佳研究路线。19世纪光谱学已取得重大成果，元素周期表的研究也已有重大突破，科学家们就从这些领域入手，揭示原子的内部结构。19世纪末以后，放射性研究取得重大进展，人们又从这方面向原子内部进军。执行切实可行的而又先进的研究路线是至关重要的。它对于理解科学特别是理论的本性是至关重要的。

（5）寻求类比

用"溯因推理"（并结合归纳、演绎）找到的假设虽然能说明域内的事实，但是还要取得类比的启示和支持以加深对假设的理解。类比法大体有两种：一是指A物在某些特征、性能或规律方面与B物相似，这就启发科学家以A物的某种已被掌握的特征、性能或规律为指导去研究B物。另一类比是A物与B物不仅总的情况相类似，而且A物的X个因素和B物的X个因素也相似，于是推测A物剩下的某个因素相似于B物剩下的某个因素。

（6）事实检验

推测出假设并经过类比的支持后，形成假说。假设必须经过事实的检验而确立为理论。事实的检验又区分为直接的事实检验与间接的事实检验。如果能用新假设直接解释清楚域内外的有关事实，就通过了直接检验；如新理论不便直接检验，便可以从它推出另一个可以直接检验的理论以接受间接的检验。如果得到事实的确证，那么这个发现就完成了。

3. 发现与证明的统一

夏佩尔通过对科学发现推理模式和科学发现推理程序的研究，得出了两个重要的科学哲学结论：（1）科学发现是理性的。夏佩尔认为，科学发现推理的每一步都是恰当的、成功的和无可怀疑的，科学发现的整个程序也是恰当的、成功的和无可怀疑的。换言之，整个科学发现都充满着理性，是理性的推理活动相认识活动。（2）科学理论的发现和科学理论的证明是统一的。夏佩尔指出，提出个科学假设，还不是科学的发现，只有当这种假设在理论和实践上取得证实后，它才算是被发现了。如前所述，早期的归纳主义与演绎主义都把科学理论的发现与科学理论的证明看成合一的。但从假设主义者惠威尔开始，两者出现分离，把科学发现看作非逻辑、非理性的，把科学的证明看作逻辑的和理性的。到了老历史主义学派那里，则更是走向了极端，断言无论是科学的发现还是科学的证明，都是非逻辑和非理性的。夏佩尔反对把科学理论的发现与科学理论的证明形而上学地割裂开来的观点，强调两者统一、不可分割。因为在夏佩尔看来，科学发现与科学证明都是理性的，都是充满"理由"的推理过程，都以相关性、成功性和无怀疑性为依据和条件的；而且，科学理论的发现过程与科学理论的证明过程，犹如一枚硬币的两面是不可分的。在科学理论的发现中就已包含了科学理论的证明。

夏佩尔坚持科学理论的发现与科学理论的证明的统一的观点是正确的，它得到了许多科学哲学家的支持与赞同。美国科学哲学家尼克斯评论说："夏佩尔的信息域理论开拓了科学证明的全新的方向。……其中之一就是这些原则（推理规则与推理模式）自身具有证明和评价的功能。从而纠正了这样的观点：科学发现只有一个方面，即从可观察的材料上升到理论。"[①]

四 科学实在论

夏佩尔不仅坚持科学内容与科学发展的理性主义，而且坚持科学的实在论思想，一般说来，"科学实在论"是一种具有明显唯物主义倾向的哲学流派。它在20世纪早期的代表人物是W. 塞拉斯，后来是H. 普特南和

---

① 萨普编：《科学理论的结构》，1973年英文版，第573页。

C. 斯马特等。夏佩尔接受上述种种实在论思想的影响，但又不完全同意他们的观点。在批判和继承上述思想的基础上，提出了与他的科学内容与科学发展的理性主义相联系的有关外部世界存在的科学实在论理论。

（一）肯定外部世界的存在

如前所述，以 W. 塞拉斯为代表的传统科学实在论具有强烈的唯物主义倾向。它们肯定外部世界的客观存在，承认我们的知识是对外部世界的认识。夏佩尔受传统经验主义的影响，反对传统科学实在论的上述观点，并称它是一种"绝对主义"或"预设主义"，因为它给人们的认识"预先设定"了一个"外部世界"。

夏佩尔认为这种观点之所以是错误的，原因有两个：（1）它没有科学根据，只强调人的感知，把科学认识建立在原始的直觉基础上，是一种朴素性观点，具有很大的历史局限性；（2）现代认知心理学与现代科学证明，在人的认识中"不存在先验的知识"。例如，"初生的婴儿就没有先验的外部世界的观念"。人们认识所依赖的背景知识从根本上讲都是经过证明的有理由的理论，都是"后天习得的"。[①]

不过，夏佩尔强调，他并不否认外部世界存在，否认的只是传统实在论的那种先验的预设。他认为，肯定外部世界存在是后验的，是科学认识的结果。科学知识的"恰当性"、"成功性"和"无怀疑性"是肯定认识对象客观存在的最好"理由"和最有力的根据。他认为，自然科学的长期发展已经证实并不断证实着理论知识，而所有这些证明的总和，构成了人们肯定外部存在和理论可以真实地描述客观实体这样一个总信念。他写道："实在论的说法明显是由科学的成功来表示的，它是从我们的经验中得出的结论，而不是语言哲学的先验的或超越的论证的产物。"[②] 又说："具体信念的总和，构成了我们对世界的信念。"[③] 他认为，科学知识提供给我们的这种信念的总和并不是先验的、绝对的和不可动摇的。它仍有待于今后科学发展的继续证明。他写道："我们不得不做出这样的结论，我

[①] 夏佩尔：《理由与求知》，1984 年英文版，第 222 页。
[②] 夏佩尔：《理由与求知》，1984 年英文版，第 402 页。
[③] 夏佩尔：《理由与求知》，1984 年英文版，第 232 页。

们相信存在着强立存在的世界只是等于我们的具体的基本信念的总和，我们相信对于任何这种信念总是可能产生怀疑的。"当然这只是"可能产生怀疑"，而不是"已经怀疑"或"应该怀疑"，因为全部的科学成就使我们无法具体怀疑地相信："外部世界是存在的。"

夏佩尔不仅坚持外部世界的存在，而且坚持科学理论是客观实体的真实性描述，坚持科学理论与科学认识的内容的客观性。

（二）科学知识的客观性

夏佩尔指出尽管人们的认识要受背景知识、已经习得的思维方式与认识方法的影响，但不能因此而否认科学知识与科学理论的内容的客观性。传统经验主义认为，理论命题之所以有意义在于它能还原为经验命题。而经验命题的内容则是观察所得的经验事实，它们是绝对不变的，从而就坚持了科学理论与科学知识的"客观性"。老历史主义批判了这种观点，并称它是一种绝对主义的错误观点。老历史主义认为，观察负载着理论，同一个经验事实，在不同的理论或背景知识的指导下会有完全不同的观察结果；因而传统经验主义所坚持的作为理论基础的观察的"客观性"事实上并不存在。科学认识与科学理论都是任意的、相对的，它们因认识主体的不同而不同，因背景知识的不同而不同。

夏佩尔在反对上述传统经验主义或逻辑实证主义的观点的同时，又反对老历史主义的相对主义。他认为老历史主义关于"背景知识制约观察"和不存在任何不受理论制约的绝对不变的中性观察的观点是正确的。但因而否认观察和理论内容的任何"客观性"则是错误的。他以太阳的中微子实验来说明这个问题。夏佩尔把这一实验的背景知识分为三大部分：（1）有关中微子来源于太阳内部的"来源理论"。如太阳内部有一个高温、高压、高密度的核反应区，以及与此相关的核物理、光谱分析、天体演化等方面的知识；（2）有关中微子从太阳内部传递到地球表面的"传递理论"，如中微子与其他粒子相互作用以及相关的弱相互作用的知识，等等；（3）有关接受中微子仪器知识的"接收器理论"，如核反应理论以及有关反应频率、宇宙射线物理学和辐射衰变计数器理论等。

夏佩尔指出，太阳中微子的实验必须依赖所有上面这些背景理论的知识，没有这些背景理论知识，观察太阳的中微子就不可能。那么这些背景知识是否歪曲了"观察",从而使"观察的结果"成了非客观性的东西了呢?他问道:"科学中背景信息的运用被某些哲学家称为观察负载理论,这就产生了许多复杂性:观察的这种负载是不是等于歪曲了实验的结果?是不是这就意味着科学的检验不是客观的?"他的回答是:背景知识非但不会歪曲观察结果,而且是观察的正确性与客观性的保证。

那么,有什么理由说背景知识不仅不会歪曲观察和观察的结果,相反却是观察的客观性的保证呢?他指出,其原因有两个:

首先,科学上可靠的信息是通过运用先前那些成功的信息来确立的。这些信息作为认识的背景知识是没有具体的、令人信服的怀疑理由的。这就是说,我们科学认识的前提是有理由的。他写道:"除了开玩笑或在与此类似的(非认识的)情况下,我们在任何情形中都运用最强的、已被证明是合理的描述,只是在具体的怀疑理由产生时,才稍稍减少我们的承诺,并回到更加中性的描述上去。"① 例如,太阳中微子实验中的观察情况就说明了我们有理由相信相关背景信念满足了可靠性的条件。

这就是说,夏佩尔相信,人类科学认识虽然要有先前的知识作为前提,但是,随着人的实践、认识的发展,这个前提是越来越可靠的,而不是主观任意的。它们保证而不是歪曲或否定了观察的客观性。

其次,人类认识的能力不断增强,这种能力是通过扩大我们用新方法观察自然而增加的。他认为:"我们最终会看到科学如何建立在它已认识到的东西上,这一过程不仅增加我们的基本知识,而且通过扩大我们用新方法观察自然的能力,增强了我们认识自然的能力。我可以说,我们已经看到了一种理解我们的全部知识怎样最终都是建立在观察基础上的方法。"② 他还指出:"科学学习如何观察自然,而且它的观察能力随着知识的增长而增长。"③ 在科学认识中,观察发挥着支持已知信念的证据的作用。随着科学的发展,科学家把观察与感知区分开来。他说道:"随着认识到可以接收那些不为感官所直接认识的信息,科学就越来越尽可能地排除感知在获取观察证据方面发挥的作用,这就是说,科学愈益依赖于其他

---

① 夏佩尔:《理由与求知》,1984年英文版,第350页。
② 夏佩尔:《理由与求知》,1984年英文版,第351页。
③ 夏佩尔:《理由与求知》,1984年英文版,第348页。

适当的、可靠的接收器。"① 夏佩尔认为，以往认为认识必须要有感知者在场接收信息的传统观点，在今天看来却并非如此。当信息被"合适的接收器"接收时，人类感知者不必在场，甚至当信息处理后成为人们可理解的形式时，人也不必在场。接收器代替人的感知，大大提高了人的能力，从而为人类认识提供了更多的证据。②

夏佩尔还分析了老历史主义产生歪曲观察结果和否认观察客观性的错误的原因。夏佩尔指出，历史主义产生这种怀疑和错误是出于一种误解，是由于不懂得背景知识的严格科学性与客观性。他强调，指导科学观察的背景理论知识都不是任意的，而是有严格限制的。它们都是些某个时期最好的、经过最严密地检验的，是最恰当、最成功、最无可怀疑的理论和知识。正是背景理论知识的"恰当性"、"成功性"和"无怀疑性"保证了它自身与受它指导的科学观察的客观性与科学性。

夏佩尔在外部世界的客观存在和科学理论的客观性的理论基础上，又提出了与传统理论不同的、自己的真理理论。

（三）真理论

真理论是夏佩尔科学实在论中的重要内容，是他科学理论与科学认识客观性的重要组成部分。他指出历史上有三种传统的真理观：1. 符合论；2. 实用论；3. 融贯论。③ 在论述他的科学实在论的真理论之前，他首先对上述三种真理论进行了分析和批判。

首先，夏佩尔批判了唯物主义的真理符合论。历史上的唯物主义在认识论上坚持反映论，认为人类认识是对客观世界的反映，"真理就是认识与实在相符合"。夏佩尔不同意这种观点，认为这种观点是错误的。其理由是：①这种观点是建立在"原始的直觉"基础之上的，缺乏科学的依据。②符合论认为判断命题真假的标准在于客观实在或实践，但是命题只能用命题来证明，而不能用与命题性质不同的其他东西来证明。倘若用其他东西来证明，就会陷入怀疑主义的泥坑。他写道："符合论重视直观的

---

① 夏佩尔：《理由与求知》，1984 年英文版，第 346 页。
② 夏佩尔：《理由与求知》，1984 年英文版，第 xxxix 页。
③ 夏佩尔：《理由与求知》，1984 年英文版，第 xxxix 页。

观念,即凡是使一个信念或命题成为真或假的东西,必定与这个信念或命题本身不同,特别是与肯定或否定这个信念或命题的理由不同……它割断了理由与真理之间的联系,使人永远不可能知道,甚至不可能有理由使我们相信已经获得真理,从而成了各种怀疑论的猎物。"[1] 不过,夏佩尔认为符合论尽管总的说来是错误的,但是它强调认识是对外部世界的表述,这却是正确的。

其次,夏佩尔批判了实用主义的或工具主义的真理观。夏佩尔认为,实用主义把真理看作"根据人的需要而可以改变的工具"的观点是错误的。因为"它必然导致相对主义。但是这也有它合理的成分,这就是它承认了'真理的价值因素'"。

最后,夏佩尔批判了逻辑实证主义的真理融贯论。真理融贯论或一贯论认为一个理论(或命题)只要在逻辑上是一贯的、无矛盾的,那么它就是真理。夏佩尔认为这种观点同样是错误的。因为它不考虑真理与外部世界的联系,而只承认真理本身在逻辑上的系统性、无矛盾性,把一切统统归入逻辑的规划和系统中。如果有两个彼此对立的理论,其本身都在逻辑的规划或系统中。而且,如果这两个彼此对立的理论,其本身都具有逻辑的一贯性,那么这两个彼此相反的理论不也都成了真理吗?夏佩尔承认逻辑的一贯性是合理的,没有逻辑一贯性的理论是不可能成为真理的,但不能以一贯论来代替真理的全部标准。

在夏佩尔看来,"符合论注重直观的观点","融贯论和实用论认识到,我们的真理概念和所有其他概念一样,必须依据我们在其中发现自己的环境,特别是依据我们所相信的理由来构造,因此也就强调在我们的'理由'和'真理'概论和实用论——吸引人之处和弱点是互补的"。[2]

因此,夏佩尔吸取了这三种真理观的"合理成分",提出了自己的综合的真理观。"科学所提出的一个信念的可接受性的三大要求——我概括地称之为'成功''摆脱怀疑'和'相关性'——共同把握了传统的三个类型的真理观的真知灼见,并且避免了它们的弱点。"[3] 成功和相关性分别

---

[1] 夏佩尔:《理由与求知》,1984 年英文版,第 xxxix 页。
[2] 夏佩尔:《理由与求知》,1984 年英文版,第 xxxix、xi 页。
[3] 夏佩尔:《理由与求知》,1984 年英文版,第 xxxix、xi 页。

抓住了实用论和融贯论的吸引力之关键，使得真理具有实证的理由。但它的成功和相关性却无法定义真理，因为无论一个观念可能多么成功，无论它与成功的观念的联系多么明确地建立起来，但在原则上总是有可能产生具体的怀疑理由的。因此，还必须把最没有理由怀疑而最有理由相信的东西看作真的。这样，就避免了传统的三种真理类型的缺陷。

夏佩尔指出，他对"理由"和"真理"关系的概述不涉及任何有关寻求真理本性的假设。科学研究的对象必须由科学研究来决定而不是靠先验的假设和推断。科学研究的宇宙也不能设想成先验地必然地具备某些具体特征的。

他也指出，他对"理由"和"真理"关系的概述也绝没有假设我们会发现关于自然的绝对真理。在夏佩尔看来，科学就是寻求知识，是寻求"事物存在方式的知识"，更是寻求对某个领域的成功解释。然而真理总是处于变化中，又是相对的。在某些特定情况下，既然我们没有理由怀疑那个理论，那么它显然是有理由称为真理的。

夏佩尔还认为，他的真理有三个条件：成功性、相关性和无怀疑性。它们不但是衡量真理的标准，而且在认识论上也各自相应具有自己的功能：（1）解释的功能；（2）预见的功能；（3）描述的功能。它们可以列表如下：

真理论	可接受性	认识的功能
符合论	无怀疑性	描述性
有用论	成功性	预见性
一贯论	相关性	解释性

结合探讨真理问题，夏佩尔还探讨了"存在概念"与"理想化概念"的区分问题。夏佩尔认为"存在概念"是"描述实在"，而"理想化概念"则只有寻求真理的工具性意义。他认为"理想化"是以科学的内在考虑为依据的，"理想化"的目的是寻求描述世界的更好的概念工具。

他认为"理想化"在科学中的意义可以通过三个方面来说明：（1）"理想""近似""有限定的情形"等是可以交换使用的；（2）虽然在科学中，事实并不像理论所描述的那样，但以那样的方式探讨事实往往是方便可行的;(3) 在科学史上,术语是变化的,这种变化只能用它们指称实体或不指称实体和它们实际上被看作什么的方式来区别。

夏佩尔在《评后实证主义的科学说明》一文中,以相对论中的"刚体"概念和洛伦兹电子理论中的"电荷"概念为例,对此做了论证。他指出,根据"刚体"的经典定义,在刚体中任何两个部分之间的距离是保持恒定的;如果一个力作用于物体的任何一点,为了保持任何两点间的距离恒定,这个力必须在瞬间传达到该物体的其他所布的点上。但是,根据相对论,这是不可能的,因为它们的速度不可能超过光速。因此,"刚体"是不存在的。但是,爱因斯坦在相对论中不仅使用了"刚体"的概念,而且他还认为他的理论是以"刚体"运动为基础的。这就是说,在相对论中,"刚体"概念并不标志某种实际存在的用法,它只是便于描述与探讨的工具,因此是一个"理想化"概念。夏佩尔说:"如果狭义相对论是正确的,那么就不可能存在经典意义上的刚体,经典的刚体概念,就其在相对论物理学中的运用来说,只是一种'理想化',事实上物体完全不可能是那样的。"[①]

夏佩尔认为他的"存在概念"与"理想化概念"的区分,很好地说明了传统实在论与工具主义的争论,前者认为科学的全部术语都是存在术语,都是描述世界中存在的实体的;后者则把科学的所有术语都视作纯粹意义上的工具,只是为了达到某种目的而创造出来的。然而,按照他的观点,科学理论既有存在术语,又有理想、术语,真理把工具、直观的符合和概念间的连续性联系集于一身。因此,在夏佩尔看来,工具主义只有根据实在论才能得到理解,而绝对主义、预设主义、相对主义则是错误的科学哲学观点。

五 论意义和理论的可比性

夏佩尔在坚持科学的整体性、合理性和客观性的基础上,进一步坚持科学事业的进步性,坚持科学理论间的连续性和可比性。夏佩尔认为,老历史主义之所以走向相对主义,否认理论内容的客观性和科学理论间的可比性,一个很重要的原因是,他们对"理论"含义的理解模糊不清。他写道:"认识论上的相对主义,部分地是源于'理论'这一术语的含混不清。

因为，一方面，这一术语被用来（不总是恰当地）指纳入观察情境概念的背景信息；但另一方面，它又常用来指不确定的东西（那只是'理论'）。这两种意义的重叠致使人们认为科学中的背景信息是不确定的，并由此通过各种途径最终认为是任意的。"[1] 因此，夏佩尔认为，术语的意义问题或"指称"问题，是科学哲学中一个十分重要的问题。为了进一步论证科学理论内容的客观性与科学理论的可比性，夏佩尔首先讨论了意义问题并提出了自己意义理论。

（一）意义的变化与理由

意义问题是近几十年来西方科学哲学中讨论的十分热烈的问题。自弗雷格、罗素、维特根斯坦以来，许多哲学家都致力于这个问题的研究，并提出了许多不同的见解。夏佩尔主要讨论和批判了逻辑实证主义、老历史主义的传统意义理论以及克里普克、普特南等人的指称意义理论。在此基础上，他还根据自己的科学哲学思想提出了一种新的意义理论。

夏佩尔指出，一般说来，以前意义理论有两种不同的表现形式：一种是断言元科学术语的意义是永恒不变的绝对主义的传统意义理论，它的主要代表是逻辑实证主义；另一种是否认永恒不变的元科学术语，坚持相同的观察术语由于受不同理论的影响，就具有完全不同的意义的相对主义的意义理论，它主要代表是库恩、费耶阿本德等老历史主义者。不过，夏佩尔认为，这两种意义理论尽管表面上看起来完全对立：前者强调概念意义的不变性、永恒性和科学理论间的可比性；后者强调科学概念受理论的影响，强调相同的概念由于受不同理论背景的影响，可以有完全不同的意义，以及科学理论间的不可通约性。但是它们在实质上都是一致的，它们都具有共同的理论特征，亦即它们都有共同的错误基础。这就是：（1）只肯定不同概念间的意义差别，而否认它们间的联系和相似性。（2）都在认识事物之前，就预设了先验概念的意义。前者的概念是由预先设定的定义决定的，后者的概念含义则是由预先设定的"范式""背景知识"给予的。

早在夏佩尔之前，克里普克与普特南就对上述两种意义理论做了系统的批判。他们认为，事物的特征不是人们事先规定的，而是事物自身具有的。

---

[1] 夏佩尔：《理由与求知》，1984 年英文版，第 356 页。

因此，这些意义理论必然具有以下的局限性或错误：第一，原先用来定义某类事物的那些特性，并不一定属于该事物；第二，具有原先定义的某些特征的事物，也并不一定是我们所说的这类事物。因此，克里普克与普特南认为，我们应该放弃上述的意义理论，而以他们的"指称因果理论"来取代。克里普克与普特南的理论认为，概念或名称的意义既不是先验的预设，也并非永恒不变的。概念或名称是有指称的，它们是用以表征或指谓某种认识对象的。同一个概念或名称的意义可以前后变化，但它们的指称都是共同的，都指谓同一个对象的同一本质。他们认为，由于事物本质的不可改变，概念一旦正确表述了事物的本质，这个概念的意义就确定了，不再改变了。

夏佩尔指出，克里普克和普特南对传统意义理论的批判是正确的。但是他们提出的用"指称因果理论"取代以前的意义理论则是错误的。因为"指称因果理论"虽然优于以前的意义理论，但从某些方面看，它不过是以前意义理论的翻版。

夏佩尔提出了反对"指称因果理论"的具体理由。他认为，"指称因果理论"肯定概念意义的可变性、发展性，承认科学理论之间的可比性的看法无疑是正确的，但他们因而肯定事物本质的永恒性、不可改变性，强调概念的意义经多次修改、变化后，一旦正确表述了事物的本质，就不再改变的观点则是另一种绝对主义，仍然自觉不自觉地犯了以前意义理论相同的错误，仍然有意无意地只肯定或强调概念的意义之间的区别，而否认或削弱概念的意义之间的联系与相似性。

在批判以前意义理论和"指称因果理论"的基础上，夏佩尔提出了他自己的有关概念意义的看法。

首先，夏佩尔认为，概念的意义是可变的；是随人们认识的发展而发展的。他指出，人们永远不能穷尽科学概念或名称的意义。概念的一定意义总是与人对自然的一定认识相联系的。随着科学技术的发展，以及人对自然认识的深化，概念或名称的意义也必将相应地发生变化。如科学史上的"电子"概念，前后的意义就发生了多种变化。他写道："电子在其自19世纪以来的漫长岁月中，被假设为具有许多不同的属性，有些属性最终被人们承认属于电子，而另一些则被摒弃了。"[①]

[①] 夏佩尔：《理由与求知》，1984年英文版，第333页。

其次，夏佩尔认为，相应地，随着科学的发展和人们认识的发展，概念的指称也在不断变化，而不是像克里普克和普特南所认为的那样：概念的意义虽然变化了，但概念的指称却总是共同的，它们总是指称同一对象的同一本质。他仍以"电子"为例说，早在1894年，斯托尼用"电子"概念指称不连续的"电荷"单位，后来，由于发现了"电荷"与物质粒子的联系，才用"电子"来指称粒子，而不再用来指称"电荷"。

最后，夏佩尔认为，克里普克与普特南所说的永恒不变的事物本质并不存在，事物的本质特征也是变化的。就拿金的本质特征来说，克里普克认为原子量79是金的永恒不变的本质特征，但事实上并不是这样。在量子力学中，元素的基本特征或本质特征就不以原子量来表示。他又说："水是H_2O，如果孪生地球上一物与水的性质完全一样，而不是H_2O，能不叫它是水吗？"[①]

夏佩尔不承认任何永恒不变的东西，无论是概念或名称的意义、指称，还是科学的目的、事物的本质特征。但能因此得出意义与指称、科学目的与事物本质特征的变化都是主观的、任意的结论吗？夏佩尔从他的科学实在论立场出发，做出了否定的回答。

首先，夏佩尔认为，一般说来科学概念或科学理论都是对实体的描述，都有其相应的存在实体。我们知道，在有关"电子"概念是否指称存在实体问题上，实在论者与反实在论者展开了激烈的争论。究其实质，它涉及的是科学理论是不是对外在世界的实体的真实描述。夏佩尔坚持科学实在论的立场，认为电子、质子、介子这样一些科学概念都是对实体的描述。他由此还批判了反实在论者的错误。

其次，夏佩尔认为，尽管概念的意义和概念的指称是历史地可变的，但某一特定概念的意义与指称，在前后相继的发展中却具有"相似"性："世代相似性"或"亲属的相似性"。一般说来，"在相继阶段的用法之间有着世代相似性，在同一时代的不同语境的用法之间有亲属相似性"。[②]

最后，夏佩尔认为，概念的意义、概念的指称，以及事物本质特征的变化都是有"理由"的，而不是主观的、随意的。夏佩尔指出，不仅概念

[①] 夏佩尔：《理由与求知》，1984年英文版，第390页。
[②] 夏佩尔：《理由与求知》，1984年英文版，第221页。

的意义和指称需要相关性、成功性和无怀疑性做保证,而且概念的意义与指称的变化也要依据相关性、成功性与无怀疑性而进行。意义与指称的变化从来都不是任意的,它们都受"理由"的支配和影响,都是由"理由"决定的。他写道:"在科学目标与语言的发展过程中,'理由'概念起着决定的作用。"①

(二) 理论的可比性

夏佩尔从上述可变的意义理论出发,坚持理论间的可比性,反对库恩、费耶阿本德等人的理论间不可通约的观点。夏佩尔认为,老历史主义有关理论不可通约的观点是错误的,这不仅因为这种观点所依赖的是错误的传统意义理论,而且也因为理论的可比性并不一定需要概念或名称的意义上的相同。同时,夏佩尔还认为,尽管他赞同克里普克与普特南的理论间可以比较的主张,但与他反对他们的指称理论一样,他也反对他们提出的理论可比性的理由和"理论指称事物共同的本质特征"的理由。夏佩尔强调指出,正如理论的可比性无须概念或名称意义上的相同做保证一样,理论的可比性也无须以概念或名称的指称相同做基础和先决条件。

夏佩尔同时也反对库恩、费耶阿本德等人以科学因素不断变化为理由,而坚持相对主义的错误主张。夏佩尔认为,尽管科学中的一切都不是永恒的,而是不断变化的,但并不能以此否认科学理论间的可比性与连续性。夏佩尔为此提出了理论连续性与可比性的具体理由,并做了与他整个科学哲学思想相一致的论证。

夏佩尔认为:

(1) 概念或名称的意义和指称的相似性决定了科学理论间的可比性。它们间的纵向的"世代相似性"和"横向的"亲属相似性"构成了前后概念、名称、理论间的既同又异、向中有异、异中有同的复杂情景,从而决定了它们之间的共同的连续性和可比的因素。他写道:"只需谈论这种相似性,只要追溯到合理的变化之间的联系,就不需要任何共同的意义核心,就能肯定它们之间的连续性与可比性了。"②

---

① 夏佩尔:《理由与求知》,1984 年英文版,第 383 页。
② 夏佩尔:《理由与求知》,1984 年英文版,第 222 页。

（2）前后相继理论描述的是相同或相近的存在实体，决定了它们之间的连续性与可比性。夏佩尔从科学实在论的立场出发，认为"相互竞争的理论之可比性的一个重要方面，就是它们描述同样的实体，而不只是在于它们有一些'观察词汇'"①。又说，"不同的相互竞争的理论之间的可比性不在于（至少不只是）它们具有共同的'观察词汇'，而在于它们所描述的是同一实体。"②

（3）"理由"是前后相继的理论的连续性和可比性的最根本的保证。如前所述，夏佩尔认为概念或名称的意义的变化从来不是任意的，而是跟我们有关自然的知识有关，与我们一定阶段的某种信念有关的。它们的改变都是恰当的、成功的和无可怀疑的，都是充满具体理由的。他还提出了"推理键的联结"概念来表述这种联系性。所谓"推理键的联结"就是以理由为链条的推理的联结。他写道："起着连续性的构成者作用并唯一起这种作用的（至少在科学中），既不是共同的意义，也不是共同的指称，而是把前后两种观点联系起来的'理由'：凡在科学中出现连续性的地方，都是通过我们可称之为'推理键的联结'的东西联系的。"③ 又说："只要有推理键联系，不用假设共同的本质特征就能确保科学的连续性。"④

总之，夏佩尔的意义理论与理论间可比性学说，既反对了绝对主义，又反对了相对主义。他不承认科学中任何永恒不变的东西，认为科学中所有的概念、名称和理论等无不处在不断的发展变化中。但他也坚决反对这种变化的任意性、非连续性和不可比性。他坚持科学中的这种任何变化都与我们的关于自然科学的知识有关，都与我们的信念有关，都具有恰当性、成功性和无怀疑性，都有具体理由。正是"理由"保证了科学概念、科学名称和科学理论的不断变化，也正是"理由"保证了概念、名称和理论在前后相继的发展中的连续性。他这样写道："属于不同时期的科学理论和科学标准之间存在的差别并不排除理论之间和标准之间的联系，及其可比性和进步的可能性。"⑤

---

① 夏佩尔：《理由与求知》，1984年英文版，第374页。
② 夏佩尔：《理由与求知》，1984年英文版，第373页。
③ 夏佩尔：《理由与求知》，1984年英文版，第404页。
④ 夏佩尔：《理由与求知》，1984年英文版，第246页。
⑤ 夏佩尔：《理由与求知》，1984年英文版，第212页。

第八章 劳丹的新工具主义

拉里·劳丹（Larry Laudan），1941年生于美国得克萨斯州的奥古斯丁城。1962年在美国堪萨斯大学物理系班学士学位，1964年获普林斯顿大学哲学硕士，1965年被授予博士学位。1965—1969年，他应邀至英国伦敦大学，担任物理学哲学课程的主讲人。1972年晋升为匹兹堡大学教授，并在哲学系、历史系和科学史与科学哲学系任教。1972—1974年、1976—1977年两次出任匹兹堡大学哲学系主任。1979年至今任夏威夷大学教授、哲学系主任。

自1965年起，劳丹担任过许多著名学术刊物的编辑。他曾是《科学史和科学哲学》的创建者和编辑之一，并同时担任《科学与哲学》《科学史与科学哲学研究》和《美国哲学季刊》等杂志的编委会成员。他担任过美国科学哲学学会执行委员、亨特科学史讨论会组委会主席。

70年代，劳丹的主要思想集中地反映在《进步及其问题》（1978）一书中。他批判了逻辑实证主义、证伪主义和老历史主义，提出了自己的"解题模型"，并以此拓展成一整套关于科学进步、科学合理性、科学史的本质和科学划界等理论。80年代，他出版的《科学与价值》（1981）以及一系列文章提出了规范自然主义纲领。企图走一条既保持认识论的规范性，又使之自然化的道路。

一 论科学问题与研究传统

作为新历史主义者的劳丹和夏佩尔一样，坚持科学的合理性、可比性和进步性，反对库恩等老历史主义者的非理性、不可比性和反进步性的主张。但是夏佩尔是站在反对相对主义的科学实在论立场上坚持这些观点的，而劳丹相反，他是站在相对主义和反实在论的新工具主义（新实用主义）立场上坚持上述观点的。

劳丹认为，自从 19 世纪 20 年代以来，由于下面三个方面的变化导致科学哲学中的非理性主义流行：1. 坚持科学知识确定性的证明主义的衰落和断言科学知识可错性的可错主义的兴起；2. 排斥心理学与社会学的逻辑主义的衰落和容纳心理学与社会学的新科学哲学的兴起；3. 排斥对科学知识内容作具体分析的形式主义的衰落和结合具体科学知识研究的历史主义的兴起。

由于这三个方面的变化而导致下面三个问题的普遍争论。1. 科学是不断进步的吗？2. 科学知识是真的可信的吗？3. 科学知识是合理的，还是非理性的？特别是第三个问题，即科学的合理性问题，成为科学哲学家普遍争论的焦点。

劳丹认为，关于当前科学合理性问题的争论，只能有三种不同的选择，或者说，只有三条不同的道路可走，那就是：

1. 继续坚持传统的科学合理性观念；

2. 彻底放弃科学合理性的观念，改为坚持科学非理性观念；

3. 放弃传统的科学合理性观念，重建新的科学合理性观念。

第一条道路是证伪主义者波普和逻辑实证主义者卡尔纳普等人所走的道路。传统科学哲学把科学的合理性等同于逻辑性。卡尔纳普等人虽然也做了一些改革，但是本质上仍是这种观点，因而未能解决问题。劳丹写道："在过去的几十年里，波普、卡尔纳普和赖欣巴哈等科学哲学家基本上都选择了第一条道路。尽管他们的坚韧不拔精神和独创性令人钦佩，但获得的结果总的来说是难以令人鼓舞的。"[①]

库恩、费耶阿本德等老历史主义者选择的是第二条道路。由于面对许多问题不能解决，他们轻率地否弃科学的合理性，把科学说成非理性的事业，从而得出了令人无法接受的结论。他写道："以历史为出发点的思想家们大都选择了第二条道路，因而库恩和费耶阿本德把政治宣传、科学家个人的声望、权力、年龄和辩才，都说成是理论竞争的决定力量，这是不能令人信服的。"[②]

[①] 劳丹：《进步及其问题》，1977 年英文版，第 4 页。
[②] 劳丹：《进步及其问题》，1977 年英文版，第 4 页。

劳丹宣称：他自己走的是第三条道路，即从根本上抛弃传统的科学合理性观念，而重建新的科学合理性观念；并在此基础上，建立起独特的科学进步模型。他的这个观念和模型的最基本的特点是：不是把科学的合理性等同于逻辑性，而是把它等同于解决问题的效用性（有效性、有用性）；那就是说，不是符合于逻辑的就是合理的，而是"解决问题有效（有用）的就是合理的"。不言而喻，这是一种实用主义或工具主义的观点。

劳丹断言：他的科学进步模型是历来最佳的科学哲学模型。为了论证他的科学进步模型，他首先论述了科学的目的或任务问题。什么是科学的任务或目的呢？他的回答是"科学的目的在于解决问题"，或者说"解决问题是科学的本质"[①]。

关于科学的目的问题，在西方哲学史上主要有两种不同的回答：传统科学哲学认为，科学的任务在于描述客观实在，人称它为描述主义；还有一种回答是科学的目的（任务）在于解释经验现象，即把分散、零乱的经验现象做出系统化的解释，人称它为解释主义。往后我们将会看到劳丹是站在解释主义一边的。不过为了贯彻他的工具主义或实用主义的精神，他突出了以上的解释。其实劳丹也知道：这是一种过分笼统的说法。因为不只是科学哲学的任务在于解决问题，而且一切工作的任务都在于解决问题。他写道："我的观点只要稍加限制，就可适用于一切理性的学科。"[②]同时，劳丹也强调解决问题在科学活动中的重要性并不是劳丹个人的创见。过去许多科学哲学家都谈到过。例如，波普就把解决问题看作科学活动的重要任务。波普说："科学作为理性的活动实质上与一切解决问题的活动并无两样。"[③] 不过在劳丹看来，过去的科学哲学家如波普等，虽然也谈论科学活动中解决问题的重要性，然而他们实际上并没有真正理解。他写道："科学本质上是一种解决问题的活动。这可能是科学哲学的陈词滥调。多少科学教科书的作者和以科学方法论专家自居的人相信它。然而他们仅停留在口头赞美上，很少有人真正理解它的后果。"[④] 原来劳丹强调这一点是为了建立一个"崭新"的新工具主义的科学哲学理论或"科学进步

[①] 劳丹：《进步及其问题》，1977年英文版，第11页。
[②] 劳丹：《进步及其问题》，1977年英文版，第13页。
[③] 波普：《客观知识》，1972年英文版，第166页。
[④] 劳丹：《进步及其问题》，1977年英文版，第11页。

模型"。他写道:"我将论证,如果我们认真采取科学的目的在于解决问题或澄清问题的理论,那么,在科学发展和科学认识的评价方面,就会出现一种全然不同的图景。"① 这里指的就是新工具主义的图景。

劳丹认为,由于科学的目的是解决问题,因此,"问题是科学思维的焦点","理论是问题的解答"。研究"问题"是科学哲学的首要任务。

那么什么是"问题"呢?他把科学问题分为两类:(1)"经验问题";(2)"理论问题"。并分别对它们做了详细的论述。

(一) 经验问题

劳丹认为经验问题是一个原始的问题,很难给它下定义,但可以通过举例来说明。譬如:"重物为什么有规律地下落""瓶子里的酒精为什么会蒸发""动物的下一代为什么与上一代十分相像",等等,都是经验问题。因此,一般说来,"自然界使我们感到惊奇或需要说明的事情都可以构成经验问题"。②

劳丹指出,传统的科学哲学家,包括逻辑实证主义者,由于坚持经验的可靠性,都把经验问题看作一些自然界直接给出的真实可靠的问题。这是错误的。近年发展起来的历史主义科学哲学家否定了这种看法。他们认为观察、经验是受理论、语言污染的。经验问题并不是直接的忠实可靠的问题。它们总是在一定的理论背景中发生的。因而总是部分地受理论背景规定的。所以,"什么事情可以看作经验问题,部分地依赖于我们的理论"③。那么,能因此而否定经验问题与理论问题的区分吗?那也不能。因为它们毕竟是两类不同层次的问题。"经验问题是第一层次的问题,它们总是与构成该科学领域的客体有关,不研究构成该领域的这些客体,就无法对经验问题做出合适的解答"④。例如,不研究重物下落的情况就无法回答重物为什么如此下落的问题等。

劳丹认为"经验问题"不等于"经验事实";"解决经验问题"更不等于"说明经验事实"。为什么呢?这是因为:(1)有些经验问题并不一

---

① 劳丹:《进步及其问题》,1977 年英文版,第 12 页。
② 劳丹:《进步及其问题》,1977 年英文版,第 15 页。
③ 劳丹:《进步及其问题》,1977 年英文版,第 15 页。
④ 劳丹:《进步及其问题》,1977 年英文版,第 15 页。

定是真实的事实。例如，古代人把"腐肉化蛆"看作经验问题，但它并不是真实事实。（2）有些真的事实未必一定构成经验问题。例如，有一些还没有发现的事实，就不能构成经验问题；有一些事实人们不感到它们是问题也就不能构成问题；还有些过去的经验事实问题，现在解决了，也就不再是问题了。

为什么"解决经验问题"不等于"说明经验事实"呢？劳丹认为，这是由于传统的描述主义把科学理论说成是事物的说明，这是错误的。科学理论不是事实的描述或说明，而是解决问题的工具。它的任务在于解决问题而不是说明事实。

劳丹指出，有各种各样的经验问题，根据它们在理论评介中的不同作用，大体上可以分为三类：（1）未解决的经验问题；（2）已解决的经验问题；（3）反常问题。

1. 未解决的经验问题与已解决的经验问题

首先，劳丹观察了未解决的经验问题。一般人认为，未解决的经验问题促进人们思考，是科学进步的动力，波普就是这样认为的。劳丹不同意这种看法，他认为这过于简单化。因为任何一个未解决的经验问题，在解决之前都具有不确定的地位，只是一个"潜在的"问题，而不是"真正的问题"。其原因主要有二：（1）一个经验现象是不是真正的问题（如腐肉化蛆），还有待确定。（2）即使已确定是真正的问题，它属于哪个科学领域，应该用什么理论解决，也并不确定。例如，布朗运动现象，在19世纪三四十年代，曾被看成生物学问题、化学问题、偏振光学问题、电导率问题、热理论问题，等等。甚至有的人根本不承认它是个问题。这就是说："一个问题，只要还未解决，任何人都可以把它拒于本学科领域之外。"[1]当然，这不是说未解决的经验问题对于科学来说就无关紧要了。然而能否解决它，对于理论的相对优劣的评价来说却往往是"全然无关"的。

其次，劳丹讨论了已解决的经验问题。什么是已解决的经验问题？劳丹回答说："大致可以说，在一个特定的探讨背景下，当科学家们完全不再把一个经验问题看作一个没有答案的问题时，也就是说，当科学家们相

---

[1] 劳丹：《进步及其问题》，1977年英文版，第19—20页。

信已经理解这个问题的提出的境况时,它就算解决了。"① 说得明白些,就是当科学家们把这个问题与一定的理论联系起来,从而发生一定的关系时,那么这个问题就算解决了。

那么问题与理论之间是什么样的关系呢?传统观点由于把理论看作对实在的描述或说明,认为它们是"说明"与"被说明"的关系,从而提出如下的要求:(1)理论必须推导出对有待说明的事实的精确陈述;(2)理论必须是真的,或概率是真的;(3)理论作为事实的说明是不变的。劳丹坚决反对这种看法。他从工具主义立场出发,提出了三个相反的特征:(1)理论解答问题的近似性;(2)解决问题与理论的真假无关;(3)理论解决问题的非永久性。他分别论述了这三个特征。

首先,劳丹讨论了理论解决问题的近似性。他认为,传统观点要求理论解决问题的精确性,要求它们能精确地预言实验的结果,这是错误的。在科学史上很少有这种情况。通常的情况是理论的预言与实验的结果并不完全一致。例如,"人们普遍承认牛顿解决了地球曲率问题,但是他的理论结果与观察并不相符;19世纪人们公认卡诺和克劳修斯的热力学理论恰当地解答了各种导热问题,尽管它只精确地适用于理想(非真实存在的)热机"②。

劳丹还认为解决问题与理论的真假无关。传统观点坚持科学理论的真理性,而把否定科学真理性的观点视为"异端邪说",这是错误的。从他的工具主义的观点看来,理论是问题的解答而不是"实在的描述"。它只要能够解决问题就行,无须去纠缠理论的真假问题。他写道:"不管我们是否接受托勒密的本轮天文学为真,对于这个学说解决了行星逆行问题这一点是无异议的。同样,不管托马斯·扬的光的波动说是真是假,大家一致同意解决了光的色散问题。不管拉瓦锡的氧化说是真是假,它解决了铁热后变重的问题"。因此,他说:"一般说来,任何理论问题,只要它在其结论中关于某个经验问题的陈述的推理过程里起了(重大)作用,就可被看作解决了这个经验问题。"③

---

① 劳丹:《进步及其问题》,1977年英文版,第22页。
② 劳丹:《进步及其问题》,1977年英文版,第23页。
③ 劳丹:《进步及其问题》,1977年英文版,第25页。

对于理论解答问题的非永久性问题。劳丹认为，由于把理论看成对实在的说明，传统观点认为，如果理论正确地说明了实在，他就不再改变了，这是一种僵硬的绝对主义的观点。其实，理论只是问题的解答。对于同一个问题，可以有不同的解答。因而它不是绝对不变的，而是相对的、可变的。他写道："科学最丰富、最健康的方向之一，是它对什么算作问题解答所提出的标准随时间的变化而变化。被一代科学家视作完全合适的解答，常被下一代科学家看作完全不能接受的。科学史上充满了这类例子。"①

2. 反常问题

接着劳丹观察了反常问题。劳丹承认，在他之前就有许多科学哲学家如波普等强调反常在科学中的重要地位。但是他的反常观点与波普等传统的反常观点不同。传统反常观点有以下两个特征：（1）理论一旦出现反常就应立即抛弃；（2）只有与理论在逻辑上不一致才算反常。他认为这种观点是错误的、有害的。他提出了相反的两点：①反常只是引起对理论的怀疑，而不是放弃它；②反常不一定与产生反常的理论不一致。

劳丹承认①并不是什么新见解。在他之前，杜恒、奎因都提出过。他们的理论是：首先，任何理论都与其背景知识相联系而结合成理论网，反常的出现，只是表明整个理论网有错误。但网中哪个理论是真，哪个理论是假，完全可以任意决定。② 其次，理论与实验数据不一致，可能理论有错误，也可能是有关实验数据本身有错误。不能一出现反常就放弃理论，也可以合理地选择"放弃"实验数据。此外，老历史主义者库恩、拉卡托斯等人也从历史主义的角度提出相同的主张，"他们指出，几乎历史上每一个理论都出现过反常或反例。事实上没有人能指出哪一个重要理论没有出现过反常。如果只要理论一出现反常就被抛弃，那就没有任何理论能够存在。人们对于自然界也就无法探索了"③。

劳丹认为论点②是他个人的创见。过去的科学哲学家们都把反常看成是理论与观察之间的逻辑不一致。这种看法是不全面的。因为这不是反常

---

① 劳丹：《进步及其问题》，1977年英文版，第25页。
② 劳丹：《进步及其问题》，1977年英文版，第27页。
③ 劳丹：《进步及其问题》，1977年英文版，第27—28页。

的唯一形式，它还有别的形式。例如，有一种观察现象，其他竞争理论都对它做出合理解释，唯独这个理论不能。这种观察现象虽然与该理论在逻辑上没有不一致，它也会对该理论构成重要的反常。譬如，在18世纪，牛顿天体力学对行星都以同一方向绕太阳运行这种现象不能做出合理解释，而开卡勒和笛卡尔的天体力学却都行，这种现象就构成了牛顿天体力学的重要反常。劳丹为这种反常下了以下定义："每当一个经验问题P为一个理论所解决时，那么P从此对同一领域中不能解决P的任何理论就构成了反常。"①

那么为什么许多科学哲学家不承认第二类反常，而劳丹却要坚持它呢？他回答说："关键在于对科学目的的看法有分歧。如若采用狭义的科学观，认为科学的目的只是避免错误，那么未解决的问题就不必看成是对理论的严重反常。但如果接受广义的科学观，即认为科学的目的在于最大限度地增加它的解决问题的能力，那么当一个理论不能解决竞争理论能够解决的问题时，这个问题就成了接受该理论的非常严重的威胁了。"

3. 经验问题重要性的评估

劳丹进而讨论了有关经验问题重要性的评估问题。劳丹认为如何评估各种经验问题的重要性是十分复杂的问题。他只能提出一些建议性的意见，而且这些意见是：（1）不全面的；（2）只涉及认识论方面的重要性，而不涉及社会、道德等方面的重要性。首先，劳丹指出，有下面三种情况可以提高经验问题的重要性。

（1）问题因获得解决而重要性提高。某一问题已为某一个理论所解决，它就成了其他竞争理论必须予以解决或说明的重要问题。例如，当伽利略找到重物如何下落问题的解答后，这个问题就成了其他力学理论必须做出同样充分解答的重要问题。

（2）反常因获得解决而重要性提高。如果一个问题被证明是某些理论的反常，那么任何能将这个反常转变成已解决问题的理论，就会获得有利于自己的有力证据。狭义相对论在解决迈克尔逊—莫雷实验结果（它对早先的以太理论构成了反常）方面所取得的成功便是一个著名的例子。

（3）问题因成为基本问题而重要性提高。某个问题被某二理论称为

---

① 劳丹：《进步及其问题》，1977年英文版，第29页。

"基本"问题,是由于这个理论已表明:这一问题是一个首要的或基本的自然过程的问题。在笛卡尔时代之前,讨论运动和力学问题的学者并不关心碰撞问题,有的甚至没有把碰撞视为这种理论应解决的问题。笛卡尔把碰撞看作物体间相互运动的首要方式,以至于他的后继者认为整个自然科学都可归结为碰撞定律,从而提高了他的重要性。

其次,劳丹讨论了根据问题的普遍性程度来评估问题的重要性。他指示:上述三种评估经验问题重要性的方式,只有依据理论方可做出。但是也有一些经验问题的重要性的评估可以根据问题自身而做出。那就是问题的普遍性程度愈高,它就愈重要。劳丹还为它给出了一个精确的定义:"对于任何两个问题 P 和 P′,如果 P′ 的任何解答必然是 P 的解答(反之不然),那么 P′ 就比 P 具有更大的普遍性,因而更为重要。"①

上面讨论的是经验问题重要性的上升问题,那么有没有经验问题的重要性下降的情况呢?他认为有,这大致有三种情况:

(1)未解决问题的重要性下降。原来认为是未解决的问题,后来科学家们改变了看法,认为它是假想问题而降低了重要性。

(2)因所属领域的更改而问题的重要性下降。例如,17 世纪前,物理光学的研究者以为视觉生理学和知觉心理学的问题是重要的,"光学"理论应面对这些问题。但以后知识日益专门化,分工越来越细,视觉生理学和知觉心理学的问题已越出物理光学的领地,另有所属,因而就全然失去了在光学中的重要性。

(3)问题的重要性因理论的演替而下降。问题是从属于理论的。一个理论被抛弃了,从属于它的问题的重要性也就下降,甚至消失了。例如,17 世纪笛卡尔和其他物理学家成功地把碰撞过程作为基本的力学过程之后,功和能耗这些在亚里士多德物理学中极为重要的问题便失去了往日的地位。

劳丹还讨论了评估反常的重要性程度问题。

是否所有的反常对于理论来说都是决定性的,都具有同等的反驳效力?是否两种不同的反常与理论之间具有同等的重要性?如果不是,那么有哪些程度上的差别?这是劳丹力图解决的问题。有些人(如波普及其追

---

① 劳丹:《进步及其问题》,1977 年英文版,第 35 页。

随者）认为，任何理论一遇反常，就被驳倒而不值得去探索它了。一切反常对于理论来说，都具有同等的重要性，分不出高低。所以一次反常对理论的打击与一百次反常对理论的打击，其结果是相同的。后来库恩批判了这种观点。库恩认为：首先，历史上任何理论都有过反常；其次，理论一旦遇到反常就应立即抛弃的看法是不正确的，实际上理论要比想象的"坚韧"得多。但是，也有理论一遇到严重反常而被放弃的案例的因此我们只能说，反常是否结束了理论是不确定的，往往要看反常的严重性程度而决定。这是库恩的贡献。此外，库恩还提出一种系统的说法来解释反常。他认为，由于反常的大量积累而最终导致科学家们放弃该理论。劳丹基本上同意库恩的上述观点。但提出两点异说："第一，库恩并没有说明，对于几个反常，为什么科学家在出现第一个反常到出现 $n-1$ 个反常的过程中始终不为所动，而到了出现第 n 个反常时，一下子就放弃该理论。第二，库恩的说明与历史事实不符。历史的事实是，科学家往往遇到很少反常就放弃理论，而有时却又不顾大量反常而保留了理论。"[①]

在这个问题上，劳丹棋高一招。他认为，重要的并不是一个理论产生了多少反常，而是这些反常在认识上有多重要。他把反常的重要性的评估问题引入了一个更模糊并更敏感的领域。他问："如何评价反常的严重性？"回答是：根据反常对理论造成的认识上的威胁程度来评价。谈及威胁程度，必然要作比较。因而劳丹再一次申辩；如果理论 T 没有竞争对手，纵然它有几十个反常，也无法判定哪一个是根本的，只有在存在竞争对手的情况下，我们才能问：理论 T 所不能解决的问题，T 的其他竞争者是否也无能为力。如果该领域所有的理论都不能解决这个问题，那么该问题对于 T 并不构成严重威胁，即使该问题在逻辑上与 T 不一致也是如此。另一方面，如果 T 不能解决的问题，其他竞争理论能解决，那么这个问题对 T 来说就具有相对的重要性，也即成为真正的反常了。劳丹补充说："一个反常的重要性是随时间和境况的不同而变化的。"[②]

劳丹认为，除上述情况外，有两个因素决定着反常的重要性。一是实验结果与理论预测之间的差异度；二是反常存在时间的长短及其对理论给

[①] 劳丹：《进步及其问题》，1977 年英文版，第 37 页。
[②] 劳丹：《进步及其问题》，1977 年英文版，第 38 页。

出的解答的表现出来的抵抗力。

理论预测与实验结果之间的差异度是相对的，只有在 $T_1 - T_2$ 之间进行比较时才能看出这种差异度的大小，而且这种差异度还具有模糊性。这是因为不同学科领域对理论精确度与实验精确度的要求是不一样的。宇宙学与物理化学的要求就不可同日而语。但是这种对不同学科所容许的精确度的界限不是任意的，它们通常与该领域的仪器、数据和研究过程的复杂性有关。但无论如何，有一点是相同的，理论与实验结果之间的差别有这么一个"阈值"，小于它就是小问题，达到或超过它则是大或极重大的反常了。

至于反常存在的时限问题，可能的结论是：没有人会对一种新发现的现象是否构成某理论的反常感兴趣。一个问题在确信被解决之前，理论内部有时会做出若干次调整。但几经努力，理论仍不能说明或解决反常，那么这个反常在认识上的威胁就会越来越大。

经过上面的具体论述，不难得出以下两个结论：

1. 并非所有的经验问题（不论是已解决问题，还是反常问题）都同等重要。

2 对一个经验问题的重要性的测量，需要了解该领域共有哪些不同理论，以及这些理论在提出给它的解答方面有过多少成功与失败。

劳丹在论述了经验问题的分类及其重要性的评估后，进而论述了解决经验问题与杜恒的"整体主义原则"或"理论检验的不确定性"原则的关系问题。他认为，他的解决问题的模型理论是与杜恒的"理论检验的不确定性"原则相一致的。

什么是杜恒的"理论检验的不确定性原则"？劳丹的回答是："从单个理论中通常是推不出任何能在实验室中直接观察到的东西来的。只有许多理论的复合体才能对自然界做出预测。如果一个理论复合体给出一个否定结果，我们无法肯定地推知复合体中哪一个理论成分或哪一些理论成分被否定性的证据所反驳或证伪了。"他认为，这个原则用来反对传统的理论评估方式是合适的、有用的，而对于他的工具主义的解决问题模型的理论评价方式来说则是不合适的、没有用的。这是因为传统观点讨论理论真假问题，而他的工具主义理论根本不讨论理论真假问题，只讨论理论解决问题的适用（有用）与不适用问题。因而从他的观点看来，当观察结果与理论复合体不一致时，根本无须去分辨复合体中的哪一个理论成分为真，哪一个理论成分为假，而只肯定它们都不适用就行了。关于这个问题，劳丹在后面将重复讨论。

（二）概念问题

劳丹认为，理论不仅是经验问题的解答，而且也是概念问题的解答。概念问题至少是与经验问题同等重要的第二类科学问题。过去经验主义科学哲学家由于强调经验的重要性，忽略了对概念问题的探讨与研究。但是只要对科学史稍作观察，就能清楚地看出，科学家之间的一些重大争论，不仅是经验问题的争论，而且是非经验问题，即概念问题的争论。如力学中关于绝对空间的争论、关于超距作用的争论，等等，就是如此。

那么什么是概念问题呢？劳丹的回答是："概念问题是理论所特有的，不能独立于理论而存在。它们甚至不具有经验问题有时所具有的那种有限的自主性。如果说经验问题是有关某一领域的实体的第一级问题，那么概念问题就是有关概念结构的基础是否牢固的更高一级的问题。因为概念结构是人们构造出来用以回答第一级问题的。"

劳丹认为，一个理论 T 产生概念问题有如下两种情况：（1）内部概念问题。即一个理论内部不一致或概念含混不清。他写道："T 或是显示出某种内部不一致，或者是基本范畴含混不清，这可称之为内部概念问题。"（2）外部概念问题，即一个理论与另一个理论的逻辑不一致。他写道："T 与另一理论 T′相冲突，且持 T 观点的人认为 T′是由理性牢固地确立起来的。这可称之为外部概念问题。"下面分别论述这两类概念问题。

（1）内部概念问题

内部概念问题又可分为两类：一类是理论内部逻辑不一致，或自相矛盾的内部概念问题；另一类是概念含混不清或同义反复而引起的内部概念问题。劳丹认为，除了一些极严格的公理化理论外，理论中具有一定程度的含混性是不可避免的，有时甚至可能成为推动理论发展的积极动力。因此定义不那么严格的理论比严格定义的理论更容易成为新领域的研究对象。但尽管如此，一个理论内长期存在的含混性的同义反复对该理论是极为不利的。

(2) 外部概念问题

如前所述，当理论 T 与被 T 的支持者认为是由理性牢固确立起来的另一理论发生冲突时，理论 T 就产生了外部概念问题。劳丹认为，产生外部概念问题有三种情况：

第一，"理论 T 与另一公认的理论在逻辑上不一致，就构成外部概念问题。"

第二，"两个理论虽然逻辑上一致，但却不同时可信，即接受这一个就未必能接受那一个。"

第三，出现这样一个理论，这理论应该加强另一个理论，但它并没有做到这一点，而只是与后者相一致。

罗列了一些概念问题的种类后，人们自然会问：概念问题怎么产生的？劳丹认为，大概有三种情况会产生外部概念问题。

第一种是由于科学内部的困难，即某一科学领域的一个新理论做出的假定与我们有充分理由接受的另一个科学理论的假定不符。例如，哥白尼的天文学体系本身尽管并不是一种物理学理论，但却仍然对物体的运动做出了若干与当时公认的亚里士多德力学不一致的假定。16 世纪人们为反对哥白尼体系而提出的最有力的论据之一是：哥白尼理论虽然也许具有充足的天文学证据，但由于它与已得到牢固确立的物理理论的原则相悖，因此是不可接受的。更为不利的是哥白尼实际上并没有很好做出可供替代的力学体系，用以合理地说明他关于地球运动所作的假定。伽利略对这一概念问题的解决做出了非凡的贡献。

科学内部产生的概念问题可以得出两点结论：（1）一个理论与另一个被接受的理论不一致所引起的概念问题是同时对两个理论而言的。不一致关系乃对称关系，不怀疑则已，要怀疑就是二者都怀疑。（2）两个理论间逻辑上不一致或相互削弱的关系未必迫使科学家放弃其中之一，或两者皆抛。这种不一致表明理论有缺陷，表明有理由考虑放弃其中一个理论。

第二种是由于方法论方面的困难。科学活动具有一定的目的或目标，对科学的合理评估在很大程度上要求确定科学理论是否达到了科学活动的认识目标。方法论与理论之间的"矛盾"就会引起概念问题。

消除"矛盾"的办法，通常人们总是认为修正理论而使之符合方法论规范——削足适履。但事实上并非总是如此。很多情况下，问题是通过修正方法论本身而得以解决的。请看牛顿理论在18世纪的状况,一直到18世纪20年代,科学家和哲学家们普遍采纳的方法是归纳主义,但到了18世纪40年代和50年代,物理理论的发展的方向似乎很少与这种鲜明的归纳主义相符合。在电学、热学、水力学、化学和生理学中,出现了假定存在着不可感知的粒子和流体的牛顿理论。这些理论显然与牛顿的方法论之间有矛盾。某些牛顿学说的信奉者(特别是苏格兰学派)试图通过简单地拒斥那些与方法论规则相悖的理论来解决这些概念问题。另一些牛顿学说的信奉者(如勒萨日、哈特利和兰伯特)则坚持认为方法论规范本身应予改变以使之符合最新的物理理论。后面这群人担当起了为科学铸造一个新方法论的任务。这一新方法论将为不可见实体的理论提供"通行证"。该方法就是假说—演绎法。

第三种是世界观的困难,即外部概念问题发生在一个理论被看作与一公认的,但显然是非科学的信仰体系不一致或相互对立之时。在任何文化中,总存在着一些不在科学范围之内,但为人们普遍接受的信仰。例如,18世纪信奉牛顿力学的人们所面临的重大概念问题之一就与力的本体论有关。莱布尼兹和惠更斯曾问道,一个物体如何把力施加于远离该物体的一点上?这类现象似乎违背物质和属性的逻辑,因为属性似乎能脱离它所从属的物质。如布克迈尔、海曼和麦圭尔令人信服地论证的那样,消除这一问题成了启蒙运动的哲学和科学的中心问题之一。后来在康德、普里斯特利、赫顿等人手中,得出了一种新的本体论,这一本体论将力的地位提高到物质之上,使得"活力"成为物理世界的基础。这一新的本体论的出现立即完成了好几件事:它显示出超距作用的"可理解性",从而消除了牛顿科学中最尖锐的概念问题;使哲学本体论相物理学本体论重归于好;使物理学中后来出现场论成为可能。

(3) 概念问题重要性的评估

正像前面的经验问题一样,虽对概念问题做了一番罗列,但它们是不可"一视同仁"的。它们的比较应该在两个层次上展开:第一,从整体上说,概念问题与经验问题相比较,何者重要?第二,概念问题之间有何轻重?劳丹认为:"概念问题一般来说比经验问题更为重要。"① 如没有人由

---

① 劳丹:《进步及其问题》,1977年英文版,第64页。

于牛顿力学不能精确地预测月球的运动而建议放弃牛顿力学。但许多思想家（莱布尼兹、惠更斯、沃尔夫）却由于牛顿力学的本体论与当时公认的形而上学不符，曾认真考虑放弃它，其间的差别并不因为科学更多地偏重理性，而是因为通常消除反常的经验结果比消除概念问题来得容易。

劳丹认为，概念问题按重要程度可分为下列四种情况：

第一，在其他条件相同的情况下，两个理论之间的冲突越大，概念问题的重要性也越大。

第二，在由于两个理论 T_1 和 T_2 相冲突而产生概念问题时，这一问题对于 T_1 的严重性取决于我们在多大程度上可以接受 T_2。

第三，对概念问题的重要性需要进行度量的另一种情况发生在某一科学领域中存在两个相互竞争的理论 T_1 和 T_2 时，如果 T_1 和 T_2 显示出同样的概念问题，那么这一概念问题对两个理论的重要程度相同，但如果 T_1 所产生的概念问题对 T_2 并不构成概念问题，那么这些问题在你评价 T_1 和 T_2 的相对优劣时便十分重要了。

第四，决定概念问题重要性的最后一个因素与这一问题的"年龄"有关，即它们存在的时间愈长，就愈显得重要。

至此，仅仅谈论了各种各样的问题。但没有说明什么东西才能解决问题。劳丹在下一节"研究传统"中论述了这个问题。

（三）研究传统

研究传统是一种理论。那么，理论又是什么？简单地说，理论就是对问题的解答。首先是为激起我们兴趣的经验问题提供解答，其次是为各种概念问题提供解决。

如果理论是问题的解答，那么怎样评价它呢？劳丹回答说，根据它的解决问题的合适性程度来评价它。他写道，对理论进行认识上的检验的核心，即在于对其作为某些经验问题和概念、问题的解答的合适性做出评价。

如果理论的评价标准如上，那么应该怎样操作呢？

首先，理论评价离不开比较。对一个孤立的（无比较的）理论解决经验问题或概念问题的能力做出绝对的度量是毫无意义的，而过去的科学哲学中大多数文章都做在这方面；要紧的是将一个理论与其竞争对手去一比高下，一决胜负。

其次，必须将通常的"科学理论"区分为两类大小不同的体系。

一类是小的具体理论的体系，即它们是能用来做出具体实验预测和对自然现象详尽说明的一组非常具体、相互联系的理论。例如，麦克斯韦电磁理论、玻尔—克雷然—斯莱特的原子理论等。

另一类是大的、一般性理论体系，即它们是比上述理论体系更为一般、更为广泛、更不易检验的一组只有"原则性"或"假设性"的理论体系。如："原子论""进化论""气体分子运动论"等。这时我们所指的不是单一理论，而是许多具有共同"原则"或"假设"作为出发点的许多单一理论所组成的一整套理论；或者说，是一个理论的大家族。例如，1930年以后的"量子论"一词，至少包括了量子场论、群论、S—短阵论和重整场论，这些理论虽然有共同原则作为出发点，但是彼此间在概念方面有巨大差异。劳丹称后一种一般理论或大理论为"研究传统"。

劳丹承认，上述大理论与小理论的区别并不是他个人的创见。老历史主义者库恩、拉卡托斯都有过精辟的论述，库恩称之为"范式"，拉卡托斯称之为"研究纲领"等。他们对科学哲学的发展都做出过重大的贡献。但是，劳丹认为，它们与历史的事实不符，具有严重的缺点和问题，而他的"研究传统"就是在克服前者的缺点和问题的基础上而建立起来的。

1. 什么是研究传统

那么什么是"研究传统"呢？劳丹定义道："一个研究传统是关于一个研究领域中的实体和过程，以及关于该领域中用来研究问题和构造理论的合适方法的一组总的假定。"[①] 劳丹认为，他的研究传统主要有以下共同特征：

（1）每一个研究传统都由若干具体理论组成，它们或可作为研究传统的例子，或是部分地构成研究传统，这些理论有的同时存在，有的前后相继。

（2）每一个研究传统都显示出某些形而上学和方法论的信条，它们作为一个整体，表现出这个研究传统的个性并从而与其他研究传统相区别。

（3）每一个研究传统都经历过若干不同的、稳定的（常常是相互矛盾

---

① 劳丹：《进步及其问题》，1977年英文版，第81页。

的）阶段，并且一般有着相当长的历史。

当然，研究传统不只这几个特征。但它们是重要的，不可忽视的特征劳丹还特别对上述研究传统的第二个特征，即研究传统对具体科学的形而上学（本体论）的指导作用和方法论的指导作用做了进一步的论述。

首先，劳丹论述了研究传统对具体科学的形而上学的指导作用。他写道："研究传统为具体理论的发展提供了一组指导原则，这些原则的一部分就构成了本体论。这种本体论一般规定了存在于该领域或研究传统中的基本实体的类型。"① 例如，笛卡尔研究传统就为它下属的具体科学提供二元论的本体论原则，即在它们的领域中的实体只是"心"或"物"，而不可能是其他实体，如"心物混合"的实体。

其次，劳丹论述了研究传统的具体科学的方法论的指导作用。他指出研究传统还规定了具体科学的某些程序方式。这些程序方式构成了该领域的研究者可能使用的方法。这些方法论规则的范围包括实验技术、理论检验和评价方式等。如在严格的牛顿研究传统中，科学家的方法论立场必然是归纳主义的。

总之，劳丹认为"研究传统是一组本体论和方法论规则，规定'能做什么'和'不能做什么'"②。从而具有一种综合功能，它把科学家们的研究方向与注意目标整合和集中起来，激励他们集中地去研究最重大的问题。但是他也束缚了科学家们的思想。因此，"当一个科学家违反其研究传统的本体论和方法论，他就突破这个研究传统的束缚。离开了这个研究传统。当然，这未必是坏事。科学思想史上某些最重大的革命的发生，就是因为某些富有创造性的思想家，突破了他们时代的研究传统，而创立了新的研究传统"③。

那么研究传统（大理论）与理论（小理论）的关系是怎样的呢？劳丹认为，研究传统与具体理论之间的关系，可以指出三点：

1. 二者之间不是推导关系；2. 传统对理论的影响；3. 理论对传统的作用。

---

① 劳丹：《进步及其问题》，1977年英文版，第79页。
② 劳丹：《进步及其问题》，1977年英文版，第79页。
③ 劳丹：《进步及其问题》，1977年英文版，第80页。

首先，研究传统与理论之间不是推导关系。从研究传统不能逻辑地推导出构成理论，也不能从这些理论单个或共同地推出其研究传统的母体。理由是："同一个研究传统中可以有许多相互不一致的理论；而对于任何给出的理论，原则上可以有许多不同的研究传统为其提供前提性基础。"①

研究传统对理论的影响有以下方式：

（1）研究传统对理论的问题的定向作用。在一个研究传统之内，无论一个具体理论形成之前还是之后，研究传统对所包含的理论必须解决的经验问题的范围和重要性有强大影响，同样，对概念问题的范围也有决定性影响。

研究传统至少部分地和概要地限定了其构成理论的应用范围。它表明，对确定领域中的哪类经验问题予以讨论是合适的，哪些问题不属于本体论之内，哪些问题是可以合法地忽略的"伪问题"。19世纪的现象学化学就是一个典型的例子。该研究传统的科学家们认为，化学家所要解决的唯一合法的问题只是与化学反应物的可观察的反应有关的那些问题。因此，某种酸与某种碱如何反应生成某种盐之类的问题是真问题，但原子是如何结合成双原子分子的问题就不能算是经验问题，因为该研究传统否认原子和分子的大小可作为关于实体的经验知识。但是在当时其他的化学研究传统看来，有关某些间接可观察的实体的结合特性的问题都是经验研究的真问题。

同样，研究传统会使其构成理论产生概念问题。实际上，任何理论面对的极大部分概念问题都是由该理论与它所属的研究传统之间发生的冲突引起的。情况往往如此：为了对一个理论做出详尽的说明，常常导致必须采取与该理论所属研究传统相违背的假设。例如，在惠更斯导出一般运动论时，他发现能满足经验要求的唯一理论是那些假定自然界存在有真空的理论。不幸的是，惠更斯是在笛卡尔研究传统中进行工作的，这一传统认为空间和物质是等同的，因而不允许出现真空。

（2）研究传统的限制作用。一般而论，研究传统对其领域所能导出的理论起着否定性的限制作用。如果研究传统的本体论否认超距作用力的存在，那么它就会明确地将任何基于非接触作用的具体理论作为不可接受的

---

① 劳丹：《进步及其问题》，1977年英文版，第85页。

理论而清除出去。正是由于这一原因，惠更斯和莱布尼兹（他们信奉吸引和排斥的本体论）这样的笛卡尔主义者认为牛顿的天体力学理论是完全无效的。

不仅如此，有时研究传统的方法论也将某些理论清除出去。例如，任何坚持归纳主义和观察主义方法论的研究传统都会将假定存在着不可观察实体的"具体"理论看作不可接受的。

（3）研究传统的启示作用。正是由于研究传统以某类实体和某些方法为出发点对这些实体的属性进行研究，所以它们能对具体理论的构成起到关键性的启示作用。例如，卡诺是在热质说的研究传统内着手建立热机理论的。在此传统内，热被视为一种物质、一种能在宏观物体各组成部分之间流动的永恒物质。卡诺通过与水车的简单类比得出了他的理论的"证明"。这个例子说明了研究传统的启示作用是为某个领域提供初始理论。劳丹认为，除上面一种启示作用之外，研究传统还有另一种启示作用。

第二种启示作用发生在修改理论的时候。劳丹说："任何有效的研究传统都必须包含重要的指导原则以表明如何修正或更改理论，以便提高其解题能力。"[1] 例如，当各种早期的气体分子运动理论在预测方面遭到某些严重失败时，该研究传统有极大的"灵活性"，能为可能做出的自然修正指明道路。如果为了提供表面上的能量损耗而需要更多的自由度，那么可以引入分子自旋或改变关于分子弹性的假设。如果气体不按照理论预测故缩的话，只需加上分子间存在着弱吸引力这一条就可解决问题。

（4）研究传统的辩护作用。研究传统重要功能之一是使具体理论合理化或为它提供辩护。因为任何理论总需要许多关于自然的假设。如关于实体的假设、关于因果过程的假设，等等。这些都需要研究传统来为它们辩护。例如，卡诺热机理论的关于"热守恒"的假设就是由热质说研究传统为它提供辩护的。

上面讨论了研究传统对理论的作用，但在某些情况下理论也会反叛自己的传统，突破它对自己的束缚。那么在什么情况下会发生这种情况呢？劳丹认为，只有一种情况，那就是理论为另一个研究传统所接受。这是因为理论不具备自明性，极少能不依赖研究传统的指导和辩护而独立自存。

---

[1] 劳丹：《进步及其问题》，1977年英文版，第92页。

理论从传统 A 转到传统 B 的例子在科学史中并不少见。如伽利略的落体理论脱离了原来的伽利略研究传统而转向牛顿传统等。

2. 研究传统的变化

劳丹还讨论了研究传统的变化及其与世界观的关系问题。

理论传统自身会发生变化吗？许多科学哲学家如库恩、拉卡托斯等都把大理论（范式、研究纲领）看成坚韧的、不可改变的东西。劳丹不同意这种观点。他认为，研究传统作为一种历史的产物，它也有自身的演变过程。否认它的演变的观点是不符合历史事实的。其实，不论是亚里士多德传统、笛卡尔传统、牛顿传统等，它们的内部都有过变化。例如，笛卡尔派的人有时会放弃笛卡尔的物质与广延等同的主张；牛顿传统的人有时会放弃物质具有惯性等主张；而他们仍不失为笛卡尔主义者和牛顿主义者。

劳丹认为研究传统的内部变化大致有两种形式：

一种是研究传统通过其下属的某些具体理论的不断修正而变化。由于科学家们认识论信念主要建立在研究传统而非具体理论之上，因此他们出于实用的目的，经常变换具体理论；由于理论的变动是如此迅速，任何经久不衰的研究传统的历史都表现为一系列具体理论的前后相继。

另一种是研究传统通过其自身的某些最根本的核心，要素的改变而改变。这是因为研究传统是一组假定，包括世界上存在哪些基本实体的假定，这些实体如何相互作用的假定以及关于用来构成和检验有关这些实体的理论的合适方法的假定。它们在发展过程中会与理论一起遇到许多问题，会发现反常，会产生基本的概念问题。这时，该研究传统的信徒会考虑能否对其深层次上的本体论或方法论做出某种（细微的）改动。如果修修补补能消除反常和概念问题，那么他们只是对传统的核心假设作少量的修正，而仍保留其大部分假设。这只属于研究传统内部的变化，而不是抛弃旧传统、接受新传统。如果把它们看成从一个传统到另一个传统的根本性改变，那是错误的。因为它们有明显的连续性关系。有些研究传统其内部几经演变，在本体论和方法论方面与原先的已相差很大，但其内部仍一脉相承，仍不失是它们的内部变化。如笛卡尔死后一个世纪，伯努利的笛卡尔主义就与原来的笛卡尔主义有很大的差别；法拉第的牛顿研究纲领与原来的牛顿研究纲领也相去甚远。"但是如果我们对这些研究纲领的历史演变进行详尽分析，则仍可看出从笛卡尔到伯努利、从牛顿到法拉第在思想上仍是一脉相承的。"①

那么怎样才能区分同一传统的内部演变与两个传统之间的根本转变呢？劳丹回答道：在任何时刻，研究传统总有某些最重要的、表现出该研究传统特点的要素。它们与拉卡托斯所说的"硬核"相似，是更牢固的东西，如果它们被放弃了，整个研究传统也就被放弃了。但是，他又与拉卡托斯不完全相同。他认为这些要素是牢固的，但不是僵死不变的，他写道："我坚持认为这类要素是随时间的推移而变化的。"② 例如，被看作18世纪牛顿力学传统的不可拒斥的核心部分的"绝对时空"，到了19世纪就不再是不可拒斥的了。

接着劳丹讨论了研究传统与世界观转变的关系问题。劳丹认为世界观是一种比研究传统"更大的信仰体系"。③ 一般说来，研究传统必须与当时的世界观相一致，否则，它就会在认识方面陷入严重的困境，受到严重的挑战。但是也有这样的情况：一个获得极大成功的研究传统会导致与它不一致的世界观的放弃或与它相一致的世界观的发展。例如，哥白尼研究传统的成功就是如此。但也不能错误地认为，在新的研究传统的挑战下，总是世界观遭到失败。事实上世界观并不在科学理论的挑战下退隐消失的例子俯拾皆是。例如，当今的量子力学与行为主义心理学都没有改变大多数人关于世界和他们自己的心身的信仰。

还有一种看法，认为世界观或"时代精神"总是起着压制人们思想的保守作用，这是不全面的。有时稳固的世界观或"时代精神"也能为理论的变革和新理论的发展提供基础。如17世纪末的时代精神就对牛顿新科学的加速取代旧机械论做出过重要贡献。

两个研究传统能否合成一体，综合成较原有传统更为进步的研究传统？劳丹回答："能。"他认为有两种形式。

一种是两个研究传统不做重大修改而合并为一个传统。如在18世纪的自然哲学中，许多科学家既是牛顿的信奉者，又是稀薄流体理论家。他们信奉稀薄流体研究传统（这一传统既是笛卡尔的，又是牛顿的），这使他

---

① 劳丹：《进步及其问题》，1977年英文版，第98页。
② 劳丹：《进步及其问题》，1977年英文版，第99页。
③ 劳丹：《进步及其问题》，1977年英文版，第96页。

们提出不可感知的以太流假设来解释电现象、磁现象、热现象、感知现象以及许多其他经验问题。另外，作为牛顿的信奉者，他们又假定构成这种流体的微粒不是通过接触，而是通过空间上的超距吸引力和排斥力相互作用的。这两种研究传统合并而构成了一个重要的研究传统，舍菲尔德称之为"唯物主义"。

另一种是两个或多个研究传统各自抛弃某些核心要素而合并成一个研究传统。如17、18世纪追随赫顿的地质学家吸取热质说和伏尔甘地质学的诸要素而建构成新的研究传统。

3. 研究传统的评价问题

以上讨论的是研究传统的动态演变，以下劳丹研讨了研究传统的评价和选择问题。他认为这是一个重大的问题，因为研究传统的评价标准或选择标准，在某种意义上汇成了科学合理性与科学进步性的理论基础，而这正是他的科学哲学所要讨论的重点。

劳丹认为常见的评价方式有共时与历时两种。而评价研究传统的准则有两个：合适性与进步性。

劳丹认为，探讨评价研究传统的合适性，主要是探讨构成研究传统的那些理论在解决问题上的有效性。而"研究传统的进步性"则是指研究传统本身的合适性随着时间的推移是增大了还是减小了进步性是一个时间性概念，研究传统的进步性有两种测度：

1. 研究传统的总进步——将一个研究传统的最久远形式的理论合适性与此研究传统的最新形式的理论合适性做比较，以确定研究传统的总进步。

2. 研究传统的进步率——指给定时期内研究传统的合适性的变化。

总进步与进步率是可以不一致的。有的研究传统总进步可以很大，而进步率不高，或相反。同样，研究传统的合适性与总进步、进步率也可以不一致。一个研究传统的合适性可以很大，而总进步与进步率却不大或相反。

劳丹认为以往的科学哲学家在讨论理论和研究传统的评价时往往忽略掉背景的变化。他认为，评价总是在两种不同的背景中进行的，那就是：1. 接受的背景；2. 寻求的背景。

"接受的背景"就是科学家在一组相互竞争的理论或研究传统中选择、

接受其中的一个。科学家们如何才能做出合适的选择？信奉不同主张的科学哲学家会有不同的回答：归纳主义者会说，选择具有最高确证度的理论；证伪主义者会说，选择具有最高证伪度的理论；库恩会说，不可能有合理的选择；而劳丹认为，应选择具有最大解题能力的理论（或研究传统）。这就是说，只有在相互竞争的研究传统中，根据它们的解决问题能力的大小选择出其中最大的一个，这才是进步的，因而也是合理的选择。劳丹断言他的这种评价方式有三个优点：1. 它是切实可行的。2. 它既是合理的又是进步的。在这里，科学的合理性与进步性紧密地结合在一起了。3. 它比其他评价模型更接近于科学史实。

劳丹认为，寻求的背景有两种现象较难在科学哲学中得到说明：一是科学家们有时探索与寻求那些可接受性或可信性较低的理论或研究纲领；二是科学家们常常会在两个不同，甚至互不一致的研究纲领中交替地工作。

如何才能很好地解释这一现象，以免把它们说成非理性的？劳丹认为，科学的中心目的是尽可能多地解决经验问题，尽可能少产生概念问题和反常。这就意味着，在任何时候都应接受那些表现出较成功地解决问题的理论或传统。设有两个相互竞争的研究传统 RT 和 RT′；再设 RT 的一时解题能力远比 RT′ 高，但 RT′ 的进步率比 RT 大。就接受性而言，显然应该接受 RT。但我们可能由于 RT′ 新近表现出能够以很快的速度解决问题而接受 RT′，因此，寻求较之其竞争对手有更高进步率研究传统的做法总是合理的。

总之，对寻求的背景而言，研究传统的合理性是基于相对的进步性而不是总成功。

劳丹认为，在讨论研究传统或理论的评估问题时，必须讨论一下特设性这个概念。

那么什么是"特设性"假设或理论呢？传统的观点是："若理论 T_1 遇到一反例 A，为消除 A 对 T_1 做出某种修正，获得 T_2……如果 T_2 能解决 A 以及 T_1 所能解决的问题。但除此之外并无其他重大的、可检验的蕴含内容，那么 T_2 就是特设性的。"[①]

[①] 劳丹：《进步及其问题》，1977 年英文版，第 114 页。

劳丹认为上述传统的定义是有缺点的，即我们一般无法判定新理论将来能否解决新问题。

为了避免上述缺点，格伦鲍姆曾提出一修正方案："如果理论 T_2 被认为只能解决 T_1 所能解决的经验问题和 T_1 的反例，那么它就是特设性的。"① 但这一定义仍有问题，杜恒告诉我们：孤立的单个理论一般并不能解决问题，与解决问题相关的是理论的复合体。

因此，劳丹再作修正："如果一个理论被认为在解决其先行理论所解决的一切经验问题（并且仅仅是这些问题）或在解决其先行理论的反例方面起主要作用，那么它就是特设性的。"② 这样，上述格伦鲍姆面临的问题也就不再存在了。

劳丹进而对特设性假设做了肯定性的论证。他认为，特设性假设是好的，它表现了理论在认识上的进步。它有优点，而无缺点。这不是说特设性理论（假设）比非特设性的好，而是说它比非特设性的先行理论要好。因此，关键在于它跟谁比。

有人可能会这样反驳：诚然，T_2 比其遭反驳的先行理论要好，但是它跟某个能解决与某个同样多问题的非特设性 T_n 相比，就不好了。劳丹不同意这种观点。他反驳如下：

1. 评价理论优劣的标准是解题能力。如果 T_2 和 T_n 的解题能力相当。为什么 T_2 因是特设性而劣于 T_n 呢？看来，人们是对消除反常而建构特设性假设表示怀疑。其实建构一个既能消除反常又能保持先行理论的解题能力的特设性理论，与建构一个从零开始的新理论一样，是一件十分艰难的事情，同样需丰富的想象力。

2. 从科学史看，大多数重大理论，包括牛顿力学、达尔文进化论、麦克斯韦电磁理论等，在上述意义上都是特设性的。如对特设性理论持反对意见，就必须对上述情况做出合理解释。

不过劳丹认为，有一类特设性理论应予拒绝，那就是：它虽然能消除反常并保持，甚或增加了先行理论的解题能力，但却产生了严重的概念问题，从而在总解题能力方面不是增加而是降低了。科学史上科学家们拒绝

---

① 劳丹：《进步及其问题》，1977 年英文版，第 115 页。
② 劳丹：《进步及其问题》，1977 年英文版，第 45 页。

这类特设性理论的例子是很多的。如托勒密天文学的被拒绝，洛伦兹—菲茨杰拉德的收缩理论的被拒绝，等等。但是科学家们拒绝它们，不是由于它们的特设性，而是它们降低了解题能力。

劳丹总结以上的论点如下：

1. 单个理论的有效性决定于它解决了多少重大的经验问题，产生了多少重大的反常和概念问题。这类理论的可接受性同时与它们的有效性以及与之相关的研究传统的可接受性有关。

2. 研究传统的可接受性决定于它的最新理论的解题有效性。

3. 一个研究传统的前景（或合理的可寻求性）决定于它显示出来的进步（或进步率）。

4. 真假问题与理论和研究传统的可接受性和可寻求性无关。

5. 对研究传统和理论的一切评价均须在比较的意义上进行。

二　论科学的合理性、进步性和理论的可比性

如前所述，库恩等老历史主义者把科学哲学引上了相对主义、非理性主义的道路，否定科学的合理性、进步性和连续性。作为批判者历史主义为己任的新历史主义者劳丹与夏佩尔一样，批判者历史主义的上述观点，坚持科学的合理性、进步性与连续性。但是与夏佩尔不同，他是站在工具主义的相对主义立场来坚持这些观点的。

（一）科学的合理性与进步性

劳丹从上述工具主义的解题模型出发，论述了科学的合理性与进步性问题。

什么是科学的"合理性"？当前西方科学家对此争论很大，看法不一。传统的观点是："合理性就是我们接受的有充分理由、相信它为真的陈述。"这里涉及两个问题：1. 什么是真的；2. 什么是有充足理由的。传统观点对第一个问题的回答是"符合于客观实在的就是真的"；对第二个问题的回答是"符合逻辑"的就是有充分理由的。

但是，如前面多次指出，由于 20 世纪相对论、量子力学等新兴学科的发展以及坚持相对主义的历史主义学说的流行。传统观点受到极大的冲

击，以至从根本上发生了动摇。这是因为：1. 现代科学哲学表明科学认识是一种十分复杂的创造性认识活动，具有很大局限性的形式逻辑无法对它做出合理的解释；2. 真理的相对性愈来愈明显，客观真理论更多地受到相对主义者的挑战。

面对上述危机，库恩等老历史主义者们，从根本上抛弃科学合理性观念，宣扬科学非理性。而劳丹则从其工具主义立场出发，坚持科学的合理性，用他的上述解题模型，对科学合理性重新做了解释。他的新解释也包括两方面的内容：1. 让合理性与真理性脱钩，宣扬一种与真理性无关的科学合理性。他写道："我否认理论的合理评价必然导致对理论的真假、概率、确证、确认做出判断。"① 2. 对"充足理由"作新的实用主义的解释，即："有利于达到目的"的，就是"有充足理由的"，因而也是合理的。他写道："那么，什么才算科学上的充足理由呢？要回答这个问题，必须考虑科学目的。如果我们这样做有利于达到科学的目的，那就是合理的，否则是不合理的。"② 如上所述，由于他坚持科学的目的是解决问题，他断续科学的合理性活动是一种与真假无关，有利于解决科学问题的活动。

劳丹把科学的合理性与科学的进步性密切地结合起来。传统的观点承认科学合理性与科学进步性的一致性。劳丹也同意这种一致性，不过，前者把这种进步性归结为认识对客观真理的逼近，而他把这种进步性解释成理论解决问题的能力的增大。他写道："科学进步就是解决越来越多的重大问题。"③

劳丹深知，他的上述工具主义的科学合理性与进步性的观点必然会遭到来自各方面的批判。为此，他预先对几种可能的批判做了反驳。

1. 有人反驳，坚持无真理性的科学进步性，会给虚假理论混入科学神圣殿堂打开绿灯。他的反驳是：过去被认为是"真"的许多理论，今天被证伪了，今日的许多理论，以后也可能被证明为"假"；但这并没有因而妨碍科学的进步。

2. 有人反驳，坚持无真理性的科学进步性，会把科学进步变成一系列

---

① 劳丹：《进步及其问题》，1977年英文版，第123页。
② 劳丹：《进步及其问题》，1977年英文版，第124页。
③ 劳丹：《进步及其问题》，1977年英文版，第126页。

空洞的符号和声音的变化。他的反驳是:"越来越接近真理这一类目标是乌托邦式的目标,树立这种探索的目标也许是高尚的,也许能使人在受挫时有所安慰,但对如何评价科学来说是没有多大帮助的。"

总之,劳丹认为,坚持真理性就会使科学的进步性与合理性观念弄得混乱不清;而抛弃科学真理性,坚持他的工具主义的解题模型的合理性与进步性就能澄清各种混乱。他写道:"如果合理性就在于只相信我们能合理地假定为真的东西,并且在经典的、非实用主义的意义上定义'真理',那么科学就是不合理的。""如果接受我的提法,坚持科学是一种解决问题的探索体系。科学进步是解决越来越多的重大问题,合理性就是使科学取得最大进步的选择,那么问题就全解决了。"①

(二) 理论的可比性

劳丹指出,西方科学哲学家在关于科学变化或发展的问题上存在着两种观点的对立:革命派与渐进派的对立。革命派如库恩等人突出或强调科学革命,认为科学变化的实质是新旧范式的突发性转变。这种转变是间断的、不连续的,前后没有继承关系,从而否定了科学的进步性;渐进派则相反,认为科学史上并不存在一个范式独占整个科学领域的情况;更否认新旧理论之间不存在任何继承关系的科学革命,而是认为:1. 一般说来,在任何给定时间、任何学科领域内,总存在着两个以上理论的竞争;2. 新旧理论的转变不是间断的,而是连续的;新理论总是继承了旧理论的合理部分而把科学推向前进的。

劳丹认为上述两派各有片面性。如果用他的工具主义的解题模型考察,科学的发展既有连续性的一面,又有间断性的一面。经验层次的连续性就是随着科学进步、科学的解题能力增强,被解决的经验问题的积累越来越多。他写道:"先后相继的研究传统之间的重要联系,主要是共同的经验问题的积累。"② 所谓理论层次的间断性,就是不同研究传统的科学家运用不同的理论概念和术语。当然,这也不是绝对的,因为总有一些概念、术语还是相同的。他写道:"不连续性则多半表现在说明或解决问题

---

① 劳丹:《进步及其问题》,1977 年英文版,第 126 页。
② 劳丹:《进步及其问题》,1977 年英文版,第 140 页。

这一级的层次上。当代化学家解释燃烧的方式与18、19世纪的先辈们根本不同；黑体辐射的量子物理学解释与19世纪物理学家的解释之间存在巨大的不连续性。当然，这并不是说无共同之处，有些重要的形式和概念还是不随时间而变化，保留在前后相继的研究传统之中。"①

劳丹指出，库恩等科学革命派的错误就是把上述理论相对的不连续性（间断性）绝对化了。他写道，持极端"革命"态度的人提出，革命前后的理论是根本不同的，以致它们之间不可能有丝毫相似之处。于是，他们得出如下结论：科学史只是一系列前后相继的不同的世界观，在如此相异的宇宙图式之间绝不可能做出合理的解释。这显然是错误的。

众所周知，库恩等科学革命派的上述观点是建立在"理论不可通约性"的观点基础上的。因此，劳丹对这个观点做了较详细的分析和批判。

劳丹指出，库恩、费耶阿本德等人的"不可通约性"理论的中心内容："理论隐含地规定了它的术语的意义，因而两个不同的理论的一切术语具有不同的意义。"从而得出："人们对两个不同理论无法进行客观的合理的比较和选择。"② 劳丹从下面两个方面对这种观点进行驳斥，论证了理论的可比性。

1. 从解题出发进行的论证。劳丹指出，任何一个科学理论都是由说明问题的理论部分与解决问题的理论部分这两个方面构成的；前后相继的两个理论，由于面对大体相同的经验问题，尽管它们的抽象的解决问题的部分并不相同，然而它们的说明问题的部分还是大体相同的。如"光以直线运动""光线受阻而改变方向"，等等，对于不同的光学理论说来都是一样的。这种共同性就是两个不同理论的可比性的基础。他写道："对于任何科学领域中的任何两个研究传统（或理论）来说，这些经验问题是一些共同的问题，它们无须预先假定在句法上依赖于被比较的研究传统就能得到描述。"③

2. 从科学进步出发的论证。劳丹认为两个不同的竞争理论还可以从它们的解题能力方面进行比较而得出合理的评价。这就是比较哪一个解决的

---

① 劳丹：《进步及其问题》，1977年英文版，第140页。
② 劳丹：《进步及其问题》，1977年英文版，第141页。
③ 劳丹：《进步及其问题》，1977年英文版，第144页。

经验问题多,面临的概念问题和反常问题少。他写道:"我们只须问:一个研究传统解决了为自己规定的问题没有?随着时间的推移,已解决的问题的范围扩大了没有?概念问题和反常的数量及其重要性减少或降低了没有?如此等等,我们便能对不同的研究传统的进步性(或退步性)做出比较。"又说:"即使原则上无法把牛顿力学翻译成相对论力学,不能把20世纪的粒子物理学与19世纪的原子论作比较;更一般地说,即使两个研究传统所解决的问题并不相同,原则上也仍可对它们做出相对优劣的评价。"①

三 论科学哲学与科学史的相互依赖

劳丹是位历史主义科学哲学家,他与其他历史主义科学哲学家一样,承认科学哲学与科学史的相互依赖关系。他完全同意拉卡托斯的名言:"科学哲学没有科学史是跛的,科学史没有科学哲学是盲的。"但是他认为,这里存在一个佯谬:"科学史必须从科学哲学中获得预设原则,而科学哲学的预设原则义必须从科学史中获得检验。"这就陷入自我证实的循环论证之中。佯谬不止一个。但它是最明显的,必须予以解决。

(一) 科学史1与科学史2

劳丹认为为了解决这个佯谬,必须先对"科学史"这个概念作一番具体分析。人们在使用"科学史"这个概念时常常含义混乱,把"科学史1"与"科学史2"提合起来。"科学史1"是指科学历史的事实,而"科学史2"是指科学历史的文字记载。上述佯谬就是混同了这两个词而产生的。

首先,劳丹考察了科学史(主要是科学史1)对科学哲学的作用。他强调在阐明这种作用之前,有必要引进一个新概念:科学合理性的"前分析直觉",他把它简写为P_1。

那么,什么是"科学合理性的前分析直觉"呢?为了说明这个概念,他列举了科学史上许多有关科学合理性的事例。

(1) 到1800年左右,接受牛顿力学,拒斥亚里士多德力学是合理的;

---

① 劳丹:《进步及其问题》,1977年英文版,第146页。

（2）到 1900 年左右，医生拒斥顺势疗法，接受药理学传统是合理的；

（3）到 1890 年左右，拒斥热流体观念是合理的；

（4）到 1920 年左右，还有人相信化学原子不可分是不合理的；

（5）到 1750 年左右，还有人相信光束无限是不合理的；

（6）1925 年后，接受广义相对论是合理的；

（7）1830 年后，认为以《圣经》年代学说陆地球史是不合理的。

为什么人们普遍无分析地承认它们的合理性或不合理性呢？这是由人们内心的先验性直觉决定的。他称这种直觉为："科学合理的前分析直觉"。他写道："存在着一组与上述事例相似的为人们广泛接受的规范判断。这一组规范判断构成了我们科学合理的前分析直觉（缩写为"P_1"），它使我们对于这类事例的合理性或不合理性的确信要比任何公开的明显的合理性理论更明晰，更深深地植根于我们的抽象观念之中。"① 它是评价科学家们的各种不同的合理性理论（模型）的准则或试金石。"一个合理性模型愈能重建我们的内心直觉，我们就愈相信它对我们所谓的'合理性'做出了充分的阐明。"② 不言而喻，这是一种康德式的先验主义的直觉主义。由于它坚持以先验直觉为评价科学合理性的普遍规范，因而又可称为先验主义的规范主义，它是与反先验主义的实用主义精神相悖的。因此，为了彻底贯彻实用主义精神，他后来放弃了这种主张。

劳丹认为，从以上的分析可以看出，科学哲学在下面两个方面依赖于科学史。

1. 科学哲学的目的在于阐明体现（隐含）于科学史 1 的许多事例中的合理性直觉的准则。

2. 科学哲学的任何合理性模型（理论）的确定，都必须与科学史 2 的研究相结合，以便根据该模型能否应用于科学史 2 的许多事实而做出评价。

其次，劳丹考察了科学哲学（规范）对科学史的作用。

劳丹认为历史学家编写科学史 2，不管自觉不自觉，总是在一定的哲学规范的指导下进行的。这种规范决定他们如何区分科学家与非科学家，如何选择、处理史料，等等，从而写出不同学派的科学史著作。他写道：

---

① 劳丹：《进步及其问题》，1977 年英文版，第 160 页。
② 劳丹：《进步及其问题》，1977 年英文版，第 161 页。

"对科学抱不同看法的历史学家可以对同一历史事件做出完全不同的叙述,马克思主义的、唯心主义的、经验主义的、工具主义或实用主义的叙述。"又说:"这些叙述无所谓对错,它们无不带着自己的科学观的'色彩'。"①

那么怎样才能选出一种最佳的哲学规范以写出最好的科学史著作呢?那就要选择一种能与科学史 1 的 P_1 事例最大一致的科学哲学的合理性模型。他写道:"科学史家的任务就在于选用能最充分体现 P_1 的哲学模型,作为选择史料、安排内容的准则以写作科学史 2。"②

综合以上,劳丹认为科学哲学与科学史的依赖(作用)是:科学哲学家从科学史 1 中取得科学哲学的合理性模型;科学史家则以科学哲学的合理性模型为指导来编写科学史 2。他认为,如果这样来理解和解释科学哲学和科学史的相互依赖关系,那么循环论证的悖谬就不复存在了。

那么,哪一种科学模型是最佳模型呢?劳丹自称,他的实用主义的解题模型是最佳模型。他论辩道:从前面所举的许多有关合理性的科学历史事件中可以看出,人们的合理性观念是随历史变化的。一个时代认为是合理的,另一个时代认为不合理了。最佳的哲学模型应能体现这种变化。但是拉卡托斯、阿伽西等人的模型都不能体现这种变化。相反,而是要科学地削足适履地去适应他们的模型,致使科学史家们对它们敬而远之,而只有他的实用主义的解题模型才能最佳地体现这种变化,从而为科学史家们所最乐于接受。

(二) 批判科学知识社会学

劳丹跟库恩、拉卡托斯等老历史主义一样,在讨论科学哲学与科学史的关系的同时,也讨论了科学的内部史与外部史的关系问题。他是站在只承认内部史,不承认外部史的内部主义这一边的,并从内部主义立场出发,否认属于科学外部史的科学知识社会学。

劳丹指出,当今正在兴起的研究科学与社会关系的科学社会学可分为科学认识社会学和科学非认识社会学两个部分。这两个部分的研究任务是不同的,科学认识社会学的任务在于研究科学认识(知识)与社会的关

---

① 劳丹:《进步及其问题》,1977 年英文版,第 165 页。
② 劳丹:《进步及其问题》,1977 年英文版,第 165 页。

系。科学非认识社会学的任务则在研究科学的非认识因素,如科学的结构、组织人数等与社会的关系。劳丹认为,科学非认识社会学的研究与科学史无关,它研究的是科学史以外的问题;而科学认识社会学则与科学史有关,以致两者的领域互有重叠。因为它研究的是社会与科学认识(思想)史的关系。由于科学认识社会学的理论前提是承认社会因素对科学认识(知识)的作用。它与否定社会对科学认识(知识)的作用的内部主义是完全对立的,因此,劳丹对科学认识社会学做了猛烈的攻击。

当今西方大多数科学知识社会学家如曼海姆等,都把科学知识分为两类:1. 内在知识:合理地推论出来的知识,人们必须接受它们,如几何学知识;2. 非内在知识:非合理地推论出来的知识,人们可接受它们,也可不接受它们,如各种形而上学的见解等。他们认为,内在知识是科学研究的对象,非内在知识则是科学知识社会学研究的对象。劳丹指出 2 以非内在知识为研究对象的科学知识社会学的理论,一般说来,是建立在下面三个基本的方法论假设(原则)的基础上的,它们是错误的。他依次对它们做了批判。

1. 不合理性假设。它是科学知识社会学家们区分内在知识与非内在知识的根据。它的内容是:凡能给予合理性说明的知识是内在知识,否则是非内在知识。然而,什么是"合理性"呢?这是一个多义的混乱的概念。它的混乱必然带来区分上述两类知识的混乱以及整个科学知识社会学的混乱。

2. 社会—历史假设。科学知识社会学家们在解释科学知识的社会性时,总是把"社会的"与"历史的"这两个不同的概念混淆起来。例如,著名科学知识社会学家杜克海姆(Emile Durkheim)在其名著《宗教生活的基本形态》一书中说:"证明它们依赖于历史的因素,也就证明它们是社会的因素。"因此,在他们看来,只要确定一个科学知识产生的历史日期和历史背景,就算已证明它是社会决定的了。夏佩尔写道:"如果一个信念的历史背景一旦被确立,就等于使得该信念成为社会决定的。如果这样,认识社会学家的任务就容易了。"[①]

3. 多学科假设。这个假设的内容是:凡受伦理、宗教、认识论、形而

---

① 劳丹:《进步及其问题》,1977 年英文版,第 212 页。

上学等"非科学"因素影响的科学知识就是具有社会性的知识。这种错误假设的认识论根源是：把"科学性"与"合理性"这两个不同的概念混同起来，认为凡是"合理的"就是"科学的"，即科学自身的东西；而"非合理性"就是"非科学的"，即受外部社会影响的东西，他写道："我认为多学科假定起因于对不合理性假设所作的一种特异的解释。如果假定科学的合理性仅在于它的自足性，如果还假定任何不合理性都是由社会引起的，那么自然会得出多学科假定。"① 其实，劳丹认为，根据他的实用主义解题模型，科学与哲学作为解决问题的有效工具，它们都是合理的，它们的相互依赖、相互渗透也是合理的。他写道："如果我们采取另一种合理性模型，我们就能看到，科学与哲学的共生关系常常是完全合理、非常自然的，它们与是否由社会引起丝毫无关。"②

劳丹认为科学知识社会学理论是建立在上述三个前提性假设的基础上的。既然这三个前提性假设是错误的，那么，整个科学知识社会学理论自然也就不可靠了。

劳丹对当今流行的科学知识社会学虽给予了否定性的批判，但并没敢做出根本否定这门学科的明确的结论；而是含糊其词地说："社会学分析之用于科学思想史有待于发展出科学的理性史与智力史之后。同样，知识的认识社会学的出现有待于发展出某种全新的社会学分析工具和概念之后，在这两项逻辑上在先的任务有一些眉目之前，任何关于科学信念是由社会决定的断言，都是毫无根据的。"③

四 论规范自然主义

在上一章中已经指出，劳丹在合理性问题上坚持一种先验主义直觉主义的立场，认为判定科学的合理性与不合理性的准则来自内心的先验性直觉，这种观点是与实用主义的观点相悖的。20世纪80年代之后，为了彻底贯彻实用主义精神，劳丹放弃了这种主张，坚持一种规范自然主义的观点。

---

① 劳丹：《进步及其问题》，1977年英文版，第213页。
② 劳丹：《进步及其问题》，1977年英文版，第221页。
③ 劳丹：《进步及其问题》，1977年英文版，第221页。

规范主义与自然主义是两种对立的学说。规范主义认为，人们的思想（认识）行为的规范（原则）是永恒的。它们在人的思想、行为之先指导思想与行为，是思想行为必须遵循的准则。那么这种永恒的规范来自何处呢？不同的规范主义者有不同的回答。宗教神学认为来自上帝，先验主义认为来自先验的直觉或理性。如前所述，80年代以前的劳丹在这个问题上原是个先验的直觉主义者，认为科学合理性的规范来自"前分析的直觉"。

自然主义与规范主义相反，或者根本否认规范，如奎因；或者否认先验的永恒的规范，认为不是规范在思想与行为之先，而且在思想行为之后，它们是经验的，是在思想、行为中产生，并随后者的变化而变化的，如实用主义者胡克、杜威等人都是这种自然主义者。劳丹的规范自然主义也属于这一类。

劳丹的规范自然主义思想大致可分为三个部分：1. 方法论部分；2. 合理性理论部分；3. 价值论部分。

（一）规范自然主义的元方法论

传统的规范主义者如康德认为："规范"是规定人的思想（认识）、行为的绝对命令，而科学方法论的规范则是关于科学方法论的绝对命令。例如"只许提出可证伪的理论""不可提出特设性假设""应该选择简单方便的理论，而不选择复杂的理论"，等等。它们都是"S应该做X"这样一种命令的形式，它们在语法上都属"命令句"，而不是"陈述句"；都是"直言判断"，而不是"假言判断"。由于是绝对命令，它们是"自足的"，即有资格为一切思想行为做辩护，而自己无须别的理由来辩护。

早期的劳丹也坚持这种主张。但是在80年代以后，他就改变主张。为了排除规范的这种先验的绝对命令的形式，以使它们与实用主义的工具主义理论相适应，他把规范的"S应该做X"的直言判断形式改变成为"如果S的目标是Y，则S应该做Y"的假言判断的形式。譬如把"不许接受特设性假设"改变成了"如果你要避免错误，那么就应该不接受特设性假设"，等等。这样，它们就不再是绝对命令，而只是一些为了实现一定目的而提出的工具合理性的建议假言命令了。他写道："不应该把方法论规则看作绝对命令，而应看作假言命令。它的前件是一个关于目的或目标的陈述，其后件是行动指令的省略表达式。"用公式来表示，形式为"S应该做 X"的方法论规则应改为下述句式:"如果 X 的目的是 Y,那么 X 应该做 Y。"因此,"方法论规则不是别的,正是实现某人的认知目标的推理工具,亦即对某一认识目标的有效手段。"①

既然方法论规则只是实现一定目标的有效工具,而不是先验的绝对命令,那既然方法论规则只是实现一定目标的有效工具,而不是先验的绝对命令,那么它就不具有"自足性",而必须以别的理由来为它做论证。人们必须会问:"为什么'为了达到目标 X,就必须采用手段 Y'呢?"劳丹的回答是经验事实:因为许多经验事实告诉我们,许多人采用手段 Y 就达到了目标 X;反之,不采用手段 Y,就达不到目标 X。他写道:"方法论规范的正确性依赖于关于目标/手段关系的经验支持。"这样,科学方法论规则就失去了"绝对命令"的先验性和神秘性,而成为一种来自经验归纳,并受经验检验的经验命题了。他写道:"我们应该这样认识这些规则或规范的基础是关于经验世界的论断,检验它们的方式也就是检验其他经验理论的方式。因此,方法论规则只是经验知识的一部分,而不是其他别的东西。"② 这就是说,他把科学方法论的规范(规则)经验化、自然化或自然主义化了。

那么应该怎样来选择或评价各种不同的方法论规则呢?他提出了一个名为(R_1)的元方法论规则,其主要内容是:看哪一个方法论规则在经验中能最好地实现预期的目的。他写道:"(R_1):如果特定行为 M 在过去持续地促进特定的认知目标 E,而与 M 竞争的行为 N 如果不能这样,那么设想未来遵循规则'如果你的认知目标是 E,你应该做 M′的行为',将会比遵循'如果你的目标是 E,你应该做 N′的行为'更可能实现你特定的认识价值。"③ 不言而喻,这是一个建立在归纳原则基础上的方法论原则。它可靠吗?劳丹的回答是不可靠的,但却是当今科学哲学所公认的,甚至连以反归纳原则而闻名于世的波普,近年来也不得不对它有所让步,因为没有归纳原则就没有波普的证伪主义哲学。他写道:"(R_1)是举世公认的,归纳主义各派都肯定它,科学哲学中的历史学派的多数成员也是如此……在

---

① 劳丹:《方法论展望》,《波士顿科学哲学研究》1986 年卷 2,第 347—354 页。
② 劳丹:《科学与价值》,1984 年英文版,第 34 页。
③ 劳丹:《进步还是合理性:规范自然主义的前景》,美国《哲学季刊》1987 年第 24 卷,第 24 页。

科学哲学家中,可能只有波普主义者想要否认(R_1),据说波普是反对任何形式的归纳推理的,然而近十年来,他也终于看出自己的认识论纲领(特别是强调确认与逼真度)承诺了若干归纳主义。的确,正如格律鲍姆等人所指出,如果波普否认(R_1)这样一些检验的理论。他就没有理由相信已通过严峻检验的理论优于没有通过这些检验的理论了。"[1]

由于把科学方法论规则归结为经验归纳规则,劳丹强调了它的可错性与可变性。他写道:"认识规范与任何科学理论一样是可操作的,同时也是随新情况、新事实而变化的,它们都是可错的猜想。"[2]

(二) 规范自然主义的合理性理论

80年代后,劳丹继续坚持早期的工具合理性的理论,但是又提出了一些新的见解。首先,劳丹强调了科学合理性观念的具体性和变化性。他认为,由于合理性是一种对自己的行为方式必能实现一定目标的信心,而目标是具体的。不同的科学家有不同的目标;信念也是具体的,它受背景信念的制约,如牛顿受造物主观念的制约,波义耳受自然神学信念的制约,等等,因而合理性也是因人而异、因时代而异的;应结合科学家们的具体历史条件,而不是脱离这些条件去抽象、空洞地评价他们的合理性。他写道:"当我们判断一个行为者(或团体)的合理性时,我们必须考虑:他采取的行为是什么?目的是什么?以及为他提供判断行为后果的背景信念是什么?等等。"从这种观点出发,他批判了老历史主义者们以及其他许多科学哲学家关于建立普遍的科学合理性模型的想法和做法。他写道:"历史主义者们的元方法论错误就在于没有能正确地对待如下事实:科学家的目的和背景信念都是因人而异的,在与当今完全不同的科学时期内尤为如此。如果科学家们的目的因时代而变化,那么我们就没有理由期望我们的方法(适用于实现我们的目的)能适用于评价具有不同目的科学家们的合理性或不合理性了。"[3]

---

[1] 劳丹:《进步还是合理性:规范自然主义的前景》,美国《哲学季刊》1987年第24卷,第24页。

[2] 劳丹:《规范自然主义》,《科学哲学》第57期,第46页。

[3] 劳丹:《进步还是合理性:规范自然主义的前景》,美国《哲学季刊》1987年第24卷,第22页。

其次劳丹强调了科学合理性与科学进步的区别问题。早期的劳丹跟拉卡托斯等一样，把科学的进步与科学的合理性等同起来。他认为科学的进步决定科学的合理性。20世纪80年代后他却强调两者的区别了。这是因为，他认为，如上所述，评价科学的合理性是历史的、具体的；一个时期是合理的，另一个时期可以是不合理的；而评价科学进步却有共时的标准：解决问题的能力是否越来越大，已解决的问题是否越来越多。他写道：凭什么说科学是进步的呢？根据什么标准它是进步的呢？回答是："在我们眼里它是成功的，根据我们的标准它是进步的，我们时代的科学比一百年前更好（当然是在我们看来），那个时代的科学比再早一个世纪的状况更进步。即使我们对过去科学家的目的或合理性一无所知也这样说。这是因为进步跟合理性是不同的，它不是一个专对个人而言的概念。"

（三）规范自然主义与认知价值观

劳丹还论述了科学方法论规范与认知价值的关系，由于彻底贯彻实用主义精神，劳丹把科学认识论与真理论脱钩，而以价值论代替它原有的地位。不言而喻，这里所说的价值是认知价值，而不是伦理价值。劳丹把认知的价值与认知的目标等同起来，认为科学不是追求真理，而是追求价值，追求目标。认知的目标就是认知的价值，因此他讨论的价值问题实际上是科学的目标或目的问题。

首先，劳丹讨论了科学目标的多元问题。如前所述，早期的劳丹认为，科学的唯一目标是解决问题。20世纪80年代后，在规范自然主义的理论中，劳丹改变主张而坚持科学目标的可变化性。他认为科学目标是变化的。1. 从科学史看：在不同历史时期科学共同体中占统治地位的目标是变化的；2. 从科学家个体看，他们的科学目标也是多样的、变化的。不仅不同时代的科学家各具相异的目标，而且在同一时代的科学家个体之间的目标也是不同的。如牛顿和波义耳都把揭示现象背后的造物主的力量设为自然哲学（物理学）的当然目标；而爱因斯坦则认为其探索的动机是：（1）逃避日常生活的沉闷；（2）以最适当的方式刻画出简化的和易于领悟的世界图景。

其次，劳丹提出并探讨了科学合理性的动态"网状模型"。在此之前，波普等人坚持一种科学合理的"等级模型"或"塔式模型"他们认为，当理论与事实层次出现不一致时，人们可以方法论规则裁决；当方法论层次出现意见不一致时,可以价值观,即科学的目的或目标做出裁决;而当价值论层次的意见不一致时,就无法合理讨论,而只能做出某种非理性的约定了。因此这个模型成了科学非理性的理论来源之一。

劳丹在批判上述等级模型的基础上提出了一种网状模型,他认为理论与事实、方法论、目标(价值论)三者之间的关系不是一个在另一个之上的等级关系,而是三者相互联系、相互作用的网状关系,可如图 8-1 所示:

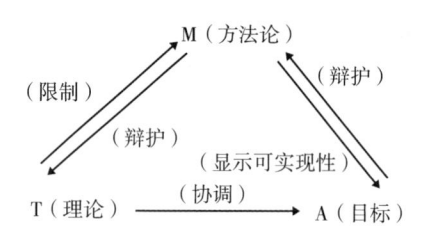

```
              M(方法论)
          ↗↙         ↖↘
     (限制)            (辩护)
        (辩护)      (显示可实现性)
     ↙                    ↘
   T(理论) ——(协调)——→ A(目标)
```

图 8-1

他认为,通过事实和理论、方法论以及价值观这三者之间的相互调整和相互证明,无论方法论方面的和价值观方面的争论都可以得到合理的解决。具体说来,目标(A)为方法论(M)说明理由并与理论(T)保持协调;方法论(M)为理论(T)提供说明,并显示目标(A)的可实现性;理论(T)限制方法论(M)并与目标(A)保持协调。以上是静态的关系。如引入时间因素 t_1,则它们的演变机制如下:设在时间 t_1,某一领域内有一网状模型 $A_1M_1T_1$,假设某科学家提出一个新理论 T_2,方法论 M_1 将把 T_1 与 T_2 比较,可能为选择 T_2 提供理由。如果 T_2 代替 T_1,科学家将会竭力保持 M_1,但也可能有人提出一个 M_2。此时,M_1 和 M_2 的选择视二者中哪一个更能有助于实现认知目标 A_1。T_2 和 A_1 都参与这一选择过程。如果 M_2 优于 M_1,则将以 M_2 代替 M_1,这时假定出现背景信念的危机,新出现的证据表明 A_1 的某些内容不具有可实现性,在这种情况下,科学家可能会合理地放弃 A_1 而接受 A_2,这样就完成了从 $A_1T_1M_1$ 到 $A_2T_2M_2$ 的逐渐转化。

五 论科学划界

波普说:"科学划界问题是认识论的中心问题。"劳丹不同意这种看法,而视科学划界为"伪"问题。

早在《进步及其问题》一书中，劳丹就曾表明："我并不认为'科学的'问题与其他种类的问题有什么根本上的不同（尽管它们在程度上往往不同）。"① 后来，在 20 世纪 80 年代发表的《划界问题的消亡》一文中完整地表达了这种思想。

如前所述，费耶阿本德也反对科学与非科学的划界，但二者理由相当不同。费耶阿本德的信念是"怎么都行"，即各种信念皆具有其相对合理性。劳丹认为，科学划界是一个伪问题（Pseudo-problem）。因为科学不存在不变的、与其他信念系统不同的认识特征。科学具有明显的认识异质性，因而划界是不可能的。

（一）批判划界主义

劳丹把哲学史中形形色色的划界努力分为两个传统：一是旧划界主义，二是新划界主义。

劳丹批判了旧划界主义。他指出：远至巴门尼德时代，西方哲学家就认为，区分知识与纯粹意见、实在与显象、真理与谬误是要紧的。亚里士多德为它们设立了大相径庭的标准。②

（1）科学因其原理的确实可靠性（apodeictic certainty）与意见、迷信区分开来。这种确实可靠性由两部分构成。其一是基础的确实可靠性，亦即自然界的第一原理，它是感觉的直接直觉。其二是由演绎保证的理论的不可变更性。

（2）理论知识（只有科学家具有的论证知识）因其对第一因的理解而区别于经验知识，如造船者知道如何用木料造出海船，但他不知道也无须知道建立在第一因基础上的三段论和因果证明。他只需知道木材被适当地拼合后可以漂浮，但他不能说出木材具有这种浮力的性质所依据的原理和原因。相反，科学家关心的是亚里士多德所谓"推理的事实"，直到能够通过追溯一事物的原因至第一原理，从而说出其所以然，他才获得有关那个事物的知识。

那么，亚里士多德的划界标准与历史符合吗？劳丹认为不符合。

---

① 劳丹：《进步及其问题》，1977 年英文版，第 11 页。
② 劳丹：《划界问题的消亡》，1983 年英文版，第 112 页。

到托勒密时代，数理天文学家已经完全放弃了试图从行星物质的原因或本质导出对行星运动的解释这一（亚里士多德）传统。正如杜恒以及其他许多人已经详细指出的那样，许多天文学家只是企图把行星运动现象相互联系起来，而与天体本质或第一原理的任何因果假定无关。按亚里士多德的标准，他们就成了工匠。另外，天文学家运用了理论的事后检验技术，他们不是从直观的第一原理推出模型，而是先提出行星运动和位置的假设性结构，然后把由模型推出的预言与观测到的天体位置进行比较。根据亚里士多德的标准，物理天文学根本就不是科学。

到了17世纪，大多数思想家都接受亚里士多德的第一分界标准而拒绝他的第二条标准。如果我们注意到伽利略、惠更斯和牛顿的工作，就会看到，他们宁可不要理论知识，而要经验知识。他们三人都把不要求以最初原因或本质为理论基础的信念系统完全视为科学。伽利略声称他对导致自由落体的基本原因一无所知或所知极少。但他坚信，他所获得的结果是确实可靠的和经过论证的。同样，牛顿在《原理》中并不关心因果解释，他坦率地承认他希望知道万有引力现象的原因。但他又强调，即使没有关于引力原因的知识，也能对天体的万有引力作用进行严密的科学描述。

因此，"尽管17、18世纪的思想家之中存在着方法上的分歧，但是，人们普遍同意科学知识是确实可靠的。这种一致意见几乎贯穿这个时期通常的认识论上的分界期。"[①]

科学的确实可靠性，在19世纪被可错论击垮了。他们认为科学并不显现出确实可靠性，并且所有科学理论需要修正，须经严格校订。这样，科学划界的亚里士多德标准到19世纪就寿终正寝了。

但是，什么是它的替代物？19世纪的哲学家和科学家如孔德、贝恩（Bain）、杰文斯（Jevons）、赫尔姆霍尔茨和马赫逐渐地认为：真正把科学与其他东西区分开来的是其方法论。首先，他们认为存在一种"科学的方法"。其次，即使该方法没有充分的证据，它作为检验经验知识的手段至少比任何其他方法要胜一筹。最后，如果它有错误，它会很快地发现并作自我改正。

科学方法能作为划界标准吗？

---

① 劳丹：《划界问题的消亡》，1983年英文版，第114页。

劳丹不同意，他的反驳有力而简洁：一是19世纪以来学者们在什么是科学方法问题上并未取得一致意见。一些人把它看作归纳推理规则；另一些人认为，科学基本方法论原理是其理论必须限制在可观测的实体范围内；还有一些人，如惠威尔等人认为科学方法是假设—演绎法等。二是划界主义者提出的方法论规则过于模糊，甚至与正在工作的科学家们采用的方法几乎完全不同。

劳丹探讨了划界的元标准问题。他认为，划界应有一元标准。无标准需从下述三个方面去考虑：（一）提出划界标准应满足怎样的充分条件？（二）所考虑的标准是否能成为科学地位的必要或充分条件，或充要条件？（三）断定某些信仰或活动是"科学的"或"非科学的"意味着什么行为或判断？

在思想史早期，对"科学"和"知识"特征的描述不可避免地大都是约定的或先验的。在这种情况下，人们只有完全从头开始才能严格地确定"科学"或"知识"这类术语的用法。

但是，随着科学的发展，科学和非科学之间的划界却必须是明确的，因而对已有的惯例十分敏感。如果有人提出的"科学"定义把物理学和化学的主要理论列入非科学的范围，那么对此定义就大可怀疑。

近代对划界标准的研究却试图使我们大多数人赞同科学与非科学的范例能分类明确，不再含糊，并尽可能意见一致。由此可见，对科学划界必须有以下几个要求：一、任何具有哲学意义的划界手段必须表明科学的认识论根据要比非科学的更加明确，如果没有这样的根据，那么科学与非科学的划界就是无效的。二、一个有哲学意义的划界标准至少必须对通常区分科学与非科学的方式有一个足够的解释，必须从认识论意义上表明科学与非科学的区别。三、划分的标准必须足够精确以使我们说出所研究的各种活动和信念是否能满足这个标准。

劳丹还考察了划界行为背后的问题。他认为，在与划界问题联系最紧密的许多方面中，显然有各种隐蔽的东西。比如，亚里士多德热衷于使希波克拉底医学的实践者发窘；逻辑实证主义要排斥形而上学；波普力图要难倒马克思和弗洛伊德。他们提出的划界标准成了怀疑别人的手段。

由此可见，"恰恰是由于划界标准要维护科学对非科学的认识优越性，所以提出这样的标准就会导致把信念分为'完善的'和'不完善的''正常的'和'不正常的'和'不合理的'这类范畴"①。在我们的文化中,"科学"这一术语的价值特征表明,把某一活动贴上"科学"或"非科学"的标签具有社会和政治的后果,这完全超出把信念分成两堆的分类工作。换言之,划界问题渗透着人的为了表扬什么、贬低什么的价值取向。

接着,劳丹批判了新划界主义传统。他指出,20世纪二三十年代,逻辑实证主义者发现,既然认识论和方法论对科学划界无能为力,那么意义理论可能胜任这项工作。他们提出,一个陈述只有当它具有确实的意义的时候才是科学的。有意义的陈述就是那些可以被完全证实的陈述。正如波普注意到那样,实证主义者认为"可证实性、有意义和科学的特征是一致的。"

劳丹认为,实证主义的划界标准是一祸患。"不仅有许多科学陈述不能完全被证实(如所有一般定律),而且大量非科学和伪科学的信仰系统也具有可证实的成分。"比如:"地球是平的"这个命题,在20世纪要赞同这个信念可能是蠢不可及的,然而我们能够以观察来证实这个命题。从这个意义上说,该命题是可证实的。其实,每一个因被"证伪"而被认为是非科学的信仰都是(至少大部分是)可证实的。由于它的可证实性,按照实证主义的标准,都应是有意义的和科学的。

在同一时期,我们所熟悉的另一标准是波普的"证伪主义"标准,无论它受到多么有力的支持,都面临这样的问题,把许多奇怪的说法看成科学的。按照被普的标准,平坦地球的赞同者,《圣经》的编造者……都成了科学家。只要它们提出一些观察,而只要这些观察可以引起他们思想发生改变就行。

(二) 否定科学划界

在分别批判了新旧划界主义传统后,劳丹指出二者的差别。他认为:"从老划界主义到新划界主义的转变可以描述为从认识论到句法学和语义学的战略转移。"② 老传统关心的重点在于确定那些值得相信的思想和理论。要判断一个陈述是科学的就要对那个陈述如何经得起经验的检验做一

---

① 劳丹:《划界问题的消亡》,1983年英文版,第120页。
② 劳丹:《划界问题的消亡》,1983年英文版,第121页。

个回溯性（retrospective）判断。然而在新划界主义传统之中，这种回溯性因素消失殆尽。在他们的分析中，科学地位不是一个证据支持或值得相信的问题。正是由于新划界主义传统不坚持回溯性的证据评价对决定科学地位的必需性，划界工作的实际效用已大打折扣。

在意识到实证主义和证伪主义的划界标准的失败之后，有些人做了种种努力。有的学者认为，科学的断言能被检验，而非科学的则不能，或者科学知识是唯一能发现进步和增长的；有人提出唯有科学理论才能做出证明为真的惊人预言；有人可能走向实用主义，坚持科学是有用的和可靠的知识的唯一贮存库；最后还有人建议科学是建造理智系统的唯一形式。它用后来的观点包含先前的观点的方式递增起来，至少是把那些先前的观点限制在框架中等。

劳丹认为，上述替代标准没有一个能满足充分、必要条件的要求，甚至不能满足单纯的必需条件的要求。具体地说，就所谓能被检验的要求而言，存在这么些疑问：我们教科书中的科学陈述都被检验了吗？像文学理论、木工和足球战略学这样一些显然被认为是非科学的断言难道就没有被检验的吗？还有，当某科学家提出一个未经检验的猜想，并且我们还不能肯定什么是它的有力的检验时，科学家就应把它视为非科学的而停止对它研究吗？

同样，认识的进步也并非科学所独有，许多学科（如文学批评、军事战略学）却能声称它们对各自领域的了解要多于 50 或 100 前。至于说把理论转变的递增要求视为分界标准，劳丹认为这甚至不能作为划定科学知识的必要条件，因为许多科学理论——甚至那些所谓"成熟的科学"——都不包括原有的理论。

劳丹认为，我们称之为科学的东西是异质的，即是多种杂质混成的，它们并不是全部从认识中获得的。有些提出了一系列成功的预见，有些并没有；有些是特设性假设，有些则不是；有些已达到归纳的一致，有些则不然，如此等等。

他写道："习惯上被视为科学的活动和信念都具有明显的认识异质性（epistemic heterogeneity），这种异质性提醒我们，寻找分界标准的认识形式可能是无效的。"[①] 因此，经过详细的分析，看来没有认识的不变量，不能

[①] 劳丹：《划界问题的消亡》，1983 年英文版，第 124 页。

把它们的存在视为理所当然,这才是明智的。

总立,劳丹认为,被波普称为"认识论中心问题"的划界问题,"是一个并不存在的虚假的问题"。

六 反实在论

如前所述,库恩从他的范式理论出发,得出了不同的科学共同体生活在不同的世界中的反实在论结论。普特南以及新历史主义者夏佩尔等人坚持科学实在论立场,批判了库恩的反实在论立场,从而引发了一场科学实在论与反实在论的大争论。作为新历史主义者之一的劳丹,虽然反对库恩等老历史主义者的非理性主义思想。但是,由于他的新实用主义立场,在实在论与反实在论的争论中,却站在反实在论边。1981年他写《反驳逼真实在论》等文章中,对普特南、夏佩尔等人的科学实在论观点,进行了全面的反驳与批判。他在1987年为其《进步及其问题》一书写的中译本《序》中认为:"科学实在论至少有三种";一是"本体论的实在论","即认为世界具有强立于作为认识者的我们的确定性";二是"语义学的实在论":"它断定科学的理论、定律和假说是关于世界所做出的真或假的断言";三是"认识论的实在论":"它主张我们有权将得到最好确证的自然科学理论接受为真。"他说:"我接受其中的第一种、第二种,而拒斥第三种。"这意思是说他虽不否定外部世界的存在,但认为它们是不可认识的,而"真"和"假"则与外部世界无关,其意义是"有用"与"无用"或"方便"与"不方便"而已。他就是从上述类似康德式的和实用主义的立场出发对普特南和夏佩尔等人的"认识论实在论"由于后者的主要论点是"成功论"和"逼真论",他的批判矛头也主要集中于下面两个方面。

(一) 驳斥成功论

成功论是科学实在论的重要理论依据。普特南坚持成功论,认为"科学实在论是使科学预见的成功不成奇迹的唯一哲学。"夏佩尔也坚持成功论,认为科学预见的成功是科学理论的客观真理性的重要依据之一。劳丹列举科学史上的许多史实,驳斥了这种观点。他反驳说:"有许多被科学实在论者认为是并不表述外部世界的错误理论，在科学史上却可能是一度成功的，如天文学中的地心说，化学中的燃素说、亲和力说，物理学中的以太说，等等，它们虽然都被科学实在论者看成并不表述客观实在的错误理论，但是在科学发展史上却都曾一度成功地解释过许多经验现象。反之，有许多被科学实在论者公认为正确表述客观实在的科学理论，在其发展的一定阶段上，却可能是不成功的。如18世纪20年代的光的波动说，17、18世纪的热分子说，以及19世纪末以前的胚胎理论，等等，它们后来虽然都被公认为正确的理论，但是在早期却不能成功地解释许多经验问题。因此他认为不如把科学实在论所坚持的真理符合论改成实用主义的有时真理论，即真理不是认识与客观实在的一致性，而是在应用中的有用性或有效性。在应用中有效、有用、能解决问题的就是正确的理论，反之就是错误的理论。今天它在运用中有效、有用、能解决问题，今天它就是真理；明天它在实际应用中失效、无用、不能解决问题，明天它就成了谬误。他认为，如果用这种实用主义真理观来解释上述现象，那么上述科学实在论所不能解释的许多现象就都解释通了。他写道："许多实在论者是这样论述这个问题的，从许多成功的理论可以推论出客观世界是存在的。其实科学并不是那么一定成功的，而是在很大程度上是不成功的。我认为不如坚持这样的观点为好，即一个理论所以是'成功'的，仅仅因为它是有效的，或者说它是使用得很好的。"①

（二）反对逼真实在论

逼真实在论（convergent realism，或译为趋同实在论、趋真实在论）是科学实在论者通常坚持的一种理论。这种理论认为，科学理论具有表述客观实在的真理性，随着科学的发展，科学理论表述客观实在的真理性内容就愈来愈增加。普特南和夏佩尔都坚持这种理论。劳丹则坚决反对它。他反驳说，科学发展的历史事实表明，它并不正确。例如，科学史表明，后继的光的波动说并没有继承先前的光的微粒说的内容，而是完全摒弃了它的内容；后继的莱伊尔的均变说也没有继承先前的居维叶灾变说的内容，而是完全摒弃了它的内容；等等。他还列举了许多别的例子，并得出

---

① 劳丹：《反驳逼真实在论》，美国《科学哲学》1981年3月，第22—24页。

结论说:"后来出现的理论并不能解释某些早先的理论,也并不经常保留早先理论的内容,而往往把它们当作废物处理掉。"①

劳丹的上述反实在论虽然是不正确的,但给人以启迪,这对后来实在论与反实在论的争斗起了重要影响。

---

① 劳丹:《反驳逼真实在论》,美国《科学哲学》1981年3月,第39页。

第九章 对几个重要问题的评论

历史主义的科学哲学家们提出并探讨了诸多新的科学哲学问题，各自提出了很多精辟的、发人深思的见解。尽管对于许多问题未能达到一致性解决，但对科学哲学研究的深入、发展与繁荣，做出了重要的历史贡献。本章综合其中几个重要问题提出一些自己的看法，供读者在评论时参考。

一 科学理论的建构性与反映性

许多历史主义者在认识论中坚持建构主义。在哲学上，建构主义的认识论与反映论的认识论是相互对立的。他们认为科学理论不是客观实在的反映，而是对零散的经验材料做出系统化解释的整体性建构。

现代建构主义来源于康德哲学。康德具有建构主义的认识论思想，认为科学知识（理论）是先验综合判断，它们是经验材料根据先验直观形式和先验范畴的整体化建构。19世纪后半期流行的假设主义者继承并发挥了康德的建构主义思想，所不同的是，他们把康德的消极、被动性的建构理论，改造成为积极的、创造性的建构理论。他们认为科学理论不是消极、被动地依据先验直观形式和先验范畴的建构，而是充分发挥主体能动性——猜测和想象力——的创造性建构，即它们是使经验材料整体化、系统化的假设或手段，并不反映客观实在，有一定的任意性。人们可以依据相同的经验材料做出不同，甚至完全相反的解释性假设，如日心说与地心说等。

历史主义的建构主义思想直接来源于早期的假设主义。历史主义的创始人图尔敏就是一个建构主义者，他坚持科学理论是通过"图像推理法"而建构起来的经验材料的"模型性"解释,所不同的是,他不同意理论的建构只需通过非理性的灵感或直觉,而认为是必须通过理性的图像推理的方法。汉森也与图尔敏相似,认为建构理论的方法是理性的"溯因推理法"。到了库恩那里,历史主义的建构主义理论才开始非理性主义化。

历史主义的建构主义思想是正确的还是错误的,这不能作简单的回答,而必须具体分析。一般说来,建构主义在认识史上提出了许多可贵的思想,做出了重要的贡献,但是它具有片面性或错误。

应该肯定科学理论是客观实在的真理性反映。当然不是简单、机械的"镜像"式反映,而是生动、复杂、具有创造性的辩证的反映。它反映的不是客观实在的"镜像",而是实在的内在本质或普遍性联系。客观实在的内在本质或普遍性联系并不直接表现于现象中。它不可能单纯通过归纳法而获得。归纳法(这里指的是单纯的归纳法)只是现象的重复性的描述,它永远只能停留在认识的现象阶段;也不能单纯依赖演绎法,因为演绎法是从普通下降到个别的,或同一层次的同义反复。要实现从个别上升到一般、从现象升华到本质的认识的飞跃,就必须充分发挥主体的能动性和创造性,做出猜测或假设。这是因为实在的内在本质或普遍联系是整体性联系。它们是不能凭直接经验获得的,只有通过整合经验现象的猜测性假设才有可能得到,如根据大量的天文现象与地面现象而做出日心说或地心说的假设等。这就具有建构的意义。由于科学理论是根据经验现象而做出的猜测性的建构,因而具有试探性和不确定,即它们可能正确,也可能不正确;或是部分正确,部分不正确;等等。这就必须通过进一步的观察和实验加以检验,如果得到证实,就表明它具有一定的正确性,即在一定程度上,从某一方面、某一角度、某一层次反映了客观实在的本质或内在联系,就是科学理论,反之就是谬误。

由此可见,科学理论内容的反映性与建构性是不矛盾的,它们是互相依存、彼此统一的;建构性体现了主体的能动性,而反映性则体现了它的内容的客观真理性,没有主体的能动性,也就不可能有客观的真理性;前者是后者的必要前提或条件,后者则是前者的结果。当然,发挥主体的建构的能动性有可能带来真理,也有可能带来错误,但这只是说明认识真理的艰苦性和复杂性,而并不能说明它是获得真理的障碍。因为错误是可以在进一步认识中得到纠正的。

在西方认识论史中,早期唯物主义的反映论坚持认识的反映性,坚持科学知识的客观真理性,这对于加强追求客观真理的信心,促进科学理论的发展具有重要的意义。但是他们把认识的反映性与主体的能动性绝对地对立起来,因坚持科学理论的反映性而否认主体的能动性,从而陷入了机械反映论的错误。

与早期机械反映论相对立,假设主义的建构主义强调认识的建构性,强调主体的能动性与创造性,强调猜测、想象在理论认识中的不可缺少的重要作用,这是正确的、可贵的,对于纠正机械反映论的片面性,促进科学理论的发展具有重要的意义。但是,它把科学理论的建构性与反映性绝对地对立起来,因强调科学理论的建构性而否定它的反映性,断言科学理论是立体的任意建构,并不反映客观实在,这就犯了另一种片面性的错误,得到了与它的对手——早期机械反映论——殊途同归的结局。正确的道路应该是坚持科学理论的反映性与建构性的统一。

然而早期的机械反映论与现代的假设主义建构主义的产生与流行有它们的客观历史原因。

早期机械反映论产生、流行于17、18世纪,当时正处于以积累材料为主,以可以直接经验到的宏观客体为主要研究对象的经验科学时期,这就是它们为什么强调归纳法,强调经验论的反映论的历史条件。产生和流行于19世纪下半期的假设主义建构主义以及产生并流行当今的历史主义的建构主义,已处于以理论整合(综合)为主,以不可直接经验的微观客体为对象的理论科学时期。相对论和量子力学等现代科学理论的发展已充分表明,没有高度的创造性和丰富的想象力做出合适的假设,就几乎不可能有理论的进步,而检验理论的已不再是直接的观察,而是作为现代科学理论的凝结或体现的高度复杂、精密的现代化仪器的间接的测试了。研究对象的不可直接经验性,成了建构主义否认科学理论的反映性的重要原因。

认识对象的不可直接经验性不应成为否定科学理论的反映性及其内容的客观真理性的根据。人的直接经验的能力和范围是极其有限的。不仅对过去和未来的事物不能直接经验到,就是在目的过远、过近、过大、过小的许多事物都不能直接经验到,有的甚至永远不能直接经验到。人们却不能因而否定对它们的认识的反映性和真理性。试以犯罪的侦破为例，罪犯的作案行为已经过去，人们永远无法再直接经验到它了。但侦破者能根据犯罪现场留下的种种零散的蛛丝马迹，而做出整合性的假设，如罪犯的身高、性别、年龄、职业，甚至可能是某人或某些人等，然后根据确凿的证据，如手印、作案工具、赃物等，而正确地判定谁是罪犯。难道能因它的非直接经验性而只能肯定其建构性，而否定其反映性或真实性吗？如果这样，案件就永远无法侦破，罪犯也就可以永远逃脱法网而不受惩罚了。对微观客观的认识情况与上例虽不尽相同，但也有类似之处。如果因此而否认现代科学理论的反映性与真理性，将会挫伤科学家追求客观真理的积极性和严肃性，从而有害于科学的进步。

那么为什么根据相同的经验材料可以整合、建构出不同，甚至完全相反的科学理论，如日心说与地心说呢？难道这两种完全相反的理论都反映了客观实在吗？这将在下一节做出解答。

二　实在论与反实在论

在历史主义内部与外部的争论中，一个最主要也是最根本的问题是实在论与反实在论的争论问题。

实在论与反实在论的争论关系到唯物主义与唯心主义的本体论方面的争论，但这是两种不同的争论。唯物主义与唯心主义争论的是关于物质世界是否客观存在的本体论的问题，而实在论与反实在论争论的则主要是认识对象是否客观存在、科学理论是否表述客观实在的认识论领域的问题。

大体说来，凡承认认识对象的客观实在的理论是实在论，反之，就是反实在论。从历史上说，有的实在论属唯物主义，有的实在论属唯心主义，有的则属于二元论。如坚持认识对象是客观原子世界的原子论实在论属唯物主义；坚持认识对象是客观理念世界的理念的柏拉图主义实在论以及与之相类似的中世纪经院哲学的实在论属唯心主义；而流行于20世纪初的英美国家的某些新实在论属二元论等。

从近代的科学史上看来，培根、洛克等早期经验主义唯物主义的认识论属唯物主义实在论。他们坚持经验之外物质世界的客观存在，并在此基础上，坚持认识对象的客观性和科学理论内容的客观真理性。早期的唯理主义、休谟等的经验主义以及与它相联系的实证主义属反实在论，他们否定、怀疑或拒斥讨论客观世界的存在以及科学理论的内容是否反映、描述客观实在的问题。

历史主义的创始人图尔敏（早期）和汉森虽然对于实在论与反实在论问题没有展开专门的讨论，但是他们的基本立场是倾向于反实在论的。因为他们否认或忽视科学理论的客观真实性，把它们归结为对经验材料的整体性解释。库恩的范式理论进一步明确倒向反实在论，因为他认为范式决定科学家的世界观，科学家的世界观的转变是格式塔式的社会心理的转变；尽管在后期，他承认类似康德的"物自体"的存在，但在根本上并未影响他的反实在论立场。夏佩尔等新历史主义者以及普特南等科学哲学家公开打起实在论的旗号反对库恩等老历史主义者们的反实在论思想。他们以"成功论"和"逼真论"等反驳实在论。而劳丹等新历史主义学派的另一些科学哲学家，虽然也反对库恩的非理性主义与相对主义，但是在实在论与反实在论问题的争论中却站在反实在论的一边，反对夏佩尔、普特南等人的实在论思想；他列举大量的科学史事实以反驳后者的"成功论"与"逼真论"，给后者以很大的理论威胁，从而使反实在论嚣张一时，并使此后的实在论明显地具有与反实在论相调和的倾向。还值得一提的是提倡无政府主义知识论的费耶阿本德却同意实在论。不过他同意的是方法论的实在论，认为实在论仅具有方法论意义，即在方法论上有利于促进科学的进步，有利于科学研究战略的制定，有利于与日常生活相协调。

应该肯定，物质世界是在人的认识之外存在的，科学理论是客观实在的描述。随着社会实践的发展，人对客观世界的认识不断深化，科学理论的真理性也愈来愈增加。因此，科学实在论的"成功论"和"逼真论"是正确或比较正确的，而反实在论则是不正确或基本不正确的。但是同样应该指出的是，当今西方的科学实在论在理论上有一定不足之处，以致不能给反实在论以更有力的反击；而劳丹等的反实在论对实在论的批判则有某些合理之处，因而具有一定的说服力。这就是这场争论长期存在，并且反实在论一度甚嚣尘上的一个原因。那么，科学实在论有哪些缺陷或不足，反实在论的反驳又有哪些合理的地方呢？下面试图通过对劳丹在反驳科学实在论中所举的几个著名的实际例子的分析来考察这个问题。

劳丹在反对科学实在论的成功论中，经常使用天文学中的托勒密地心说与哥白尼日心说的例子。托勒密地心说被实在论者公认是错误的理论，但它在中世纪解释许多经验现象时都是成功的。哥白尼日心说被公认是正确的科学理论，但它在早期解释许多经验现象时却是不成功的。应该承认，劳丹所说的是历史事实，但不能因此作为反实在论的根据。众所周知，行星绕太阳旋转，不仅已为大量天文观测所证实，而且已为大量的环球航行、太空飞行等科学实验、社会实践和科学实践所证实。没有人再会相信地心说了，那么为什么托勒密的地心说在中世纪却是成功的呢？这是因为哥白尼日心说反映了太阳系的整体性的结构，反映了太阳与各行星间的本质关系；而托勒密地心说却局部地反映了人们在地面观察到的太阳与行星的现象间的关系。如果把托勒密的地心说说成太阳系的整体性的（或本质性的）结构关系的描述，那自然是错误的，但是如果把它看成太阳与地球的局部的、相对的现象关系的描述，那么它是有一定的合理性或正确性的；而且并非仅仅是一种方便的假设。因此，从托勒密地心说到哥白尼日心说的天文学理论的发展是科学认识从局部到整体、从现象到本质的深化，或者说是从局部真理到较全面真理的深化。这证明了科学实在论的"成功论"的正确，而并不证明反实在论。

劳丹常用以反对科学实在论的另一些例子是被实在论看成错误理论的燃素说在18世纪以前的成功以及以太说在19世纪的成功。但是这些例子都同样不能为反实在论提供根据。

燃素说是一种早期的化学理论。在古代和中世纪，人们把火或燃烧看成种神秘的、不可理解的现象。早期的化学家，如18世纪的德国化学家施塔尔等提出了燃素说，试图以此来探讨性地解释燃烧现象。他们认为每一种可燃物质都含有一定量的燃素。根据这种观点，燃烧是由于释放燃素而引起的。可燃物质燃烧后，燃素以光和热的形式逸出而成为灰烬或残渣。由于可燃物质燃烧后变轻，因而认为燃素与其他元素一样具有质量。以后随着化学的发展，化学家更多地应用定量测定的研究方法，发现有机物燃烧后变轻，而金属燃烧后反而变重，于是有人假定金属的燃素具有负质量，以后又发现易燃的氢，氢就被认为是燃素。1775年化学家拉瓦锡证明燃烧是氧化现象，从此氧化说代替了燃素说。从以上的化学史的叙述中可以看出，燃素是不正确的，但是科学家们以燃素说代替早期的宗教神秘说，试图以客观的原因来解释过去被认为不可理解的燃烧现象，却具有一定的历史的合理性，这也是它在当时获得定的成功的原因。然而，从本质上说来，它是不正确的，所以后来为氧化说所代替。因此，化学研究从燃素到氧化说的发展，与从地心说到日心说的发展一样，是科学对客观实在的认识的深化，这只能证明科学实在论的正确，而并不证明反实在论的正确。

物理学中的以太说与化学中的燃素说相类似。以太说是17世纪以后一些科学家为了解释光的传播以及电磁和引力相互作用现象而提出来的理论。当时，把光看成一种机械的弹性波，认为它的传播必须以某种弹性的媒质作为媒介，正如声的传播要以空气为媒介一样。但光可在真空传播，这就必须假设一种尚未为实验所发现的以太为它的媒质。为了解释光在传播中的各种性质，必须认为以太是无所不在（包括在真空与任何物质内部），没有质量，且绝对静止的。而电磁和引力作用则被看成以太的特殊的机械作用。光在19世纪曾为科学家们所普遍接受，但随着科学的进一步发展，暴露出愈来愈多的问题，以致最终被著名的迈克尔逊—莫雷实验所否定，并为场的理论所代替。从上可见，以太说是一种错误的理论，但是它内含一定的合理因素，那就是光的传播必须以某种介质为媒介，而错误之处是把介质说成机械波。因此从以太说到场论的发展同样是科学认识对客观实在的逐渐深化的好例，而并不有利于反实在论。

在反对科学实在论的"逼真论"方面，劳丹等人常常采用光的波动说与微粒说以及地质学上的均变说与灾变说的例子。他断言，物理学中光的微粒说与波动说的更替，以及地质学上均变说与灾变说的更替，其间并没有任何继承性，因而科学实在论的逼真论是错误的。这种说法是不能令人接受的。

光的波动说与微粒说是产生于17世纪的两种相互对立的关于光的本性的理论。惠更斯提出并坚持前者，认为光是一种机械波；牛顿则提出并坚持后者，认为光是由发光体发出的弹性微粒所组成。由于微粒说易于解释光的直线传播及反射、折射等现象，它在长时期中为科学家们所广泛接受。但19世纪初，光的干涉、衍射现象被发现后，它就被波动说所推翻，并为后者所取代。至 19 世纪末 20 世纪初，由于一些新发现的光与物质相互作用的现象，如光电效应，它无法用波动说解释，爱因斯坦乃于 1905 年提出光既具有微粒性又具有波动性的理论。这就是说，微粒性与波动性都是光粒子的基本属性，光子在光电效应等现象中显示其粒子性，而在干涉、衍射等现象中则显示其波动性。20 世纪 20 年代后又发现一切基本粒子都具有"波粒二象性"，从而表明这两种看来彼此对立的理论却是相互统一的。因而以波动说代替微粒说，又以"波粒二象性"学说综合波动说与微粒说，乃是科学认识从片面真理走向较全面真理的十分恰当的例子。

地质学上的均变说与灾变说的相互更替是另一个类似的例子。17 世纪法国生物学家居维叶根据不同的地层中所观察到的不同类型的化石而提出灾变说，认为地球史上曾发生过多次巨大的灾难性变化，每一次灾变中旧的生物毁灭，新的物种被创造出来，以此竭力反对拉马克的物种进化论。后来英国地质学家赖尔提出了均变说以反对灾变说，认为地球表面的不断的逐渐的变化造成了物种的缓慢的变化。现代地质学的进一步研究表明：地球的突变与渐变均对物种的改变起了重要的作用。

反实在论者常用来反对实在论的另一例子是牛顿理论被爱因斯坦理论的否定。牛顿理论认为物体运动的速度与其质量、长度、时间间隔的计算无关；相对论则相反，认为物体（粒子）运动的速度与其质量、长度及时间间隔的计算紧密相关，随着物体运动速度的增大，它的质量变大，长度（运动方向的长度）变短，时间间隔的计算变慢。反实在论以此反对实在论的"逼真论"，认为相对论与牛顿理论是对立的，两者之间并无任何继承性，因此相对论代替牛顿理论是对科学实在论的"逼真论"的否定。事实上完全相反，相对论与牛顿理论在形式上虽相互对立，而实质上是一致的。牛顿理论是宏观客体在低速条件下的描述，而相对论则是微观客体在高速条件下的描述。物体在高速条件下质量、长度及时间间隔的计算均明显地相应改变；而在低速条件下，它们虽也相应地变化，但其改变量甚微，可以忽略不计，因此，后者是前者在低速情况下的近似值。而这个例子只是再一次证明实在论的"逼真论"，而并不为反实在论提供任何证据。

从以上的分析中可以看出，正确地坚持科学实在论，必须坚持以下几点，而这几点正是当前西方的科学实在论所欠缺的。

1. 客观世界不是各个孤立事物的简单的集合，而是诸多事物、诸多部分、诸多层次、诸多方面相互依存、相互作用、相互转化而构成的错综复杂的辩证的整体。它们是现象与本质、内部与外部、整体与局部、这个方面与那个方面等的对立统一。科学理论是对客观世界的诸多事物、诸多部分、诸多层次、诸多方面、诸多关系的认识，而不是仅对某一事物的孤立的描述。它们在整体上是统一的，但是又可能表现出现象与本质、整体与局部、内部与外部、这一方面与那一方面的不一致。这种不一致并不否定真理的客观性，恰恰相反，正好体现了科学真理的丰富性、复杂性和辩证性。

2. 科学真理的丰富性、复杂性和辩证性在真理与错误的关系中体现为真理与错误的关系的丰富性、复杂性与辩证性。科学理论是客观实在的描述，它具有真理性；科学理论是一定历史时期对客观实在的某一方面、某一局部或某一层次的描述，它又可能具有片面的真理性或真理的相对性。由于科学理论的猜测性、假设性和建构性，它又常常可能，甚至不可避免地有不正确性或易错性。真理与错误不仅有可能统一在同一个科学理论中，而且常常统一在同一个科学理论中。从整体说来它可能是真理，但在局部上可能有错误；从这个方面、这个层次说来可能是真理，从另一个方面、另一个层次说来又可能是错误。同样，一个错误的理论也往往不是绝对地错了，而可能包含着某些合理的或真理的成分，真理与错误不仅可以统一或并存，并且可以互相转化。由于真理具有条件性，在这种条件下是真理，在另一种条件下它可能成为错误，反之亦然。评价真理与错误时还应有历史的比较性。一个相对于后继理论说来是错误的理论，相对于先行的、更为错误的理论说来却可能有一定的合理性，如此等等。真理与错误关系的这种错综复杂性，同样并不否定科学理论的客观真理性，恰恰相反，它正好体现了客观真理的丰富多彩。

3. 科学认识是与科学实践、社会实践相统一的。科学认识不是消极的直观，而是与改造客观世界的实践紧密统一的能动的活动。实践是联结主观世界与客观世界的必要环节。否定、排斥实践，就把科学认识完全封闭在主观世界中。认识对象是否存在问题，不是一个理论问题，而是一个实践问题。人们在改造客观世界的实践中无时无刻不证明着认识对象的客观存在。西方一个传统的错误观念是：否定或忽视实践每时每刻证明着客观世界的作用，从而把客观世界是否存在的问题，归结为人的认识永远无法解决的形而上学问题。这无异于把一个人封闭在永远无法与外界接触的囚牢里，同时又要求这个人去做接触外界的事情一样，是根本不可能的。科学认识的客观真理性问题，不仅是一个单纯的理论问题，而且是一个与人类生存、社会发展休戚相关的问题。科学的真理性每时每刻保证着人类的生存和社会的发展与繁荣，而每一个错误都有可能给人类社会带来大小不一的灾难。从这个意义上说，整个人类的生存和发展的历史都证明了并不断证明着科学实在论的正确性。

三　观察负载理论

观察负载理论是历史主义科学哲学的重要观点之一。它对动摇或否定逻辑经验主义的理论基础起了决定性作用。

逻辑经验主义坚持理论—观察二分法，把理论与观察（经验）截然分开，认为理论是可错的，经验观察（正常人的）是中性的、绝对可靠的，只有把理论严格地建立在经验的基础上，才能保证其正确性或真理性。历史主义的"观察负载理论"的观点，否定了它的这个理论基础，从而使它最终解体。

历史主义的"观察负载理论"的观点不仅对瓦解逻辑经验主义起了历史作用，而且对于科学哲学的认识论也做出了重要的贡献。理论与观察、感性认识与理性认识既有区别，又是互相依存、彼此渗透的。首先应把二者区分开来，并把理论牢牢地建立在经验观察的基础上。否则理论就成了"无源之水，无本之木"，必然陷入错误。逻辑经验主义的理论在强调这一方面起了积极的作用，应予充分肯定。但是它强调得过分了，以至否定了它们的相互依赖、相互渗透，陷入了另一种片面性。

理论与经验观察既有本质区别，又有不可分割的内在联系。这就是观察必须以理论为指导，理论又必须以观察为基础。理论离去经验材料，固然失去了内容；观察失去理论的指导，也就失去了方向。仿照拉卡托斯的说法，"理论没有观察是空的，观察没有理论是盲的"，这是十分恰当的，因为：

1. 任何事物都是由其各个成分相互联系而构成的有结构的整体。现代心理学证明：经验观察只是经验到事物的分散的各个成分；而它的互相联系的整体和结构是不可观察的。它必须以理性运用已有的知识即理论来把握,离开理论根本就观察不到任何事物。

2. 人的认识不是一次性的活动,而是一个"认识—实践—再认识",其中还包括"经验—理论—再经验"的不断深化的过程,因此理论通过实践的检验而建立后,并未完成其任务,而必须指导以后的经验观察,为今后认识的深入化服务。物理学家能通过威尔逊云室而观察到基本粒子的运动轨迹,生物学家能通过显微镜而观察到细胞的组织结构,而常人什么也看不到,其原因就在于此。

费耶阿本德认为,"观察随理论的改变而改变","理论污染(或毒害)观察"。这正确吗?应该作具体分析。如上所说:"观察负载理论"或"理论指导观察"的观点都是正确的,是符合事实的。而"理论污染观察"的说法,就不完全正确,虽然它提醒人们,观察和实验的证据有可能受错误理论的污染,而不能一味轻信,有一定积极意义。但它把这种"污染"扩大化了,因为只有错误的理论才"污染"观察,而正确的理论,如前面所指出的那样,它们能正确地指导观察。因此,对这个问题不应离开历史去抽象地、纯逻辑地讨论,而应该与科学发展的具体历史结合起来。科学是不断地发展的。科学理论长期地经受并不断经受着科学实践和社会实践的检验。一般说来,已被普遍接受的公认的理论都是久经实践检验的、正确或比较正确的理论,并且随着科学的进步,科学理论也愈来愈发展,它们的内容的客观真理性也愈来愈增加,从而正确指导经验观察的积极作用也就愈来愈大。在早期科学理论的指导下,科学家只能作肉眼观察。在近代科学理论的指导下,科学家能使用望远镜、显微镜进行观察,从而把观察的范围扩大到太阳系以外,深入细胞之内。而在现代科学理论的指导下,科学家能利用射电望远镜、高能加速器等现代化仪器以及人造卫星、宇宙航行等手段观测到遥远的宇宙世界和极小的微观世界中天体变化和基本粒子变化的种种情况,这不是极好地说明于科学理论对经验观察所作的日益巨大的指导作用吗?当然,应该同时看到任何理论都不是绝对真理,它们都有一定的相对性和可错性,因而应该警惕和防止错误的理论以及正确理论中可能内含的错误因素对经验观察的"污染",任何对这方面的忽视都是错误的,都会给科学的研究带来损失。但是它们毕竟是可以纠正的。科学的怀疑是有理由,有根据的怀疑,当某一理论有根据被怀疑有错误时,科学家们就会集中精力去研究它、发现它、纠正它。而普遍地、无根据地怀疑一切科学理论，甚至片面地强调"理论污染观察"，那只会动摇科学家们对追求客观真理的信心，在科学研究中散布怀疑主义和相对主义。

四 科学发现方法论

在科学发现的方法论问题上，历史主义科学哲学家们的观点并不一致。库恩、拉卡托斯等主张假设主义的一元主义，夏佩尔等主张理性主义的多元主义，费耶阿本德则主张非理性主义的多元主义。

科学发现方法论在早期（17、18世纪）的科学哲学中占核心地位。如前面曾多次指出：归纳主义主张理性主义的归纳主义一元主义；演绎主义主张理性主义的演绎主义一元主义；19世纪以后的假设主义则主张非理性主义的假设主义一元主义。历史主义的建构主义来源于19世纪的假设主义，但图尔敏和汉森是理性主义的建构主义者。后来，库恩和拉卡托斯把图尔敏、汉森的建构主义非理性主义化，在科学发现方法论方面，与19世纪的假设主义一样，属非理性主义的假设主义一元主义。

夏佩尔等在反对库恩、拉卡托斯的非理性主义的假设主义方面坚持下面两个方面的观点。1. 科学发现的方法是理性的而不是非理性的，即科学发现是理性思考的产物，而不是神秘的灵感或直觉的偶得。2. 反对假设主义的一元主义，提倡多元主义的科学发现方法论，即认为科学发现的方法不是单纯某一种方法，而是多种方法，即归纳法、演绎法、假设法、溯因法、类比法、减错法等的巧妙结合。前四种方法前面已有论述，现对后两种方法简要阐述如下：

类比法是人们早已熟知的方法。前人曾加以考察，但被归纳主义、演绎主义与假设主义所忽视或轻视。然而科学家常常使用它。如哈维把心脏类比作水泵而发现血液循环；卢瑟福把原子结构与太阳系结构作类比而提出原子行星模型；华生把DNA分子与具有类似化学性质的TMV（烟草镶嵌病毒）分子相类比而发现DNA的双螺旋结构，等等。

减错法是新历史主义者蒙克等人所研究的一种科学发现的方法，又称"逐步逼近法"。许多科学家曾采用过这种方法，如开普勒从第谷所遗留的大量天文观测资料出发，经过多次修正而发现了行星运动定律，等等。它的推理过程图示化如下：

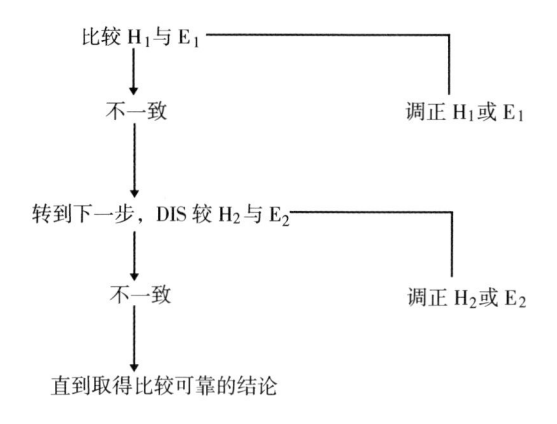

```
比较 H₁ 与 E₁ ─────────────┐
        │                  │
        ▼                  │
      不一致          调正 H₁ 或 E₁
        │
        ▼
转到下一步，DIS 较 H₂ 与 E₂ ──┐
        │                    │
        ▼                    │
      不一致            调正 H₂ 或 E₂
        │
        ▼
直到取得比较可靠的结论
```

图 9–1

总之，科学发现的方法是多元的，今后还可能发现更多的各种新方法。这里应说明的是：1. 任何一种方法，不论如何重要，都必须与其他方法结合起来。如果把它与其他方法割裂开来，孤立地使用，就失去了它的作用，犹如一架精密复杂的机器的任何一个重要部件，与其他部件分离开来就成为一件废物。2. 科学发现是一个艰难复杂的创造性过程，不可能也不应该把科学发现的过程绝对地程序化、规范化。任何这类做法都是对科学家的创造性的扼杀，都有害于科学发现。

应该指出的是，费耶阿本德由于提倡多元主义方法论，他在科学发现方法论上也主张多元的方法。不过夏佩尔等人提倡的是理性主义的多元主义，而他提倡的是非理性主义的多元主义，即认为科学发现方法的选择和使用是非理性的。

费耶阿本德一再声称，他的多元主义方法论既不反对任何一种方法，也不特别提倡任何一种方法，并反对任何规范化的方法论，这无疑有合理之处。尽管他的言辞偏激，但这种主张对于一元主义方法论与规班主义方法论长期占统治地位的西方科学哲学来说，无疑是一帖强剂，从而引起了普遍的关注和广泛的震惊。有一定的积极意义。但是他强调得过分，走向了反面。例如他强调：不论什么方法都行，连宗教、迷信的方法也行，这就太过分了。诚然，在人类社会发展的早期，由于宗教在意识形态中占统治地位，萌芽中的科学思想不能不受宗教迷信的影响，有的与宗教迷信相混杂，有的不得不披上宗教迷信的外衣，对于它们自然不能采取简单的排斥态度，而应取其精华，去其糟粕。但是不能因此就可以把它们与宗教迷信混为一谈，甚至可以把宗教迷信的思想、方法与科学的思想、方法在科学中并行不悖了。他反对以西方的医学传统压制和反对非西方医学传统，而主张彼此学习，互相融合，自然也是对的。但是他因此而主张科学的思想、方法应该与宗教的思想、方法并行不悖，其实质是把非西方医学传统混同于宗教迷信，这显然也是错误的。难道可以容许符咒、跳神、祈祷、驱鬼等宗教迷信的方法引进科学领域吗？

尽管费耶阿本德的多元主义方法论有某些合理之处，它不能不遭到西方广大科学哲学家与科学家的指责和反对。

五　理性主义与非理性主义

上节只涉及理性主义与非理性主义在科学发现方法论方面的争论，本节论述的是理性主义与非理性主义在整个科学事业中的全面的争论。这里所说的非理性主义主要指的是库恩和费耶阿本德的非理性主义，他们否定整个科学事业是理性的事业，而把它全盘非理性主义化。

库恩和他以前的非理性主义者一样，否定科学发现方法的合理性，但不仅于此，他还把非理性主义看作以下的推广：

1. 不仅科学理论的发现方法是非理性的，而且科学理论的检验，即它们被观察、实验的证实和证伪也是非理性的，是由科学家的主观信念决定的。其理由是：(1)"观察负载理论"：对同一个经验观察的证据，不同的理论可以有不同的理解。这种理论认为它证实了某理论，从另一种理论看来它却证伪了该理论。如托勒密主义者认为是证实了地心说、证伪了日心说的观察证据，在哥白尼主义看来却是证伪了地心说、证实了日心说的证据，等等。(2) 这还可以从有关"范式"的理论来说明，不同范式决定科学家不同的世界观。从这种范式或世界观看来是证伪某一理论的"事实"或证据；从另一种范式或世界观看来是证伪该理论的"事实"或证据。而范式是科学共同体的集体的信念，它们是非理性的。

2. 科学家对互相竞争的理论的选择是非理性的。科学家之所以接受一个理论，否弃另一个理论，不是由于这一个理论被证实，另一个理论被证伪了，而是由于它们符合或不符合科学共同体所信奉的范式或世界观，而范式的转变是信念的转变，是宗教式的改宗，它是完全非理性的。

　　费耶阿本德不仅接受了库恩的上述非理性主义的思想，而且还把它进一步推广，不仅把整个科学事业非理性主义化，而且还把它与宗教、迷信等非理性事业直接地等同起来，认为科学与宗教迷信并没有本质的区别，两者之间无法明确地划界，也无须明确地划界。它们都同样是非理性的事业。这种错误思想自然遭到了理性主义者夏佩尔等人的有力回击。说这种理论是错误的，其主要理由如下：

　　1. 正如前面所指出，理论指导观察，而不是污染观察。一般说来，公认理论是久经检验的可信的理论，而科学理论在新旧更替中的进步，是对客观实在的认识的深化，它只会增加经验观察的全面性、确切性和可靠性，而不是进一步污染、毒害和歪曲它。

　　2. 肯定"理论指导观察"或"观察负载理论"，并不能因而必然导致经验观察不能证实或证伪理论的结论。诚然，观察证据与理论不一致并不一定是证伪了理论，可能是观察证据本身有问题，还可能背景知识有问题。但这不是说理论的证实与证伪全由科学家的主观意志任意决定了。因为到底问题出在哪里，是可以通过逐个检查，最后确定的。科学史上不乏这类例子。因此决定科学家的理论主择的不是非理性的信念，而是实践的检验。当然有时也会在一些别的方面的考虑，如简明性、实用性等方面的考虑，但这些都不是主要的，而前者才是主要的、根本的。

　　3. 科学与宗教同属社会意识形态，虽有一定的联系，但本质上是对立的。这在下一节中将有专门论述。

　　关于理性主义与非理性主义的争论，还有下面两点需要说明：

　　1. 什么是"理性"？这在西方科学哲学界存在分歧，没有统一的认识，也不可能有统一的认识。归纳起来，主要有以下几种看法：（1）把理性等同于逻辑（形式逻辑），即符合逻辑的就是理性的。这是逻辑主义的看法，包括早期的归纳主义、演绎主义、现代的逻辑经验主义与批判理性主义。某些新历史主义者也坚持这种观点。这可称之为"逻辑理性"。（2）劳丹等工具主义者的看法，认为"有用的就是合理的"，或者说，凡从方便性、有效性出发而思考的就是理性的，这可称之为"工具理性"。（3）根据客观的理由而推理的就是理性的，夏佩尔持这种观点，可称之为"推理理性"。

　　我们认为：（1）逻辑理性说是狭隘、片面的。因为形式逻辑的作用是极其有限的。人的思维推理过程是生动、复杂、辩证的,如果把理性局限于形式逻辑,就会把人类的大量认识活动排除于理性之外,而让之于非理性。例如,灵感和直觉就是理性的创造性活动,是认识的能动的飞跃;它是反复、深入思考而获得的洞察,是理性的而不是非理性的。(2)工具理性说也是片面的。人们在科学认识活动中自然要考虑到方便、有用,但过分突出它,而把它夸大为理性的全部,就会使科学认识过分功利化,而失去其内容的客观性。(3)推理理性说相对来说是可接受的。这里所说的"推理",不仅是形式逻辑推理,而是根据各种理由而做出的生动复杂的辩证的推理。当然,这个问题还有待进一步深入研究。

2. 人的意识是知、情、意的辩证统一。失去任何一方就不称其为人的意识。不能把人的理性与非理性截然地分割开来。从这个意义上说,没有绝对排除非理性的纯粹理性,也没有绝对排除理性的纯粹非理性,纯粹的理性是"神"的理性,而纯粹的非理性则是"兽"的非理性。宗教思想本质上是非理性的,但并不绝对排除理性的活动。中世纪的托马斯主义就是一种"承认"或"重视"理性的宗教哲学理论,但它坚持信仰高于理性、理性服从信仰,因而本质上是非理性主义。科学认识活动本质上是理性的,但它也离不开科学家的具体的激情、兴趣、爱好以及社会需要对他的鼓励等。

六 科学与非科学的划界

科学与非科学的划界问题是历史主义学派争论的另一重要问题,这个问题可以追溯到亚里士多德时期。亚里士多德在《分析后篇》一书中说,科学知识有两个根本特征:(1)它是绝对可靠的知识;(2)它是关于第一原因的知识。特征(1)是科学与意见、迷信等的划界标准;特征(2)是科学与工艺的划界标准。后来,17、18世纪的科学哲学家坚持亚里士多德的特征(1)而放弃特征(2),从而把知识的绝对可靠性作为科学与非科学的唯一划界标准。到了20世纪初,由于相对论等相继出现,科学知识的可错性日益暴露,逻辑实证主义与批判理性主义先后放弃了这个标准,前者提出了证实的划界标准,认为凡能被经验证实的知识才是科学知识;后者则坚持证伪的划界标准,认为凡能被经验证伪的知识才是科学知识。历史主义者库恩由于以"观察负载理论"为理由而否定经验对理论的证实与证伪，并根据他的范式理论而提出了释疑的划界标准，即认为只有具有范式的释疑传统的才是科学的，否则就是非科学的；同时，他又认为科学与非科学的划分没有多大意义，无须花费精力去讨论它。费耶阿本德就根据库恩的这种二重性态度，进一步发展了后者的后部分思想，提出了科学与非科学的消界论，认为科学与宗教迷信等非科学不能划界也无须划界。其理由是：①它们都不是客观真理，而只是因人而异的意见。②它们杂处温居并互相转化，等等。后来，劳丹接受了费耶阿本德的理由②，提出了"科学异质论"，认为科学是多质杂合的，其本身就包含许多非科学因素，无法与非科学区分，因而划界问题是伪问题。从此，科学与非科学的消界论时髦一时，新起的后现代主义就极力主张此说。

库恩、费耶阿本德等的科学与非科学消界论正确吗？回答是否定的，但它又是有一定道理的。

1. 以科学与哲学的关系而言：（1）早期的科学思想包容在哲学思想内，今天的科学的各个学科，如数学、天文学、化学、物理学、生物学等等原先都包含在哲学的母体中，之后相继从母体中分离、独立出来。（2）科学思想不仅本身离不开一定的世界观，而且它是科学思想的基础或核心部分，逻辑经验主义拒斥形而上学的失败就证明了这一点。

2. 以科学与宗教的关系而言：（1）在人类早期，由于宗教在意识形态中的统治，科学思想往往孕育、萌芽于宗教、迷信之中，或者说它必须以宗教迷信的外衣作保护。在西方，直到16、17世纪科学才开始摆脱宗教的束缚而发展起来；（2）科学与宗教迷信虽是对立的社会意识形态但在人类历史早期常杂居于同一个理论中，如占星术、炼金术等。理由还可以列举很多，如果用一句话来概括，那就是对立的统一。

在西方科学哲学中，逻辑主义长期占统治地位。特别是作为现代逻辑主义的逻辑经验主义，它提倡并习惯于用形式化、公理化的方式处理问题。对于两个不同的概念，总要通过严格的定义把它们绝对地区分开来，无视它们的联系，生怕一讲联系就抹杀了区分。他们之所以重视科学与非科学的划界问题，其原因就在于此。因此，费耶阿本德与劳丹的上述见解无疑是对逻辑经验主义的形式化、简单化的观点的有力批判，从这个角度来说具有一定的积极意义。但是，他们做得过分了，竟然由于强调两者的联系，而抹杀了它们的区分。由于世界的万物无不处于相互联系、运动和变化中，两个对立的事物，常常是相互依存，并在一定条件下可以互相转化的。强调它们的联系是应该的但因此否定它们的对立则是错误的。能把宗教迷信与科学这两种本质上对立的社会意识形态混而不分吗？这是另一种片面性的主张，是无法令人同意的。

但是。也不能同意通过制定一个严格的定义或准则就能把一切科学与非科学在任何情况下明确无误地区分开来的主张。这是因为上述复杂情况，有时要区分科学与非科学是一项十分艰难的工作，需要持慎重的态度，并作多方面的考虑，否则会付出高昂的代价。如苏联时期对孟德尔—魏斯曼—莫尔根遗传学说的批判就是如此。有时还需耐心、长期的考察，暂时不作结论，以观将来。如对当今我国气功的鉴定，是否就应如此？然而这里说的是区分科学与非科学的艰难性，而丝毫也不否定它的必要性与可能性。

七　不可通约性

库恩和费耶阿本德都坚持科学理论（或范式）的不可通约性。所谓不可通约，实际上就是不可能正确无误（或绝对正确）地互相比较或交流。原来，逻辑经验主义为了使科学思想能达到正确无误地比较和交流，而提倡理想化的形式语言，认为把科学语言形式化就能保证科学思想的正确无误地比较和交流了。可以这样说，库恩和费耶阿本德的不可通约性理论，就是对逻辑经验主义的这种企图的回答。他们认为由于不同理论具有不同的范式，这种比较和交流是不可能的。后来他们还接受了奎因的"译不准原则"的思想，认为不同的民族语言，由于具有质的不同，正确无误地翻译和交流也是不可能的。

库恩和费耶阿本德的这种观点并不是毫无道理的。试以民族语言为例，一个民族语言不可能完全正确无误地翻译成另一个民族的语言。这是因为不同的民族语言有不同的语法、词汇系统，等等。翻译工作者都有这样的体会。例如，要把"我失骄杨君失柳，杨柳轻飏直上重霄九"这一诗句完全正确无误地翻译成外文，就十分困难，甚至是不可能的。这不仅是由于语法、词汇系统等的不同，而且还在于"杨"和"柳"在这里都是双关语，在外文中不可能找到完全合适的对应的词汇。当然可以用附注的方式弥补，但缺陷仍然是不可避免的。至于对于中国诗的意境，至关重要的音韵、平仄、对仗等，外文更是无法转译。

其实不仅两种不同的民族语言之间是如此，就是同一民族语言的内部有时也会有这样的情况。比如，由于古人与今人所处的历史条件和社会环境等的不同，要把古汉语完全正确无误地转译成现代汉语，也几乎是不可能的。试把"子曰：学而时习之。"译成现代汉语，意思就难免会走样，因为孔子时代的学习内容与学习方式等与当今的课程内容与教育方式等是十分不同的。就是加注，也注不胜注。

不仅两个不同时代的同一民族语言不能完全正确无误地比较、交流，就是同一时代的人，也很难通过同一种语言作完全正确无误的思想交流。不同的社会环境、经历遭遇以及教育影响等，都会造成交流的障碍。比如对于"战争是残酷的"这一句话，亲身经历过残酷战争的人的理解与没有亲身经历过残酷战争的人的理解就是不一样的。黑格尔说过，饱经风露的老者的训词，对于一个幼稚无知的孩童们来说，是难以完全领会的，就是这个意思。例子可以举得很多，但它们都说明，语言的交流是有局限性的，完全正确无误的交流是不可能，或几乎不可能的。

从上述可见，库恩、费耶阿本德的"不可通约性"理论的提出是有一定意义的。首先，它破灭了逻辑经验主义企图通过建立形式化语言，以保证科学思想绝对无误地交流的形式主义的美梦。其次，它提出了语言交流问题的复杂性，促进了人们对这个问题的深入研究。

我们认为，库恩和费耶阿本德的不可通约性理论的提出是有一定意义的，但并不认为它是完全正确的，相反，它是错误的。因为他们通过这个理论而得出了"交流中断"，即不可比或不可交流的结论。尽管尽来他们改变了口气，认为部分的相比和交流是可能的。但是据他们自己的解释，这种"部分的相比和交流"不是科学的理性的比较和交流的。而是非科学的非理性的比较和交流，即是一种"主观的偏爱和宣传"。其实质，仍然是否定科学的比较和交流的可能性。

科学理论不能比较和交流吗？不，科学理论虽然不能绝对无误地比较和交流，却能相对正确地比较和交流。其理由如下：

1. 应该肯定，理论的转变常常带来它们的概念内容的变化。相对论中的质量、能量、速度等概念与牛顿力学中的质量、能量、速度等概念的含义是不尽相同的。但是这并不造成它们之间的连续或交流的中断，相反，它们之间的相对正确的比较和交流是完全可能的。这是因为，不论是牛顿力学或相对论，它们都是同一客观物理世界的真理性的描述。只是不同深度或不同正确度的描述罢了。因此，否认前后相继理论的可比性和可交流性，实质上就是否定科学理论内容的客观真理性及其进步性。

2. 语言是人类社会得以生存与发展的必要手段，是人类社会交际与交流的工具。其本身的存在就证明了它们的交流的可能性。集体地能动地改造世界是人和人类社会的根本特征。通过语言而互相交流、互相协作，则是得以改造客观世界的不可缺少的前提。从这个意义上说，没有语言的交流，就没有人类和人类社会的生存与发展。而人类社会的存在与发展，反过来又无可置辩地证明了语言交流的可能性。

诚然，我们这里所说的语言的比较和交流的可能性是相对正确或一定程度的比较和交流的可能性，而不是绝对无误的比较和交流的可能性。世界上根本就没有绝对的东西，科学认识只能获得相对真理而不能获得绝对真理。语言的比较和交流，也同样只能相对正确，而不可能绝对正确。正如应努力增加科学认识的逼真度一样，科学语言的交流，自然也应努力提高它的正确度。

但是绝对的完全正确无误的语言的交流是不可能的。相对主义就倒向绝对主义这个钱币的另一面。当追求绝对主义失败而绝望后，就倒向相对主义。库恩、费耶阿本德的这种相对主义就是绝对主义的绝望情绪的表现。夏佩尔说得好，在科学哲学中要坚持正确的道路，就应该既反对绝对主义，又反对相对主义。看来只有坚持辩证的态度才能在这种两面的作战中取胜。

主要参考书目

Aristotle, *Posterior Analytics*, trans., by H. Tredennick, Harvard University Press, London, 1960.

F. Bacon, *Novum Organon*, New York: Hurd and Howghton, 1869.

Locke, *An Essay Concerning Human Understanding*, 1st ed., 1690, 2 vols, New York: Dover Publications, 1959.

Hume, *An Enquiry Concerning Human Understanding* (1748), Chicago, Ⅱ: Open Court Publishing Co. 1927.

Kant, *Critique of Pure Reason*, trans., by F. M. Muller, 2nd ed., 1896, New York: Macmillan, 1934.

Whewell, *History of the Inductive Sciences*, John W. Parker and Son West Strand, London, 1857.

Duhem, *The Aim and Structure of Physical Theory*, 2nd. ed., 1914, trans., by P. P. Wiener, New York: Atheneum, 1962.

Carmap, *Philosophical Foundations of Physicals*, ed., by M. Gardner, New York, Basic books, 1966.

Popper, *The logic of Scientific Discovery*, New York: Basic Books, 1959, 1st, ed., Logik der Forschung, 1934.

Toulmin, *The philosophy of Science Discovey Hutchinson University Library*, London, 1953.

Toulmln, *Foresight and understanding*, Bloomington Indiana University Press, 1961.

Toulmin, *The Evolutionary Development of Natural Science*, American Scientistist 55, 1967.

Toulmin, "Conceptual Revolutions in Science", ed., by Cohen and Wartotsky, *Boston Studies in the Philosophy of Science*, 3, 1967.

Toulmin, "Does the Distinction between the Normal and Revolutionary Science Hold Water", Criticism and The Growth of Knowledge, ed., by Lakatos and A. Musgrave, Cambridge University Press. 1970, pp. 39—48.

Toulmin, *Human Understanding*, Oxford, 1972.

Hanson, *Patterns of Discovery*, Cambridge University Press, 1958.

Hanson, *Perception and Discovery*, SanFrancisco, California, 1969.

Hanson, *The Concept of the Position*, Cambridge: Cambridge University Press, 1963.

Kuhn, *The Structure of Scientific Revolutions*, Chicago, 1962, 2nd. ed., Chicago, University of Chicago, press, 1970, Includes "Postscript–1969", a response by Kuln to criticisms of the first edition.

Kuhn, *The Essential Tension*, Chicago: University of Chicago Press, 1977.

Kuhn, *Reflections on My Critics' in Criticism and the Grouth of Knowledge*, ed., by Lakatos and A. Musgrave, Cambridge University Press, 1970.

Lakatos, " The Methodology of Scientific Research Programmes", *Philosophical Papers*, Volume1, Cambridge University Press, 1978.

Lakatos, " Mathematics, Science and Epistemology", *Philosophical Papers*, Vol Ⅱ, Cambridge University Press, 1978.

Lakatos, " Proofs and Refutations", *The Logic of Mathematical Discovery*, Cambridge University Press, 1976.

Lakatos, "Replies to Critics' in P. S. A. 1970", *Boston Studies in the Philosophy of Science*, Vol. VII, Dordrecht: D. Reidel, 1971.

Lakatos, "The Role of Crucial Experiments in Science", *Studies in the History and Philosophy of Science*, Vol IV, 1974.

Feyerabend, *Against Method*, NLB, London, 1975.

Feyerabend, *Science in Free Society*, NLB, London, 1978.

Feyerabend, "Rationalism and Scientific Method", *Philosophical Pappers*, Vol I, Cambridge University Press, 1981.

Feyerabend, "Problems of Emplricism", *Philosophical Pappers*, Vol. I,

Cambridge University Press, 1981.

Feyerabend, "Explanation, Reduction and Empiricism", *Minnesota studies in the philosophy of science*, Vol II, ed., by H. Feigl and G. Maxwell, 1962.

Feyerbend, "Consolations for the Specialist", *Criticism and the Growth of Knowledge*, ed., by Lakatos and A. Musgrave, Cambridge University Press, 1970.

Feyerbend, "Farewell to Reason", *Biddies*, Ltd., Giuildford, 1987.

Feyerbend, *Three Dialogues on Knowledge*, Basil Blackwell, 1991.

Shapere, *Reason and the search For Knowledge*, D. Reidel Publishing Company, 1984.

Shapere, *Philosophical Problems of Natural Science*, New York: Macmillan, 1961.

Shapere, *Galileo, A Philosophical Study*, Chicago: University of Chicago Press, 1974.

Shapere, "Copernicanism as a Scientific Revolution", *Copernicanism Yesterday and Today*, ed., by A. Beer and K. Strand, New York, 1975.

Shapere, "The Paradigm Concept", *Science*, Vol. 172, 1971.

Shapere, "Discovery, Rationality and Progress in Science", *A Perspective in the Philosophy of Science in PSA 1972*, Dordrecht, D. Deidel, 1974.

Shapere, "The Structure of Scientific Revolutions", *Philosophical Review*, 73 (1964).

Laudan, *Progres and Its Problems*, Berkeley: University of California Press, 1977.

Laudan, *Science and Hypothesis*, D. Reidel, 1981.

Laudan, *Science and Values*, University of California Press, 1984.

Laudan, "The Demise of the Demarcation Problem", *Physics, Phylosophy and Psychoanalysis*, ed., by R. Cohen and L. Laudan, D. Reidil, 1983.

Laudan, "Epistemic, Realism and Relativism", *Science and Reality, Recent Work in the Philosophy of Science*, ed., by G. Guttingetal, Notre Dame Press, 1984.

Laudan, "Griinbaum on 'the Duhemian Argument'", *Philosophy of Science*, 32, 1965.

Laudan, *Science and Relativism: Some Key Controveries in the Philosophy of Science*, The University of Chicago Press, 1990.

Laudan, "Progress on Rationality: The Prospects for Normative Naturalism", *American Philosophical Quarterly*, 24, 1987.

Laudan, "Aim-less Epistemology", *Stud. Hist Phil. Sci.*, Vol. 21, No. 3, 1990.

Laudan, "Thoughts on HPS: 20 Years Later", *Stud. Hist. Phil Sci.*, Vol. 21, No. 1, 1991.

A. Fine, *The Shaky Game*, *Einstein*, *Realism and Quantum Theory*, Chicago, 1986.

R. Rorty, *Philosophy and the Mirror of Nature*, Princeton University Press, 1988.

后　记

本书是国家教委八五人文科学规划项目——"西方哲学的科学主义及其影响"的科研成果。六年多前，我们就着手研究这个课题：全面收集了历史主义学派科学哲学家们的各种原著、论文，逐一仔细阅读后，写出了大量读书笔记和卡片，拟成本书的详细提纲，然后根据提纲写出初稿，再经过多次反复修改而后定稿。郑祥福、陈健分别为我们草拟了第七章与第八章的初稿，吴根福除为我们草拟了第四章的初稿外，还在材料整理等方面给了许多帮助。马俊华先生则在编辑过程中为本书付出了辛勤劳动。在此，谨向他们表示衷心感谢。

作者

一九九五年四月十一日于杭州